익스트림 머니

EXTREME MONEY
Copyright © 2011 by Satyajit Das
All rights reserved.

Korean translation copyright © 2012 by Sigongsa Co., Ltd.
Korean edition is published by arrangement with Penguin Group Australia
through Imprima Korea Agency

이 책의 한국어판 저작권은 Imprima Korea Agency를 통해
Penguin Group Australia와의 독점 계약으로 시공사에 있습니다.
저작권법에 의해 한국 내에서 보호를 받는 저작물이므로 무단전재와 무단복제를 금합니다.

EXTREME MONEY
익스트림 머니

사트야지트 다스 지음 | 이진원 옮김

알키

서문 # 휴브리스*

위기의 시작 서브프라임

"웨스트버지니아 주 루니빌에 사는 가난한 미국인의 파산이 도대체 나와 무슨 상관이지?" 독토르 플릭(Doktor Flick)은 물방울 무늬의 유리벽 뒤에 서서 말했다. 유난히 걱정스러운 목소리는 그가 평소와 달리 불안해하고 있다는 증거였다.

2007년, 미국 시민들 중에는 이 루니빌의 미국인처럼 모기지 대출금을 제때 갚지 못해 파산한 사람들의 수가 기록적으로 늘어나고 있었다.

2000년 이후 저금리와 강력한 경제 성장에 따른 주택 소유욕이 결합되자 미국의 주택 가격은 큰 폭으로 상승했다. 과거 투자은행가로

---

*신의 영역까지 침범할 정도의 오만을 뜻하는 그리스어에서 유래한 용어로 지나친 오만과 자기과신, 이로 인해 생기는 폭력 등을 의미한다.

일했던 조지 W. 부시 미국 대통령은 2003년 12월 16일, '소유권을 가진 사회Ownership Society'를 만들겠다는 정책 목표를 분명히 제시했다. 그는 "우리는 자기 집을 소유한 국민이 더 늘어나기를 바란다. 자기 집을 소유한 국민이 많을수록 국익에 보탬이 된다. 결과적으로 당신이 집을 갖고 있다면 우리나라의 미래를 위해 중요한 투자를 한 것이다"라고 말했다.1)

대부분의 사람들은 모르고 있겠지만 미국의 주택시장 활황에는 강력한 유동성의 증가가 큰 역할을 했다. 은행과 모기지 브로커들은 새로운 주택 소유자들에게 돈을 빌려주기 위해 애썼다. 혁신적인 모기지 상품들은 과거 대출이 불가능했던 사람들조차 돈을 빌릴 수 있도록 만들었다. 조지 부시 대통령은 은행들과 그들이 만든 새로운 유용한 상품들을 입에 침이 마르도록 칭찬했다.

지금으로부터 100년도 더 된 1907년, J.P. 모건 J.P. Morgan(1837~1913년)은 '주식시장 붕괴'라는 주제로 열린 청문회에 출석했다. 그는 채무자에게 필요한 자질과 관련해 "기독교국가에서 거래되는 모든 채권을 건다고 해도 내가 신뢰하지 못하는 사람은 절대 나에게서 돈을 빌려갈 수 없다"고 말했다.2) 그러나 2000년대 초 은행들은 더 이상 잠재적 채무자들의 종교나 성향에 대해 깊이 따지지 않았다. 채무자들은 그저 인터넷으로 대출 양식을 채우고 자신의 재정 상태에 대해 설명하면 그만이었다. 은행들이 담보로 잡는 주택의 가치는 비교 가능한 부동산을 토대로 만들어진 컴퓨터 모델로 평가됐다. 달리면서 쏘는 사격처럼 부동산의 가치를 평가하는 이들은 부동산을 말 그대로 차를 타고 지나가면서 보듯 평가했다Drive-By Valuations. 부동산의 가치가 담보로서 적절치 못할 경우에도 은행들이 알아서 대출을 해주었다.

2006년까지는 누구나 대출을 받을 수 있었다. 채무자들은 '소득이나 일자리나 자산이 없다No Income, No Jobs, or Assets'는 뜻의 단어들의 첫 글자를 따서 만든 신조어 'NINJA'로 불렸다. 그리고 2006년을 기점으로 미국의 주택 가격이 하락하기 시작했고 채무자들은 모기지 대출금을 갚지 못했다.

서브프라임 사업이란 무엇인가? 미국방언협회American Dialect Society는 2007년에 '서브프라임Subprime'을 올해의 단어로 선정했다. 이 단어는 불행한 개인들에게 제공되는 믿기 힘들 정도로 낮은 이자의 모기지 대출을 뜻한다. 그리고 결국에는 수천 명에 이르는 사람들을 길거리로 나앉게 만든 은행과 모기지 브로커들의 기만적이면서 냉소적인 영업 관행의 동의어가 바로 서브프라임이다.

익스플로딩 ARMExploding ARM은 2007년 서브프라임 모기지 부실 파동으로 생긴 용어로, 채무자가 지급할 수 있는 한계를 넘어설 정도로 금리가 오르는 변동금리 모기지 대출을 의미한다. 금리가 이렇게 오를 경우 매달 원금을 납부할 수 있는 채무자들이라도 가끔은 40~80퍼센트 늘어나기도 하는 대출금을 갚을 여력이 없어진다. 징글 메일Jingle Mail은 모기지 대출금을 상환하지 못해 자기 집을 포기하고 집 열쇠를 은행에 우편으로 보낼 때 은행이 받는 우편이며, 거짓말쟁이 대출Liars Loan은 주택 구매 예정자가 자신의 소득과 자산 등 자신의 재정 상태를 증빙하지 않고 구두로만 알려줘도 받을 수 있는 대출을 말한다. 이것은 소득 증빙 자료가 없어도 대출이 이루어진다는 의미에서 'No-Doc Loans, Low-Docs, Stated-Income Loans'라는 용어로도 알려져 있다. 이런 종류의 대출은 사실상 채무자들에게 자신의 소득을 속이라고 권하는 것과 같다. 그러다 급기야 2007년에는 주택 가격 하락, 모기지 대출 채무불이행 그리고 궁극적으로 주택 금융시장의 붕괴를 추적하는 웹사이트인 임플로드-오-미터Implode-O-Meter가 등장했다.

독토르 플릭은 독일 주정부 은행인 란데스방크Landesbank에서 국제 은행업 부문 사장직을 맡고 있었다. 국내 성장이 한계에 다다르자 이 은행은 공격적인 해외시장 공략을 장려했다. 그러자 무책임할 정도로 모기지 대출 상환을 거부하는 수많은 미국인들이 독토르 플릭이 세운 제국을 위협했다.

"끝났어. 거의 끝난 거나 다름없어." 갑자기 독토르 플릭이 새뮤얼 베케트Samuel Beckett의 음침하고 절망적인 초현실주의 연극 「게임의 종말Endgame」의 첫 대사처럼 말을 쏟아냈다. 앞으로 몇 달 내에 그의 은행이 세운 여러 특수목적기구들SPVs : Special Purpose Vehicles이 무너지면서 수십 억 달러의 손해가 날 것이 빤했다. 전 세계적으로 돈이 흘러가는 시대에는 미국에서 일어나는 일이 단지 미국에만 영향을 주는 것으로 끝나지 않았다.

최고의 쇼

"안 좋은 일인가?" 마티니를 마시던 메일러가 오랜 침묵을 깨고 나를 골똘히 바라보며 말했다. "아주, 아주 나쁜 일이지." 나의 대답에 메일러가 물었다. "오래 걸릴까?" 내가 대답했다. "오래, 아주 오래 걸릴 거야."

2007년 가을, 나는 신용시장 상황을 설명하기 위해 런던에 있는 메일러의 은행에 머물고 있었다. 메일러는 내 암울한 전망을 곱씹어보더니 마티니를 마신 후 한 잔을 더 주문하려고 했다. 바텐더는 메일러의 보스턴 사투리를 이해하는 데 애를 먹었다.

몇몇 사람들이 소란을 일으키며 우리의 대화를 방해했다. 젊은이들은 배우 돈 존슨_{Don Johnson}이 TV 시리즈물 「마이애미 바이스_{Miami Vice}」에 입고 나와 유명해진 스타일처럼 재킷 속에 티셔츠를 걸치고 있었다. 5달러짜리 지폐 묶음만 있으면 그곳의 복장 규정 준수 여부를 검사하는 문지기들을 구워삶기에 충분했다. 디자이너들의 티셔츠들은 엄밀한 의미에서의 티셔츠가 아닌 것 같다.

젊은이들이 입고 있던 검은색 티셔츠들에는 조그만 다이아몬드를 사용한 10/40라는 대담한 패턴의 문양이 장식되어 있었다. 여기서 10은 JR 캐피탈이 현재 운용 중인 100억 달러를 의미했고, 40은 JR 캐피탈이 작년 한 해 동안 투자자들을 위해 벌어준 수익률인 40퍼센트를 뜻했다.

내가 메일러를 처음 만났을 때 그는 자신을 "시카고 경영대학원 출신으로 고정자산 사업부 상무이사로 일하고 있는 메일러 스티븐슨"이라고 소개했다. 그때 메일러는 오랜 역사를 가진 월가의 한 투자은행에서 일하고 있었다. 그러나 투자은행들 사이에서 정기적으로 일어나는 암투에서 패배한 메일러는 런던으로 옮겨가 유럽 대형 은행인 유로스위스은행_{ESB : Euro Swiss Bank}의 트레이딩 사업을 이끌었다. 그리고 최근에는 예전에 일했던 월가로 돌아와 글로벌 채권 트레이딩 부문을 맡고 있다. 대학 때는 스타 운동선수였지만 지금은 그저 두뇌회전이 빠르고 대범한 성격의 뚱뚱한 중년이 된 메일러는 세계를 지배하는 새로운 금융 슈퍼클래스의 완벽한 전형이라고 할 수 있는 인물이었다.

메일러와 나는 JR 캐피탈JR Capital을 경영하는 헤지펀드 매니저인 호아킴 마진Joachim Margin과 랠프 스미츠Ralph Smitz를 알고 있었다. 그들은 졸리 로저Jolly Roger 펀드를 대표하는 인물들이었다. 이 펀드의 로고는 해적선 깃발에 그려진 것처럼 해골 밑에 대퇴골을 엇갈리게 배치한 모양인데, 색깔 역시 배경은 붉은색, 해골과 대퇴골은 검은색이었다.

그 다음날 JR 캐피탈은 올스타 경축행사인 글로벌금융포럼Global Finance Forum에서 올해의 헤지펀드와 올해의 헤지펀드 매니저로 선정될 예정이었다.

두 상의 상금은 각각 2억 5,000만 달러에 달했다. 마진과 스미츠는 예전 ESB에서 메일러 밑에서 일했다. 그 당시 메일러는 그들을 "쓸모없는 사람들!"이라고 칭하며 욕했지만 이 말은 지금의 그들에게는 해당되지 않는 말이 되었다.

메일러의 은행 역시 올해의 고정자산 투자회사상을 수상하기로 되어 있었다. 메일러는 전에도 그 상을 받았다.

상은 고객과 동료들이 선택한 최고의 펀드와 펀드 매니저들에게 돌아가는데, 상을 받은 딜러는 고객 수를 늘리기 위해 공공연히 이 상을 이용하곤 했다. 투표는 무기명으로 진행되지만 민주주의와 마찬가지로 투표 과정은 모호하다. 메일러는 자신의 은행이 올해의 고정자산 투자회사상을 받게 될 것이라는 말을 미리 들었다고 했다. 그는 그 정보가 사실이라면 수상을 주관하는 잡지사에 수상행사 때 10만 달러의 후원금을 내고, 4만 달러의 광고를 싣겠다고 말했다. 결국 메일러의 은행은 실제로 고정자산 투자회사상을 수상했다.

1,200만 달러짜리 뱀상어

JR 캐피탈은 유명한 건축가에게 헤지펀드의 새로운 사무실 디자인을 맡겼다.

젊은 영국 예술가들 YBA : Young British Artists 로 명명된 예술가 집단에서 가장 유명한 데미언 허스트 Damien Hirst는 헤지펀드 매니저들이 아낌없이 돈을 투자하게 만드는 데 뛰어나다. 그의 대표적인 작품은 「살아 있는 자의 마음속에 있는 죽음의 육체적 불가능성 The Physical Impossibility of Death in the Mind of Someone Living」으로, 이는 진열용 유리 상자 안에 14피트(4.3미터) 길이에, 무게가 2톤이 넘는 뱀상어를 포름알데히드와 함께 넣어 재워둔 것이다.

호주에 사는 한 어부가 이 뱀상어를 잡았는데, 이를 넘겨주는 대가로 6,000파운드(잡은 대가로 4,000파운드, 그것을 얼음에 재워서 런던까지 보내주는 대가로 2,000파운드)를 받았으며, 영국의 광고 재벌인 찰스 사치 Charles Saatchi가 이것을 5만 파운드에 구입했다. 그런데 시간이 지나면서 상어가 부패하기 시작했다. 피부에 주름살이 늘어났고, 피부색은 담녹색으로 변했으며, 지느러미 일부도 떨어져나갔다. 상어를 포름알데히드에 재우는 방법도 별 효과가 없었다.

이에 따라 뱀상어가 관람객을 향해서 헤엄치듯 다가오는 것처럼 보여 공포감을 주려는 연출 의도는 실패로 돌아갔다. 큐레이터들은 포름알데히드에 표백제를 추가했지만 오히려 사체의 부패 속도만 높이고 말았다. 결국 큐레이터들은 뱀상어의 껍질을 제거하고 이 껍질을 무거운 섬유 유리 주형 위에 늘어놓았다.

2004년 12월에 사치는 이 뱀상어를 200억 달러를 운용하던 최고의 헤지펀드인 SAC 캐피탈 어드바이저스^{SAC Capital Advisers}의 창업자이자 매니저인 스티브 코헨^{Steve Cohen}에게 팔았다. 뱀상어 가격이 800만 달러에 불과하다는 주장도 있었지만 코헨은 1,200만 달러를 지급했다.

사치는 이 수집품을 새로운 영국 박물관에 기부하는 방안을 세웠다. 이후 영국 시장^{市長}이 된 켄 리빙스턴^{Ken Livingstone}은 수집품과 똑같은 1,200만 달러를 주고 세운 수족관이 더 많은 관광객을 유치하는 데 도움이 될 것이라고 주장했다. 리타 해튼^{Rita Hatton}이 지적했듯이「살아 있는 자의 마음속에 있는 죽음의 육체적 불가능성」은 수족관이자 관광 상품이었다.³⁾ 이후 JR 캐피탈이 허스트에게 수수료를 주고 무시무시한 포식자인 백상아리들을 이용해 새로운 사무실의 설치 미술품을 만들어줄 것을 부탁했다는 소문이 돌았다.

뻔뻔한 무지

메일러와 JR 캐피탈 사이의 불화는 메일러가 ESB 고정자산 부문 총책으로 일하던 시기로 거슬러 올라간다. ESB는 매년 베르사유에서 글로벌전략세션^{GSS : Global Strategy Session}을 개최했다. GSS에 비판적인 사람들은 자기들끼리 이를 '신적인 태양왕 가라사대^{God Sun King Speaketh}'라고 불렀다. 젊고 도회적이면서 말쑥하게 차려입고 다니는 ESB의 CEO인 에드워드 켈러Edward Keller가 '태양왕'이었다.

경영 컨설턴트 출신인 켈러는 은행업에 대해서는 아는 것이 거의 없었다. 그는 고정자산 부문 총책으로 메일러를 뽑으면서 그에게 다른 은행들과의 '경쟁력 격차Competitive Gap'를 줄여주기를 부탁했다. 빈틈이 많았던 ESB가 다른 은행들에 비해 많이 뒤처져 있었던 것이다. 이를테면 ESB가 뛰어들지 않은 사업들이 많았는데, 그런 틈에서 경작하고 씨를 뿌려서 수확할 필요가 있었던 것이다. ESB에는 가끔 선별적인 접근도 필요했다. 태양왕어 다스리던 시기에 사람들은 팀, 특정 대형, 물결, 잔물결 혹은 해류 대형을 지어서 만났다. 아이디어들은 끊임없는 회의와 위원회를 통해 통용되었다. 켈러가 CEO였던 시기에 ESB는 규모와 수익성 면에서 놀라울 정도로 성장했지만 다만 아무도 왜 혹은 어째서 그것이 그의 리더십의 산물인지는 몰랐다. 누구도 관심이 없었기 때문이다.

철학자 알래스데어 매킨타이어Alasdair Macintyre는 이렇게 말했다. "대기업 사장들이 몇몇 극단적인 비판론자들이 믿는 것처럼 미국을 통제하지 못하는 이유 중 하나는 그들이 자신이 경영하는 기업들조차도 통제하지 못하기 때문이다."4) 러시아의 작가 톨스토이 역시 보로디노 전투Battle of Borodino(1812년 9월 7일 나폴레옹의 모스크바 원정 도중에 일어난 최대 격전 - 옮긴이)에 대해 비슷한 말을 한 적이 있다. 그는 "전투의 흐름을 결정한 것은 나폴레옹이 아니었다. 그의 명령들 중 어떤 것도 수행되지 않았고, 전투 중에 그는 상황이 어떻게 전개되고 있는지조차 모르고 있었다"라고 말했다. ESB에서 켈러는 통치자로서 나폴레옹과 비슷한 상황에 있었다.

2005년 열린 GSS에서는 한 언론인이 '지구의 상태'를 주제로 열린 세션에 '세계화'를 주제로 한 베스트셀러 책을 들고 나타났다. 그는 연설에서 "내가 이러이러한 게 들어간 저녁, 점심, 녹차, 열대과일 주스를 먹었을 때……"라며 말을 시작했다. 그는 '글로벌한 사고'가 자유시장경제학과 민주주의와 전 세계 교역 확대로 인해 모든 지구인들에게 끝없는 부와 번영이 넘치는 새로운 시대를 열어주리라고 믿었다.

  '시장의 상태' 세션에서는 노벨상을 수상한 경제학자가 등장해 '건전한 전망', '위험 축소', '변동성 약화' 등의 주제로 발표했다. 브라질, 러시아, 인도, 중국 등 일명 브릭스BRICs 경제국가들의 무한한 상품 수요는 전 세계 경제에 성장 에너지를 제공할 것이며, 금리는 낮은 상태를 유지하고, 주가는 항상 올라갈 것이라는 게 그의 주장이었다.

  '마음의 상태' 세션에서는 인도의 힌두교 구루인 스와미 무크타난다Swami Muktananda가 등장했는데, 그는 샤프란 예복을 입고 우아한 구찌 신발을 신은 채 무대 위로 걸어 올라가, 청중들에게 우주의 정신적 에너지를 활용할 것을 주문하면서 사람들의 관심을 유도했다.

위험투자의 확대

  점심식사 후 메일러와 나는 헤지펀드 설립안을 주제로 중요한 논의를 시작하기 위해 대기실에서 기다리고 있었다.

  과거 역사를 보면 은행들은 고객들이 예금한 돈을 기업과 개인들이 부동산, 공장, 기계, 주택, 자동차 등을 구입할 수 있게 대출해주었다. 투자은행들은 기업들에게 조언을 해주고, 기업들의 사업자금 조달을 돕기 위한 주식과 채권 발행을 주간했다. 20세기 후반에 유니버설 은행Universal Bank(독일, 프랑스, 스위스의 은행들처럼 은행 업무와 증권 업무를 겸업하는 은행 – 옮긴이)이나 종합 금융회사Financial Supermarket가 등장했다. 이름에서도 알 수 있듯이 이 은행들은 무엇이든 가리지 않고 뛰어들었다. 과거의 은행들은 최소한의 위험만 감수하고 채무자나 대부자들 사이에서 중개자 역할만 했는데, 이제는 은행들 스스로가 수익 확대를 위해 주주들 및 예금자들의 돈으로 위험투자를 시작했다. 이런 가운데 태양왕은 ESB를 강력한 유니버설 은행으로 변신시키고자 했다.

컨설턴트들이 준비한 전략 보고서가 내린 결론은 다음과 같았다. "ESB의 위험투자 전략은 동료 은행들에 비해 보수적인 편이다. 따라서 트레이딩 활동을 대폭 강화한다면 주주들에게 돌아갈 수익을 확대할 수 있는 기회를 얻게 될 것이다." 즉 위험투자를 확대해야 한다는 의미였다. ESB는 다른 은행들과 벌어진 '틈'을 메우기 위해 헤지펀드들, 즉 돈이 되는 것은 무엇이든 거래하는 자유분방한 투자기관들에 투자해야 한다고 생각한 것이다.

마진과 스미츠는 헤지펀드 출범을 제안했다. ESB는 처음에는 5억 달러를 투자하고, 투자금을 담보로 펀드에 최대 60억 달러를 빌려줄 예정이었다. 펀드가 성공적인 운용 성과를 보여줄 경우 ESB가 확보하고 있는 부자 고객들과 기관 고객들에게도 펀드투자가 허용될 것이다. 마진과 스미츠가 세운 펀드는 자산 운용을 통해서는 2퍼센트를, 투자를 통해서는 20퍼센트 수익을 올리는 것을 각각 목표로 삼았다. 대신 ESB는 마진과 스미츠의 펀드운용회사의 지분 20퍼센트를 받기로 했다.

투자 아이디어

마진과 스미츠의 회의에 스톤(최고재무책임자CFO), 베노이트(최고운영책임자COO), 우리(최고위험책임자CRO) 등이 참석했다. 이들 중에 내가 유일한 인도인이었다.

마진과 스미츠는 청중들에게 파워포인트 프레젠테이션을 보여주며 분석 결과를 설명했다. 메일러는 "내 분석 결과에 따르면"이라는 말로 프레젠테이션을 시작했는데, 그는 '우리'라는 말이 더 적절한 것 같을 때 꼭 '나'라는 말을 사용하는 경향이 있었다. 실제로는 메일러가 아닌 내가 먼저 제시한 투자 전략을 분석하면서 말이다.

비전문가들은 투자 전략들을 팔 때 사용되는 마케팅 광고를 제외할 경우 그 모든 전략들이 얼마나 지극히 평범한지를 깨닫고 놀란다. 일명 롱-숏Long-Short 전략이라는 매수-매도 전략에 따라 투자자는 가치가 올라갈 것으로 기대하는 것을 사고Long, 가치가 내려갈 것으로 기대하는 것을 팔아야Short 한다. 다른 말로 '시장 중립Market Neutral' 투자나 '상대적 가치Relative Value'에 따른 투자라고도 한다. 롱-숏 전략은 투자자가 오를 가능성이 있다고 생각하는 것을 사는 '롱'에만 집착하는 투자와는 다르다.

공매도Short Selling 전략은 당신이 갖고 있지는 않지만 가격이 떨어질 때 낮은 가격으로 다시 살 수 있기를 바라는 무언가를 파는 전략이다. 이를테면, 당신은 일주일 내에 배달을 약속하며 최신 인기 밴드의 인기 콘서트 티켓을 200달러에 팔 수 있다. 아직 티켓을 갖고 있지 않더라도 일주일 내에 티켓 가격이 떨어질 것으로 예상하는 것이다. 실제로 그렇게 되면 당신은 일주일이 가기 전, 예를 들면 티켓을 160달러에 사서 이를 200달러에 사기로 한 사람에게 팔아 40달러의 차익을 남길 수 있다.

캐리트레이드Carry Trade 전략이란 것도 있다. 이는 저금리 국가의 통화로 차입하는 전략을 말한다. 일본이 오랫동안 사실상 제로 금리를 유지해왔기 때문에 일본의 엔은 캐리트레이드가 선호하는 통화다. 이를테면 엔화로 돈을 빌려서 이를 지급해야 하는 이자보다 더 높은 수익을 올릴 수 있는 것에 투자해 차익을 남기는 것이다. 물론 손해를 볼 위험도 있다. 올라갈 것으로 예상했던 것의 가치가 떨어질 수도 있기 때문이다. 엔 대출 금리가 올라가면 엔화 가치는 당신이 투자한 어떤 통화 대비로도 상승하게 된다.

이때 당신의 본능과 역사가 투자 전략이 평균적으로 성공적인지 알려주기도 한다. 그러면 세부적인 데까지 확인과 검증이 이루어진다. 상승하거나 하락할 것으로 예상하는 주식이 무엇인지, 지루한 펀더멘털(기초 체력)을 기초로 분석할 수도 있다. 이때 당신은 오래되거나 가짜로 작성된 재무제표를 뜯어보거나, 당신에게 아예 말을 해주지 않거나 아니면 거짓말을 하는 경영진과 이야기할 수도 있다. 펀더멘털 분석 대신 우량주를 찾기 위해 기술적 내지 양적 필터를 사용하거나 역사적 데이터를 사용한 계량 분석을 동원하여 특정 가격만큼 떨어진 주식을 살 수도 있다.

이러한 과정은 투자 전략의 세부적인 내용에 살을 보탠다. 롱-숏 전략에서는 무엇을 사고, 무엇을 팔아야 하는지를 말해주며, 캐리트레이드 전략에선 당신이 어떤 통화를 빌려서, 어떤 통화에 투자해야 하는지를 알려준다. 그러나 캐리트레이드를 할 때 고금리와 저금리 판단 기준은 무엇인지, 또 어떤 종류의 투자와 차입을 얼마나 오랫동안 유지해야 하는지 등 투자 과정에서 발생할 위험에 대해 고민하게 될 수도 있다. 이런 전략이 얼마나 효과적일까? 그로 인해 얼마나 자주, 얼마나 손해를 보게 될까? 어떤 종류의 이익을 가져올까?

이러한 나의 조사에 대해 마진과 스미츠가 내놓은 대답은 남해포말 사건South Sea Bubble (18세기 초 영국 남해회사의 주가를 둘러싼 투기 사건 – 옮긴이)을 연상시킬 정도로 모호했다.

무시되는 위험들

마진과 스미츠에게 "당신이 해온 수많은 과거 거래들을 세부적으로 분석했습니다"라고 말하자 그들은 놀란 표정으로 나를 바라봤다. 위험 분석 책임을 진 한국의 핵물리학자인 우리Woori 박사는 내가 왜 거기에 관심을 갖게 됐는지는 몰랐지만 내게 마진과 스미츠가 실시한 트레이딩 결과를 보여줬다. 금 트레이딩부터 살펴보자.

금을 거래할 때 그들은 캐나다의 소규모 금채광 회사인 MG의 지분을 샀고, 금에 포지션 대비로 공매도를 쳐놓았다. MG의 주가는 채굴해서 팔 수 있는 매장된 금의 가치를 반영하지 못한 채 저평가되어 있었다. 따라서 MG의 주가가 금 매장량에 기반할 때 적절한 평가가 이루어지지 않았다는 데서부터 수혜를 보겠다는 투자 전략이 세워졌다. 엑셀 스프레드시트상으로 봤을 때 이 전략은 유효해 보였다.

금 공매도는 금값의 예상치 못한 급락으로부터 투자자를 보호해주었다. 금값이 하락할 경우 MG의 주가도 하락한다. MG가 보유하고 있는 금의 가치가 하락할 것이므로 가격 하락은 금 공매도에 이익을 창출해줄 것이 분명했다. 저가에 금을 사서, 합의한 고가에 매입자에게 팔고 시세차익을 얻을 수 있었기 때문이다. 주식투자에서 본 손해는 금 공매도로 얻은 이익으로 상쇄할 수 있었다. 적어도 이론적으로는 투자 포지션이 위험하지 않게 헤지를 해놓은 것이다.

내가 "분석 결과, 그런 포지션은 위험이 크다"며 무자비한 공격을 퍼부었지만 메일러는 만면에 웃음을 머금었다. 그는 공격적 투자를 좋아했다. 투자 전략은 MG의 주식과 금값 사이의 관계를 기초로 하고 있었다. MG가 이미 매수자들과 미래 판매 가격에 합의를 해놓음으로써 금 투자로 시세 차익을 얻었다면 어떻게 될까? MG의 금 보유고가 당초 생각했던 것만큼 많지 않다면? MG가 광산 설비 확충에 필요한 자금 조달에 실패한다면 어떻게 될까? ESB가 공매도에 필요한 금을 빌릴 수 없다면? 나는 여러 가지 만일의 사태에 대비했다. 내가 복사해놓은 메모를 보면서 우리 박사도 ESB 경영진에게 내가 생각했던 것과 똑같은 위험들을 지적했다.

그러자 마진이 끼어들었다. "이는 쓰레기 이론에 불과합니다. 금은 분명 존재합니다. 독립적인 보유고 평가도 진행되었습니다. 금을 미리부터 팔 수는 없습니다! 경영진은 완전히 바보라고요!" 흥분한 마진은 거의 이성을 잃은 듯한 목소리로 말했다.

나는 이야기를 이어갔다. "당신 말이 옳더라도 ESB가 어떻게 포지션을 청산할 수 있지요? MG의 주가가 금값과 같이 움직이지 않는다면 어떻게 되지요? 당신은 무엇을 사고 싶은 겁니까? 기업을 사서 금을 채굴한 다음 금 공매도를 할 작정인가요? 광산을 매수하기 위해서는 정부로부터 승낙을 받아야 합니다. 규제 당국은 당신이 어떤 회사의 지분이라도 100퍼센트 소유하는 걸 허락하지 않을 것이 분명합니다." 그리고 이어 핵심을 찔렀다. "어떤 경우라도 트레이드로 많은 돈을 잃게 될 수 있습니다."

"망한다, 우리가 따지다가는!" 태양왕은 어색한 문장으로 말했다. 옥스퍼드에서 수학한 사람답게 우리 박사는 태양왕에게 완벽한 영어 발음으로 "우리가 따지다가 망한다!"라고 해야 옳다고 지적했다. 켈러는 "이익을 올리려면 위험을 감수해야 합니다. 이익이 위험을 보상해줄 만큼 충분합니다"라고 덧붙였다. 그 순간 사람들의 믿음을 얻지 못하면서 불길한 일을 예언하는 카산드라Cassandra처럼 나는 누구도 내 예언을 믿어주지 않을 것임을 알았다. 켈러는 이미 결정을 내린 듯 보였다. ESB는 경쟁 은행들과의 격차 해소를 위해 '주주들에게 돌아갈 이익' 확대에 매달려 더 큰 위험을 감수해야 했다. 내 눈에는 전략의 허점만 들어왔지만 그것으로 우리의 회의는 종료되었다.

다음날 오전, 프랑스 택시 운전사들이 일을 시작하기에는 너무 이른 시간에 공항으로 가는 택시를 기다리던 중 나는 우연히 태양왕을 만났다. 그는 습관적으로 오전 4시 30분에 일어나 심혈관계 운동과 필라테스Pilates(특수 장비를 써서 신체 유연성과 근력을 기르는 운동법-옮긴이)를 하면서 하루를 시작한다고 했다. 그는 생과일을 먹으며 아침을 시작하는 등 엄격하게 식이요법을 했다. 그 옛날 은행가들은 더 잘 먹고 잘 마셨고, 그들에게 운동은 기이한 일로 간주되었다. 나는 1943년 열린 합동

카사블랑카 컨퍼런스Allied Casablanca Conference에서 프랭클린 D. 루스벨트 대통령의 자문관을 지낸 해리 홉킨스Harry Hopkins(1890~1946년)가 분홍색 잠옷만 입은 채 아침식사용으로 적포도주 한 병을 마시면서 침대에 앉아 있던 윈스턴 처칠을 본 적이 있다는 사실을 켈러가 알고 있는지 궁금했다.

켈러는 "두뇌에 좋은 건 운동입니다. 어제 당신의 생각은 매우 흥미로웠습니다. 저는 우리 박사에게 위험에 대한 당신의 생각을 검토해달라고 요청할 겁니다"라고 말한 후 가버렸다.

흔들거리는 푸조 택시를 타고 공항으로 가면서 아침 햇살에 밝게 빛나는 베르사유 궁전을 지났다. 그로부터 몇 년 뒤에 초대형 헤지펀드인 시터델Citadel의 창립자인 켄 그리핀Ken Griffin은 결혼식 장소로 베르사유 궁전을 임대하게 된다.

메가 프레젠테이션

2007년 런던에서 열린 글로벌금융 컨퍼런스Global Finance Conference에 4,000명의 참가자들이 몰려들었다. 영국 재무장관이 개회사를 했다. 재무장관이 이곳에 참가했다는 것은 그가 금융, 은행업, 통화의 우월성을 믿고 있다는 것을 의미했다. 그는 런던을 금전 친화적으로 만들었고, 그로 인해 명사 대우를 받았다.

현대 경제학은 오랫동안 어떤 것도 창조해내지 못했다. 경제학의 주요 활동은 돈을 떠나서 생각할 수가 없다. 돈을 투자하고, 돈을 빌리고, 돈을 거래하고, 돈을 벌고, 돈을 쓴다. 돈은 부동산 투기, 고급차 판매, 개인 트레이닝, 라이프스타일 코칭, 호텔 세탁업과 같은 파생산업들을 창조한다. 이러한 산업들은 모두 현대 서비스 경제의 과시적 소비생활에서 필수적인 역할을 한다.

돈의 중심지로서 런던이 뉴욕보다 우월하다는 영국 재무장관의 암시는 미국이란 거대 대륙의 자본가들로부터 부정적인 반응을 이끌어 냈다. 분노한 메일러는 "뉴욕에서 돈을 벌 수 있을 정도로 충분히 능력이 뛰어나다면 어디서나 돈을 벌 수 있다"라고 주장했다.

독일의 고위 공무원들과 학자들은 금융이 사회 전반에 기여한 부분에 대해 발표했다. 은행가들은 혁신과 금융의 황금시대, 벌 수 있는 돈 그리고 벌고 있는 돈에 대해 말했다. 규제 당국들은 시장 반응적 규제들에 관해 말했다. 은행의 한 CEO는 "규제 당국자들이 마침내 통제하게 됐다! 미니멀리즘 음악에서 뚜렷한 지루하고 반복적인 특성이 나타났다"라고 말했다.

오찬 때 초대된 연사(그는 자선단체 기부 활동으로 유명한 록스타였다)는 30년 전 유행시켰던 히트곡을 부르며 입장했다. 그가 대중적 인기를 얻었을 때 기저귀를 차고 다녔을 청중들은 그 노래가 무슨 노래인지 몰라 혼란스러운 표정을 지었다. 연사는 자신의 '인도주의적 업적'을 자축하면서 "미래 시대의 패러다임은 새로운 질서가 돼야 한다. 그렇지 않으면 전 세계적으로 새로운 대혼란이 벌어질 것이다"라는 말로 연설을 끝맺었다.

복잡해지는 금융

글로벌금융 컨퍼런스 2~3일째의 주제는 '학습과 개발'이었다. 한마디로 학습하는 인재를 찾자는 것이었다. 인재는 타고나며 기술은 후천적이라는 내 생각은 분명 틀린 것 같았다.

예전에는 기본적인 경영학 학위나 더 나아가 MBA면 충분했지만 요즘에는 금융공학, 응용금융학, 금융과학, CFA(재무분석가), CQF(계량금융전문가) 등 선택할 수 있는 전문 분야가 대폭 확대되었다. 어쩌면 앞으로는 MMM(돈벌이 전문가) 같은 새로운 자격증이 생길지도 모른다.

이 외에도 상당히 이해하기 어려운 용어들이 금융산업에 유입되면서 최신 정보를 이해하지 못하면 전문가로서 자격을 상실할 위험이 커졌다. 이에 따라 그에 필요한 훈련을 제공하는 산업이 팽창하고 있다. 다양한 흐름들이 생기자 사람들의 성향도 파시스트, 무정부주의자, 신보수주의자, 페이비언 사회주의자 Fabian Socialists(점진적 사회주의 사상), 마르크스-레닌주의자, 프리드먼주의자 Friedmanites(자유주의시장경제 옹호자), 케인시안 Keynesians(영국 경제학자인 존 케인스의 이론을 믿고 따르는 사람), 원두당 Roundhead(1642~1649년 영국 내란 당시 의회파에 속하던 사람), 기사단 Cavaliers 그리고 호전적 채식주의자들로 다양해졌다.

컨퍼런스에서는 구조화 금융, 구조화 트레이드 금융, 구조화 상품을 주제로 여러 가지 세션들이 열렸다. 사실상 앞에 '구조화 Structured'라는 단어가 붙은 것은 무엇이든 논의 대상이었다. 상품을 주제로도 다양한 세션들이 열렸다. 사모펀드, 헤지펀드, 이머징마켓(특히 브릭스 국가들)에만 집중하는 세션들도 열렸다. '이머징마켓 상장서 평균 회기적 Mean-

Reverting 에너지 가격을 모델화하기 위한 블랙-숄즈-머튼Black-Sholes-Merton 모형 안팎에서 감마선 확산 방법과 고유 벡터Eigenvector를 통합하기'라는 제목으로 기술 세션이 열리기도 했다.

유동성과 레버리지

메일러는 자신이 일하는 은행이 주최한 컨퍼런스를 마친 후 런던에 있는 세인트 폴 대성당 건너 템스 강 남쪽 테이트 모던 갤러리Tate Modern Gallery에 있는 파티장으로 나를 초대했다. 뱅크사이드Bankside 화력발전소의 전기 발전기들이 보관되어 있던 5층짜리 건물 높이에 3,400평방미터 넓이의 대형 터빈 홀이었던 그곳은 지금은 여흥 공간으로 바뀌었다.

그곳에는 샴페인 바, 빈티지 위스키 시음 장소 그리고 이번 행사를 축하하기 위해 마련된 티파니Tiffany의 고가 보석 전시 공간 등이 있었다. 손님들은 다양한 샴페인들을 마시면서 서로 어울리고 인맥을 쌓았다. 한 아마추어 은행가가 이끄는 재즈 밴드가 들려주는 음악이 손님들을 흥겹게 했다.

테이트 모던 직원들은 손님들에게 1대 1로 1900년도까지 거슬러 올라가는 예술품들을 소개했다. 수집품들 중에 단연 돋보이는 것은 독일 예술가 요셉 보이스Joseph Beuys가 수집해놓은 대규모 예술작품들이었다. 보이스는 폭스바겐 버스의 후미, 담요를 갖춘 썰매, 식용 기름 등도 수집했다. 근처에는 펠트 천으로 둘러싸인 대형 피아노가 걸려 있었다.

나는 다른 파티에 참석하기 위해 일찍 자리를 떴다. '밝게 빛나는 인도'라는 주제로 인도은행가연합Indian Bankers' Association이 주최한 파티에 초대되었기 때문이다. 그곳은 인도 투자를 권유하는 홍보장이었다. 장관한 분이 성장, 자원 활용성, 기회 등과 관련된 통계들을 언급하면서 인도가 가진 미덕들을 칭찬했다. 인도 인구의 상당수가 위생, 깨끗한 물, 교육 혹은 건강보험의 혜택을 누리지 못하고 있다는 사실은 일절 언급하지 않았다. 또한 부적절한 전기 공급으로 매일 전력 제한이나 등화관제가 실시되는 바람에 거의 매일 하루에도 몇 시간씩 전기 공급이 중단된다는 사실에 대한 언급도 전혀 없었다.

테이트 모던 밖에 있는 템스 강을 따라가 보니 미래의 초대형 수익 창출 공간으로 기대되는 탄소 허가권과 배출권 트레이딩이란 새로운 프로젝트에 눈을 돌린 한 중개회사의 후원으로 제작된 남녀의 얼음 조각들이 보였다. 고급스럽게 바뀐 런던의 옛 거리였지만 내 눈에는 초봄 저녁의 냉기 속에서 신문지들로 몸을 감싼 가난한 노숙자들의 모습이 보였다. 24시간 영업하는 슈퍼마켓, 현금자동입출금기ATM 그리고 런던 지하철 역사 근처에서 쉴 곳을 찾는 노숙자들의 통곡 소리도 들렸다.

탐욕의 민주주의

2006년에 나는 매년 일반인들을 대상으로 열리는 대규모 투자 금융 경영 공개 행사인 머니쇼인아메리카Money Show in America에 참가했다. 글로벌금융 컨퍼런스가 샴페인과 캐비어가 어울리는 분위기라면 머니쇼는 맥주와 피자가 어울리는 분위기였다.

대형 홀 안에는 섹시한 젊은 남녀 직원들이 지나가는 사람들을 투자상품, 금융 전문 뉴스레터, 개인 금융 자문 서비스 등을 파는 부스로 열심히 인도하고 있었다. 머니쇼는 경매 열기와 열정적인 전도 분위기를 결합한 새로운 탐욕의 민주주의 조성을 목표로 삼은 듯 보였다. 경제학자인 존 케네스 갤브레이스 John Kenneth Galbraith(1908~2006년)가 목격했듯이 그곳에서는 "보통 사람들도 부자가 될 수 있다는 깊은 확신"을 심어주고 있었다.5)

자금 매니저들과 직원들은 방문객들에게 그동안 힘들게 저축해놓은 돈을 내놓으라고 설득하는 것 같았다. 미국 코미디언 우디 앨런 Woody Allen 의 말을 빌리자면, 그들은 마치 "당신이 빈털터리가 될 때까지 투자 조언을 해주겠다"고 말하는 것 같았다.6)

1929년 주식시장이 붕괴되기 전에는 많은 시장 예측 시스템들이 큰돈을 벌었다. 그중 한 시스템은 경기침체가 일어나기 몇 달 전에 경기침체로 주가가 하락할 것을 예상했다. 또 어떤 시스템은 만화책의 대화를 토대로 주식을 고르기도 했다. 유명한 예측가인 에반젤린 애덤스 Evangeline Adams 는 행성들의 움직임을 토대로 주가의 움직임을 예측했다. 소설가 마크 트웨인 Mark Twain(1835~1910년)이 소설 『바보 윌슨 Pudd'nhead Wilson』에서 조언한 내용이 가장 건전한 권고인지도 모른다. 그는 이렇게 썼다. "10월은 주식에 투자하기에 특별히 위험한 달 중의 하나다. 다른 위험한 달들로는 7월, 1월, 9월, 4월, 11월, 5월, 3월, 6월, 12월, 8월 그리고 2월이 있다."

역발상 투자자인 빅터 니더호퍼 Victor Niederhoffer 는 1997년에 발간한 베스트셀러 『투기꾼 교육 The Education of a Speculator』에서 자신의 거래 비밀을 연대순으로 나열했다. 그러나 그는 얼마 지나지 않아 엄청난 손실을 내고 운용하던 펀드를 청산했다. 아이러니하게도 니더호퍼는 과거 "책 한 권 팔려고 부자가 되는 비법을 알려주겠다는 사람이 있다는 건 상상조차 할 수 없다"고 밝힌 바 있다.

다양한 대출 상환 조건

머니쇼에서 한 은행은 새로운 주택 대출 상품인 '골라서 내는 Pick and Pay' 모기지 대출을 홍보했다. 대출자들은 대출 금액, 대출 기간 등 매달 내고 싶은 대출 조건을 고를 수 있었다. 선택된 상환 조건은 2년 동안은 애초 합의한 수준을 그대로 유지하고, 이후로는 은행이 상환 조건을 다시 정하는 식이었다. 이 상품은 값비싼 내집 마련의 꿈을 모든 사람들이 실현할 수 있게 만들어주었다.

대출 상환금에 대출의 이자 비용은 포함되지 않았다. 아무리 합리적으로 가정하더라도 이렇게 되면 첫 2년이 지나면 상환 금액이 2배 이상으로 불어날 수 있었다. 이에 대해 한 회계 담당자는 "차환대출 Refinancing을 이용하면 됩니다! 그에 대한 가능성은 생각하지 못했죠?"라며 내 생각이 틀렸다는 듯 말했다. 대출 만기가 돌아오는 2년 뒤 새로운 대출을 받아 예전 대출을 상환하는 방식으로 차환대출을 실행하면 된다는 것이다. 번지르르한 차트와 상호작용하는 그래픽들은 미국의 주택 가격이 매년 10~40퍼센트 오르고 있음을 보여주었다. 주택 가격이 상승하면서 재산이 늘어나므로 더 많은 돈을 빌려서 이전에 빌린 대출금을 갚는 것이 가능하다는 논리가 완성됐다. 따라서 대출 약관에는 작은 글씨로 대출금 조기 상환 시 대출자들이 조기 상환에 따른 위약금과 차환 비용을 지급하도록 명시되어 있다. 모기지 대출이 40만 달러일 경우 조기 상환에 드는 비용은 대출 금액의 3퍼센트에 이르는 1만 2,000달러인 셈이다.

또한 모기지 대출 없이 자기 집을 소유한 사람들은 주택 가격이 오르는 틈에 신규 대출을 받아서 원하는 곳에 돈을 유용할 수 있는 생활비 마련용 대출도 있다. 또 은퇴한 사람들이 주택을 담보로 돈을 빌려 은퇴자금으로 쓸 수 있는 역모기지 대출Reverse Mortgage도 있다. 그리고 99년 만기로 돈을 빌려, 후손에게 빚을 물릴 수 있는 레거시 모기지Legacy Mortgage라는 상품도 있다.

흑해 부동산

부동산 세미나에 참석한 연사는 깔끔한 실크 정장 차림에 헤드셋을 걸친 30대 남성이었다. 그는 수사학적 질문들을 굉장히 좋아했다.

여러분은 오늘날 지구상에서 가장 뜨겁게 타오르는 부동산시장이 어디인지 아십니까? 불가리아의 흑해Black Sea 해변입니다. 왜 그런지 아십니까? 그곳이 오늘날 세계에서 가장 저렴한 해안가이기 때문입니다. 40만 달러만 내면 여러분은 해변에 위치한 최고의 부동산을 구입할 수 있습니다. 플로리다, 멕시코, 스페인에서 그 돈으로 무엇을 살 수 있겠습니까? 생각해보세요. 지난 6개월 동안 가격이 2배로 뛰었습니다. 제가 향후 2년 동안 얼마의 수익을 올릴 것으로 기대하는지 아십니까? 바로 500퍼센트입니다! 맞습니다. 여러분들은 투자한 금액의 5배를 벌 것입니다. 상상이 되십니까? 오직 똑똑한 사람들만이 그런 상상이 가능할 겁니다. 여러분은 똑똑합니까? 부자가 되고 싶습니까?

연사는 잠시 말을 멈추고 청중들의 표정을 유심히 살피면서 물었다. "똑똑하지 않으면 낙오자가 아닐까요? 여러분은 계속해서 낙오자로 남고 싶습니까?"

나는 바위와 자갈투성이의 해변, 심각하게 오염된 바다와 함께 뿌연 연기를 뿜어대는 체르노빌 원자력 발전소를 바라보는 거대한 흑해의 해안 방갈로들이 어떻게 좋은 투자처가 될 수 있다는 것인지 이해가 되지 않았다. 연사가 추천하는 또 다른 투자처는 지난 2년 동안 가격이 150퍼센트 오른 페르시아 만 두바이 지역이었다. 유가 속등과 투자 포트폴리오를 다각화하는 다른 부동산 투자자들의 수요로 인해 대규모 이익이 보장되는 지역이라는 설명이었다.

연사가 속한 회사인 월드RE인베스트먼트포트폴리오 사^{World RE Investment Portfolios, Inc.}는 부동산이 아니라 세미나를 팔아먹고 있었다. 연사는 결론 부분에서 흑해와 두바이 및 그 외 다른 지역 투자를 통해 부자가 되는 정보를 더 많이 얻고 싶다면 더 많은 세미나에 참석해야 한다며 세미나 신청을 독려했다. 일련의 세미나들에 참석하려면 2만 5,000달러를 지급해야 했다. 1대 1 개인 컨설팅을 받으려면 2시간에 5만 달러의 비용이 들었다.

서문_휴브리스 29

함께 세미나에 참석했던 옆 사람이 내게 말했다. "제가 지금까지 얻었던 정보 중 최고의 투자 정보네요. 전 개인 1대 1 상담에 등록할 겁니다. 지금 하고 있는 일을 본격적으로 시작하려면 세미나를 들어야 할 것 같네요"라고 말했다. 그는 지난 7년 동안 다양한 국가에서 200채의 집을 구입해 포트폴리오를 꾸렸다고 했다. 고령의 부모를 돌보기 위해 부모의 집 옆에 부동산을 매입했지만 이사를 가기도 전에 부모님의 병세가 깊어져 돌아가셨단다. 그런데 우연히 그 주택의 가치가 상승해 집을 판 후 첫 거래에서 이익을 남겼고, 그 돈으로 또 다른 부동산에 재투자했다.

그는 이제 부동산을 사면서 부동산 가치가 오르는 순간 처음 투자금을 회수하기 위해 모기지 대출을 늘린 다음 처음부터 다시 투자를 시작하는 일을 되풀이하고 있었다. 그는 말했다. "요즘 은행들은 대출에 아주 관대해요. 아무것도 묻지 않고 집값의 100퍼센트를 대출해준다니까요. 처음에 투자를 시작할 때 돈 한 푼 없어도 됩니다. 예전과는 상황이 바뀌었어요."

그는 서류상으로는 2,000만 달러를 보유한 재력가였다. 차고 정비공치고는 괜찮은 투자 실적이었다. 그러나 그 돈은 모두 부동산에 묶여 있었다. 그는 "저는 부동산을 팔고 싶지 않아요. 부동산 가격이 아주 많이 올랐거든요"라고 말했다. 그는 돈을 써야 할 때 돈을 빌렸고 1억 8,000만 달러 정도의 빚을 지고 있었다. 그가 내게 늘어놓은 일관된 메시지는 "빚을 지면 좋은 일이 생긴다"였다.

부채에 기댄 인생

ST트레이딩 세미나에 참가한 사람들은 소규모 집단으로 나뉘었다. 나는 내 컴퓨터 단말기를 활달한 중년 여성인 메리와 그녀의 남편 그레그와 함께 썼다.

메리는 전업주부지만 증권회사에서 비서로 일한 경력이 있었고, 두 아이를 키우면서 집안 살림을 하며 동시에 일을 하는 것이 어렵다는 것을 깨달았다. 메리는 집에서 시간을 정해 주식거래를 하면 일을 하면서 벌 때보다 더 많은 돈을 벌 수 있다고 믿었다. 그녀는 "이웃 중 한 명이 오랫동안 그런 식으로 주식거래를 하고 있는데, 그 사람은 매주 5,000달러를 벌어요. 돈을 버는 게 그리 어려운 일만은 아닌 것 같아요"라고 말했다.

기계공인 그레그는 20년 동안 한 기계 장비 제조회사에서 일했다. 그는 사모펀드 회사가 최근에 빚을 잔뜩 내서 그의 회사를 인수하는 바람에 여러 가지 변화가 일어났다며 투덜댔다. 그는 주식거래를 회의적으로 보지만 더 많은 돈이 필요하다고 했다. "모기지 대출을 갚고, 차 두 대를 굴리고, 학비와 건강보험료를 내고, 휴가를 즐기기 위해서는 돈이 더 필요합니다." 부부는 은퇴할 때 필요한 자금을 계산해주는 금융 상담원을 만났다. 은퇴 후 필요한 돈은 그들이 받을 연금과 은퇴 이후를 위해 저축해놓은 돈으로는 감당할 수 없는 수준이었다. 메리는 "그 사실을 깨닫고서 뭔가를 해야 한다고 느꼈어요. 안 그래요, 여보?"라고 말했다.

세미나에서 강사는 우리에게 차액 거래[CFD : Contracts for Differences], 선물, 옵

션, 파생상품 거래 방법을 알려주었다. 파생상품은 워런 버핏^{Warren Buffett}이 '대량학살 무기'라고 불러서 유명해진 투자상품이다. 당신은 주가, 통화, 금리, 상품가격 등 어떤 금융 자산가격에서 일어나는 변동성에도 투자할 수 있다. 또 2퍼센트만 걸고도 투자가 가능하다. 수중에 2만 달러가 있으면 100만 달러에 달하는 주식투자가 가능하다는 말이다. 예를 들어 주가가 10퍼센트 오를 경우 2만 달러를 투자해 10만 달러를 벌 수 있다. 무려 5배, 즉 500퍼센트의 수익을 내는 구조다. 이처럼 빚을 지렛대로 투자 수익률을 극대화하는 것을 레버리지^{Leverage} 투자라고 한다.

일반적으로 어떤 주식이 100달러에 거래될 경우 당신은 그 주식을 100달러를 주고 산다. 그 주식이 10달러 오르면 당신의 투자 수익률은 당연히 10퍼센트다. 그런데 레버리지를 이용한다면 같은 100달러짜리 주식을 자기 돈 10달러로 살 수 있다. 나머지 90달러는 다른 사람들의 돈을 빌리는 것이다. 주식의 가치가 똑같이 10달러가 올랐다고 가정하면 당신은 10달러의 돈을 벌지만 이번에 당신이 올린 수익률은 100퍼센트(10달러를 투자해 10달러를 벌었으므로)에 이르는 것이다. 이처럼 레버리지는 퍼센트 기준으로 수익률을 크게 높여준다. 이는 화폐 기준으로도 수익을 늘려줄 수 있다. 예를 들어 당신에게 100달러가 있는데, 그 돈으로 일반적으로 주식 1주를 살 수 있다고 치자. 레버리지를 활용하면 당신은 10주(본인 투자금은 100달러이고 여기에 900달러를 빌려서 10주를 산다면 이것은 100달러를 갖고 총 1,000달러어치의 주식을 사는 것이 된다-옮긴이)를 갖고 화폐 기준으로도 소득을 늘릴 수 있다.

그러나 레버리지는 구매된 것의 가치가 오를 때와 내릴 때 모두 같은 작용을 한다. 이자와 더불어 원금을 모두 상환해야 할 때 레버리지의 위험 부담은 더욱 커진다. 주식의 가치가 10달러 하락할 경우 당신은 10달러 손해를 보지만 레버리지 전략을 썼을 때 주가 하락은 당신의 전체 투자금인 10달러를 날려버린다. 즉 수익률은 마이너스 100퍼센트가 된다.

고대 그리스의 수학자이자 물리학자인 아르키메데스^{Archimedes} (BC287?~BC212년)는 이렇게 말한 적이 있다. "내게 충분히 긴 지렛대와 그것을 올려놓을 지렛목을 달라. 그러면 내가 세상을 움직일 것이다." 현대 세계에서 돈놀이는 이와 똑같은 원칙을 기초로 한다. "내게 충분한 빚을 주면 내가 세상에서 온갖 돈을 벌어서 취할 것이다."

경쟁의 나날들

세미나에서 우리는 성공적으로 거래할 수 있는 유일한 방법은 ST의 컴퓨터 프로그램을 사는 것이라는 말을 들었다. 가격은 995달러로, 컴퓨터를 산 다음에는 훈련 DVD(495달러), 매뉴얼(195달러), 트레이딩 뉴스레터(연간 구독료 350달러), 그 외 각종 트레이딩 용품들을 구매해야 한다. 게다가 ST에 가입된 증권사에 가서 2만 달러를 투자하면 계좌를 열 수 있는데(거래 한 건당 수수료는 2퍼센트다), 즉시 가입할 경우 ST의 설립자가 발간한 책 『부와 독립으로 가는 트레이드 방법$^{Trade\ Your\ Way\ to\ Wealth\ and\ Independence}$』이라는 책도 저렴한 가격으로 구매할 수 있다고 한다.

내 머릿속에는 마크 형제들이 1937년에 만든 영화 「경주하는 날$^{A\ Day}$

at the Races』에 나오는 장면이 떠올랐다. 영화 속에서 주인공 차이코는 경마에 대한 조언이 담긴 경주 비법 안내서를 파는 가짜 예술가인데, 남의 말을 잘 믿는 휴고 핵켄부시 박사에게 1달러만 주면 그 책을 팔겠다고 꼬드긴다. 핵켄부시 박사는 경주 비법 안내서를 사는데, 책에는 Z-V-B-X-R-P-L이 다음 경주에서 우승할 것이라 예언되어 있다. 이를 해독할 수 없는 핵켄부시 박사는 차이코에게 조언을 구하는데, 차이코는 책의 문구를 해독하려면 암호 해독서가 필요하다고 말한다. 물론 책은 공짜지만 인쇄비로 1달러만 받겠다고 하면서. 그게 싫다면 인쇄비는 무료지만 배달비로 2달러를 받는 공짜 암호 해독서를 대신 사도 좋다고 한다. 핵켄부시 박사가 자신이 차이코 바로 옆에 있는데 배달비는 무슨 배달비냐며 분노하자 차이코는 그렇게 짧은 거리라면 배달비로 1달러만 받겠다고 말한다.

결국 핵켄부시 박사는 암호 해독서와 암호 해독서를 해독하는 참고서 4권을 사느라 총 6달러의 돈을 지출한다. 핵켄부시 박사가 그의 서재를 말 관련 자료들로 채울 무렵 그가 내기를 걸고자 했던 경주는 이미 끝나버리고 만다.

세미나를 떠나려고 할 무렵, 메리와 그레그는 ST의 트레이딩 시스템에 가입하고 있었다. 나는 작가이자 언론인인 에드윈 르페브르Edwin Lefevre가 쓴 책 『어느 주식투자자의 회상Reminiscences of a Stock Operator』을 통해 영원히 기억될 전설적 투자자인 제시 리버모어Jesse Livermore(1877~1940년)가 했던 다음의 말을 생각해보았다.

속이는 방법은 항상 똑같다. 돈을 쉽게 벌 수 있다는 것이다. 투기가 결코

변하지 않는 이유가 이 때문이다. 투기가 주는 매력은 똑같다. 탐욕, 허세 그리고 게으름이 그것이다. 바보의 조언을 듣고 스타킹이나 퍼케일^{Percale}(침대보용으로 쓰이는 면직물 - 옮긴이)을 매매하는 꿈을 꾸어보지 않는 상인조차 월가^{Wall Street}로 가면, 남의 이익에는 전혀 관심 없는 사람들이나 혹은 자기도 부자가 아니면서 남에게 시도해볼 것을 권유하는 정보원들의 말만 믿고 기꺼이 돈을 투자하는 위험한 짓을 할 것이다. 상인은 돈만 벌 수 있으면 두뇌, 비전, 지식, 경험 등은 중요하지 않다고 생각한다. 주식시장이 뜻대로 움직이건 그렇지 않건 상관없이 그의 희망은 항상 그의 판단과 싸운다. 즉 차익을 실현해야 하지만 더 많은 돈을 벌고 싶다는 희망과 손해를 덜 보고 싶다는 희망이 그것을 막는 것이다. 이것이 바로 인간이 가진 결점이다! [7]

'악의 눈을 가진 남자^{Man with the Evil eye}'라는 말을 들었던 리버모어는 몇 차례 큰돈을 벌기도 하고 잃기도 한 유명 투기꾼이었다. 한창 잘나가던 시절 노란색 롤스로이스와 요트를 소유하고, 거대한 사파이어 반지를 끼고 다녔던 그는 1940년이 되자 가난에 쪼들리게 되었다. 그가 자살하면서 남긴 유서에는 "내 인생은 실패였다"라는 글이 적혀 있었다.

닥터 둠

메일러는 나의 전 세계 금융시장 상황 분석에 대해 "루비니와 파버만이 당신 말에 동의할 것"이라고 평했다.

대표적인 비관론자인 누리엘 루비니^{Nouriel Roubini} 뉴욕대 교수는 2008년 세계 금융위기를 예언해 닥터 둠^{Dr. Doom}이라는 별명을 얻었다. 터키에서 이란 출신 부모들 사이에서 태어나 현재 민간 컨설팅 회사들을 운영 중인 그는 이미 많은 사람들이 알고 있겠지만 오랫동안 세계 금융시장에 대해 비관적인 시각을 유지해왔다. 마크 파버^{Marc Faber} 역시 닥터 둠으로 불린다. 투자 분석가이자 기업가로서 원래 스위스 출신인 그는 태국에 거주하면서 「글룸 붐 둠^{Gloom Boom Doom}」이라는 뉴스레터를 발간했다. 그의 웹사이트에는 화가 카스파 메링거^{Kaspar Meglinger}가 그린 섬뜩한 그림 「죽음의 춤^{The Dance of Death}」이 등장한다. 두 사람은 경기부양 정책에 심취한 중앙은행장들이 저렴한 부채를 잔뜩 제공했으며, 이로 인해 생긴 세계가 엄청난 거품에 휩싸여 있다고 믿는 소위 '종신 비관론자들^{Perma-Bears}'이다.

메일러는 말을 이어갔다. "부사장은 자네가 심한 우울증에 걸렸기 때문에 항우울제 치료가 필요하다고 생각하고 있어. 자네의 분석은 흥미롭긴 했어. 우리에게는 조정이 필요하지. 분명 그래. 그렇지만 자네가 걱정하는 것만큼 상황이 심각한 건 아니야."

나의 분석 결과 부채가 현기증이 날 정도로 심하게 늘어나고 있음이 드러났다. 미국 정부와 기업, 개인들의 차입금은 미국의 1년 국내총생산^{GDP}의 약 350퍼센트에 달했다. 가계 부채는 사상 최고 수준이었다. 미국의 모든 남자와 여자, 아이들은 미국보다 부유하지 않은 중국의 남자와 여자, 아이들로부터 각자 약 4,000달러씩 돈을 빌린 셈이었다. 복잡하고 이해하기 힘든 데다 검증되지 않은 금융상품들이 규제의 허점을 파고들면서 우리가 모르는 사이 부채가 크게 늘어난 것이다. 은행들은 상환 능력이 전혀 없는 기업과 개인들에게까지 돈을 빌려줬고,

투기와 게임의 판도를 뒤흔드는 돈이 넘쳐났다.

그러나 시장에는 비관적인 뉴스가 비집고 들어갈 틈이 없었다. 나는 2007년에 펀드매니저들이 모인 한 컨퍼런스에서 연설을 해달라는 요청을 받았다. 그러나 주최 측은 얼마 있다가 연사를 내가 아닌 다른 이로 교체했다. 그 다른 연사의 의견이 주최 측의 생각과 일치한다는 것이 교체 이유였다. 주최 측은 내게 이렇게 말했다. "우리는 당신이 그려낼 암울한 예측이나 희망 없는 메시지가 걱정됐습니다. 이 컨퍼런스에 참석하기 위해 고객들이 회비를 내는데, 연설을 듣고 우울해지려고 돈을 낸 것이냐는 회의감을 느껴서는 안 되지 않겠습니까?"

누구나 돈 문제에 있어서만큼은 합리적이기 힘들다. 투자자와 은행가들은 비관론자들의 영원한 종말론을 받아들이거나 쌓아온 이득을 포기하려 하지 않는다. 오직 엄청난 강자나 자기희생적인 사람들만 매분기 혹은 매년 쉽게 번 돈을 포기할 수 있을 뿐이다. 당신이 금융 역사에 관해 많은 지식을 갖고 있고 이를 신중하게 분석할 수 있다 해도 스스로 군중의 광기 속에 사로잡히는 것을 피하긴 어려울 것이다.

메일러는 새로운 프로젝트(헤지펀드, 사모펀드, 새로운 파생상품 및 구조화 투자상품)를 시도하면서 "우리는 지금 기록적인 이윤을 내고 있어. 인도, 중국, 러시아, 브라질, 두바이 시장을 확대하면서 사무실을 내고 있거든. 매도프라는 사람 혹시 알아? 어쩌면 그와 일을 같이 하게 될지도 몰라"라고 말했다.

메일러도 예전에는 지금처럼 열정적으로 추종하고 있는 것들에 대해 의문을 품었던 적이 있다. 성공한 금융인이라면 모두 그들의 현재 세계관에 어울리는 것만 기억하면서 선택적 기억상실^{Selective Amnesia}(일정

기간 동안 일어났던 사건들 가운데 전체가 아닌 한 부분만 기억해내지 못하는 경우-옮긴이)을 경험한다. 유명한 경제·정치학자이자 영국의 주간지인 「이코노미스트The Economist」지의 창립자인 월터 배젓Walter Bagehot(1826~1877년)은 사람들은 돈을 벌 때 가장 속기 쉽다고 지적했다. 1925년에 작가 F. 스콧 핏제랄드Scott Fitzgerald는 소설 『위대한 개츠비The Great Gatsby』에서 "개츠비는 푸른 빛, 매년 우리 앞에서 사라져가는 난잡한 미래를 믿었다. 그것은 당시 우리를 교묘하게 피했지만 그건 중요하지 않다. 내일이 되면 우리는 더 빨리 뛰고, 우리의 두 팔을 더 멀리 벌릴 것이다"라고 말했다.[8]

익스트림 머니

스위스 출신의 유명 영국 작가인 알랭 드 보통Alain de Botton은 그의 책에서 "비행기가 하늘로 이륙하는 순간만큼 인생에서 더 많은 해방감을 느끼는 때는 거의 없다. 그것은 '나 자신과의 대화'에 도움이 되는 순간이다"라고 썼다.[9] 나 역시 집으로 가는 비행기 안에서 내 생각을 정리하기 위해 노력한다.

세상 사람들은 사회적, 문화적 혹은 정치적인 문제들만큼이나 경제와 금융에 관한 문제에 대해 많은 이야기를 나눈다. 그 과정에서 돈의 정체가 정의되고 재창조된다. 개인 경제의 미래는 점점 더 재정적인 성공 여부에 의해 좌우되고 있다. 기업과 정부 역시 경제적 수단에 따라 자신들의 능력을 평가한다.

일반 사람들은 주택과 자동차 등을 사기 위해 돈을 빌린다. 그들은 아이들의 교육이나 휴가, 은퇴를 대비해 돈을 저축한다. 금융인들은 더 많은 돈을 벌려고 저축한 돈을 시장에 투자한다. 그들은 주식, 부동산 그리고 다른 투자상품들을 산다. 기업들을 사서 직원과 비용을 줄이고, 자산을 정리한 다음 큰 이익을 남기고 다른 투자자들에게 기업을 되파는 사모펀드들에게로 돈이 몰린다. 헤지펀드들은 미미한 가격 움직임이나, 이미 일어나거나 일어나지 않은 사건에 복잡하게 베팅해 돈을 벌려고 애쓴다.

금융인들은 프랑스 은행가들이나 이해할 법한 계산이 복잡한 슈퍼컴퓨터를 사용해 투자자들의 요구에 따라 위험을 잘게 쪼갠다. 모기지 대출과 유료 도로나 공항들은 개인들에게 은퇴 후 소득을 제공해줄 연금펀드나 펀드매니저들에게 팔리는 증권으로 바뀐다. 금융인들은 그들이 개발한 새로운 지역으로 토착민들을 이동시키며 새로운 지역들을 식민지화한다.

우리는 성장, 번영, 부 면에서 새로운 인공적 지위를 창조하는, 돈을 수단으로 하는 놀랍고도 위험한 게임들로 가득 찬 세상에서 살며 일하고 있다. 나는 이런 돈을 '익스트림 스포츠'에 빗대어 '익스트림 머니Extrement Money'라고 부른다. 과거에 평범한 것들의 가치 평가와 교환을 위해 사용되던 돈이 이제는 돈을 버는 중요한 수단이 되었다. 10억 달러의 돈을 벌기 위해 더 이상 실제로 어떤 것도 만들 필요가 없어졌다. 익스트림 머니의 규칙은 모든 사람들이 빌리고, 저축하고, 더 부유하게 된다는 것이다. 그러나 오직 노련한 내부자들만이 게임을 하고 이를 조작하면서 더 큰 부자가 된다.

돈과 돈을 수단으로 하는 게임들은 무형적이고 비현실적이며, 점점 더 가상의 성격을 띤다. 붉은색이나 푸른색 가격 신호들을 비춰주는 전광판들이 금융세계의 진정한 본질이다. 트레이더들은 직접적으로가 아닌 이익이나 손해(벌거나 잃은 돈, 잃어도 불과 몇 시간 만에 되찾을 수 있는 돈) 차원에서만 근본적인 현실을 경험한다.

평론가 톰 울프Tom Wolfe는 예전에 호주의 경제학자인 조셉 슘페터Joseph Schumpeter가 했던 말을 인용해 돈의 세계를 다음과 같이 요약, 정리했다. "슘페터는 주식과 채권을 증발해버리는 자산이라고 불렀다. 결국 사람들은 기초자산을 완전히 잃어버리게 될 것이다. 자산들은 이제 모두 서류라는 소수의 사람들만 이해하는 장치로 존재함에 따라 증발해버리는 재산이 되었다. 나는 이를 증발해버린 세제곱된 재산이라 부르겠다."10) 익스트림 머니는 핵심이 사라진 현실이다. 즉 이는 실재하는 것들의 금전적인 그림자다.

그리스어로 '휴브리스Hubris'는 종종 치명적인 벌로 이어지는 과도한 오만을 뜻한다. 그리스 비극에서 휴브리스는 신이나 법의 영역에 도전하는 인간들의 행동을 묘사할 때 쓰이는데, 이는 인간들의 필연적인 파멸로 끝난다. 나는 글로벌 금융센터와 머니쇼에서 메일러와 대화를 나누는 동안 그에게서 추락하기 전에 나타나는 과도한 자신감과 도를 넘는 야심을 느꼈다. 휴브리스는 '파멸'이라는 신의 '보복Nemesis'을 불러온다.

인류는 사회와 경제를 잘 돌아가게 만드는 윤활유로서의 돈을 그 자체로 중요한 것으로 오인했다. 인류는 우상을 만들었고, 잘못된 신을 숭배했으며, 돈을 숭배하기 위해 어느 때보다도 세련된 건물과 예식들을 창조해냈다. 인류는 일방통행의 길을 달렸다. 이제 돌아가기에는 너무 늦었다.

  이 책은 그러한 이야기를 들려줄 것이다. 이것은 본질적으로 현대 세계에 얽힌 이야기다.

사트야지트 다스

CONTENTS

서문 휴브리스 5
위기의 시작 서브프라임 | 최고의 쇼 | 1,200만 달러짜리 뱀상어 | 뻔뻔한 무지 | 위험투자의 확대 | 투자 아이디어 | 무시되는 위험들 | 메가 프레젠테이션 | 복잡해지는 금융 | 유동성과 레버리지 | 탐욕의 민주주의 | 다양한 대출 상환 조건 | 흑해 부동산 | 부채에 기댄 인생 | 경쟁의 나날들 | 닥터 둠 | 익스트림 머니

1부_ 신뢰 T R U S T

1장 돈, 시대를 반영하는 거울 49
다양한 종류의 돈 | 거래 장소 | 돈의 발명 | 야만적 유물, 금 | 실물 | 뉴햄프셔 호텔 | 붕괴 | 돈을 찍어내는 기계, 은행 | 부채 시계 | 무의미한 돈 | 거울이 비추는 방

2장 돈은 모든 것을 바꾼다 82
와타나베 부인의 월가 진출 | FX 미인 클럽 | 플루토노미 | 트리클 다운, 트레이딩 업 | 나는 쇼핑한다, 고로 존재해야 한다! | 베컴처럼 써라! | 불안한 노후 | 세금 회피 | 일본인들의 저주 | 우리 시대의 신

3장 비즈니스 중의 비즈니스 108

억제된 양심 | 똑똑하고 무모한 투기 | 더러운 속임수 | 결혼과 이별 | 잭 웰치가 지은 집 | 자본에 대한 생각 | 잭 웰치를 경계하라 | 비즈니스 거래

4장 파는 돈 133

멋진 은행 | 수건 돌리기 | 광란의 대출 | 환상의 플라스틱 돈 | 카지노 은행 | 신뢰의 함정 | 돈의 도시 | 시대의 신호

5장 노란색 벽돌 길 157

엄청난 돈 | 연못의 전쟁 | 멋진 브리타니아 | 야만적 침략 | 어울리지 않는 금융센터들 | 엘도라도 경제 | 부유한 사회주의 | 외국의 보물 | 빛 좋은 개살구 | 유동성 소용돌이

2부_ 시장근본주의 MARKET FUNDAMENTALISM

6장 시카고학파 181

우울한 과학 | 시카고학파이론 | 경제 정치학 | 학계의 싸움 | 레이건과 철의 여인 | 정치적 경제 | 새로운 과거의 계약 | 통화 렌즈 | 불안한 안정

7장 잘못된 신, 거짓 예언들 209

가격의 미스터리 | 우연이란 악마 | 기업과 차익 거래

3부_ 연금술 ALCHEMY

8장 부채를 사랑하는 법 221
LBO의 시작 | 부트스트랩 방식 | 모든 것을 사기 위한 레버리지 | 허리띠 졸라매기 | 젠센 교수, 월가로 가다 | 숫자에 빠져 죽다

9장 부채 굴리기 237
증권화라는 요리법 | 자르고 쪼개기 | 안전한 주택 담보 | 합성 증권화 | 짝짓기 | 주택투자를 통한 부의 축적 | 방만한 대출 | 모기지시장의 과잉

10장 위험한 슈퍼마켓 266
파생상품을 주의하라 | 입자 금융 | 하버드대학조차 당하다 | 파생상품의 위험 | 그리스가 한 거래 | 미친 사람들의 게임 | 소시에테제네랄 | 사악한 커비엘 | 파생상품이 가진 위험

11장 헤지펀드 286
존스의 모형 | 모비딕을 찾아서 | 스타일 구루 | 은행과 헤지펀드들의 특별한 관계 | 결국 우리는 모두 죽는다 | 아찔한 게임 | 친밀감과 저주 | 우드스톡 경험 | 처벌이 없는 범죄 | 특권을 누리는 아이들

4부_ 금융위기 FINANCIAL CRISIS

12장 전쟁 게임 311
차입의 시기 | 유동성 공장 | 조하르에 의존하기 | 맹목적 자본 | 임대료 수집가들 | 최고 중 최고

13장 위험의 우상화 330
끊임없는 성찰 | 금융 분야의 집단사고 | 그린스펀 | 나는 아무것도 후회하지 않는다

14장 심각한 금융시장 342
에어 포켓 | 대규모 소멸 | 공포에 질린 시장 | 확산되는 위기 | 아일랜드가 주는 교훈 | 뉴턴 경제학

결론 불확실한 세계 358
주석 362
참고문헌 384

1부

신뢰

TRUST

20세기 후반에는 돈 문화가 지배했다. 교환의 도구였던 돈은 그 자체가 중요한 무언가로 바뀌었다. 돈은 실물로서의 지위에서 벗어나 부를 창조하고, 경제 활동성을 제고하고, 성장을 증진하는 수단이 되었다.

돈은 은퇴를 위한 저축과 소비를 위해 일으킨 부채를 통해 개인의 삶을 지배하기 시작했다. 기업들은 이익을 내기 위해 머니게임에 탐닉했고, 새롭게 규제가 풀린 은행들은 이 기회를 이용해 현대 경제에서 중심적인 역할을 맡기 위해 움직였다. 도시와 국가들도 금융화Financialization되었다.

이런 금융화의 정도는 항상 돈 문제를 다루는 언론에 의해 더욱 강력해졌다.

1장 돈, 시대를 반영하는 거울

올드머니Old Money가 있고, 뉴머니New Money가 있다. 올드머니는 미국 버지니아 주 동부 도시 햄프턴에 거주하는, 유명한 메이플라워Mayflower(1620년 영국 뉴잉글랜드 최초의 이민인 청교도를 북미로 수송한 선박-옮긴이)를 타고 온 후손들이 쓰던 돈이다. 그리고 뉴머니는 칠스키Chealski 축구 클럽을 인수한 러시아 집권층과 「살아 있는 자의 마음속에 있는 죽음의 육체적 불가능성」과 같은 현대 예술품들을 좋아하는 헤지펀드 매니저들이 사용하는 성공과 야심을 드러내는 돈이다.

또 태환통화Hard Money와 불태환통화Flat Money, 부채가 있다. 금, 달러, 파운드, 유로, 루니Loonie (캐나다 달러), 오지Aussie (호주 달러), 키위Kiwi (뉴질랜드 달러), 중국의 위안, 인도의 루피, 러시아의 루블, 브라질의 헤알, 남아프리카공화국의 란드Rand, 쿠웨이트의 디나르Dinar, 사우디아라비아의 리얄Riyal 그리고 잠비아의 콰차Kwatcha가 있다. 영화 「타인의 돈Other People's

Money」에서 배우 대니 드비토Danny de Vitor가 분한 로렌스 가필드Lawrence Garfield 는 변호사에게, 모든 사람들이 돈을 사랑하기 때문에 돈을 '돈'이라고 부른다고 말하는 장면이 나온다.

실제로 돈은 마음속에서만 존재한다. 돈은 신뢰의 문제다. 신뢰와 더불어 배신의 가능성 역시 존재한다. 지금은 고인이 된 팝의 황제 마이클 잭슨Michael Jackson은 돈의 본질을 깨닫고 난 후 사람들에게 돈을 위해 살 거라면 거짓말하거나 염탐하거나 남을 죽이거나 자신이 죽을 각오를 하고 덤벼들어야 한다고 말했다.[1]

다양한 종류의 돈

돈의 종류는 다양하다. 어느 유명 경영대학원이 주최한 포트폴리오 운용 워크숍Portfolio Management Workshop 참가자들 중 대부분은 20대 후반에서 30대 초반으로 이미 다른 사람들의 돈을 운용하고 있었다. 그중 한 사람이 눈에 띄었다. 거의 80세에 가까웠지만 등이 곧고 큰 키에 야윈 체형의 노인은 자신의 돈을 더 잘 운용할 수 있는 방법을 배우기 위해 워크숍에 참석했다고 했다. 그는 내게 금에 얽힌 아주 흥미로운 이야기를 해주었다.

1906년 4월 18일 수요일 오전 5시 12분, 샌프란시스코에 대지진이 강타했을 때 그는 어린아이였다. 당시의 지진은 미국 역사상 최악의 자연재해 중 하나로 기록되었다. 노인과 그의 가족은 지진과 이로 인해 발생한 화재를 피해 간신히 배를 타고 폐허가 된 도시에서 빠져나왔다. 노인의 아버지가 현찰 받기를 거부했던 뱃사공에게, 그때와 같은 비상시를 대비해 미리 몰래 모아두었던 금을 건넨 덕분이었다. 잉카인들이 '신이 흘린 땀Sweat of the God'이라고 불렀던 금은 태환통화다. 금이야말로 혼란의 때에 쓸 수 있는 유일한 돈이다.

1970년대에 많은 인도인들이 더 나은 삶을 찾아 이주했다. 인도의 외환 규제 당국은 무가치한 인도의 루피를 실가 화폐인 미국의 달러나 영국의 파운드로 바꾸는 것을 법적으로 금지했다. 이에 따라 인도의 이민자들은 비공식적인 통화 교환 시스템인 하왈라Hawala 내지는 훈디Hundi에 의존했다.

돈을 바꾸려면 환전 브로커를 소개받아야 했다. 사람들이 일단 그에게 루피를 주면 그는 사람들에게 주로 파키스탄과 인도에서 쓰는 우르드어가 적힌 조그만 종이 전표를 주었다. 사람들이 약속된 액수의 달러를 받으려면 인도 밖에서 활동하는 또 다른 환전 브로커에게 이 전표를 건네줘야 했다. 단, 이때 약속된 달러를 받을 수 있다는 보장은 어디에도 없었다. 순전히 신뢰를 바탕으로 한 거래였다. 하왈라는 신뢰와 명예에만 전적으로 의존한 지폐였던 것이다.

2008년 7월에 짐바브웨의 한 은행이 수표 한 장을 1,072,418,0003,000,000짐바브웨 달러의 현금으로 교환해주었다. 독립한 지 28년이 지난 당시 예전 식민지 로디지아였다가 이름을 개명한 짐바브웨는 아프리카에서 가장 부유한 나라 중 하나였지만 경제가 마비된 국가로 전락해버렸다. 이러한 경제 붕괴 문제를 해결하기 위해 정부가 찾아낸 방법은 짐바브웨 달러가 무가치한 수준으로 떨어질 때까지 돈을 찍어내는 것이었다. 이후 인플레이션과 그의 극단적인 변형인 하이퍼인플레이션, 즉 통제 불능 상태에 이르러 1년에도 수백 퍼센트씩 물가상승이 일어나면서 지폐는 무가치하게 변했다. 즉 '미친Mad' 돈이 되어버린 것이다.

짐바브웨의 물가상승률, 즉 인플레이션은 5억 1,600만경(516에 0이 18개 붙는다)에 도달했다. 물가는 1.3일마다 2배로 뛰었다. 하이퍼인플레이션의 최고 기록은 헝가리가 갖고 있는데, 1946년 헝가리의 인플레이션은 매달 12,950,000,000,000,000퍼센트에 이르렀다. 즉 물가가 15.6시간마다 2배로 뛴 것이다. 1923년에 독일 중부 도시 바이마르도 매달 29,525퍼센트의 인플레이션을 경험했다. 당시에는 물가가 3.7일 만에 2배씩 뛰었다. 추운 독일 북부에 살던 사람들은 겨울을 보내기 위해 마르크를 태우기도 했다. 마르크가 장작보다 더 쌌기 때문이다. 버터 제조 기준이 마르크보다 더 신뢰가 가는 가치 형식일 정도였다. 당시 독일 정부는 돈을 찍어내기 위해 신문사의 인쇄소들을 인수했다. 은행권Bank Note(일정한 화폐액을 표기한 지권으로 일반적 유통수단으로서 은행이 발행한 것이다) 수요도 넘쳐났다. 지금도 평범한 독일인들은 '바이마르 공화국'이라고 하면 무가치한 종이 뭉치로 가득 찬 외바퀴 손수레를 밀면서 음식을 찾아다녔던 그 시절 기억을 떠올린다.

서구의 조언들을 '책에나 나오는 경제학Bookish Economics'이라며 무시했던 짐바브웨 중앙은행 총재인 기데온 고노Gideon Gono는 2008년 8월에 계산기가 과부하되는 것을 막기 위해 1,000억 짐바브웨 달러를 1짐바브웨 달러로 리디노미네이션Redenomination[한 나라에서 통용되는 화폐의 액면가(디노미네이션)를 동일한 비율의 낮은 숫자로 변경하는 조치]했다. 중앙은행이 짐바브웨 달러의 가치를 되돌려놓은 것은 아니지만 그것을 들고 다니기에 편하게 만든 것은 사실이다.

돈은 순전히 신뢰와 믿음의 문제다. 돈은 금처럼 그 자체로 가치를 가진다. 돈은 종이처럼 내재가치가 없을 수 있고, 쉽게 가치가 하락할 수도 있다. 그리고 돈은 부패를 조장하거나 부패의 대상이 될 수도 있다.

거래 장소

거래를 할 때 두 당사자는 기꺼이 재화와 용역을 거래한다. 영국의 정치경제학자이자 도덕철학자로 고전 경제학의 창시자인 애덤 스미스Adam Smith(1723~1790년)는 사람들은 본질적으로 "한 가지 물건을 다른 것으로 교환하고 거래하려는 성향이 있다"고 말했다.[2] 거래는 처음에는 물물교환, 즉 재화와 용역의 직접적인 거래로 시작됐다. 예를 들면 당신에게 거래할 수 있는 2가지 물건이 있는데, 당신과 상대방이 이것 5개가 저것 1개의 가치를 갖는다는 식으로 거래 비율에 합의하는 식이다. 당신에게 100개의 물건이 있다면 거래 당사자들은 4,950개의 거래 비율을 기억해야 할 것이다. 슈퍼마켓에 재고로 쌓아두고 있는 1만 개의 서로 다른 물건들일 경우 4,999만 5,000개의 거래 비율을 기억해야 한다.

18세기 프랑스의 오페라 가수인 마드모아젤 젤리Mademoiselle Zelie는 세계 여행 도중 프랑스령 폴리네시아에서 공연한 대가로 매표수의 3분의 1의 가치에 해당하는 돼지 3마리, 칠면조 23마리, 닭 44마리, 코코넛 5,000개 그리고 엄청난 양의 과일을 받았다. 마드모아젤은 이렇게 받은 것들을 처리할 수 없었기 때문에 당시로서는 어마어마한 돈인 4,000프랑에 달했던 동물과 코코넛들을 모두 버리고 말았다.

동식물 연구가인 A.R. 월레스Wallace는 말레이제도Malay Archipelago를 탐험하면서 물물교환을 통해 음식을 구할 계획을 세웠다. 그러나 말레이제도의 토착민들은 그가 가져온 물건들을 원하지 않았다. 이처럼 월레스와 말레이제도 사람들이 원하는 것이 좀처럼 일치하지 않은 탓에 월레스는 아사 직전까지 갔다.[3]

물물교환의 문제는 거래 당사자들이 거래 수단인 돈을 통해 협상하면 극복할 수 있다. 돈이 거래 과정에서 매수와 매도 행위를 분리해주기 때문이다. 오늘날 현금이나 아메리칸 익스프레스, 비자카드를 가지고 말레이제도를 방문한 여행객이라면 예전처럼 월레스가 겪었던 수모와 궁핍으로 고통받을 가능성은 거의 없을 것이다.

물론 물물교환은 지금도 존재한다. 제2차 세계대전 이후 미국과 소련 간 냉전시대에 공산주의 경제는 필수품들을 물물교환했다. 영국은 한국전쟁 당시 소련에 미그 전투기의 동력원으로서 필요한 롤스로이스 제트기 엔진을 주는 대가로 곡물을 얻었다. 화폐 역사가인 글라인 데이비스Glynn Davies는 당시 상황에 대해 "영국이 이자를 쳐서 받았다"라고 말했다. 2010년에 현금이 부족했던 북한은 체코공화국에 빚진 1,000만 달러를 갚기 위해 김정일의 비자금을 관리하는 노동당사 제39호실을 통해 돈 대신 기억력 증진과 정력에 좋다고 알려진 인삼 수 톤을 체코에 제공했다.[4]

돈의 발명

돈은 보편적으로 지급 수단으로 간주된다. 따라서 식품, 음료, 의류, 노래, 여행, 지식 혹은 섹스에 이르기까지 돈이 있어야 살 수 있다. 돈은 거래 수단이자 실재하는 재화와 용역 시장가치의 척도이며 표준화된 가치의 단위다. 또한 재산을 안전하게 보관했다가 나중에 꺼낼 수 있는 부의 축적 수단이기도 하다.

상품통화Commodity Money는 화폐로서의 기능을 수행하는 고유의 사용가치와 교환가치를 모두 지닌 화폐를 말한다. 역사적으로 인간은 건어물, 아몬드, 옥수수, 코코넛, 홍차, 쌀을 가지고 상품통화를 실험해왔다.

고대 아즈텍Aztec 문화는 카카오나무 열매를 상품통화로 사용했다. 카카오나무의 거대한 연두색 꼬투리는 말리고, 굽고, 갈면 초콜릿이 되는 흰색 과육을 생산한다. 때문에 어떤 유럽의 해적들은 카카오 콩이 가득 든 배를 나포하기도 했다. 이 배는 황금 금화로 가득 찬 갈레온Galleon(15~17세기에 사용되던 스페인의 대형 범선 - 옮긴이)보다 훨씬 더 가치가 큰 진정한 엘도라도El Dorado(남미 아마존 강변에 있다고 상상되던 황금향黃金鄕 - 옮긴이)나 다름이 없었다. 그런데 화물의 가치를 모른 채 이를 토끼 똥으로 착각한 해적들은 카카오를 모두 바다에 쏟아버렸다고 한다.5)

상품에는 내재가치가 있으며, 상품의 공급처는 쉽게 바뀔 수가 없다. 그러나 상품의 이용 가능성에 대한 제한은 인위적으로 돈의 양을 제한해 그 결과로 거래 활동의 양을 제한할 수 있다. 만약 물이 상품통화의 한 형태로 사용된다면 부를 보존하기 위해 그것을 사재기할 경우 사용 가능한 물의 양이 줄어들 것이다. 사람들은 갈증으로 목숨을 잃을 수도 있지만 아마 그들은 부유하게 죽을 것이다. 상품은 또한 저장하기 힘들기 때문에 부를 대규모로 모으고 저장하는 데에 제약이 따른다.

그런데 경제적 혼란이나 전쟁, 붕괴가 발생할 경우 상품통화가 다시 등장한다. 사담 후세인$^{Saddam\ Hussein}$(1937~2006년) 시대 이후의 이라크에서는 휴대전화 신용이 은행과 하왈라에 필적하는 대중적인 준통화$^{Quasi-Currency}$가 되었다. 매춘부들 역시 휴대전화 결제 네트워크 서비스를 통한 결제를 요구함으로써 '스크래치 카드 첩$^{Scratch-Card\ Concubines}$'이라는 닉네임을 얻었으며, 유괴범들조차 고가의 휴대전화 카드 형태로 몸값을 지급해줄 것을 요구하기도 했다.

시간이 지날수록 보다 영구적인 돈의 형태가 개발됐다. 예를 들어 대형 돌 테이블, 동물 가죽, 모피, 고래 이빨과 조개껍질, 특히 그중에서도 개오지 조개껍질(아프리카와 아시아 일부 지역에서 돈으로 쓰였다-옮긴이) 등이 그것이다. 그러다가 궁극적으로 상품통화는 지폐로 대체되기 전까지 귀금속과 금, 은(금보다는 가치가 덜 나가지만)에 집중됐다.

상품통화, 즉 다른 말로 실물화폐 이후 등장한 것이 명목화폐다. 영어로 피아트 머니$^{Fiat\ Money}$ 내지는 페이퍼 머니$^{Paper\ Money}$로 불리는 명목화폐는 정부나 주가 종이에 적혀 있는 액수만큼을 돈의 보유자에게 지급하기로 한 약속이다. 명목화폐는 동의에 의존한다. 즉 모든 사람들이 종종 귀퉁이가 접히고 유독성 성분이 들어가기도 한 돈을 실물과 교환할 수 있을 것이라는 믿음을 가져야 한다. 금의 사용은 깊게 뿌리박힌 신화에 의존하는 반면, 명목화폐는 기본적인 법률 시스템의 존엄성과 진실성뿐 아니라 신뢰와 믿음의 시스템에 의존한다.

돈의 마지막 형태인 신용통화$^{Credit\ Money}$는 은행의 신용을 바탕으로 만들어진 화폐로서 은행화폐라고도 하며 구체적으로는 은행권, 어음, 수표(당좌예금)의 형태를 취한다.

영국 경제학자인 존 메이너드 케인스 John Maynard Keynes (1883~1946년)는 친구인 예술가 던컨 그랜트 Duncan Grant (1885~1978년)에게 생일선물로 돈을 주었다. 그러자 그랜트는 분노하면서 "돈은 하나의 수단으로는 좋을지 몰라도 그 자체로는 절대적으로 중요하지 않다"라고 말했다. 케인스는 돈을 '그 자체로 중요하지는 않지만 한 사람으로부터 다른 사람으로 흘러가고, 받은 후 처분하고, 수명이 다하면 사라지는 단순한 중개수단'으로 간주했다.[6]

야만적 유물, 금

금(원소기호 Au, 원자번호 79)은 공기나 물속에서 부식되지 않는 밀도가 높고 가단성可鍛性이 있으며, 고도로 연성인 광채가 나는 금속으로서 치과학과 전자공학 분야에서 유용하게 쓰인다. 금은 돈에 적합한 성질을 가지고 있다. 금은 희소성이 있고 내구성이 좋은 데다 나눌 수도 있고 대체 가능하다(각 단위는 다른 금 단위들과 모양과 가치가 똑같다). 또 식별이 쉬우며 운반이 용이하고 무게 대비 가치 비율이 높다. 화폐단위의 가치와 금의 일정량의 가치가 등가관계等價關係를 유지하는 본위제도인 금본위제도 Gold Standard 는 사실상 모든 인류 경제사에서 돈의 기초가 되었다.

금괴는 미국 켄터키 주의 연방 금괴 저장소인 포트녹스 Fort Knox 와 영국 중앙은행인 영란은행 Bank of England 처럼 극도로 철저히 보안이 유지되는 장소에 보관된다. 막대기 형태로 만든 골드바^Gold Bar는 400트로이온스^Troy ounce(1트로이온스는 31,1035g) 바^Bar 모양이고, 각 바의 무게는 28파운드(11킬로그램)이다. 금 가격이 온스당 1,200달러일 경우 각 골드바의 가격은 약 48만 달러에 이른다. 골드바에는 금의 양과 질 표시와 함께 생산 장소도 기록된다. 또 금괴는 봉합된 보관함 속에 저장된다. 약속 시간에 맞춰 칙칙한 회색 유니폼을 입은 건장한 남성들이 골드바들을 하나의 번호가 매겨진 보관소에서 다른 보관소로 옮기고 매매 계약을 체결한다. 이처럼 단거리 금괴 이동은 국가와 그 나라 원수들의 운명과 부에 있어 중대한 영향을 미쳤다.

모든 인류 역사를 통틀어 지금까지 추출된 금은 올림픽 공인 규격의 수영장 2개에 맞먹는 부피로서 약 16만 1,000톤에 이른다. 화폐로서의 금은 이를 통제하는 사람들에게 특별한 부를 선사했고, 부와 경제를 지배하는 열쇠 역할을 했다.

1890년대 금 문제는 윌리엄 제닝스 브라이언^William Jennings Bryan(1860~1925년)이 뛰어든 대통령 선거의 중심이 되었다. 미국 남부 농부들은 농장, 장비, 수확 활동에 필요한 돈을 동북부 은행원들에게서 빌렸고 이 빚은 금으로 상환하기로 되어 있었다. 그런데 금값이 속등한 반면 농작물의 가격은 하락하자 소득은 감소한 데 비해 상환해야 할 부채 규모가 커진 농부들이 분개하기 시작했다. 농부들은 더 많은 종류의 돈이 유통되기를 원했으며, 금뿐만 아니라 은도 같이 쓰는 복본위제도^Bimetallism를 옹호했다.

1896년 민주당 전당대회에서 브라이언은 열정적으로 이렇게 말했다. "누구도 농부들의 이마에 가시관을 씌워서는 안 된다. 인류를 금 십자가 위에 매달아 죽여서도 안 된다."7) 그러나 브라이언은 1896년과 1900년 치러진 대선에서 모두 윌리엄 맥킨리William McKinley(1843~1901년)에게 패했고, 미국은 1900년에 금본위제를 채택했다.

복본위제도 논란은 동화작가 프랭크 바움Frank Baum(1856~1919년)의 풍자작품 『오즈의 마법사Wizard of Oz』(원래 제목은 금과 관련된 『온스의 마법사Wizard of Ounce』였다)에서도 이어졌다. 캔자스 주 농부의 딸인 주인공 도로시는 미국 시골을 대표했고, 허수아비와 틴맨Tinman 그리고 겁쟁이 사자는 각각 농부와 공장 근로자, 브라이언을 상징했다. 도로시와 그녀의 동료들이 황금 도로를 따라가며 하는 여행은 1894년에 실업자들로 이루어진 일명 각시군Coxey's Army(리더의 이름 제이콥Jacob Coxey을 따서 만든 이름)이 워싱턴으로 도보행진하며 의회를 상대로 실업자 구제법의 입법을 청원했던 사건을 빗댄 것이다. 바움의 작품에서는 도로시와 그녀의 동료들이 사악한 마법사와 마녀들의 사기를 폭로하면서(이들은 각각 은행가와 정치인들을 상징한다) 금과 은에 기초한 새로운 화폐 질서를 창조한다. 도로시는 그녀의 마술 은 슬리퍼 덕분에 캔자스시티로 돌아오는데, 사실 영화 속에서 도로시의 슬리퍼가 은색이 아니라 붉은색인 것은 할리우드의 영화 제작 환경에 맞춰 바움이 양보한 결과다.8)

작가 이안 플레밍Ian Fleming(1908~1964년)이 1959년에 쓴 소설 『골드핑거Goldfinger』에서는 007 요원인 제임스 본드가 금 밀수꾼이자 신비에 싸인 스위스 금융인인 오릭 골드핑거Auric Goldfinger를 조사하기 위해 파견된다. 골드핑거의 계략은 포트녹스 금 저장소에 대담한 공격을 가해 자신이 보유한 금의 가치를 높이는 것이었다. 더티밤Dirty Bomb(방사능 물질을 포함한 재래식 폭탄으로, 불순물을 제대로 제거하지 못한 채 만들어져 글자 그대로 쓰레기 같은 폭탄 – 옮긴이)을 폭발시켜서 금을 오염시키려 한 것이다. 계획대로 된다면 골드핑거가 보유한 오염되지 않은 금의 가치는 천문학적으로 오를 것이었다. 본드는 현란한 암산을 통해 이러한 계략을 알아챈다. 그리고 포트녹스에 보관되어 있는 150억 달러 상당의 금은 4억 온스가 넘는 양이며, 이는 무게로 1만 2,000톤이 넘으므로 운반하기도 어렵다는 사실을 알아낸다.

금을 차지하기 위한 갈망은 전쟁과 정복을 유발했다. 콜럼버스를 따라온 스페인 사람들은 거의 50년 동안 남미와 중미 지역에 거주하는 토착민들이 축적해놓은 금과 은으로 된 주요 보물들을 박탈해갔다. 그 과정 중에 이들은 말 그대로 더 이상 약탈해갈 물건이 남지 않을 때까지 토착민들을 노예로 삼아 사실상 그들을 말살시켰다. 오늘날에도 무장단체들이 무기를 구입하고 전쟁에 필요한 자금을 확보하기 위해 콩고민주공화국의 금 광산들을 차지하려고 싸우고 있다. 보다 접근이 용이한 풍부한 금 광산들이 사라진 탓에 콩고민주공화국 국민들은 외지고 사람이 살기 힘든 취약한 환경에서 금을 채굴함으로써 돌이킬 수 없는 피해를 입고 있다.

금이 가진 신화적 힘은 인류 역사상 상당 기간 동안 인류의 상상력을 자극했다. 금융 역사가인 피터 번스타인Peter Bernstein은 "금은 (중략) 일종의 마술을 부린다. 그러나 우리가 금을 가진 건지 아니면 금이 우리를 가진 건지 결코 분명한 적이 없었다"라고 말했다.9)

인도에서 금은 저당을 잡히거나 급하게 자금이 필요할 때 담보로 활용할 수 있는 궁극적인 부의 저장 수단이다. 일반적으로 어린이가 세례를 받거나 태어나서 쌀 같은 고형식을 처음으로 먹기 위해서는 금을 바쳐야 한다. 결혼을 할 때는 전통적으로 보석이 지참금으로 요구되는데, 이를테면 무거운 목걸이나 화려한 장식의 팔찌, 길게 늘어뜨린 귀걸이, 보석이 박힌 반지, 우아한 모양의 투구 그리고 금실로 짜인 사리Sari(힌두교도 성인 여성들이 허리와 어깨를 감고 남은 부분으로 머리를 싸는 무명이나 명주 천 – 옮긴이) 등을 가져가야 한다. 인도 여성들에게 금은 그들이 가진 유일한 실물자산일지도 모른다. 금이 그들의 유일한 비상금인 셈이다.

예전부터 금이 마술적 힘을 가졌다고 믿는 사람은 거의 없었지만 금에 대한 애착은 21세기까지 이어져오고 있다. 소설 『골드핑거』에는 스미더스 대령이 화폐로서의 금의 기능을 설명하는 장면이 나온다. 그는 이렇게 말한다. "금과 금에 의해 보증된 통화들은 국제 신용거래의 기반이다. (생략) 파운드가 가진 진정한 힘이 무엇인지에 대해서는 우리가 우리 통화 뒤에 매겨진 금의 양을 알아야만 비로소 파악할 수 있다."[10]

2007년과 2008년 금융위기가 전 세계를 휩쓸었을 때 개인들은 동전 형태로 150톤 상당의 금을 구입했다. 투자자들은 1,000톤의 금을 사들인 특별 펀드에 대거 투자했다. 금값은 2007년 12월에 트로이온스당 800달러에서 2011년 초, 온스당 1,400달러 이상으로 급등했다.

작가 존 업다이크John Updike(1932~2009년)가 1970년대에 쓴 미국 교외 지역 삶을 주제로 한 소설들에서 중심인물로 나오는 해리 래빗 앙스트롬Harry Rabbit Angstrom은 30개의 크루거란드(남아프리카공화국의 1온스 금화 – 옮긴이)를 사기 위해 1만 1,000달러를 쓴다. 래빗은 이 사실을 부인에게 알리면서 "금은 나쁜 소식을 사랑하기 때문에 아름답다"라고 말한다.[11] 우리의 케인스는 금은 '야만적 유물Barbarous Relic'이라는 유명한 말을 남겼다.

실물

애덤 스미스는 명목화폐의 본질에 대해 다음과 같이 설명했다.

> 어떤 국가의 국민이든 언제라도 은행가에게 요구하는 순간 그 은행가가 항상 약속어음을 지급할 준비가 되어 있다고 믿을 만큼 그의 재산과 정직성과 신중함을 신뢰한다면 어음은 금화나 은화와 똑같은 통화 기능을 하게 될 것이다.[12]

현재의 주류화폐는 명목화폐이며, 달러는 명목화폐의 주된 형식이다. 명목화폐라는 단어는 독일의 옛 3마르크 은화인 탈러Taler에서 기원했다. 미국 경제학자인 갤브레이스는 "상업은행의 역사가 이탈리아에서 시작됐고, 중앙은행의 역사가 영국에서 시작됐다면 정부가 발행하는 명목화폐의 역사는 의심할 여지없이 미국에서 시작됐다"라고 말했다.[13]

미국 달러를 가끔 그린백Greenback이라고도 하는데, 이는 미국의 남북전쟁 당시인 1862년에 법정통화법에 의해 승인된 첫 번째 통화 중 하나의 뒷면이 녹색이어서 붙여진 이름이다. 그린백은 법정통화 외에는 다른 어떤 것으로도 환전이 불가능했다. 다시 말해서 대출 기관은 어떤 부채의 상환용으로라도 그린백의 수납을 법적으로 거부할 수가 없었다.

현재 쓰이고 있는 달러는 1914년에 처음 도입된 것으로서 4분의 3은 면이고 4분의 1은 리넨으로 이루어져 있다. 지폐의 절반 가까이는 1달러짜리다. 지폐의 평균수명은 서로 다른데, 예를 들어 1달러짜리 지폐의 수명은 18개월밖에 되지 않지만 100달러짜리 지폐의 수명은 몇 년은 된다. 각 지폐는 4,000회를 접어야 닳도록 만들어졌다. 1달러짜리 지폐 490장이 모이면 1파운드(454그램)의 무게가 나간다. 1달러짜리 지폐 100만 장의 무게는 1톤이 더 되며 1달러짜리 지폐 1조 장은 무게가 100만 톤이다.

유통되는 모든 달러들 중에 명목화폐나 동전 형태는 8퍼센트 미만이다. 달러의 대부분은 채무자나 대출 기관의 계좌에 등재되어 있는 형태로 존재한다. 명목화폐는 추상적인 개념일 뿐 대부분은 물리적으로 존재하지 않는다. 명목화폐는 단지 교환의 수단으로만 활용된다. 단, 찍어낼 수 있는 돈의 양에는 한계가 없다.

명목화폐는 쉽게 파손되거나 파괴될 수 있다. 실제 가짜 돈인 위조화폐Counterfeit Money라는 것도 존재한다. 명목화폐가 가진 실제 문제는 미묘하다. 로스차일드 남작Baron Rothschild(1810~1876년)은 한때 "내게 국가 통화의 통제권을 달라. 그러면 나는 누가 법을 만드는지에 대해서는 개의치 않겠다"라고 떠들기도 했다.

1716년에 금융업을 독학으로 공부하고 상습 도박과 살인으로 유죄를 선고받은 존 로John Law(1671~1729년)는 당시 프랑스 식민지였던 루이지애나 주의 부를 착취하기 위해 미시시피 회사Mississippi Company라는 곳을 설립했다. 로는 자신이 만든 팸플릿 「돈과 국가에 돈을 제공하려는 의도로 고려된 거래Money and Trade Considered with a Proposal for Supplying the Nation with Money」에서 부를 창조하기 위해 명목화폐를 사용하는 방안을 옹호했다.

로가 세운 프랑스 민간은행인 방크 제너럴Banque Generale은 미시시피 회사의 주식을 살 수 있게 투자자들에게 거액을 빌려주는 식으로 화폐를 발행했고, 그 결과 미시시피 회사의 주가는 속등했다. 방크 제너럴이 찍어낸 명목화폐의 상당액은 원래 금화 보유고로 보장될 예정이었다. 로는 사실상 프랑스에서 가용 가능한 금의 2배에 이르는 명목화폐를 발행했다. 그는 엄청난 가공이익Fictitious Profit(진정한 이익이 아니라 회계상 통상의 경우에 이익의 요건을 가지고 있는 허위의 이익 - 옮긴이)을 만들기 위해 두 회사를 이용했다. 결과적으로는 미시시피 회사 투자자들이 이후에 그곳에 투자한 다른 사람들로부터 이익을 얻는 식의 피라미드 구조는 붕괴됐고, 오늘날에는 정부만이 독점적인 발권發券 기능을 갖고 있다.

명목화폐의 가치 하락에 대한 두려움 때문에 금은 역사 속에서 오랫동안 보증을 받았다. 특이하게도 금은 상품으로서는 거의 가치가 없고 그 자체로도 큰 가치는 없다.

2009년에 금본위제 지지자들은 금 가격이 온스당 2,300달러까지 오를 것이라며 낙관적인 전망을 내놓았다. 그 가격에 도달하더라도 인플레이션을 감안할 때 금 가격은 1980년도 1월에 기록한 가격 수준에 불과하다는 것이었다. 금 보유자들은 근 30년 동안 거의 아무런 투자 이익을 내지 못했다. 2010년에 금 가격은 인플레이션을 감안했을 때 1265년의 금 가격과 똑같았기 때문이다. 프랑스 은행인 소시에테 제너럴Societe Generale의 딜런 그라이스Dylan Grice는 가치저장Store of Value 수단으로서 금의 사례를 다음과 같이 요약했다.

> 재산을 모두 금으로 저장했다가 후대에 물려주면서 후손들에게도 재산을 금으로 축적하도록 한 15세기 금본위제 지지자들은 하늘나라에서 아래를 내려다보다가 그의 후손들이 가진 실제 재산의 가치가 향후 500년 동안 90퍼센트 가까이 하락하는 것을 보고 크게 발끈했을 것이다.[14]

뉴햄프셔 호텔

소설 『가프 The World According to GARP』의 저자인 작가 존 어빙 John Irving이 쓴 책 『뉴햄프셔 호텔 The Hotel New Hampshire』에는 에그, 윈, 아이오와, 비티 트럭 그리고 프로이트라는 이름의 빈 출신 유대인과 박제술을 통해 거듭 복원되는 소로우란 이름을 가진 개 등 비현실적인 등장인물들로 가득하다. 1944년 7월에 이와 비슷하지만 제 역할을 하지 못하는 정치인과 경제학자 및 은행가들이 제2차 세계대전 이후 국제 통화와 금융 질서 설립을 위해 뉴햄프셔 주 브레턴우즈에 있는 마운트 워싱턴 호텔에 모였다. 이 모임에 참석한 사람들 중 대표적인 인물들로는 영국을 대표한 케인스와 미국을 대표한 해리 덱스터 화이트 Harry Dexter White (1892~1948년)가 있었다.

시사 주간지인 「타임 Time」지에 의해 20세기 가장 영향력이 큰 인물 100명 중 한 사람으로 선정됐던 케인스는 『고용·이자 및 화폐의 일반 이론 The General Theory of Employment, Interest and Money』의 저자이며, 현대 거시경제학의 아버지로 불리는 사람이다. 영국의 엘리트 출신이며 블룸스버리 그룹 Bloomsbury Group (런던 블룸스버리에 살던 여류 작가 버지니아 울프 Virginia Woolf를 중심으로 모인 예술지상주의적 예술가 집단 – 옮긴이)의 회원이기도 했던 그는 학자, 정치인, 기업인, 은행가, 철학자, 예술가들과 잘 어울렸다. 많은 소논문을 쓰고 많은 책을 집필한 케인스는 또한 성공한 투자자이기도 했다. 케임브리지대학의 킹스칼리지 King's College의 기부펀드를 운용하면서 그는 20년 동안 시장 평균을 상회하는 수익률을 냈고, 펀드 포트폴리오의 가치를 약 10배 정도 불려놓았다. 한 연구가는 "현대 포트폴리오 평가 방식에 기초해봤을 때 케인스는 엄청난 차이로 시장을 이긴 뛰어난 포트폴리오 매니저였다"라고 밝혔다.15)

그와 함께 참석한 미국 대표 해리 덱스터 화이트는 리투아니아의 유대인 가톨릭교도의 이민자 자손으로서 경제학자이자 미국 재무부의 고위 관리였다.

브레턴우즈 체제는 여전히 지속되고 있는 참혹한 전쟁, 파시즘의 부흥 그리고 대공황이 지나간 배경 속에 생겨났다. 브레턴우즈 체제는 미국 달러를 주거래 통화로 삼고, 고정환율제도를 골격으로 하는 제2차 세계대전 이후의 국제금융 질서를 말한다. 미국 달러만 금과 일정 비율로 교환이 가능하고 각국의 통화가치는 미국 달러와 비율을 정하는 체제다.

금본위제도는 제2차 세계대전 이후의 경제에서는 실현 불가능했다. 점점 더 확대되는 국제 무역과 투자의 수요를 맞출 수 있을 만큼 금의 양이 충분하지 않았기 때문이다. 제2차 세계대전 이후 새로운 질서 속에서 미국의 경쟁 국가로 부상한 소련 또한 알려진 금 보유고의 상당양을 통제하고 있었다. 케인스는 대담하게도 세계 중앙은행이 관리하는 세계 기축통화인 방코르(Bancor)를 만들자는 해법을 제시했다. 그러나 화이트는 "그 사안에 있어서만큼은 확고부동하다. 우리는 안 된다는 입장을 고수한다"라며 케인스의 제안을 거절했다.

미국은 세계 최대 부국이자 채권국가인 동시에 논란의 여지없이 경제 및 군사 면에서 뛰어난 강대국이다. 두 차례의 세계 전쟁으로 인해 엄청난 피해를 입은 영국과 프랑스는 자국 경제를 재건하기 위해서는 미국의 돈이 필요했기 때문에 화이트의 발언에 힘을 실어 주었다.

브레턴우즈 체제 속에서 고정환율제도가 도입됨에 따라 모든 국가들은 미국 달러를 기축통화Reserve Currency로 삼아 자국 통화를 고정하게 됐고, 태환성이 회복된 이후로는 달러 대 자국 통화 등가Parity의 +/- 1퍼센트(환율 밴드) 내에서 미국 달러를 거래했다.

또한 브레턴우즈 체제는 금 1온스를 35달러로 고정시켰다. 미국 정부는 그 가격에 달러를 금으로 바꾸기로 했다. 즉 달러는 금만큼 좋았지만 달러가 금보다 더 매력적이었다. 달러는 금과 달리 이자가 붙었기 때문이다. 따라서 미국 달러는 그동안 국제 금융 체제에서 금이 수행했던 역할을 고스란히 물려받으면서 세계 기축통화로서의 우위를 구축할 수 있었다.

야만주의, 즉 금은 과거에는 승리했다. 브레턴우즈 체제를 두고 영국의 극작가 겸 소설가 조지 버나드 쇼George Bernard Shaw(1856~1950년)는 이렇게 말했을 것이다. "당신은 금 본래의 안정성과 각국 정부들의 정직함 및 똑똑함 사이에서 선택해야 한다. (중략) 그렇다면 나는 당신에게 금에 투표하라고 조언한다."16) 금본위제도는 1971년까지 유지되었다.

붕괴

결국 미국의 힘이 약해지면서 브레턴우즈 체제도 무너졌다. 1944년에 미국은 세계에서 제조되는 상품의 절반을 생산했고, 세계 금 보유고의 절반 이상을 보유했다(전 세계적으로 총 400억 달러어치의 금 보유고 중 260억 달러어치를 보유했다-옮긴이). 시간이 지날수록 미국은 냉전과 전 세계 금융 시스템의 중심에 있다는 부담감으로 심각한 압박을 받았다.

1960년대가 되자 제36대 미국 대통령인 린든 존슨Lyndon Johnson(1908~1973년) 정부는 베트남전쟁과 위대한 사회 정책Great Society(존슨 대통령이 1960년대에 추구한 빈곤 추방 정책 및 경제 번영 정책 - 옮긴이)에 막대한 돈이 들어간 탓에 대규모 적자에 시달렸다. 결국 인플레이션이 생겼고, 비용 지급을 위해 달러의 순유출이 늘어났다. 달러는 독일의 마르크와 일본의 엔에 비해 상대적으로 고평가되어 있었는데, 달러 평가절하를 하느냐 보호무역주의를 체택하느냐 선택의 기로에 선 존슨 대통령은 이렇게 주장했다. "세계 금 공급량은 현재의 시스템을 유지하는 데 불충분하다. 이는 특히 기축통화로서 달러의 활용이 세계 무역과 성장을 유지하기 위해 필요한 국제 유동성을 창조하는 데 필수적이기 때문이다."[17] 이것이 벨기에 출신 미국인 경제학자 로버트 트리핀Robert Triffin(1911~1993년)이 1960년대에 찾아냈던 트리핀 딜레마Triffin dilemma였다. 트리핀은 미국 의회 연설에서 "미국이 경상적자를 허용하지 않고, 국제 유동성 공급을 중단하면 세계 경제는 크게 위축될 것이다"라면서도 "그러나 적자 상태가 계속돼 미국 달러화가 과잉 공급되면 달러 가치가 하락해 준비 자산으로서의 신뢰성이 저하되고 고정환율제도가 붕괴될 것이다"라고 증언했다.

1970년대 초가 되자 달러로 교환 가능한 금의 비중이 55퍼센트에서 22퍼센트로 급격히 줄었다. 달러 보유자들은 금으로 화폐를 보증할 수 있는 미국의 능력에 신뢰를 잃었다. 1971년 8월 15일 마침내 닉슨 대통령은 '금 창구Gold Window'를 폐쇄함으로써 외국 금융 당국이 보유한 달러를 금 1온스당 35달러로 바꿔줘야 하는 브레턴우즈 체제하의 미국의 의무를 중단시켰다. 이 같은 충격적인 조치는 일요일 저녁 전국적으로 방송된 TV 연설을 통해 발표되었다. 닉슨 대통령은 시장이 열리기 전에 발표를 하기 위해 당시 인기 TV 프로그램인 「보난자Bonanza」의 팬들로부터 원성을 들을 각오도 불사했다.

이후로 새로운 국제 통화 운용 시스템을 개발하기 위한 광적인 노력이 이어졌다. 1971년 12월 체결된 스미스소니언 협정Smithsonian Agreement은 각국 통화의 대 달러 환율변동 허용 폭을 중심환율의 상하 1퍼센트에서 2.25퍼센트로 확대하면서 고정환율제도를 유지하는 한편, 금 1온스당 38달러로 달러 가치를 평가절하하기로 결정했다. 1972년이 되자 금은 온스당 70.30달러에 거래되고 있었다. 다른 국가들은 자국 통화와 달러 사이의 고정환율제도를 포기하기 시작했다. 1973년 2월이 되자 세계는 달러나 금과 연동되어 움직이지 않는 변동환율의 시대로 이동했고, 이것이 돈의 마지막 변화였다. 이로써 무언가 가시적인 것과의 마지막 유대관계가 끝난 것이다. 그린백은 더 이상 금만큼 유용하지 못했다. 그린백은 똑같은 화폐인 달러 외에 다른 어떤 것으로도 교환될 수 없었다.

독일의 사회과학자인 막스 베버Max Weber(1864~1920년)는 국가를 합리적인 힘의 사용을 성공적으로 독점하는 기관으로 정의했다. 이제 국가는 인쇄기 독점을 통해 돈과 경제를 통제했다. 따라서 돈은 순전한 신뢰의 문제가 되었다. 미국의 달러에는 여전히 "우리는 하느님을 믿는다In God We Trust"라는 표어가 새겨져 있다. 그러나 하느님은 돈의 통제에 직접적인 책임을 진 적이 없다. 그런 책임을 진 건 정부와 중앙은행들이었다.

영국의 동화작가 루이스 캐럴Lewis Carroll(1882~1898년)이 쓴 소설 『이상한 나라의 앨리스Alice in Wonderland』에 등장하는 달걀 험프티 덤프티Humpty Dumpty가 "내가 단어를 말할 때 그것은 정확히 내가 의미한다고 정한 것만을 의미한다. 더도 덜도 아니다"라고 말하자 앨리스는 단어는 여러 가지 다양한 의미를 가질 수 있어야 하는 게 아니냐며 반문한다. 그러자 험프티 덤프티는 주저 없이 문제의 본질을 꿰뚫는 말을 한다. "너의 질문은 '누가 주인이지?'를 의미한다. 그 이상도 그 이하도 아니다."[18] 정부는 돈을 찍고 돈을 논란의 여지가 없는 주인으로 만들 수 있다. 케인스는 그럴 때 생기는 위험을 인정하면서 "지속적인 인플레이션 과정에 의해 정부는 비밀리에 아무도 모르게 시민들의 재산에 중요한 일부를 착취할 수 있다"라고 경고했다.[19]

어떤 사람들은 정부가 돈을 통제하는 미래에 대해 충격을 받기도 했다. 인간의 무의식에 대한 연구에서 오스트리아의 신경과 의사이자 정신분석의 창시자인 지그문트 프로이트Sigmund Freud(1856~1939년)는 돈과 배설물 사이의 놀라운 관계에 주목했다. 그는 "나는 어느 날 악마가 그의 희생자들에게 정기적으로 주고 간 금이 배설물로 바뀐 것을 알았다"라고 말했다.[20] 많은 사람들은 정부가 찍어낸 돈이 언제 인간의 쓰레기로 바뀔지 몰라 두려워했다.

앨런 그린스펀Alan Greenspan 전 미국 연방준비제도이사회Federal Reserve Board 의장은 과거 이 문제에 대해 이렇게 말한 바 있다.

금본위제도하에서 자유로운 은행 시스템은 경제의 안정성과 균형 잡힌 성장의 보호요소로서의 작용을 했다. (중략) 금본위제도의 포기로 인해 복지국가들은 은행 시스템을 무한한 신용팽창 수단으로서 사용할 수 있게 되었다. (중략) 금본위제도가 사라지자 인플레이션으로 인한 약탈로부터 저축한 것을 보호받을 수 있는 길이 사라졌다.[21]

돈을 찍어내는 기계, 은행

은행Bank이라는 단어는 은행가들이 거래했던 테이블과 벤치에서 기원했다. 원래 이 테이블이나 벤치는 제단이었을지도 모른다. 이단자들로부터 성지聖地를 해방시키는 임무를 맡은 중세 십자군 시대 3대 종교 기사단 가운데 하나인 템플 기사단Templars은 진정 최초의 글로벌 금융 슈퍼마켓이었을 것이다.

근대의 은행업은 르네상스 시대 이탈리아에서 시작됐다. 베니스, 플로렌스, 제노바, 피사의 위대한 은행 가족들은 성장하고 있던 무역에 자금을 지원함으로써 이윤을 남겼다. 은행들은 고리대금업에 대한 종교적 금지를 피하기 위해 환어음Bills of Exchange으로 거래했다. 환어음이란 어음 작성자, 즉 발행인이 제3자인 지급인에 대해 어음에 기재된 금액을 일정한 기일에 어음상의 권리자(수취인이나 지시인)에게 지급할 것을 무조건으로 위탁하는 증권을 말하는데, 16세기에 영국에서 생겨나 대외 무역의 결제 수단으로 사용됐다. 은행들은 환어음 매매를 통해 효과적으로 대출(돈을 내고 환어음을 매수 – 옮긴이)과 차입(돈을 받고 환어음을 매도 – 옮긴이)을 했다. 환어음은 금 운송에 대한 문제를 극복했다. 환어음은 이동이 빨랐고, 더 안전했으며, 초기 순수한 돈의 형태로 유통됐다.

은행들은 금이나 돈이 자유롭게 유통되도록 만들었고 사람들은 금이나 돈을 은행에 예금한 다음 환어음을 사는 데 사용했다. 100달러의 원 소유자는 돈을 그대로 갖고 있었지만 은행과 은행으로부터 100달러를 빌린 사람도 100달러를 가지고 있었다. 은행이 빌려준 돈은 다시 그 은행이나 아니면 또 다른 은행에 예금으로 돌아올 것이며, 돈은 이후 다시 대출이 되는 식으로 끊임없이 재유통될 수 있었던 것이다.

예금액의 일부만을 지급 준비금으로 남겨두고 나머지는 대출하는 은행제도인 부분지급준비제도Fractional-Reserve Banking는 근대 금융의 핵심이다. 은행들은 예금자들의 인출 가능성에 대비해 예금의 일정액을 준비금으로 남겨두고 나머지를 대출해줄 수 있는데, 이러한 관행이 돈의 공급망을 확대함으로써 상인, 기업인, 투자자들의 경제 활동의 규모와 범위 역시 확장시킨다. 유일한 제한은 은행들이 예금 중 준비금으로 남겨두게 하는 최소 액수다.

르네상스 시대에 발달한 은행 시스템은 놀랍게도 오늘날까지 그대로 보존되어 왔다. 이것이 영원히 움직이는 금융 기계이자 '돈을 생산하는 기계Money Machine'인 은행의 탄생 기원이다. 갤브레이스는 이렇게 말했다.

> 경제학에서 돈에 대한 연구는 다른 어떤 분야보다도 진실을 밝히기보다는 진실을 숨기거나 진실을 피하기 위해 복잡함이 동원되어야 하는 분야다. 은행들이 돈을 창조하는 과정은 그야말로 단순해 혐오감마저 든다.[22]

모든 사람들이 이러한 발전을 지지한 것은 아니다. 1802년에 미국의 정치가이자 교육자이며 철학자인 토머스 제퍼슨Thomas Jefferson(1743~1826년)은 재무부 장관인 앨버트 갤러틴Albert Gallatin(1761~1849년)에게 보낸 편지에서 다음과 같이 썼다.

미국 국민이 민간은행들의 발권 통제를 허용할 경우 은행들과 그들 주위에서 성장하는 기업들은 우선은 인플레이션에 의해, 이후로는 디플레이션에 의해 국민으로부터 그들의 자식들이 그들 아버지가 점령했던 대륙에서 노숙자로 변해 아침에 깨어날 때까지 재산을 빼앗아갈 것이다.23)

부채 시계

명목화폐는 그 자체로서 권리를 나타낸다. 부채나 신용통화는 상품 구매를 위해 오늘 사용 가능한 사람이나 독립체에게 요구하는 미래의 권리다. 신용은 달콤한 무無, 한낱 약속들로만 가득 찬 세상이다. 신용이라는 단어는 본래 '믿다'는 의미의 라틴어 크레데레Credere라는 단어에서 유래했다. 케인스는 부채의 이러한 측면을 이해하고 "돈의 중요성은 그것이 현재와 미래를 이어주는 연결고리라는 점에서부터 출발한다"라고 말했다.24)

부채는 채무자의 소득이나 가용 가능한 자원을 초과해 소비할 수 있게 해준다. 신용은 또한 돈을 통해 돈을 버는 데 필수적인 메커니즘을 제공한다. 은행들은 빌려준 돈에 비용을 청구함으로써 이자나 배당, 이자로 얻은 소득을 기초로 살아가는 사람인 '금리생활자^{Rentier}'처럼 될 수 있다. 독일 시인 하인리히 하이네$^{Heinrich\ Heine}$(1797~1856년)는 돈의 중요성을 깨닫고 이렇게 말했다. "사람들은 거주 장소를 마음대로 선택할 수 있다. 그들은 채권, 즉 소유 가능한 재산에서 얻는 이자로 인해 일하지 않고 어디서나 살 수 있으므로 무리를 지어 진정한 권력을 이룬다."25) 『자본론$^{Das\ Kapital}$』의 저자이자 공산주의의 아버지인 칼 마르크스$^{Karl\ Marx}$(1818~1883년)에게는 이것이 또 다른 '주의^{Ism}'가 되었는데, 바로 기생주의^{Parasitism}였다.

부채는 새로운 위험을 낳는다. 돈을 빌려준 사람이 당신에게 돈을 갚지 않을 수도 있다. 당신이 빌려준 돈에 붙는 이자가 너무 낮다면 나중에 받는 돈이 물가 상승(인플레이션) 효과를 상쇄해주지 못해 도리어 손해를 볼 수도 있다. 그러나 부채의 궁극적인 위험은 여전히 감지하기 힘들다.

이탈리아 이민자인 찰스 폰지$^{Charles\ Ponzi}$는 자신의 이름을 딴 가짜 투기 계획인 폰지 계획$^{Ponzi\ Scheme}$이라는 것을 만들었다. 폰지는 투자자들에게 매우 높은 수익금을 주었는데, 실제 얻은 이익금을 준 것이 아니라 투자자들이 맡긴 돈이나 다른 투자자들이 낸 돈을 이익금이라고 속여서 준 것이었다. 원래 폰지는 세계 어디서나 우표로 교환할 수 있는 국제반신권$^{IRC\ :\ International\ Reply\ Coupons}$의 차익 거래를 통해 돈을 벌 생각이었다. IRC는 우편물을 받는 수취인으로부터 회신을 받고자 할 때 발송인이 그 우편요금 지급을 위해 IRC를 편지에 동봉하여 보내면 수취인은 그것을 우체국에 제출하여 자국에서 외국으로 발송되는 우표나 우편

요금 선납 표시 등을 교환받을 수 있게 해주는 제도였다. 제1차 세계대전이 끝나자 이탈리아 통화인 리라^{Lira}의 가치가 하락하면서 미국 달러 기준으로 이탈리아의 우표 요금이 하락했다. 이로 인해 이탈리아에서 싼 가격에 산 IRC를 높은 가치의 미국 우표로 교환하는 것이 가능해졌다. 폰지가 설립한 증권거래회사$^{Securities\ Exchange\ Company}$는 45일 만에 50퍼센트의 투자 수익률을 제시하면서 이러한 가격 차이를 이용해 돈을 벌기 위한 투자금을 모았고, 약 4만 명의 사람들이 폰지의 계획에 말려들어 1,500만 달러를 투자했다.

1920년 7월 26일에 「보스턴 포스트$^{Boston\ Post}$」지와 금융 잡지인 「배런스$^{Barron's}$」지를 발행했던 금융 분석가 클라렌스 배런$^{Clarence\ Barron}$(1855~1928년)은 현재 유통되고 있는 IRC는 사실상 2만 7,000개지만 증권거래회사가 한 투자에 따르면 1억 6,000만 개의 IRC가 필요하다는 것을 발견하고 이를 폭로했다. 미국의 우정국 역시 미국에서나 해외에서나 대규모로 IRC가 팔린 적이 없다는 사실을 확인해주었다. 폰지는 초기 투자자들에게 수익금 명목으로 돈을 일부 주고, 자신은 호화로운 생활을 유지하기 위해 다른 투자자들의 돈을 전용했던 것이다. 폰지는 사기 혐의로 기소됐다가 결국 강제 추방됐다. 그는 나중에 "나는 문제 있는 것을 찾아다니다가 결국 그것을 찾아냈다"라고 말했다 한다.

부채는 폰지 사기, 즉 피라미드 사기로 이어질 수 있다. 현대의 통화 시스템(발권, 지급준비제도, 채무)은 스스로 유지되기 위해서라도 다른 사람들을 더 큰 부채로 유인할 수 있는 계획이 필요하다. 채무자들이 부채로부터 벗어나는 유일한 길은 자신의 채무를 갚기 위해 더 많은 빚을 지는 것이다. 부채가 상환 가능하고, 그 부채로 구입한 자산의 시장

가치가 계속해서 오른다고 믿는 이상 폰지 사기와 같은 거짓 계획은 통한다. 경제는 부채로 움직이는 소비주의, 인플레이션, 부채 확대 쪽으로 무자비하게 기울어지고 있다. 이는 지속적인 신용 거품과 파괴의 주기로 이어진다.

20세기 중반 이후 신용통화는 점차 주된 통화 양식이 됨으로써 부채의 폭발을 야기했다.

1947년에 시카고대학의 「원자력과학자회보Bulletin of Atomic Scientists」를 발행하던 사람들은 일명 '지구 종말 시계Doomsday Clock'라는 것을 만들었다. 자정까지 남은 시간은 인류가 전 세계 핵전쟁으로 인해 맞을 파국적 재난(자정)까지 남은 시간을 의미한다. 1989년 뉴욕의 부동산 개발업자인 세이무어 다스트Seymour Darst는 금융 분야에서 이와 유사한 국가 부채 시계National Debt Clock를 만들었다. 이는 미국 뉴욕 맨해튼 6번가에 걸려 있는 게시판 크기의 디지털 액정 화면으로서 현재 미국의 부채와 각 가정이 갚아야 할 몫을 보여주기 위해 계속해서 시간이 바뀌었다.

시계가 처음 세워졌을 때 미국의 국가 부채는 3조 달러 미만이었다. 2000년에서 2002년까지 국가 부채가 잠시 줄어들었을 때 이 시계는 정지 상태였지만 이후로 부채가 늘어나기 시작하면서 시계는 다시 돌아가기 시작했다. 2009년 현재 미국의 국가 부채는 10조 달러를 넘어섰기 때문에 세이무어의 아들인 더글러스 다스트Douglas Darst는 추가 기능이 탑재된 새로운 시계를 준비하게 되었다.

1950년대 미국의 대표적인 민간연구소인 랜드 연구소RAND Corporation의 전략이론가이자 미래학자인 헤르만 칸Herman Kahn과 위험 분석가인 이안 해롤드Ian Harold는 인류 종말 기계Doomsday Machine를 제안했는데, 이는 미국이 소련의 핵공격에 대비해 소련이 미사일을 발사할 경우 자동으로 보복 공격을 하도록 만든 장치였다. 스탠리 큐브릭Stanley Kubrick 감독의 영화 「닥터 스트레인지러브Dr. Strangelove or : How I Learned to Stop Worrying and Love the Bomb」에서는 러시아인들도 이 기술을 보유하고 있는지에 대해 추측하는 장면이 나온다.

현재 지구 종말 시계는 자정까지 약 5분 정도 남아 있다. 그러나 2008년 금융위기가 전 세계를 휩쓸고 지나갔을 때 금융시장의 종말을 알리는 기계(불안정한 화폐 시스템과 지속 불가능한 수준의 부채 – 옮긴이)는 자정에 이르러 폭발했다.

무의미한 돈

상품통화에서 명목통화와 신용통화로 변화하는 각 단계마다 돈은 더욱 비현실적으로 변했고, 그만큼 돈으로 교환할 수 있는 실제 재화와 용역으로부터 멀어져갔다. 돈은 거래를 위한 메커니즘에 불과했지만 점점 그 자체가 추구 대상으로 변신했다. 현대의 기술(디지털 돈)은 돈의 '물질성Corporeality'을 더욱 제거했다. 돈은 내재가치 없이 순수한 정보 형태로서 존재할 뿐이다. 돈은 아무것도 아니면서 동시에 모든 것을 의미한다. 돈을 벌고, 돈을 빌려주고, 돈을 빌리고, 돈으로 돈을 버는 것이 인류의 존재와 활동에 핵심이 되었다. 로마의 시인 호라티우스Horatius(BC 65~BC 8)는 오래전에 이렇게 말했다. "돈을 벌되 될 수 있으면 정당한 방법으로 벌어라. 만일 그렇지 못하다면 그것은 어떤 의

미로도 돈이라고 말할 수 없다."

현대의 돈은 본질적으로 무가치하지만 모든 사람들이 그것을 실재하는 것으로 받아들인다. 프랑스의 경제학자인 폴 시브라이트Paul Seabright는 돈을 포함해 신뢰 시스템의 기초를 이루는 2가지 특징을 찾아냈다. 하나는 다른 사람들을 신뢰함으로써 얻게 되는 득과 실의 무게를 가늠하는 능력이고, 다른 하나는 친절로 호의에 보답하거나 아니면 반대로 신뢰가 배신당했을 때 복수를 모색하려는 동기다. 이 시스템이 제대로 작동할 때는 낯선 사람들이 서로를 안전하게 상대할 수 있게 해준다. 그러나 허약한 신뢰가 무너질 경우 사람들은 은행에서 돈을 인출하고, 현금으로 보유하려고 한다. 아이러니하게도 위기 때에 사람들은 내재 가치가 없는 명목통화를 찾는데, 이는 금전적인 환상이 갖는 힘을 보여주는 사례다.26)

돈의 기초를 이루는 신뢰는 가끔 역으로 작동할 때가 종종 있고, 그 결과로 '대체Alternative' 명목통화가 생긴다. 20세기 초 미국의 저명한 경제학자인 어빙 피셔Irving Fisher(1867~1947년)는 대체통화인 스탬프 화폐Stamp Scrip라는 것을 제안했다. 이는 스탬프와 함께 정기적으로 세금이 부과되기 때문에 스탬프 화폐 보유자들은 이를 보관하기보다는 써야 했다. 이 아이디어는 1931년 바이에른의 석탄 채굴 마을인 슈바넨키르헨에서 사용된 대체통화, 베라Wära에서 착안한 것이었다.

오늘날 바이에른 주는 2003년에 소개된 킴가우어Chiemgauer라는 화폐를 쓰는데, 이는 600곳이 넘는 점포와 회사에서 유로와 함께 쓸 수 있다. 영국 잉글랜드 서섹스 주 루이스에서는 루이스 파운드Lewes Pound가 파운드와 함께 통용된다(1루이스 파운드는 1파운드로 교환이 가능하다 – 옮긴이). 루이스 파운드에는 여왕이 아니라 18세기에 활동했던 국제적 혁명이론가인 토머스 페인Thomas Paine(1737~1809년)의 모습이 새겨져 있다. 그리고 미국에서는 최소한 12개의 지역통화들이 통용되고 있다. 그중 가장 넓은 곳에서 통용되는 화폐는 매사추세츠 주 남부 시골 지역에서 쓰이는 버크셰어스Berkshares다.

이처럼 대체통화는 지역 비즈니스를 활성화시키고 공동체 사회의 가치를 강조한다. 이 통화들은 정부, 은행, 세계 통용 통화에 지배당하는 것에 반감을 드러내는 제스처다. 그리고 그 중심에는 복잡하면서도 종종 낯선 세계 속에서 서로를 돕는 보통 사람들의 마음이 담겨 있다.

거울이 비추는 방

돈의 천재성은 현대 경제와 화폐 문화를 가능하게 만들었다. 독일의 사회학자이자 프로이트와 동시대 인물인 게오르크 지멜Georg Simmel(1858~1918년)은 돈이 그 주변 세상을 탄생시켰다고 주장했다. 그는 "이 세상에 돈보다 더 놀라운 상징은 없다"고 말했다.[27]

돈은 궁극적으로 파우스트의 거래와 같다. 즉 세속적인 권력이나 부, 지식을 얻는 대가로 악마와 맺는 계약이다. 『파우스트Faust』의 2부에서 독일의 문호 괴테Johann Wolfgang von Goethe(1749~1832년)는 파우스트와 메피스토펠레스Mephistopheles가 대출 기관들뿐만 아니라 자신을 수행하는 군인과 종들에게 줄 돈이 없는 황제를 방문하게 한다. 메피스토펠레스는 황제를 돕는다는 명목으로 화폐를 발행할 수 있는 허가를 얻어내고, 파우스트는 황제가 현대의 통화로 예상되는 지폐에 서명하게 만든다. 파우스트는 "관련된 사람들에게 이 선물을 알려라. 이 지폐는 1,000크라운에 해당하는 법정 통화이며, 우리 제국의 지하에 안전하게 보장되고 있는 엄청난 재산으로 보증이 된다"라고 말한다. 그러나 황제는 파우스트의 말을 의심하면서 "그렇다면 사람들이 이를 정직한 금과 똑같은 가치로 여기는가?"라고 묻는다.[28] 메피스토펠레스는 수천 장의 지폐를 인쇄하고, 이 돈을 황제가 여러 대출 기관에 진 빚을 갚는 데 사용한다.

궁극적으로 돈은 시대와 인류를 최대한 사실 그대로 비추는 거울이다. 돈의 부드러운 표면은 돈이 만들 수 있는 세계의 이미지를 반사해준다. 거울과 마찬가지로 돈은 전환 가능한 것의 현실을 보여줄 뿐이다. 돈은 달리 명확하게 드러나지 않는 독창적인 무언가를 보여준다. 윌리엄 셰익스피어는 이렇게 말했다. "당신은 반사되는 것만큼 자신의 모습을 잘 볼 수 없다는 걸 알기 때문에 당신의 유리인 내가 당신이 모르고 있는 당신의 모습을 당신에게 얌전히 보여줄 것이다."[29]

1966년에 예술가 루카스 사마라스Lucas Samaras는 작품 「거울 방Mirrored Room」을 통해 현대의 돈에 대한 궁극적인 은유를 창조했다. 이 작품은 하나의 문, 테이블, 의자가 있는 조그만 방으로 이루어져 있다. 방의 모든 표면들(벽, 마루, 천장, 테이블, 의자)은 거울들로 덮여 있고, 방에 들어가는 사람은 조각조각 반사된 자신의 이미지를 보게 된다. 이 조각들의 숫자와 디테일은 늘어나지만 크기는 더 이상 분간이 불가능할 때까지 줄어든다. 이 작품은 고립된 자아도취적 화려함의 선언이다. 사마라스는 이러한 감정을 '서스펜션(자동차에서 차체의 무게를 받쳐주는 장

치-옮긴이)'으로 묘사했다. 이 작품의 놀라운 특징은 무한함과 추상적 개념의 감정인 것이다.[30]

돈이 시대를 비추는 거울이라면 「거울 방」은 극단적인 돈을 나타내는 궁극적인 상징이다. 이제 돈은 끝이 없고, 무한한 증식이 가능하고, 완전히 비현실적인 존재가 되었다. 세상은 실물의 반영을 창조하고, 조작하고, 좇는 데 몰두해 있다. 금융은 실제로 존재하는 것과 그것을 끊임없이 반영하는 상호작용을 할 뿐이다. 결과적으로 돈은 실제 세상을 바꿔놓을 것이다. 곧 세상을 금융화할 것이다.

2장 돈은 모든 것을 바꾼다

영국의 경제지 「파이낸셜 타임스Financial Times」지는 "우리는 금융의 시대에 살고 있다"는 새로운 시대정신을 광고했다. 이에 앞서 독일 시인 하인리히 하이네 역시 변화를 감지하고 "돈은 우리 시대의 하느님이다"라고 말했다.1) 20세기 하반기 개인은 진정한 돈의 신봉자들이 되었다.

인류 역사는 '~화'의 연속이다. 문명화, 산업화, 도시화, 세계화 등이 그 예이며, 이러한 변화의 중간에 실제 존재했거나 아니면 위협으로만 끝난 파괴(전쟁이나 집단학살이나 냉전 때의 상호확증파괴MAD : Mutually Assured Destruction – 옮긴이)가 끼어들었다. 가장 최근에 있었던 시대적 사건은 금융화Financialization이다. 이는 모든 것을 화폐 양식으로 바꿔놓는 것으로서 '화폐화Monetization'로도 알려져 있다. 늘어나는 부, 소비, 차입금 그리고 은퇴를 대비한 저축의 필요성은 개인의 삶을 금융화했다. 이는 조작화Manipulation와 그 형제격인 '착취화Exploitation'가 생길 여지를 만들어주었다.

와타나베 부인의 월가 진출

일상생활의 금융화를 설명하는 데 일본만큼 좋은 사례도 없다. 외국인들은 일본, 특히 그중에서도 일본의 화장실을 낯설게 느낀다. 일본의 화장실에는 헤어드라이어, 열선시트, 마사지기, 초고압수, 자동 뚜껑 여닫이, 자동 배수, 탈취 처리, 냉난방 시설 등이 갖춰져 있다. 어떤 화장실에서는 쾌변을 위해 음악이 나오기도 하며, 여성용 화장실에는 다른 사람들이 용변 보는 소리를 듣지 못하게 물 내려가는 소리를 대신 내보내는 오토히메Otohime라는 모션 센스도 설치되어 있다.

일본의 금융시장 역시 이에 못지않게 특이하다. 이 시장은 주식과 여타 금융상품 투자에 고객을 유치하기 위해 1대 1 방문을 하는 주식 중개인들과 '와타나베 부인Mrs. Watanabe'이라고 불리는 여성 투기꾼들로 유명하다.

일본은 세계에서 저축을 가장 많이 하는 국가다. 제2차 세계대전 이후 일본이 번영의 길로 들어서는 동안 등장했던 전설적인 근검·절약 활동을 통해 축적된 저축액은 1,500조 엔, 미화로 따지면 15조 달러가 넘는 것으로 추정된다.

가정주부이자 블로거인 와다 유키(35) 씨는 엄청난 구두쇠다. 그녀는 화장실 물을 재활용해 빨래를 하거나 화장실을 청소하며, 외출할 때는 에너지 비용 절감을 위해 집안 내 대부분의 전기 코드를 뽑는다. 가전도구들을 구매할 때는 에너지 소비 효율을 꼼꼼히 따져본 후에 선택한다. 와다는 모아둔 오렌지 껍질로 신발을 닦고, 유통기한이 지난 우유로 마루를 청소한다. 그녀는 심지어 토크쇼에 출현해 자신의 절약

노하우를 정부 관리들과 공유하기도 했다.

일본인들이 저축한 돈은 은행 계좌에 들어 있다. 말 그대로 침대 밑에 숨겨놓은 셈인데, 이를 일본인들이 소유물을 보관하는 전통적인 나무 옷장의 이름을 따서 '장롱^{Tansu}' 저축이라고 부른다.

일본은 1987년 주식시장의 붕괴를 견뎌내긴 했으나 그 거품 경제는 결국 1989년 말에 몰락하고 말았다. 과도한 부채와 고평가된 주식, 부동산을 기반으로 한 거품이 사그라지면서 소위 '잃어버린 10년'이 시작되었다. 부실채권 투자로 인한 손해가 은행들의 몰락을 초래했고, 이에 따라 정부 차원에서의 대규모 개입이 불가피했다. 금리는 사실상 제로 부근으로 떨어졌고 경제 역시 성장이 멈췄다. 오늘날 일본의 주식시장은 1989년 수준과 비교해 약 75퍼센트 떨어진 상태다. 지금도 일본 경제는 병적인 상태를 유지하고 있다.

투자 수익에 의존해 생활하는 은퇴한 일본 노인들은 연간 0.01퍼센트의 이자밖에 받지 못하는 은행 계좌에서 퇴직금을 빼내 위험투자에 나섰다. 연간 5퍼센트라는 높은 수익에 매료된 고객들의 돈은 여러 종류의 투자 펀드에 몰렸으며, 또 투자금의 상당 규모는 외화표시 채권과 예금에 들어갔다.

FX 미인 클럽

일반적으로 30대의 젊고 컴퓨터 사용에 밝은 일본 여성들은 온라인으로 거래를 했다. 그들은 100달러당 최대 98달러까지 빌려서 유로와 미국 달러, 호주 달러, 뉴질랜드 달러, 파운드 외에도 남아프리카공화국의 란드와 터키 리라 같은 이국적인 통화들도 거래했다.

그러다가 와타나베 부인이라는 가정주부 트레이더들이 생겨났다. 『나는 주식을 좋아한다I Like Stocks』의 저자이자 닌텐도DS 투자 게임의 창시자인 와카바야시 푸미에와 지난 3년 동안 상품 선물과 통화에 투자해 4억 엔의 이익을 거둔 것으로 추정되는 기모노 트레이더Kimono Trader인 이케베 유키코가 그들이다. 유키코는 정기적으로 자신의 투자 노하우를 알려주는 순회강연에 나서면서 『외환시장의 비밀The Secret of FX』이라는 책도 출간했다. 그 외에도 유명한 가정주부 트레이더로 외환마진 거래를 통해 순식간에 15만 달러를 번 토리 마유미가 있다. 그녀는 자신의 투자 전략을 소개하는 책을 썼고, 가정주부 트레이더들을 지원해주는 그룹 FXForeign Exchange(외환) 미인 클럽Beauties Club을 만들었다.

어떤 가정주부 트레이더들은 유럽과 북미 거래 시간에도 잠을 자지 않고 거래하는 등 강박적으로 거래를 하고 있으며, 그들은 변동성을 이용해 돈을 빨리 넣고 빼기를 반복한다. 와카바야시 푸미에는 젊은 시절에는 종종 칵테일을 엄청나게 마신 후 음주 상태에서 거래를 해본 적이 있다고 고백했다.

이러한 투기적 거래는 높은 외환 금리와 다른 해외 통화 대비 엔 가치의 하락에 따른 이익으로 수혜를 입었다. 와타나베 부인은 한창 때는 도쿄 외환시장의 약 30퍼센트를 장악했다. 은행과 증권사에서는 와타나베 부인들의 매매 행태가 엔화 가치 변화의 지침이 되었다. 1964년 파운드 위기 때 영국 정치인 해롤드 윌슨Harold Wilson은 금융 투기꾼들을 '취리히를 움직이는 땅속 요정들'로 묘사했다. 와타나베 부인들 역시 외환시장에서 그들과 유사한 영향력을 행사했다.

전문 트레이더, 헤지펀드, 은행들은 와타나베 부인들이 쓰는 엔 캐리 트레이드Yen Carry Trade 전략을 추종했다. 엔 캐리 트레이드란 투자자들이 저금리로 엔을 빌려서 금리가 높은 다른 국가의 통화나 자산에 투자하는 것을 말한다. 잘만 하면 일본에서 적용하는 금리와 다른 나라의 금리 차이만큼 수익을 누릴 수 있다.

투자자들은 차입금으로 이런 게임을 즐겼다. 영화「타인의 돈Other People's Money」에서 '분쇄기' 래리가 자신은 돈보다 더 사랑하는 것이 하나 있는데 그건 '타인의 돈'이라고 실토하는 장면이 나온다.

와타나베 부인은 고소득을 올리기만 하면 될 뿐 투자 손실에 대한 위험은 무시했다. 엔이 투자 대상 통화 대비로 가치가 오르지 않는 한 엔 캐리 트레이드 전략이 통했기 때문이다. 2000년대 초반, 엔이 꾸준히 약세를 보이면서 20년 이래 최저치까지 떨어졌기 때문에 이러한 전략은 계속해서 이익을 냈다. 그러나 2007년부터 엔의 가치가 올라가기 시작하면서 전 세계 투자 수익률은 하락했다. 그러자 와타나베 부인은 좀 더 섬세한 헤지펀드들과 함께 차입금으로 산 자산 투매에 나섰고, 결국 거액의 손실을 입었다.

일본은 땀 흘려 정직한 노력의 대가로 벌지 않은 돈에 대해서는 엄격히 금기시하는 문화를 가지고 있었으나, 이러한 일본조차 금융화를 받아들였다. 전 세계 다른 국가들도 마찬가지였다. 1930년대에 미국의 작곡가 콜 포터Cole Porter(1891~1964년)가 지은 노래처럼 이제 이러한 현상은 일반화됐다.

플루토노미

돈은 대부분의 사람들에게 일과 인생의 생필품 사이를 연결해주는 역할을 했다. 돈은 또한 경제적인 독립과 함께 불확실성을 막아주는 보호장치 역할도 수행했다. 소수 집단에게 부Wealth는 사회적 인정, 권력, 영향력을 제공했고, 자기표현, 즉 지위와 자아를 드러내는 수단이 되었다. 핏제랄드는 "정말 부자들에 대해 한마디 해주지. 그들은 당신이나 나와는 다르다네. 그들은 우리보다 더 많은 돈을 소유하고 있지"라고 말했다.[2]

1899년에 노르웨이 출신 미국 경제학자 톨스타인 베블렌Thorstein Veblen은 저서 『유한계급론The Theory of the Leisure Class』에서 '과시적 소비Conspicuous Consumption'라는 표현을 만들어냈다. 이 표현은 사람들이 더 높은 지위를 누리기 위해 쓰는 돈이나 재원의 낭비를 뜻한다. '과시적 여가Conspicuous Leisure'는 사람들이 동일한 것을 얻기 위해 시간을 낭비하는 것을 의미한다. 20세기 말이 되자 불필요한 것들과 쓸데없는 목적을 위해 돈을 쓰는 것조차 불필요해졌다. 이는 거액의 돈(엄청난 은행 자산이나 부동산, 보유 주식과 독점적 헤지펀드에 한 투자 등)이 유한계급의 것임을 보여주는 증거였다.

씨티그룹의 투자 분석가인 아제이 카푸Ajay Kapur는 전 세계적으로 벌어지고 있는 부자와 부자가 아닌 사람들 사이의 분열을 묘사하기 위해 '플루토노미Plutonomy'라는 신조어를 만들었다. 전 세계의 부는 전적으로 미국, 캐나다, 영국에 몰렸다. 이탈리아를 제외한 유럽과 일본은 이들 국가들보다는 더 평등주의를 지향했다. 이머징 경제국가들에서도 소수의 집단이 대부분의 부를 통제했다. 미국의 경우 상위 1퍼센트에 속하는 가구가 미국 전체 소득의 20퍼센트 정도를 벌었는데, 이들의 소득은 하위 60퍼센트 가구들이 올리는 소득을 모두 합한 수준이었다. 상위 1퍼센트 가구의 순자산$^{Net\ Worth}$은 하위 90퍼센트에 속한 가구들의 순자산을 전부 합친 것보다 더 큰, 미국 전체 순자산의 30퍼센트 이상을 차지했다. 작가 로버트 프랭크$^{Robert\ Frank}$는 부자들은 리치스탄^{Richistan}이라는 '부자들만이 사는 나라'를 물려받았다고 주장했다.[3]

최근 경제 성장에 따른 소득은 모두 부자들에게로 쏠렸다. 부자들은 친시장주의적 정부와 우호적인 세제, 부동산 권리의 보호, 세계화 그리고 기술 변화와 금융 혁신 및 규제 완화 등에서 모두 수혜를 입었다. 상위 10퍼센트의 부자들은 1996~2005년 사이에 일어난 '생산성 기적$^{Productivity\ Miracle}$'을 통해서도 많은 수혜를 입었다.[4]

부자들은 경제 성장의 원동력이자 수혜자였다. 2006년에 「포브스$_{Forbes}$」지가 선정한 400명의 세계 최고 부호들의 총재산은 1982년과 비교해 920억 달러가 늘어난 1조 2,500억 달러로 집계됐다. 1982년에 400명의 세계 최고 부자 안에 들려면 7,500만 달러가 있으면 됐지만 2006년에는 10억 달러가 필요했다. 이 돈은 투자나 소비 진작, 단순히 부를 과시하기 위해 더 많은 돈으로 만들어졌다. 부자들에게 있어 인생의 금융화는 거래와 투자였으며 돈의 소비는 목적을 위한 수단이자 목적 그 자체였다. 이는 심지어 부의 출처마저도 바꿔놓았는데, 2006년 부자들 중 거의 4분의 1은 자신들이 재산을 소유하게 된 덕을 금융 분야의 발전으로 돌렸다. 1982년에는 이렇게 생각한 부자들의 비율이 10퍼센트 미만이었다.

트리클 다운, 트레이딩 업

대부분의 사람들은 아무리 부유해지더라도 거부Mega-Rich 이상이나 그와 맞먹는 수준으로 부자가 되지는 못한다. 전 세계적으로 중산층의 소득은 광범위하게 증가했다.

1914년에 헨리 포드Henry Ford는 근로자들에게 주는 일당을 2.34달러에서 5달러로 2배 올렸고, 근무 시간은 줄였다. 그는 근로자들이 더 많은 임금을 받게 되면 포드가 생산하는 자동차를 구매할 여유가 생길 것이라고 주장했다. 1948년에 최초로 '기본급'이란 것을 만들어 지급한 곳이 미국 자동차 산업이었다. 캘리포니아대학의 노동조합 전문가인 할리 샤이켄Harley Shaiken은 "20세기에 디트로이트의 자동차 조립라인에서 나온 가장 주목할 만한 모델은 블루칼라 노동자들로 이루어진 중산층이었다"라고 말했다.5)

대기업의 성장을 촉진하면 덩달아 중소기업과 소비자들에게도 혜택이 돌아가 총체적으로 경기가 활성화된다는 트리클 다운Trickle Down 경제학에서는 혜택이 위에서 시작해 아래로 흐른다. 그러나 대침체 시기 동안 영화배우 윌 로저스Will Rogers(1879~1935년)는 이런 경제학을 "돈이 서민층에게로 흘러갈 것이라는 기대감 속에 돈이 부유층에게로 쏠렸다"라는 말로 표현했다.

1970년대에 이르러서는 이러한 흐름이 뒤바뀌었다. 미국과 선진국들의 자동차 산업과 중공업이 쇠락의 길을 걸으면서 기술적 변화는 일부 일들을 단순화시켰고, 저소득 및 중간소득 근로자들의 수입 감소로 이어졌다. 국제 무역 확대와 세계화로 인해 일자리가 임금이 저렴한 개발도상국가들로 아웃소싱되었다. 이로 인해 이머징 국가들은 새로운 부를 얻게 됐지만 선진국 근로자들의 임금과 생활수준은 오히려 하락했다. 합법적·불법적 이민은 특히 기술이 없는 일자리에 종사하는 사람들의 소득에 타격을 주었다. 이렇게 변화하는 노동시장과 사회 안전망의 붕괴로 인해 일부 부자를 제외한 개인과 가족들의 삶은 위태로운 지경에 이르게 되었다.

어떤 사람들은 돈을 빌려 소비 활동이나 소득 감소를 만회하고 미래에 필요한 안전장치를 마련하는 차원에서 금융 투자에 의존했다. 주택의 현재 가치에서 주택담보 대출 잔고를 차감하고 남은 '주택의 순자산Home Equity'은 초기 금융 지분 역할을 해주었다. 조지 버나드 쇼는 투기와 부 사이의 이러한 관계를 알고 "도박은 빈자들에게 부동산이 부자들에게 해주는 일을 공짜로 해주겠다고 약속한다"라고 말했다.

일본 가정주부 트레이더인 와카바야시 푸미에는 웨이트리스나 리셉셔니스트가 버는 시간당 임금인 900엔 이상의 돈을 벌기 위해 외환 거래를 시작했다. 그녀는 간호사가 되고 싶었지만 아버지의 사업이 부도 나자 교육비를 구할 수가 없었다. 이케베 유키코는 꽃꽂이 강사 일로 수입을 보충하고, 나중에 결혼해 아이를 갖게 되면 아이들에게 장난감과 옷을 사주는 데 필요한 여윳돈을 벌기 위해 외환 거래를 시작했다. 첫 번째 결혼에 실패한 후 자신과 아들을 위한 생활비가 필요했던 토리 마유미는 경제적으로 독립하기 위해 외환 거래를 시작했다.

투자 분석가 카푸는 플루토노미가 세계 경제의 65퍼센트를 차지하는 소비에 어떤 식으로 영향을 미치는지 궁금했다. 부의 집중화는 국가 지출, 이윤, 경제 성장이 부자들의 운명에 의존하게 된다는 것을 의미했다. 카푸는 부자들이 고가의 재화와 용역을 구매하는 동안 티파니와 루이뷔통 제품을 살 여력이 안 되는 덜 부유한 사람들은 이들 기업의 주식을 사라고 조언했다.

나는 쇼핑한다, 고로 존재해야 한다!

경제 정책들은 물질적인 소유와 소비를 행복과 연계시키면서 소비주의Consumerism를 강조했다. 군 역사학자인 앤드류 바세비치Andrew Bacevich는 저서 『권력의 한계The Limits to Power』에서 다음과 같은 신新재퍼슨식Nouveau-Jeffersonian 삼위일체를 찾아냈다.

- 가장 많은 장난감을 가지고 죽는 사람은 누구든 이긴다
- 포기하고 싶을 때까지 쇼핑하라
- 기분이 좋아진다면 그 일을 하라

1958년에 출간한 『풍요한 사회The Affluent Society』에서 갤브레이스는 사회가 점점 더 늘어나는 필수적이지 않은 상품의 생산과 소비에 중독됐다고 주장했다. 코미디언인 로니 셰익스Ronnie Shakes는 이러한 상황을 꼬집으며 "나는 아무 생각 없이 돈을 막 쓴다. 지난달에 나는 환생을 주제로 열린 세미나에서 5,000달러를 써버렸다. 그러고는 '어차피 사람은 한 번밖에 못 살잖아'라고 생각했다"라고 말했다.

소비자들은 점점 더 많은 종류, 더 많은 양의 제품을 구매했다. 즉

"더 뛰어난 상품을 구하려는 욕구가 점점 더 커져 통제하기 어렵게 되었다."[6] 늘어난 차입금으로 상품의 생산과 소비를 늘리는 데 사용한 것이다.

광고는 수요를 창출했다. 윌 로저스는 "광고란 사람들로 하여금 필요하지 않은 것을 갖기 위해 없는 돈을 쓰도록 설득하는 기술이다"라고 말했다.

3권의 베스트셀러 『은밀한 설득자들The Hidden Persuaders』, 『지위를 쫓는 사람들The Status Seekers』, 『낭비 제조자들The Waste Makers』을 쓴 미국의 언론인 밴스 패커드Vance Packard는 소비자들을 교묘히 속이기 위한 심리 기술의 활용법을 조명했다. 지위와 지위 상실에 대한 두려움이 상품을 파는 데 활용됐다. 신제품과 신기술의 출현은 실제 필요 이상으로 소비자들의 상품 수요를 확대했다.

> 칫솔은 이를 닦는 역할밖에 하지 못한다. 술은 주로 사람들을 취하게 만드는 데만 중요하다. 자동차는 사람을 목적지까지 데려갔다가 돌아오면 된다. (중략) 그러나 사회적 지위는 좋은 집, 성적性的 만족, 고급 자동차, 사회적인 용인 등과 연관되어 있는 것이 분명하다. 우리는 성숙한 사회라면 거부할 법한 꿈 같은 세상을 선전하는 광고에 둘러싸여 살고 있다. 우리는 정말 문자 그대로 미숙함과 허위와 심각한 속임수에 노출되어 있다. 이것이 우리 문화의 전형적인 특징이다.[7]

소비주의는 판매 신장에 기여하면서 기업들의 투자 욕구를 고무시켰다. 경제 성장을 위해서는 생산 확대와 임금 상승이 요구됐다. 앨런 그린스펀은 이렇게 말했다. "본래 인간 심리라는 것은 높은 생활수준을 경험하게 되면 처음에 느낀 행복감이 사라지고, 새로운 차원의 생활수준을 곧바로 '평범한' 수준으로 인식하게 된다. 인간의 만족감이 늘어나는 것은 일시적인 현상에 그친다."8) 폴란드의 사회학자인 지그문트 바우만Zygmunt Bauman은 소비에 대해 "영원히 찾기 힘든 행복감을 찾기 위한 애원"이라고 말했다. 바우만이 말한 '유동적 근대Liquid-Modernity'는 개인들이 소비를 통해 필사적으로 자기 자신을 재창조하는 과정을 의미했다.

소비주의는 사회 속에 깊이 뿌리박힌 인간의 불안 심리와 변화를 부당하게 이용했다. 1989년에 다트머스대학 학생들을 상대로 한 연설에서 러시아 출신 미국 작가인 요세프 브로드스키Joseph Brodsky(1940~1996년)는 근대의 삶을 다음과 같이 설명했다.

> 당신은 당신의 일, 당신의 배우자, 당신의 연인, 당신의 창문에서 보이는 풍경, 당신의 방 안에 있는 가구나 벽지, 당신의 생각, 당신 자신에 대해 싫증을 느끼고 그로부터 탈출할 방법을 고안하려 할 것이다. 당신은 자기만족감을 주는 도구들은 빼고 일자리, 거주지, 회사, 국가, 기후를 바꾸는 일에 착수하고, 난잡한 성생활, 음주, 여행, 요리 수업, 마약, 심리분석 등에 빠져들기 시작하고, 잠시나마 이런 것들을 모두 즐기면서 싫증에서 벗어날 수 있을지도 모른다. 아마 당신이 아침에 깨어나 여행사와 정신과 의사로부터 날아온 산더미 같은 청구서더미를 보기 전까지는 이런 짓을 계속할 것이다.9)

2000년에 일어난 9·11 공격은 미국인들을 더욱 불안하게 만들었다. 당시 공격이 있은 후 조지 W. 부시 대통령은 미국인들에게 자신과 국가의 회복을 돕는 최선의 방안으로 쇼핑을 즐길 것을 촉구했다. 인도 뭄바이에 있는 타지마할 호텔에서 테러리스트들의 공격이 있은 후인 2008년에 『최고의 도시Maximum City』의 저자인 수케투 메타Suketu Mehta 역시 "테러리스트들을 극복하는 최상의 답은 더 큰 꿈을 꾸고, 더 많은 돈을 벌고, 어느 때보다도 더 자주 뭄바이를 방문하는 것이다"라며 부시 대통령과 같은 취지의 말을 했다.10)

베컴처럼 써라!

소비자들은 사회 계급이 더 높은 사람들의 취향, 기호, 생활양식을 모방했다. 부자들은 빌 게이츠Bill Gates 부부를 따라 했고, 영국인들은 베컴을 따라 했다. 부는 평등에 대해 여러 다른 개념들을 만든다. 한 러시아 억만장자에게 그가 이룬 엄청난 부의 기반이 국유재산의 사유화였는지 묻자 그는 "물론 아니다! 다른 과두제 집권층의 일원 중 한 명은 나보다 더 큰 정유 회사를 소유했다"라고 말했다.

성공에 필수적인 핵심적 위치재Positional Goods(그 가치가 다른 사람이 소비하는 다른 재화나 서비스와의 비교에 크게 의존하는 재화와 서비스 – 옮긴이)에는 일명 트로피 와이프Trophy Wife(나이 많은 남자의 젊고 매력적인 아내 – 옮긴이)나 남편, 고급 교외 지역에 있는 고가의 대형 주택 그리고 비싼 외제 명품차 등이 포함됐다. 금으로 치장된 로렉스 시계와 버버리 코트 같은 고가의 의류는 물론 금, 컨트리클럽 단독 이용 회원권, 빈번한 고품격 해외여행 그리고 적어도 2채의 별장 소유가 필수적이었다. 또 독점적인 사교육, 유명 대학의 시장성 있는 학위, 금융 서비스나 컨설팅 분야의 고임금 일자리를 갖는 것도 중요했다.

소비 습관은 위에서 아래로 전파됐다.「타임」지가 뽑은 세계 영향력 있는 100인 중 한 명에 선정됐던 호주 작가 론다 번Rhonda Byrne은 자신이 쓴 자기계발서『시크릿The Secret』에서 새로운 시대정신의 본질에 대해 다음과 같이 기록했다.

당신이 발견해주기를 기다려온 당신 안 깊숙한 곳에 진실이 존재한다. 그 진실이란 당신은 인생이 줄 수 있는 모든 좋은 것들을 받을 자격이 있다는 것이다. 당신은 태어날 때부터 이 사실을 알고 있다. 왜냐하면 좋은 것들이 부족하다는 것을 알면 끔찍한 느낌을 받기 때문이다. 모든 좋은 것들은 당신의 생득권生得權이다!

그녀는 현실에 대해서도 독특한 관점을 제시했다.

당신의 생각은 인생을 창조할 뿐만 아니라 세상을 창조하는 데도 강력한 역할을 한다. 당신이 하찮은 존재이며, 이 세상에서 아무런 힘도 없다고 생각한다면 다시 한 번 생각해보라. 당신의 마음이 사실은 당신의 주변 세상을 설계한다.[11]

'세상을 설계한다'는 것은 인생이 줄 수 있는 모든 좋은 것들을 빌린 돈으로 산다는 것을 의미했다.

새로운 사회적 트렌드의 조기 수용자들인 미국인들은 소비, 쇼핑몰 방문, 차입에 열을 올렸다. 1980년대 초반에 미국인들은 벌어들인 소득의 12퍼센트를 저축했고, 가계 부채가 GDP의 63퍼센트에 이르렀다. 2006년이 되자 미국인들의 저축률은 마이너스를 기록했고(다시 말해 버는 것 이상을 썼다 – 옮긴이), GDP에서 차지하는 가계 부채 비중이 130퍼센트 이상으로 올라갔다. 25년 만에 2배가 된 것이다. 1989년과 2007년 사이 신용카드 부채는 2,380억 달러에서 9,370억 달러로 4배가 늘었다. 소비에 필요한 돈을 마련하기 위해 미국인들은 주택을 담보로 3조 달러 이상을 빌린 셈이었다.

다음은 미국 인구조사국이 2005년도 현재 미국인들의 소비 패턴을 조사한 결과다.12)

가구와 가정용 기기 지출에 2,000억 달러(가구당 연간 1,900달러)

자동차 구매에 4,000억 달러(가구당 연간 3,800달러)

외식에 4,250억 달러(가구당 연간 4,000달러)

스타벅스 커피 구입에 90억 달러(가구당 연간 85달러)

의류 구입에 2,500억 달러(가구당 연간 2,400달러)

전자제품 구매에 1,000억 달러(가구당 연간 950달러)

복권 구입에 600억 달러(가구당 연간 600달러)

카지노 도박에 1,000억 달러(가구당 연간 950달러)

음주에 600억 달러(가구당 연간 600달러)

담배 구입에 400억 달러(가구당 연간 400달러)

운동 경기 관람에 320억 달러(가구당 연간 300달러)

엔터테인먼트 활동에 1,500억 달러(가구당 연간 1,400달러)

교육비로 1,000억 달러(가구당 연간 950달러)

자선단체 기부금으로 3,000억 달러(가구당 연간 2,900달러)

미국인들은 소비 활동을 하지 않을 때는 교외 지역에 더 큰 집을 사거나 집을 개보수하거나 아니면 더 나은 외제 자동차를 샀다. 이미 TV를 가지고 있어도 추가로 더 크고, 더 얇고, 더 화소수가 높고, 더 평평하고, 더 해상도가 높으며, 더 시야각이 좋고, 더 기술적으로 뛰어난 TV를 샀다. 존 업다이크의 소설에 나오는 정크푸드 중독자인 래빗 앙스트롬Rabbit Angstrom은 초코바를 먹고도 여전히 만족하지 못하고 초코바 포장지를 털어 손바닥 위에 가루를 쏟은 다음 혓바닥을 이용해 개미핥기처럼 가루를 전부 훑어먹는데, 이는 현대의 탐욕 이미지를 그대로 드러낸다.[13]

전미 네트워크 비영리 공공 라디오 방송인 내셔널 퍼블릭 라디오National Public Radio가 선정한 20세기 미국 100대 뮤지컬 작품 중 하나인 「원스 인 어 라이프타임Once in a Lifetime」을 부르면서 데이비드 번David Byrne과 그가 결성한 밴드인 토킹 헤즈The Talking Heads는 "당신은 어떻게 그렇게 큰 자동차와 아름다운 집과 멋진 부인을 가졌나?"라는 질문을 던졌다.

어떻게 그런 일들이 가능했을까? 그 이유는 당신이 상환할 수 있을 것이라 생각했던 사람들로부터 돈을 빌렸기 때문이다. 부채로 움직이는 소비가 일상화된 것이다.

많은 사회들이 '근검보다는 낭비'를 강조했으며, 예전에는 부끄러운 것으로 여겨지던 부채가 이제는 근대 생활양식의 중요한 일부가 되었다.14) 신용카드는 원하는 것을 기다리지 않고도 살 수 있게 만들었다. 이런 현상은 '풍요로운'이란 의미의 어플루언트Affluent와 '유행성 독감'을 뜻하는 인플루엔자Influenza의 합성어인 어플루엔자Affluenza라는 단어를 만들어냈다. 어플루엔자는 끊임없는 소비와 부의 추구로 인해 생긴 스트레스, 과로, 낭비 그리고 부채를 의미한다.

부자들도 자산을 담보로 빚을 졌고 사모펀드나 헤지펀드같이 위험한 곳에 투자했다. 2007년에 미국 상위 5퍼센트의 부자들이 진 부채는 1조 6,700억 달러에 이르렀는데, 이는 1989년과 비교할 때 약 400퍼센트 늘어난 수준이었다.15) 미국의 희곡 작가인 유진 오닐Eugene O'Neill(1888~1953년)은 오래전부터 이를 예상했다. 그는 이 상황을 두고 "정신 밖에 있는 무언가를 소유함으로써 당신 자신의 정신을 소유하려고 애쓰는 영원한 게임"이라고 말했다.16) 이러한 현상은 미국이 주도했고, 이내 다른 국가들도 이를 모방했다.

불안한 노후

은퇴를 하면 노후생활이 시작된다. 영국의 작가 찰스 디킨스Charles Dickens(1812~1870년)의 소설에 주로 등장하는 인물들처럼 가난하게 살다 생을 마무리하지 않으려면 많은 금이 필요하다. 그러나 평균수명이 늘어나면서 대부분의 사람들이 평생 저축한 금액은 그들이 더 이상 일을 할 수 없을 때 그들의 욕구를 충족하기에 부족했다. 은퇴를 대비한 저축과 투자의 과정들이 우리의 삶을 더욱더 금융화시켰다.

독일의 정치가 오토 비스마르크Otto Eduard Von Bismarck(1815~1898년)는 1880년대에 노년, 질병, 사고, 장애 연금 조항을 만들었고, 1942년에 영국의 경제학자 윌리엄 베버리지 경Sir William Beveridge(1879~1963년)이 의장을 맡은 위원회는 제2차 세계대전 이후 영국 노동당 정부의 복지 의제인 국민보건 서비스National Health Service(영국의 보건의료제도), 어린이 수당, 실업급여 등의 기초가 된 일명「베버리지 보고서Beveridge Report」로 알려진「사회보험과 연합 서비스Social Insurance and Allied Services」를 발표했다. 국가가 지원하는 연금과 복지 혜택들은 전후 경제의 중요한 역할을 했다.

베버리지는 '구세계보다 더 나은 세계' 창조를 위한 혁명을 제안하면서 기근 타파를 주창했다.17) 그가 최소 소득 확보를 보장하기 위해 애쓴 데 반해 비스마르크는 혁명을 방해하기 위해 애썼다.

> 나는 70만 명의 소액 연금 대상자들이 국가로부터 연금을 받는 것은 매우 바람직한 일이라고 생각한다. 특히 그들이 대격변으로 그다지 잃을 것이 없고, 오히려 그로 인해 얻을 것이 많다고 착각하는 부류의 계급에 속한다면 더욱 그렇다.18)

이는 정부가 후원하는 평범한 복지 제도가 가장 진보적인 민주주의가 됐을 때 보편적으로 드러나는 현상이었다. 시간이 지나면서 대부분의 근로자들을 위해 고용주가 지원하는 직업연금과 의료보험이 생겨났다.

은퇴저축은 복지 자금이 세금이나 미래의 소득에 의해 지원되는 가입자로부터 돈을 걷어서 노년층에 연금을 지급하는 부과식 PAYG : Pay-as-You-Go 시스템이 될 수 있었다. 자금 조달이 되는 시스템의 경우 근로자나 종업원, 정부가 내는 돈은 미래의 연금 지급을 위해 투자됐다. 연금 종류에는 연금을 낸 사람이 받는 혜택이 기여금의 액수와 상관없이 은퇴 시 받은 급여의 몇 퍼센트 식으로 고정되는 확정급여형 DB : Defined Benefit 퇴직연금과 기여금 액수는 정해져 있지만 연금 액수는 낸 돈과 수익금에 따라 달라지는 확정기여형 DC : Defined Contribution 퇴직연금이 있었다.

노동 인구는 늘어나되 연금 수급자의 수가 줄면 DB를 제공하는 PAYG 시스템이 효과적이었다. 시간이 지날수록 생활수준이 향상되고 의학 및 건강보험 제도가 개선되면서 평균수명이 늘어났고, 그에 따라 연금으로 낼 돈도 늘었다.

근로자 복지혜택 면에서 선도기업으로 평가받는 제너럴 모터스 GM : General Motors (이하 GM)에서는 20세기 중반에 고용된 근로자들 중 은퇴 후 연금을 받는 사람들의 숫자가 늘어난 반면 전체 근로자 수는 줄어들자 현직 근로자들이 물려받아야 할 책임이 늘었다. 생산성 향상과 비용 압박으로 인해 GM은 1960년대 초반보다 더 많은 자동차를 생산했지만 직원 수는 3분의 1 정도로 줄었다. 1962년에 GM의 미국 근로자 수는 46만 4,000명이었고, GM은 4만 명의 은퇴자들에게 복지혜택을 제공하고 있었다. 이는 11.6명의 현직 근로자가 한 명의 은퇴자의 생활을 책임져야 한다는 의미였다. 2000년대 초반이 되자 GM의 미국 내 근로자 수는 14만 1,000명으로 줄었지만 GM은 43만 5,000명의 은퇴자들에게 복지혜택을 제공했다. 이로써 이제는 한 명의 현직 근로자가 3.2명의 은퇴자의 생활을 책임지게 됐다.

1889년 철혈 재상으로 불리던 비스마르크가 은퇴 연령을 70세로 정했을 당시 사람들의 평균수명은 45세였다. 1908년 영국 수상을 지낸 로이드 조지Lloyd George(1863~1945년)는 영국의 은퇴 연령을 70세로 정했는데, 그때만 해도 50세가 넘도록 생존하는 사람이 거의 없었다. 1935년에 들어서 미국은 사회 안전망에서 공식적인 연금 수령 개시 연령을 65세로 정했는데, 당시 미국인들의 평균수명은 68세 정도였다. 이러한 제도들은 은퇴자들을 지원해줄 수 있는 근로자와 납세자의 숫자가 점점 더 줄어드는 사회 시스템 속에서는 아무도 은퇴 후 과거보다 더 늘어난 근로자들의 생활까지 감당해줄 수 없다는 것을 의미한다.

세금 회피

각국의 정부는 보편적인 시스템을 그야말로 도움이 필요한 사람을 위한 사회 안전망으로 제한하는 과정에서 국민이 국가에만 의존하는 것이 아니라 개인적으로 은퇴 계획을 수립할 수 있도록 제도화했다. 기업들은 신입 직원들에게는 더 이상 DB형 퇴직연금을 제공하지 않거나 DC형 퇴직연금에 가입하도록 유도했다.

1970년대에 사회 안전망에 가해지는 부담과 낮은 저축률을 이유로 미국 정부는 세제 혜택이 있는 개인퇴직계좌IRA : Individual Retirement Accounts를 선보였다. 그러나 IRA가 인기를 끌지 못하자 정부는 한 발 더 양보했고, 미국 소득세법 401조 k항에 따라 근로자들은 세금 공제 혜택을 받으면서 IRA에 현금 보너스를 기부할 수 있게 되었다.

1980년에 종업원 연금기금을 구조조정하면서 401조 k항을 만든 것으로 알려진 테드 베나Ted Benna는 명시된 조항의 표현이 모호함에 따라 정기소득도 똑같은 방식으로 안전하게 보호될 수 있을지 의문이 들었다. 미국 국세청International Revenue Service이 베나의 생각에 동의하면서 종업원들이 세전 소득의 일정 부분을 은퇴저축에 저금할 수 있게 해주는 개인퇴직연금이 폭발적으로 늘어났다. 전 세계적으로도 이와 비슷한 퇴직연금들이 등장하면서 개인 금융 분야에 일대 변화가 일어나며 포퓰리즘Populism(정책의 현실성이나 가치판단, 옳고 그름 등 본래의 목적을 외면하고 일반 대중의 인기에만 영합하여 목적을 달성하려는 정치 행태 - 옮긴이) 자본주의가 인기를 끌었다.

기업연금과 개인연금들로 재투자가 필요한 엄청난 자금 풀Pool이 조성됐다. 미국의 401k 계좌에 들어 있는 돈만 3조 달러에 육박하고, 매년 수천 억 달러의 돈이 유입된다. 전 세계적으로 연금기금들이 보유한 돈의 액수는 30조 달러에 이른다. 은퇴를 대비한다는 단순한 아이디어가 컨설턴트, 보험계리사, 금융 플래너, 투자 매니저들이 활동하는 광범위한 산업으로 팽창됐다. 연금이 대유행을 타기 시작하자 오히려 모든 수수료와 비용들을 제외할 경우 은퇴 후 시대를 대비할 돈이 점점 더 줄어들었다.

그러나 위험은 정부와 기업으로부터 다시 개인에게로 돌아갔다. 연금기금들의 투자 성과가 부진할 경우 은퇴 후 생활이 기대했던 수준에 훨씬 못 미칠 수 있기 때문이다. 고용주가 파산하면 근로자들은 회사가 은퇴기금으로 충분한 돈을 갖고 있지 못할 경우 당연히 받아야 할 돈도 제대로 못 받을 수 있다. 예를 들어 파산한 정유회사 엔론Enron의 근로자

연금기금의 경우 근로자들이 낸 돈의 절반 이상이 엔론 주식에 투자됐다. 결국 엔론이 파산 신청을 했을 때 근로자들은 일자리를 잃었을 뿐만 아니라 퇴직금마저 날리는 이중고를 겪었다. 당시 심리 상담사들이 투입돼 근로자들의 고충을 상담해주기도 했다.

전체 퇴직연금이 제 기능을 하더라도 현재 일상화된 DC형 퇴직연금 하에서는 기부금과 투자 소득이 충분할 것이라는 보장이 없다. 예를 들어 당신이 현재 매년 5만 달러씩, 즉 매주 962달러씩을 낸다고 가정하자. 당신의 소득이 인플레이션만큼 매년 3퍼센트씩 오르고, 40년 동안 일하면서 매년 소득의 10퍼센트인 5,000달러를 저축한다고 하자. 당신이 저축한 돈에 매년 6퍼센트의 이자를 받는다면 은퇴할 때 당신이 모아놓은 돈은 120만 달러 정도가 될 것이다. 물가가 매년 3퍼센트씩 오른다고 하면 오늘날 1달러가 지금으로부터 40년 뒤에는 3.25달러가 된다. 따라서 120만 달러라는 돈은 현재 가치로 환산했을 때 37만 달러(당신의 연봉의 7배 정도)에 불과하다.

당신은 은퇴 후 20년 동안 인플레이션 조정 후 현재 소득의 절반인 2만 5,000달러 정도의 소득만 받는다. 당신은 그보다 더 오래 살거나 혹은 더 나은 삶을 살 수 없다. 당신은 삶에서 무엇을 소유해야 하거나 소유할 것인지보다는 무엇을 해야 할지에 더 초점을 맞춰야 한다. 만약 투자 수익이 1퍼센트 더 낮아 연간 5퍼센트 정도라면 당신은 은퇴 후 현재 소득의 36퍼센트 정도인 1만 8,000달러의 돈으로만 살아야 한다. 그리고 매년 1퍼센트 더 적게 저금한다면 매년 현재 소득의 44퍼센트인 2만 2,000달러로 살아야 한다. 이러한 계산 방식에 오차율은 없다.

일본인들의 저주

일본의 상황은 2배로 더 심각하다. 일본인들은 장수하는 데다, 거품 경제가 몰락하던 1989년 이후로 금리, 주식 혹은 부동산 투자 수익률은 거의 미미할 정도다.

근검절약하며 사는 일본인들은 은퇴 후의 안락한 삶을 위해 소득의 상당 부분을 저축했다. 은퇴자들은 저축한 돈을 타서 쓰거나 아니면 와타나베 부인처럼 외환과 고수익을 주는 해외 금융상품에 투자했다.

교토와 나라 같은 일본의 옛 수도에서는 특히 노인들이 고통 없이 빨리 죽을 수 있게 기도하는 성지가 유행이다. 자살한 사람들 5명 중에 한 명은 자살 이유가 생활고 때문이었다. 달리는 기차에 뛰어드는 것이 목숨을 끊는 가장 흔한 방법이지만 일본 철도청은 이러한 자살 사건이 일어나면 자살한 사람의 가족에게 승객에게 끼친 불편과 시신 처리 및 철도 청소에 따른 비용을 청구했다.

복지 혜택을 제대로 받지 못하는 것은 물론 연금만으로 살기에 부족한 상황이 되자 새로운 노인 범죄가 급증했다. 우산을 임시 지팡이로 쓰던 한 70대 노인이 칼을 들고 나고야 편의점에 들어가 5만 엔을 털기도 했다. 수감되면 공짜로 숙식을 해결할 수 있으며, 같은 나이 또래의 노인들과 어울릴 수 있다는 기대감으로 범죄를 저지르는 일본 노인들이 점점 더 늘어난 것이다. 노인 죄수들이 늘어나자 그들에게 맞는 보호 장치를 갖춘 특별 감호실들이 필요하게 됐다.

일본의 전설적인 장수 문화는 또 다른 어두운 면도 드러냈다. 일본 정부는 100세가 훨씬 넘도록 생존하는 장수 노인을 찾아 축하 선물을 주려고 했는데, 그중 몇몇 노인은 이미 죽은 지 수십 년이 됐다는 사실이 드러났다. 그의 친척들이 자신들이 사는 아파트에 노인의 시체를 안치한 다음 그의 사망 사실을 숨긴 채 연금을 대신 받고 있었던 것이다. 그 연금은 친척들의 가족이 생존하는 데 없어서는 안 될 돈이었다.

전 세계에 불어닥친 금융위기 이후 퇴직을 대비해 저축한 돈의 가치가 떨어지고, 투자 수익률이 하락하자 세계의 은퇴자들은 일본의 미래에 눈을 뜨게 되었다. 일본의 저금리 정책은 경제가 지출을 요구할 때 저축 소득에 의존해 생활하는 은퇴자들을 곤란하게 만들었다. 반면 은행들은 거의 무이자로 차입한 돈을 갖고 대출해줌으로써 상당한 마진을 챙기거나 정부 국채를 사면서 대규모 보조금의 수혜를 누렸다. 그러자 저축한 사람들의 부가 과도한 빚을 떠안은 채무자들에게 흘러가도록 의도적으로 인플레이션을 유발하는 정책이 마련됐다.

영국의 중앙은행인 영란은행의 부총재인 찰스 빈 Charles Bean (1879~1968년)은 다음과 같은 충고를 남겼다.

> 저축 생활자들은 금리가 낮을 때 소득에만 의존해 생활할 수 있다고 기대해서는 안 된다. 그들이 모은 돈을 까먹고 사는 것이 차라리 합리적일지 모른다. (중략) 그러나 더 고령의 가구들은 사실상 주택을 팔아서 얻은 자본 이익으로 수혜를 입은 경우가 종종 있었다. [19]

은퇴자들은 지금까지 저축해온 돈의 대부분이 투자된 집을 팔고, 저축한 돈을 쓰면서 공원에서 노숙자처럼 살 수밖에 없게 되었다.

우리 시대의 신

미국의 언론인이자 칼럼리스트인 토머스 프리드먼[Thomas Friedman]은 자본주의 시대에 대해 다음과 같이 말했다.

당신의 부모는 아마도 그들의 연금기금이 어디에, 어떻게 투자되는지 거의 몰랐을 수 있다. 이제 근로자들은 각기 수익률과 위험이 다른 여러 펀드들의 메뉴를 제공받고, 룰렛테이블 위에 놓인 칩들처럼 돈을 굴리고 있다.[20]

룰렛에 대한 그의 비유는 옳았다.

돈은 심지어 가장 친밀한 인간 행위에도 침입했다. 로이 앤더슨[Roy Andersson]이 감독한 영화「유 더 리빙[You the Living]」에서는 두 남녀의 섹스신이 나온다. 이 장면에서 비스마르크 군모를 쓴 한 과체중의 여성이 한 마른 남성 위에 올라타 있다. 이 섹스신 내내 남성은 자신의 투자 이력에 대해 떠든다. 그는 저축해놓은 돈과 장례식에서 튜바(장중한 저음을 내는 금관 악기 - 옮긴이)를 연주해 번 여윳돈을 한 은행에 예금했는데, 그 은행이 권유한 뮤추얼펀드에 투자했다가 투자금의 34퍼센트를 잃었다. 그가 받을 연금 역시 당초 예상했던 것보다 더 줄어들 것이 분명했다. 이 장면 내내 남성을 올라탄 여성은 육체적 쾌락에 빠져 신음한다.

2002년경 한 개발도상국가가 부도났다. 장시간의 협상 끝에 부실채권은 그보다 더 적은 규모의 새로운 우량채권으로 대체하는 것으로 합의가 이루어졌다. 이로써 부실채권에 투자했던 모든 투자자들은 당초 투자했던 돈의 절반 가량을 잃었다. 이 나라의 재무장관은 광범위한 수행원과 은행들과 함께 새로운 우량채권 판매를 위한 해외 로드쇼를 시작했다.

  도쿄에서 열린 당시 회의에는 엄청난 수의 은퇴한 일본 노인들이 몰렸다. 이들은 일본 내에서 보다 더 높은 금리 소득을 얻고자 금융 컨설턴트들의 조언에 따라 문제의 부실채권에 가진 돈을 투자한 사람들이었다. 장관이 주관한 프레젠테이션이 끝나자 한 가냘픈 일본 노인이 일어나서 말했다. 조용하고 차분한 목소리로 그녀는 이번 손해로 인해 그녀가 겪은 고초에 대해 설명했다. 그녀는 목숨이 다하기 전에 자신이 투자한 돈의 조금이라도 보게 될 가능성이 있는지 물었다.

3장 비즈니스 중의 비즈니스

　1922년에 캘빈 쿨리지Calvin Coolidge(1872~1933년) 미국 30대 대통령은 "미국이 할 일은 비즈니스다The business of America is business"라는 유명한 말을 남겼다. 경제학자인 소스타인 베블런Thorstein Veblen은 산업(제품의 생산)과 비즈니스(생산된 제품을 통한 수익 창출) 사이의 분명한 차이점이 무엇인지 알고 있었다. 자본주의 시대에 비즈니스는 빠르게 금융화되었다.

　실업가들은 본래 물건을 생산하고 파는 공장과 비즈니스에 투자했지만 20세기가 되자 그들은 물건을 만드는 일과 반드시 직접적인 관련이 없는 방식으로 돈을 버는 법을 모색했다. 투기꾼들은 실제로 기름을 생산하거나 정제하거나 소비하지 않더라도 기름 거래를 통해 수익을 창출할 수 있게 됐다. 그들은 기름 사업이 좋건 나쁘건, 가격이 높건 낮건 상관없이 돈을 벌 수 있었다. 특히 불확실성과 변동성이라는 시스템의 균형을 교란시켜 얻은 결과로 수익을 냈다.

금융화에는 돈, 특히 유가증권이 필요했다. 주식과 채권은 공장, 철도, 기업들보다 훨씬 더 쉽게 거래와 조작이 가능했다. 1908년에 「맥클루어 매거진McClure's Magazine」은 과거 미국 역사의 물리적 국경Physical Frontier이 새로운 금융 국경Financial Frontier에 의해 대체됐다고 밝혔다. 따라서 농지를 생산하는 것만큼 안전하게 유가증권을 발행하고, 구입하고, 거래하게 만드는 것이 중요했다. 비로소 투기 경제Speculation Economy가 시작된 것이다.1)

억제된 양심

기업은 자본과 경제적 권력을 통합하면서 비즈니스 활동을 통해 다수의 사람들로부터 돈을 벌었다. 법인 증권들은 투자금에 대한 투자자들의 법적 책임을 제한함으로써 일반 개인들이 불어난 재산을 가지고 투자할 수 있게 해주었다.

즉 투자자들이 회사가 파산할 때 자신이 출자한 부분만큼만 책임을 지게 하는 유한 책임Limited Liability은 투자자들이 회사의 부채에 대해 개인적인 재정적 책임을 지지 않게 만들어 타인의 돈으로도 투기할 수 있도록 조장했다. 길버트와 설리번Gilbert and Sullivan(빅토리아 시대에 오페라 대본 작가인 길버트와 작곡가인 설리번 사이의 파트너십을 말함 – 옮긴이)이 함께 만든 풍자 오페라 「유토피아 주식회사Utopia Limited」에서 이 회사의 홍보 담당자인 골드베리 씨는 이런 노래를 불렀다.2)

개인 능력으로 봤을 때는 당신이 로스차일드일지 몰라도,
한 회사로서 당신은 슬픔을 토로하러 왔다네.
그러나 청산인들은 이렇게 말하지.
"걱정 말게. 당신이 내야 할 돈은 없다네."
그래서 당신은 내일 또 다른 회사에 투자하러 간다네!

17세기 말 영국 런던의 금융가(롬바드 가와 콘힐 주변의 길 – 옮긴이)에서는 일명 자버Jobber라고 알려진 주식 브로커들이 의심스러운 기업 주식들을 투자자들에게 팔았다. 1696년에 투자자들을 대상으로 한 사기를 걱정한 영국의 무역청장은 "거짓으로 조작되고 인위적으로 부풀려진 회사의 평판에 이끌려 몰려든 무지한 사람들에게 회사의 주식이 팔리고 있다"고 주장했다.3)

1710년, 남미 스페인 식민지들과의 교역을 목적으로 설립된 영국의 남해회사South Sea Company는 투자자들에게 큰 이윤을 약속했다. 머지 않아 이 회사의 주가는 900퍼센트 이상 급등했다. 그러나 1720년이 되자 주주들이 이 회사가 무가치한 회사임을 깨닫고 주식을 팔려고 했고 그러자 주가는 바닥으로 곤두박질쳤다.

영국 의회는 1720년에 유령회사 제한법Bubble Act을 제정함으로써 칙허장에 의해 승인되지 않은 모든 합자회사들의 설립을 법으로 금지했다. 그러나 산업 활동에 필요한 자금 조달의 필요성이 커지자 1825년에 이 법은 폐지되었다.

똑똑하고 무모한 투기

원래 기업들은 철도, 운하, 새로운 발명품, 광산 벤처(최근 일어난 골드러시 – 옮긴이) 같은 투기적 프로젝트를 위한 자금 조달 목적으로 주식을 발행했다. 1990년대 인터넷 거품 시기에 기업들은 새로운 사이버 공간으로 진입해 자리다툼을 벌였다.

작가 오스카 와일드 Oscar Wilde(1854~1900년)는 희곡 「이상적 남편 An Ideal Husband」에서 대화를 통해 광적인 투기를 잘 나타냈다.[4]

로버트 칠턴 경 : 이번 아르헨티나 건은 증권거래소에서 늘 일어나는 사기극입니다.
셰블리 부인 : 투기입니다. 로버트 경. 똑똑하고 무모한 투기죠.
로버트 칠턴 경 : 제 말을 믿으세요, 셰블리 부인. 이건 사기입니다. 명백히 사기로 봐야 합니다. 그래야 상황 정리가 더 쉬워집니다.

19세기 말에는 자산 규모를 고평가해 발행한 일명 '물탄 주식 Watered Stock'으로 투기가 이루어졌다. 물탄 주식이라는 말은 본래 소를 팔기 전에 몸무게를 늘리기 위해 소에 물을 주입하던 관행에서 비롯됐다. 미국의 주식 홍보 전문가들은 회사의 자산과 채산성을 부풀려 광고하면서 실제 가치 이상으로 주식과 채권을 팔았다. 이들은 과장된 액면 금액(예를 들어 1만 달러)의 주식을 받는 대신 새로 생긴 회사에 자신의 자산(예를 들어 5,000달러)을 기부함으로써 자산 가치를 불렸고, 이렇게 고평가된 주식은 투자자들에게 팔렸다.

비즈니스의 금융화는 주주 가치Shareholder Value와 함께 정점에 도달했다. 1981년 뉴욕의 피에르 호텔에서 열린 연설에서 당시 제너럴 일렉트릭GE : General Electric(이하 GE)의 최고경영책임자CEO인 잭 웰치Jack Welch는 주주들에게 최대한의 가치를 선사하는 것이 GE의 목표라고 밝혔다.5) 기업들은 회사의 자본 비용(자본의 사용에 대해 부담해야 할 비용-옮긴이)보다 많은 이익을 선사하는 비즈니스에 투자하고, 그런 비즈니스를 해야 한다.

법인화는 기업의 소유자와 관리자들 사이를 더욱 분리시켰다. 아돌프 벌Adolph Berle과 가디너 민즈Gardiner Means는 1932년에 쓴 공저 『현대 기업과 사유재산The Modern Corporation and Private Property』에서 "기업은 주주가 아닌 자신의 이익을 위하는 '산업계의 황태자들'이 경영하는 봉건제국과 같다"고 주장했다. 경영진의 행동을 통제하려는 투자자들은 주주 가치를 중시했다.

주주 가치는 '위대한 기대 기계Great Expectation Machine'6), 즉 연금펀드, 보험회사, 개인들의 저축과 연금 기여금을 모아서 운용하는 전문 투자 매니저들의 욕구와 일치했다. 투자자들은 자신이 투자하는 기업을 평가할 수 있는 단순한 메커니즘을 원한다. 그들은 불확실성을 싫어한다. 금융계가 예측 가능하면서도 고도로 질서정연하게 움직이는 곳이기를 원한다. 그러자 기업과 경영진, 투자자들 사이에서 주주 가치는 선호되는 커뮤니케이션 언어가 되었다. 매니저들은 보너스나 지분 지급, 스톡옵션처럼 성과와 연동되어 보수를 받았기 때문에 주주 가치를 중시했다.

기업을 통제할 수 있는 권한이 거의 없었던 주주들은 처음에는 기업이 주는 배당금을 받기 위해 투자했다. 투기적 주식은 주로 배당금을 지급할 수 있는 능력이 불확실한 기업들의 주식이었다.

투자자는 궁극적으로 주가 상승에 신경을 쓸 수밖에 없게 되었고, 기업은 주가를 끌어올림으로써 주주들의 재산 가치를 높이는 데 몰두했다. 파산한 전화통신 회사인 월드컴WorldCom의 창립자였다가 나중에 철창신세를 져야 했던 버니 에버스Bernie Ebbers는 투자자 설명회에서 월드컴의 주가 상승 추세가 그려진 차트를 보여주면서 청중들에게 "질문 있습니까?"라고 물었다. 2009년 3월에 웰치는 생각을 바꿔 "주주 가치는 세상에서 가장 멍청한 생각"이라고 말했다.[7]

더러운 속임수

주주 가치를 높이기 위해서는 이익을 확대하거나 기업의 운영 자본을 줄이거나 자본 비용을 낮추는 수밖에 없다. 당신은 실제 비즈니스 상태를 개선할 수 있다. 그러나 이에는 위험이 따르며, 동시에 잔디가 자라는 것을 지켜보는 일처럼 매우 더디게 진행된다. 반면 금융 업계의 변화는 훨씬 더 예측이 용이한 동시에 무엇보다 변화 속도가 매우 빠르다. 금융공학Financial Engineering은 실제공학Real Engineering을 대체했다. 이제 훈련받은 기술자들은 물건을 만들기보다는 은행에 들어가 기업에 '터보로 구동되는Turbo-Charged' 금융 구조를 제공했다.

최근 멋지게 박살나기 전까지 엔론은 새로운 회사의 완벽한 본보기였다. '케니 보이Kenny Boy'란 별명을 갖고 있던 케네스 레이Kenneth Lay 회장과 제프리 스킬링Jeffrey Skilling 사장하에서 오마하에 기반을 뒀던 인터노스InterNorth 와 휴스턴내추럴가스Houston Natural Gas 의 합병사인 엔론은 천연가스 생산 및 파이프라인 회사에서 출발해 트레이딩 회사로 발전했다. 그리스어로 '장腸'이란 뜻을 가진 합병사의 원래 이름인 엔테론Enteron 은, 갑작스럽게 엔론으로 변경되었다. 엔론은 특별한 뜻을 가진 단어가 아니었다.8)

엔론의 중심은 천연가스나 파이프라인 사업이 아닌 휴스턴에 있는 주요 거래소였다.

예전에 에너지를 생산하고 유통시키는 구경제Old Economy 기업이 존재했다면 이제는 에너지뿐만 아니라 궁극적으로는 모든 것을 거래하는 신경제New Economy 기업이 존재하게 됐다. 엔론은 저수익에 그치며 규제를 받는 실물 자산 관리 회사에서 고수익을 올리고 규제를 받지 않는 트레이딩 회사로 변신했다. 이러한 엔론의 '자산 축소Asset Lite ' 전략은 하버드대학교 MBA 출신이자 전 컨설팅 회사인 맥킨지McKinsey & Company 의 경영 컨설턴트였던 스킬링의 발명품이었다. 엔론의 전형적인 특징은 물리적 자산이라기보다는 지적 자본Intellectual Capital (기업이 보유하고 있는 특허권, 상표권, 영업권, 기술과 같은 무형자산 - 옮긴이)과 돈을 창조적으로 활용한다는 것이었다.

엔론의 금융 사업부는 회사의 위험을 관리하기보다는 금융상품 거래를 통한 이윤 창출을 통해 수익을 점차 늘려나갔다. 이제 기업들은 외환, 채권, 상품, 주식, 파생상품들을 거래하기 시작했다.

예를 들어 1980년대에 엔의 가치가 오르면서 경쟁력 확보를 위해 엔화 약세가 필요했던 일본 수출업체들 사이에서 대혼란이 벌어졌다. 그

때 일본 수출업체들은 전략을 바꿔서 역외로 생산시설을 옮기기 시작했다. 그런데 불행하게도 하루아침에 앨라배마 주에 있는 모바일로 자동차 공장을 옮길 수는 없는 법이었다. 어쩔 수 없이 일본 기업들은 취약한 채산성을 은폐하기 위해 금융공학 기법에 의존했다.

2007년에 독일 스포츠카 제조업체인 포르쉐의 세전 순익은 전년도의 21억 마르크에서 58억 마르크로 무려 276퍼센트(37억 마르크)가 늘어났다. 이와 같은 실적 개선은 주식 파생상품(포르쉐가 보유하고 있던 다른 독일 자동차회사인 폭스바겐의 지분과 관련된) 거래를 통해 벌어들인 36억 마르크의 이익 덕분이었다. 같은 기간 동안 포르쉐의 자동차 사업 부문의 순익은 30퍼센트 정도 감소했다.

산업의 금융화로 다음과 같은 우스갯소리들이 탄생하기도 했다.

질문 : "토요타가 자동차 한 대를 만드는 데는 몇 명의 직원이 필요할까?"
대답 : "4명이다. 디자인에 한 명, 조립에 한 명 그리고 장기 채권 거래에 두 명이 필요하다."9)

1994년에 독일 상품 생산업체인 메탈게젤샤프트Metallgesellschaft는 석유 거래를 하다가 6억 6,000만 달러의 손해를 봤고, 미국의 생활용품 제조업체인 프록터앤갬블Proctor & Gamble은 금리 거래를 하다가 1억 5,700만 달러를 날리면서 기업의 이름을 걸고 하는 도박이 어떤 결과로 이어질 수 있는지를 보여주었다. 1996년 일본의 종합무역상사인 스미토모Sumitomo는 구리시장에서 가진 영향력 때문에 '5퍼센트 씨Mr. Five Percent'라고 불리는 트레이더, 하마나카 야스오가 가격을 조작했다는 사실을 발견하고 26억 달러의 손해를 입었다.

2004년에 중국항공석유공사China Aviation Oil Corporation는 투기적 원유 선물 거래에 뛰어들었다가 5억 5,000만 달러의 손해를 입었다. 그리고 2005년 중국의 국가물자비축국SRB : State Reserve Bureau을 대신해 거래를 했던 구리 트레이더인 리우 퀴빙Liu Qibing이 구리 선물 계약에 잘못 베팅해 수억 달러를 잃은 후 별안간 사라진 일이 일어났다.10) 2008년에 한국, 중국, 타이완, 홍콩, 인도, 남미 기업들이 투기적 외환 거래로 거액의 돈을 잃었다.

2011년 1월에는 기업들이 어패류 거래에까지 손을 댔다는 것을 보여주는 사례가 등장했다. 당시 일본 자동차 회사인 혼다Honda는 새우와 조개류 거래로 인해 150억 엔의 손해를 봤다고 발표했다. 혼다는 웹사이트를 통해 "엄청난 우려와 문제를 일으킨 데 대해 사과한다"고 밝혔다.

금융화는 더 간단하면서도 일반적인 형식을 띠기도 했다. 자동차 회사들은 캐피탈과 보험 등 여러 금융 서비스업에 뛰어들었는데, 이러한 서비스들이 자동차 판매보다 더 수익이 좋았다. 그 밖에도 금융 사업은 거액의 돈을 빌려 더 높은 레버리지를 가지고 운영하는 것이 가능했다.

GM이 설립한 할부금융회사인 GMACGeneral Motors Acceptance Corporation가 좋은 사례다. GMAC는 처음에는 GM 딜러들과 신차 구매자들에게 금융 서비스를 제공하는 회사로 출발했다가 은행으로 발전했다. 금융업을 통한 수익이 늘어나자 GM은 그저 점차 수익성이 없는 자동차 회사를 소유한 은행의 모습으로 변해갔다. 미국 자본주의의 존경받는 상징이었던 GM이 2009년 파산 신청을 할 무렵에는 퇴사하는 종업원들에게

줘야 할 막대한 부채 때문에 자동차 회사라고 말하기조차 민망할 정도였다. GM은 자동차 회사를 둔 건강보험 제공회사인 셈이었다.[11]

기업들은 이익을 부풀리거나 자산 축소 상태로 남기 위해 분식회계에 나섰다. 전통적으로는 계약이 유효한 기간 동안 계속해서 현금이 수중에 있거나 현금을 받게 될 예정일 때 수익으로 인정됐다. 그러나 시가평가Mark to Market(자산의 가치를 매입가가 아닌 시가時價로 평가하여 장부에 계상하는 일 – 옮긴이) 회계 방법은 전체 계약이 유지되는 동안 올리게 될 수익을 즉시 수익으로 인정해주었다. 즉 전자제품 제조업체는 공장이 가동됐을 때 공장의 통상적인 수명 기간 동안 받을 수 있는 미래의 수익 전체를 재무제표에 기재할 수 있었다.

스킬링의 엔론 입사 결정은 엔론이 시가평가 회계 방법을 받아들일 수 있다는 조건하에 내려진 것이었다.[12] 시가평가 회계 방법은 계약 초기에 미래에 벌어들일 이익을 곧바로 재무제표에 반영함으로써 수익 성장세를 유지하기 위해서는 서둘러 '투자 기회 흐름을 연속적으로 창출Deal Flow'하게 만드는 식으로 성장 속도를 가속화시켰다.

특수목적회사SPE : Special Purpose Entity 규정을 포함한 복잡한 회계 조항들은 기업들이 부외 거래Off Balance Sheet Engagement(대차대조표에 자산·부채로 기록되지 않는 거래 – 옮긴이)를 할 수 있게 용인해줌으로써 투자와 관련된 차입금을 회사의 자산과 채무로 기록하지 않아도 되게 해주었다. 이로 인해 수익 창출을 위해 사용된 것으로 알려진 자산의 규모가 줄어들었고, 결국 주주 가치의 열쇠인 자본 이익률Return On Capital이 높아졌다.

기업들은 돈이 많이 드는 주식 대신 돈이 적게 드는 채권을 발행함으로써 자본 비용을 공격적으로 줄여나갔다. 전 연준 의장인 앨런 그린스펀은 기업들이 부채를 늘리는 움직임을 지지하며 이렇게 말했다. "기술과 인프라의 대규모 발달 결과 레버리지가 확대되는 것 같다. (중략) 경험상 대부분의 가구와 기업들의 부채 관리 능력을 과소평가하고 싶지 않다."13)

기업들은 자사의 주가를 끌어올리기 위해 기업 활동이나 신규 차입금을 통해 얻은 현금 흐름을 자사주 매입에 썼다. 그린스펀은 이러한 관행을 혁신의 둔화이자 잉여 자본으로 정의했다.14) 자사주 매입으로 기업은 더 많은 부채를 지게 됐고, 재정 건전성은 약화됐다.15)

1987년, 한때는 대형 정유회사 중 하나였지만 지금은 영국의 BP에 인수된 오하이오스탠더드오일 Standard Oil Co. of Ohio은 일류 금융지에 "스탠더드오일은 평범한 사고를 하지 않는다"라는 광고를 실었다.16) 예술적인 광고 그래픽에는 유정油井의 모습이 반사된 기름 한 방울에 담겨 있다. 광고 문구에는 "혁신적이고 적극적인 경영 전략"이라는 표현도 있는데, 이는 금융화의 숨은 의미에 해당한다.

"스탠더드오일에 전략적이지 않은 자산은 없애버렸다"라는 문구는 수익성이 낮은 투자를 정리하는 식으로 회사의 자본을 재배치시켰다는 의미인 것이다. "우리는 또한 신속하고 창조적인 트레이더가 되었다"라는 문구는 이윤 창출을 위해 기업들이 금융상품 거래에 나서는 트렌드를 보여주는 것이었다. 광고 문구는 "석유 왕자들과 석유 쇼크로 가득한 세상에서 더 유동화될수록 우리는 더 견고해진다"는 말로 끝난다. 이 광고는 금융 전략을 의미했다. 정유회사가 정유은행 Oil Bank이 된 것이다.17)

결혼과 이별

기업들은 자산과 다른 기업을 인수하고 처분하고, 시간이 지나 성과 비교를 불가능하게 만들면서까지 지속적으로 구조조정을 해나갔다. M&A시장은 '기업의 경영권을 거래하는 시장Market for Corporate Control'이었다. 사무라이 로닌Ronin(도쿠가와 시대에 최고 전성기를 구가한 보디가드 – 옮긴이)처럼 기업 경영진은 자산 획득을 위해 경쟁하면서 잘못된 사업에 필요한 원칙을 제공했다.

기업들이 선택할 수 있는 무기는 현재 스위스은행 UBS에 인수된 영국 투자은행 S.G. 와버그Warburg의 창립자인 지그문트 '시기' 와버그Siegmund 'Siggy' Warburg가 처음으로 고안해낸 '적대적 인수Hostile Takeover'였다. 전통적으로 합병은 우호적인 분위기에서 합병 당사자들의 합의하에 이루어졌다. 그런데 1958년 와버그의 조언을 들은 레이놀즈/튜브Reynolds/Tube는 이러한 관습을 깨고 이사진으로부터 합의를 얻어내지 못한 상태에서 브리티시알루미늄BA : British Aluminium 인수를 모색했다. 당시 BA의 회장으로 있던 로드 포탈Lord Portal은 소왕국을 살 돈을 받고서 대신 강력한 제국을 내줘야 했기 때문에 레이놀즈/튜브의 제안을 일언지하에 거절했다. 그 대신 BA는 적대적 인수를 막기 위해 알루미늄 제조회사인 알코아Alcoa와 우호적인 제휴를 모색했다. 그러나 빈사 상태인 영국 금융계의 이방인이었던 와버그는 강력한 반대를 뚫고 BA의 지분 과반수 이상을 확보하는 놀라운 전술적 승리를 이끌었다.[18]

BA를 대상으로 했던 적대적 인수는 레이놀즈에게는 매우 값비싼 대가를 치러야 할 인수였다. 사실상 와버그가 레이놀즈에게 한 조언은 엉성했다. BA는 레이놀즈가 제공한 인수대금만큼 가치 있는 회사는 아니었다.[19] 와버그가 해준 조언은 엉성했을지 모르지만 그는 거래를 엉성하게 처리하지 않았다. 더 공격적인 기업인들이 출현하는 새로운 시대가 득세하자 기업들 사이의 인수가 일상화되었다.

2000년 1월 타임워너Time Warner와 AOL이 합병에 합의했다.[20] 타임워너는 출판, 영화, TV, 엔터테인먼트, 미디어 분야를 아우르는 대기업이었고, 원래 아메리카온라인America Online이란 이름으로 출발했던 AOL은 메일이 오면 "메일이 도착했습니다You've got mail"라는 소리가 나오게 해서 유명해진 신생 인터넷 회사였다. 합병 전 타임워너는 매출 260억 달러에 현금 흐름이 60억 달러, 회사 가치가 835억 달러에 달하는 회사였지만 대규모 부채를 짊어지고 있었다. AOL은 매출 52억의 회사로 지난 1년 동안 8억 7,900만 달러의 순익을 올렸는데, 인터넷 회사들 중 흑자를 낸 몇 안 되는 회사들 중 한 곳이었다. 시가총액이 1,630억 달러였던 AOL은 1,650억 달러를 주고 타임워너를 인수했다.

합병 발표 기자회견에서 타임워너의 회장인 제럴드 레빈Gerald Levin은 타임워너의 존경받던 전통적인 기업 문화에서 벗어나 넥타이를 매지 않은 채 셔츠와 카키색 바지 차림으로 등장했고, AOL의 회장인 스티브 케이스Steve Case는 평소와 달리 정장에 넥타이를 매고 나타났다. 케이스가 합병 회사의 회장을 맡고 새로운 주식 티커심볼Ticker Symbol(증권을 주식호가 시스템에 표시할 때 사용하는 약어 – 옮긴이)은 AOL로 정할 예정이었다. 타임워너의 주주들은 새로운 AOL 타임워너의 지분 45퍼센트를 받았다.

레빈은 "새로운 미디어 주식의 밸류에이션은 실재한다"라면서 인터넷 주식을 호평했다. 미디어 관측자들은 이번 합병이 올드 미디어의 종말을 선언한 것이라며 "디지털로 가든지 아니면 죽어야 한다"라고 주장했다. 블로그 공간도 승리의 분위기로 넘쳐났다. 14년밖에 안 된 신생 인터넷 기업이 세계에서 가장 큰 미디어 재벌을 인수했기 때문이었다.

그러나 AOL의 가치는 극도로 고평가된 주식이었다. 인터넷 붐에 편승한 AOL의 주가는 천정부지로 치솟았고, 그 주식은 실질 소득과 현금 창출 자산을 구입할 수 있는 화폐인 셈이었다. 주가는 더 이상 실질적인 사업 가치나 실적을 반영하지 않았다. 주식은 다른 사람들도 그 가치를 믿는 한 실질적인 무언가로 전환 가능한 '무형의 화폐 Monopoly Money'나 다름이 없었다. 결국 인터넷 거품이 꺼진 2002년 AOL 타임워너는 540억 달러의 손실을 입으면서 기업 역사상 최대 규모의 자산상각을 단행했다. 올드미디어의 경영진이 케이스와 레빈을 몰아내면서 실권을 잡았다.

광산업체인 리오틴토 Rio Tinto는 1973년 최초로 설립된 다국적 광산 및 자원업체로서 구경제의 대표적 기업이다. 이 회사의 CEO인 톰 알바니스 Tom Albanese는 알래스카대학을 설득해 지질학과 경제학 과정을 통합한 새로운 학위를 만들게 했으며, 그가 CEO로 있던 동안 리오틴토는 광물 채굴보다는 M&A에 더 치중했다.

알바니스가 CEO 임기를 시작한 지 불과 몇 달 되지 않은 2007년 5월, 리오틴토는 캐나다 경쟁사인 알칸 Alcan을 인수하기 위해 알코아보다 더 높은 380억 달러의 인수 가격을 제시했다. 그러나 전 세계 금융위기가 시작되면서 이 인수 가격은 터무니없을 정도로 높은 가격으로 인식되었지만 리오틴토는 알칸 인수를 위해 400억 달러의 빚을 졌다. 인수

배경에는 중국과 인도 경제가 성장해 상품 가격이 오르면 리오틴토의 실적도 개선될 것이라는 계산이 깔려 있었다.

그러나 곧바로 리오틴토는 경쟁사인 BHP 빌리턴Billiton으로부터 적대적 인수를 당할 위기에 처했다. BHP는 리오틴토의 가치를 1,900억 달러로 잡았다. 리오틴토와 알바니스는 본 인수 제안을 거부했다. 그런데 2008년 말 중국이 급격한 경기 둔화를 겪으면서 금속 가격이 폭락하기 시작했고, 2009년과 2010년 각각 만기 도래할 90억 달러와 100억 달러의 채무가 리오틴토의 문제를 더욱 심화시켰다. 리오틴토의 주가가 하락하자 BHP는 리오틴토의 대규모 부채를 문제 삼으면서 인수 가격을 더 낮춰 다시 제시했다.

이에 굴복하지 않은 알바니스와 리오틴토는 대규모 중국 국영 알루미늄 회사인 차이날코Chinalco와 M&A를 통해 회생할 방도를 모색했다. 차이날코는 리오틴토의 9개 광산 지분을 최대 50퍼센트까지 인수하는 조건으로 123억 달러를, 또한 리오틴토의 지분을 9퍼센트에서 18퍼센트로 늘릴 수 있는 권리를 부여하는 전환사채 72억 달러를 매수하는 조건으로 72억 달러를 각각 지급하기로 했다. 그런데 이 거래 역시 성사되지 못하면서 결과적으로 리오틴토는 일부 철광석 광산에서 BHP와 합동 벤처 사업에 뛰어들 수밖에 없었다. 그러나 2010년에 이 거래 역시 예상대로 무산됐다.

이러한 일련의 계약의 수혜자는 은행과 투자은행들이었다. 그들은 기업들을 상대로 자문 서비스를 제공하고, 거래에 필요한 자금을 대출해주고, 투자자들에게 복잡한 기업의 유상증권을 판매하고, 기업과 파생 거래를 시작함으로써 엄청난 수수료를 받아 챙겼던 것이다.

잭 웰치가 지은 집

어떤 기업도 1981년부터 2001년까지 CEO를 지낸 잭 웰치가 세운 GE만큼 비즈니스의 금융화를 잘 이해할 수는 없을 것이다.[21] 역사적으로 봤을 때 GE는 산업 혁신과 탁월한 기술공학(전구와 최초의 미국 제트 엔진 - 옮긴이)을 기초로 세워진 회사였다. 웰치가 CEO로 있는 동안 GE는 현재 GE 캐피탈Capital로 알려져 있는 GE 크레딧Credit을 자사 기업 활동의 중요한 일부로 만들어 금융화를 꾀했다.

GE는 42만 5,000명의 직원을 두고 250억 달러의 매출을 올리는 회사였지만 웰치가 CEO로 재직하던 시절 31만 명의 직원을 두고 1,250억 달러의 매출을 올리는 회사로 발전했다. 무자비한 구조조정으로 웰치는 '중성자탄 잭Neutron Jack'이라는 별명을 얻기도 했다. 중성자탄이란 건물은 그대로 남기고 사람만 죽이는 폭탄을 말한다. GE의 주가가 오르자 투자자와 주주, 투자은행들은 GE를 사랑했다.

GE를 이끄는 동안 웰치는 재벌Conglomerate이기 때문에 받아야 하는 대중의 비난을 극복해야 했다. GE는 소비재, 터빈, 제트엔진, 의료 기술, 미디어, 금융 비즈니스 등 놀랄 만큼 다양한 분야의 비즈니스로 발을 넓혀나갔다.

1960년대에는 서로 관련 없는 사업들을 통합시키는 것이 유행이었다. 링-템코-보트LTV : Ling-Temco-Vought, ITT 코퍼레이션Corporation, 리톤인더스트리즈Litton Industries, 텍스트론Textron, 텔레다인Teledyne, 걸프앤드웨스턴인더스트리즈Gulf and Western Industries 같은 기업들은 당시 영향력이 커진 기관투자자들의 사랑을 받으며 일명 니프티 피프티Nifty Fifty(1960년대 말 미국 기관투자자들이 선호했던 50개 종목 - 옮긴이)라는 이름을 얻기도 했다. 저금리와 기계적 규칙성에 따라 등락을 거듭하는 주식시장은 대기업들이 일시적으로나마 낮은 가치로 기업들을 매수할 수 있게 해주면서 1980년대와 2000년대 레버리지를 통한 인수 붐을 예고했다. 투자자들은 대기업들을 멈출 수 없는 새로운 힘으로 간주하면서 주가를 끌어올려 그들이 더 많은 기업들을 인수하기 위해 더 많은 돈을 빌릴 수 있게 만들었다.

1970년대에 높은 인플레이션과 금리로 인해 대기업들의 이윤이 급격히 축소됐다. 높은 성장세를 구가할 것이라는 기대감에 투자했던 기업들의 성과는 부진했으며, 약속했던 시너지 효과는 여전히 약속으로만 남았다. 투자자들은 결국 무자비할 정도로 대기업들의 주식을 매도하기 시작했다.

대기업에 투자하는 유행이 끝나자 이제 확실한 목표를 가지고 집중 투자하는 소위 '퓨어 플레이Pure Plays'라는 기업들이 새로이 각광을 받았다. 웰치는 '대기업 디스카운트Conglomerate Discount'에 맞서 싸울 수밖에 없었다. GE의 주가는 개별 사업들의 실제 가치보다 한참 낮은 수준에서 거래됐다. GE가 맡은 임무는 모든 사업 분야에서 시장 점유율 1~2위를 차지하는 것이었다. 모든 경영 전략이 그렇듯이 1위 내지는 2위 전략이 항상 지켜지는 것은 아니다. 쉽게 말해 시장의 정의를 수정함으로써 검증을 통과할 수는 있지만 투자자와 주주들은 시장 주도주Market Leadership에 집중하는 것을 더 선호한다. 웰치는 비핵심 자산의 판매, 무자비한 비용 축소 그리고 종업원 감축으로 투자자들을 더욱 기쁘게 만들었다.

웰치는 1960년대 경영학자 알프레드 챈들러Alfred Chandler가 썼던 방법과 흡사한, 사업 자본 활동에 집중하는 경영권 통제와 계획 수립 도구들을 선보이는 등 여러 가지 일련의 '대형 아이디어들'을 잇따라 선보였다. 그는 제품의 품질을 높이되 비용은 낮추기 위해 원래 얼라이드 시그널Allied Signal, 모토로라Motorola, 일본인들이 개발했던 프로세스와 제품 통제를 위한 통계적 도구에 기반한 식스 시그마Six Sigma 운동을 시작했다. 식스 시그마 운동이란 품질혁신과 고객만족을 달성하기 위해 전사적으로 실행하는 기업경영 전략을 말한다. 웰치는 인터넷 붐 시절에 'www.DestroyYourBusiness.com'을 만들고, 생산성 향상을 위해 디지털 기술을 홍보하는 등 확실한 기회를 놓치지 않았다.

전설적인 크로톤빌Crotonville 연수원에서 훈련을 받은 GE의 경영진은 사일로Silo(회사 안에 담을 쌓고 다른 부서와 소통하지 않고 자신만의 이익을 좇는 업무 관행 - 옮긴이)와 경계 없이 배우는 조직뿐만 아니라 통합적 다양성Integrated Diversity을 추구했다. 전문적인 변화의 대행인으로 행동하는 웰치의 복음은 널리 퍼져나갔다. 웰치는 그의 묘비에 '중성자탄 잭'이 아니라 '사람을 중시하는 잭People Jack'이라는 별명이 적히기를 원했다.

자본에 대한 생각

웰치가 추진했던 이러한 계획들은 GE의 다양한 기업 구조의 긍정적인 특성들을 활성화시켰다. GE의 밝혀지지 않은 비즈니스 모델은 불투명성, 산업과 금융 사업 간의 복잡성, 지속적인 M&A, 이익 유연화Earnings Smoothing(급격한 이익 증감보다 안정적인 이익 창출 행위 - 옮긴이)와 같은 방식으로 발전했다.

GE는 이익과 안정된 현금 흐름을 위해 낡은 저성장 산업에 집중하는 한편, 금융 서비스 산업의 공격적인 성장을 위해 자금을 전용했다. GE 캐피탈은 발전소, 풍력발전기, 항공기 엔진 주문 확보를 위해 고객들에게 돈을 대출해주었다. 금융 서비스는 고객들에게 GE의 제품을 팔고, 성숙한 산업 활동의 저성장과 저수익성 문제를 해결하는 데 중요한 역할을 했다.

산업 기업들의 포트폴리오를 통해 얻은 지속적인 이익은 모기업이 최고의 신용평가 등급인 AAA 등급을 유지하면서 저렴한 수준의 조달 비용을 유지할 수 있게 해주었다. GE는 금융 사업을 신용 등급의 최고 한도까지 성장시키면서 ROE, 순익, 주가를 끌어올리기 위해 다른 어떤 비교 가능한 산업 기업들보다 훨씬 더 많은 돈을 차입했다. 2000년대 초반이 되자 GE는 주식 자본(Share Capital)의 10배에 달하는 돈을 빌렸다. 다시 말해 주식 자본 1달러당 차입금이 10달러에 이르렀다. 차입은 대부분 단기로 했다. GE 캐피탈이 GE가 벌어들이는 이익의 40퍼센트 이상을 차지했다.

GE는 또한 저마진 산업 기업을 팔고, 금융 기업들의 인수를 통해 수익 창출과 성장을 도모하는 M&A 기계와 마찬가지였다. GE는 매년 수십억 달러의 돈을 쏟아부으면서 수백 건의 거래를 성사시켰다. GE는 기존 사업과 신규 사업들이 성장에 기여하는 비중을 각각 80퍼센트와 20퍼센트로 가져가는 정책을 추구했다. 현실적으로 GE의 성장 절반은 인수 사업들에서 비롯됐다.

GE는 실적이 아닌 사업만 관리했다는 비난에도 불구하고 포트폴리오와 성장하는 금융 서비스 사업 부문의 지속적인 구조조정을 통해 시장의 기대치에 부합하는 실적을 유지했다. GE는 보험 사업부의 예치금, 기업연금기금, 상업용 부동산 사업부를 활용해 이익을 유연하게 조정했다. 주가가 강력한 상승세를 보이던 때에는 기업연금보험에 내던 기여금 지급을 중단하는 식으로 이익을 확대했다. 반대로 어떤 경우는 시장에서 내놓은 실적 전망치를 맞추려고 분기 말 마지막 몇 주 동안에 건물들을 매각하기도 했다. GE는 점차 금융공학의 산물이 되어가고 있었다.

엄청난 규모와 복잡한 구조 때문에 GE를 이해하고 분석하기는 어렵다. GE를 산업 회사와 금융 회사 중 어떤 범주로 분류해야 될까? GE는 점점 더 불투명해졌고 유사 기업과의 세부적인 비교를 더욱 어렵게 만드는 식으로 건설적인 모호성Constructive Ambiguity (정치적 목적 성취를 위해 민감한 문제에 대해 일부러 모호한 언어를 사용하는 것 - 옮긴이)을 의도적으로 활용했다.

GE의 이러한 특성 때문에 이 회사를 담당한 투자 분석가들 중 경영진, 특히 그중에서도 GE에서 가장 영향력이 큰 영업사원인 웰치로부터 도움을 받을 수 있었던 사람은 극소수에 불과했다. 분석가들을 대상으로 한 브리핑 때 웰치는 일반적으로 질문을 받으면 그 질문자의 이름을 부르면서 질문에 대답했다. 영국의 경제주간지인 「이코노미스트」가 지적했듯이 "GE는 분석가와 언론인, 외부인들을 대할 때 그들이 GE의 가족이자 신봉자냐 아니냐에 따라 확연히 다른 태도로 대우했다."22) 웰치가 하는 말과 분석가들이 신중하게 계산한 추정치에 부합하거나 소폭 상회하는 실적을 내는 GE의 능력에 고무된 투자자들은 묻지도 않고 GE의 주식을 샀다. 그러자 다른 기업들도 GE의 전략을 모방했다.

잭 웰치를 경계하라

웰치는 점점 영향력이 커져가는 언론의 힘을 파악하고 이를 이용했다. 그는 분석가와 투자자들에게 보이는 회사 이미지를 관리하기 위해 '경영 내러티브Management Narrative', 즉 멋진 이야기와 자신감 넘치는 발언을 내놓는 데 달인이었다. 웰치는 중요한 아이디어를 전달할 때 간결하면서도 함축적인 단어가 갖는 가치를 알고 있었다. 그는 "당신이 제시하는 모든 생각은 낯선 사람들과 여는 칵테일 파티에서 쉽게 접할 수 있는 어떤 것이어야 한다"고 말했다. 그는 의도적으로 세련된 말투나 다른 사람보다 더 똑똑해 보이는 태도를 피했다.[23]

『잭 웰치의 29가지 리더십 비밀29 Leadership Secrets from Jack Welch』, 『잭 웰치의 방식대로 사업하라Business the Jack Welch Way』, 『웰치의 방식 : 세계의 가장 위대한 CEO가 주는 24개의 교훈The Welch Way : 24 Lessons from the World's Greatest CEO』 등 그에 대한 비판은 철저히 배제한 채 GE와 잭 웰치를 칭찬 일색으로 묘사한 책들이 넘쳐났다. 그에 대한 비밀이나 교훈과 관련된 숫자가 책들마다 다르긴 했지만 이 책들은 'GE는 위대한 회사다'와 '잭 웰치는 신이다'라는 식의 미리 정해놓은 공식을 뒷받침하기 위한 증거 자료들을 인용했다. 이러한 책에는 어김없이 웰치의 보잘것없는 시작과는 비교할 수 없을 정도로 성공한 지금, 그가 CEO로서 받은 상당한 보상에 대한 설명도 포함되어 있었다.

그러나 불행하게도 이러한 신화는 웰치가 1989년에 결혼한 두 번째 부인인 제인 비슬리Jane Beasley와 이혼하는 과정에서 무너지기 시작했다. 두 사람은 결혼 전 미리 위자료를 합의해두었지만 제인은 고객들을 위해 충분한 위자료를 받아내는 것으로 유명한 뉴욕의 이혼 전문 변호사인 윌리엄 자벨William Zabel을 고용했다.

웰치는 제인이 자동차 운전기사이자 보디가드인 미남 이탈리아인과 바람이 났다는 소문을 퍼뜨렸다. 웰치의 눈에 제인은 성공한 CEO와 결혼한 두 번째 부인일 뿐이었다. 13년간 결혼생활이 지속되는 동안 그녀는 사치스런 생활을 즐겼고 웰치의 경력에 아무런 기여를 하지 못했다. 하지만 아이러니하게도 자서전인 『잭 웰치 끝없는 도전과 용기Jack : Straight from the Gut』에서 웰치는 제인이야말로 자신이 사업가로서 성공하는 데 완벽한 파트너였다고 치켜세웠다. 제인은 웰치의 사업 파트너들과 함께하기 위해 골프를 배우는 등 남편의 뒷바라지를 위해 사업가로서의 경력을 포기했으며, 심지어 웰치에게 인터넷을 소개해준 것도 제인이었다고 말했다.

위자료 협상을 둘러싸고 벌이는 다툼에서 화가 난 제인은 웰치의 자산과 부채, 비용, 소득은 물론 기타 웰치의 사생활과 관련된 진술서를 법원에 제출했다. 여기에는 웰치가 GE와 합의한 퇴직 이후 받은 보상과 관련한 세부 내용도 포함되어 있었다. 2000년 은퇴 직전 GE의 CEO로서 보낸 마지막 1년 동안 웰치는 성과급과 임금을 포함해 회사로부터 총 1,670만 달러를 받았고, 은퇴 후에도 회사 컨설턴트로 일하면서 30일 일하는 대가로 매년 8만 6,535달러를 받고, 하루 추가로 일할 때마다 1만 7,307달러를 받았다. GE는 은퇴 후에도 웰치에게 자동차, 비행기, 아파트, 휴대전화, 꽃, 보안 시스템, 비타민 등을 포함한 생활비를 지급했다.

'사람을 중시하는 잭'이라는 그의 별명은 뉴욕 닉스 경기가 열리는

1층 좌석, U.S. 오픈의 코트 옆 좌석, 윔블던의 VIP 좌석, 메트로폴리탄 오페라의 박스석, 레드삭스 게임의 박스석 그리고 양키 게임의 박스석 등에 붙어 있었다. GE는 그를 위해 4개의 컨트리클럽 비용, 리무진 서비스, 보안 서비스, 위성 TV, 커뮤니케이션, 집 4채의 컴퓨터 장비 그리고 뉴욕 아파트의 보안과 포도주와 음식, 세탁, 화장실, 신문과 관련한 모든 비용 일체를 대신 내주었다. GE는 또한 웰치가 살았던 맨해튼 아파트 건물 내에 있는 프랑스 출신의 유명 요리사인 장 조지Jean Georges가 경영하는 식당 식사비를 모두 대신 내주었다.

이 모든 사실들이 알려지면서 대중들의 불만과 비난이 쇄도했고, 결국 웰치는 GE에서 40년 동안 일한 후 응당 받을 자격이 있다고 믿었던 이와 같은 비금전적인 특혜들을 포기할 수밖에 없었다. 제인 웰치는 이혼 위자료로 약 1억 8,000만 달러의 돈을 받았다.

그러나 여전히 웰치는 역사상 가장 존경받는 경영 지도자 순위 중 상위권에 이름이 올라와 있다.

웰치의 후임자인 제프리 이멜트Jeffrey Immelt는 GE 캐피탈에 의존한 성장 전략이 막바지에 달하던 시점에 웰치로부터 GE를 물려받았다. 이멜트는 투명성을 높이면서 회사의 구조조정을 시도했다. 그는 대체 에너지시장으로 사업 영역을 확대하다가 기후 변화를 믿지 않는 웰치의 눈총을 받기도 했다. 그러나 이멜트는 GE의 변화를 위해 대규모 인수 전략을 펼쳤다. 2004년에 GE는 금융 컨설턴트들에게 4억 5,000만 달러가 넘는 비용을 지급하고 투자은행 서비스 분야의 가장 큰손 중 하나로 등장했다. 이멜트는 웰치와는 경영 방식이 매우 달랐다. 전 세계 금융위기로 인해 GE식 사업모델의 약점이 드러나자 GE의 주가와 실적은 곤두박질쳤는데, 이를 일컬어 한 언론인은 이멜트의 이름에 '붕괴'를 뜻하는 멜트 다운Melt Down을 교묘히 접목해 '이멜트 다운Immelt Down'이라는 용어를 만들어 부르기도 했다.

비즈니스 거래

거래와 투기가 기업들의 주요 활동으로 자리를 잡으면서 금융이 점차 산업을 대체해나갔다. 19세기 고전 『롬바드 스트리트Lombard Street』에서 저자인 월터 배젓은 이렇게 경고했다. "상식적으로 서적상들이 홉스Hops(맥주 재료의 원료-옮긴이)를 투기 거래하거나 은행가들이 테레빈유를 투기 거래해서는 안 되며, 노처녀들이 철도를 홍보하거나 성직록을 지급받은 목사들이 수로를 홍보해서는 안 된다."24) 이러한 충고는 당시에는 특이하고도 부적절한 것으로 여겨졌다.

기업 경영진과 이사들은 투자자들로부터 신속히 가시적인 결과를 내라는 압력을 받자 금융화에 의존했다. 미국의 경영학자인 피터 드러커Peter Drucker(1909~2005년)는 이런 변화의 이유에 대해 다음과 같이 설명했다.

> 거래가 일을 이긴다. 거래는 흥미롭고 재미있지만 일은 구질구질하다. 무언가를 가동하기 위해서는 주로 엄청난 양의 구질구질한 세부적인 일들을 해야 한다. (중략) 반면에 거래는 낭만적이고 섹시하다. 그렇기 때문에 당신은 아무 의미가 없는 거래를 하는 것이다.25)

사주 경영자가 사라지고 MBA에서 훈련받은 전문 경영자들이 등장함에 따라 기업을 경영하는 사람들은 기업을 경영하는 데 필요한 특정 분야의 지식과 기술이 부족했다. 자동차 분석 업체인 메리앤 켈러Maryann Keller는 GM을 주제로 쓴 보고서에서 이런 변화에 대해 "GM에서 성공할 수 있는 최상의 방법은 사람들이 보고 싶어 하는 그림을 보여주기 위해 숫자로 다양한 묘기를 부릴 줄 아는 좋은 금융인이 되는 것이다"라고 말했다.26) 이렇듯 GM은 측정 가능한 것들만 관리했다. 결과적으로 비즈니스 내의 비즈니스는 돈이 되었다. 개인들과 마찬가지로 돈은 「거울 방」을 찾는 단골손님이 되었다.

영화 「타인의 돈」에서 그레고리 펙Gregory Peck(1916~2003년)이 연기한 앤드류 '조지' 조겐슨Andrew 'Jorgy' Jorgenson은 가족 회사를 빼앗아가려고 애쓰는 사모펀드 투자가인 분쇄기 래리와 맞선다. 조지는 모여 있는 주주들에게 옛날의 악덕 자본가 소리를 듣는 사람들은 적어도 석탄광산, 철도, 심지어 은행 등 가시적인 것들을 세웠지만 산업화 이후 새롭게 등장한 미국의 기업인들은 다른 사람들의 돈을 이용해 기업을 인수하면서도 망해버린 사람들의 고통조차도 덮을 수 없는 종이 외에는 아무것도 만들거나 남겨놓지 않는다고 말한다.

돈은 개인의 삶과 기업에 큰 영향을 미치게 되었다. 독일 시인 하인리히 하이네는 이러한 미래의 현실을 예상하고 "이것은 물보다 더 유동적이고 공기보다는 덜 고정적인 돈이라는 가장 신뢰할 수 없는 요소들을 기반으로 하고 있다"라고 말했다.27)

4장 파는 돈

자연은 진공을 혐오한다. 은행들은 기업과 일상생활의 금융화를 자신들에게 유리하게 이용하면서 이런 빈 공간을 채우기 위해 움직였다.

영화 「페리스의 해방 Ferris Bueller's Day Off」에서 배우 벤 스타인 Ben Stein이 연기한 경제학 교사는 자신의 강의에 무관심한 학생들에게 '래퍼곡선 Laffer Curve'*을 본 적이 있는지 묻는다. 교사는 다시 조지 H.W. 부시 대통령이 1980년에 래퍼곡선을 두고 무엇이라 했는지 아느냐고 물었다. 학생들 중 답을 아는 사람은 없었다. 부시는 래퍼곡선을 마법과 주술을 믿는 아프리카 미신 신앙인 '부두'라는 단어를 써서 '부두 경제학 Voodoo

---

*세율과 세수의 관계를 나타낸 곡선으로 미국의 경제학자 아서 래퍼 Arthur Laffer 교수가 주장한 이론. 일반적으로 세율이 높아질수록 세수는 늘어나지만 래퍼 교수는 일정 세율(최적 세부담율)을 넘으면 반대로 세수가 줄어드는 현상이 나타난다고 생각했다. 세율이 지나치게 올라가면 근로 의욕 감소 등으로 세원 자체가 줄어들기 때문이다. 그러므로 이때는 세율을 낮춤으로써 세수를 증가시킬 수 있다는 것이다. 래퍼곡선은 1980년대 미국 레이건 행정부의 조세인하 정책의 이론적 근거가 되었으며, 이로 인해 미국 정부의 거대한 재정적자 증가가 초래되었다.- 옮긴이

Economics'이라고 폄하했다.

1930년대에 나온 할리우드 영화 「화이트 좀비White Zombie」는 부두를 아프리카가 아닌 다른 이국적인 미신이자 초자연적인 관행과 연결시키는 잘못을 범한다. 부도덕한 의사들은 악귀를 막는다며 가짜 물약, 가루, 주물, 부적으로 돈을 벌기도 했다. 1980년대에 미국 대통령인 레이건은 '부두 경제학'을 수용했고, 이 무렵 은행들은 '부두 뱅킹Voodoo Banking'을 창조했다.

멋진 은행

성탄절이 돌아오면 언제나 TV에서 미국 영화감독 프랭크 캐프라Frank Capra(1897~1991년)가 만든 영화 「멋진 인생It's a Wonderful Life」이 재방송된다. 배우 제임스 스튜어트James Stewart(1908~1997년)가 마을 은행을 소유하고 경영하는 은행가 조지 베일리George Bailey 역을 맡은 이 영화는 은행이 돈을 저금하는 사람과 빌리는 사람 사이의 브로커 노릇을 하는 세상을 그리는데, 은행원들은 마을 공동체로부터 존경을 받는 사람들이다.

최근까지도 은행의 기능은 단순했다. 규제 당국자들은 은행이 예금자들에게 줄 수 있는 금리, 채무자들에게 부과할 수 있는 금리, 빌려줄 수 있는 금액 등을 정해주었고, 은행은 거래는 거의 하지 않았다. 세상은 '3-6-3' 규칙에 따라 움직였다. 이는 3퍼센트의 금리로 빌려와서 6퍼센트의 금리로 빌려주고, 오후 3시에는 골프를 치러 간다는 규칙이었다.

1929년 주식시장의 몰락과 은행 시스템의 붕괴 이후 1933년에 재무장관 출신의 민주당 상원의원인 카터 글라스Carter Glass와 민주당 하원의원으로서 은행·통화위원장을 지냈던 헨리 B. 스티걸Henry B. Steagall이 글라스-스티걸법Glass-Steagall Act을 공동으로 제안했다. 이 법이 제정됨에 따라 상업은행은 여·수신 업무만 하고 투자은행은 증권 자문, 주간, 거래 등 증권 업무만 하도록 업무가 분리되어 상업은행은 고객의 예금으로 주식투자를 할 수 없게 되었다. 규제 당국은 예금 수신 기관들이 다른 사람들의 돈으로 경제적 권력을 휘두른다는 것을 알고 있었다. 그러나 이제는 규제에 따라 대출이나 투자의 건전성과 경쟁을 확보하기 위해 은행이 가졌던 이러한 힘이 제한되었다.

예금을 정부가 보장한다는 것은 예금 보장을 받는 은행이 거래 손실을 입었을 때 이 손실금을 납세자가 대신 물어준다는 것을 의미했다. 증권 거래는 은행들이 예금자들의 돈을 날릴 수 있는 손실을 입게 만들었다. 그런데도 일각에서는 위험을 줄이는 훈련을 받은 은행들이 보다 투기적 활동을 취할 준비를 갖추지 못했다고 비난했다.

1980년대에 이르자 은행과 은행업에 대한 통제가 점진적으로 허술해졌다. 레이건 대통령과 마거릿 대처Margaret Thatcher 전 영국 수상은 경제 시스템에 대해 국가의 개입을 줄이는 것을 선호했다. 프랑스와 같은 일부 국가들에서는 금융 시스템의 규제 완화와 더불어 정부 소유 은행들의 민영화가 진행되었다.

이러한 규제 완화 조치에 따라 대출, 예금, 증권을 구분하는 것이 실질적으로 점점 더 힘들어졌다. 1977년에 '뛰어난 소 떼들Thundering Herds'로 불리던 금융 자문가들로 이루어진 대규모 중개 네트워크를 보유한 증권회사, 메릴린치Merrill Lynch가 고객 예탁금을 어음이나 채권에 투자해 번 돈을 고객에게 돌려주는 실적배당 금융상품인 CMACash Management Account를 출시했다.

CMA는 유가증권에 투자한 뒤 남은 돈을 자동적으로 단기 고수익 상품에 운용하며, 은행의 보통예금처럼 입출금은 물론 자동납부와 급여이체 등의 서비스 기능이 있고, 주식청약 자격도 제공했다. 단기간 돈을 예치해도 높은 이자율을 적용받을 수 있었다. 당시 은행들의 당좌예금Checking Accounts(현금이나 타인으로부터 받은 수표는 예금할 수 있으나 예금의 인출은 반드시 수표 발행으로만 할 수 있는 요구불 예금 - 옮긴이)은 이자를 지급하지 못하게 되어 있어 경쟁적인 면에서 불리한 처지에 있었다.

그러나 은행들은 혹시 있을지 모를 이해의 충돌은 방화벽Firewall을 세워 활동의 분리를 강화한다면 관리가 가능하다고 주장했다. 더 넓은 금융 서비스 시장으로 진출할 능력이 있다면 활동의 다각화를 통해 위험을 줄일 수 있다는 뜻이었다. 이러한 생각을 지지하는 사람들은 유니버설 은행이 은행과 증권업을 함께하는 유럽을 예로 들었다.

1999년에 텍사스 주 출신 필 그램Phil Gramm 공화당 의원과 아이오와 주 출신 짐 리치Jim Leach 공화당 의원이 결정적인 변화를 이끌어냈다. 두 사람은 글라스-스티걸법 폐지 법안을 내놓았다. 이 법이 폐지됨으로써 예금을 받고, 대출을 하고, 자문 서비스를 해주고, 증권 주간과 거래를 하고, 투자금을 관리하고, 보험을 판매하는 원스톱 머니 숍Money Shop인 금융 슈퍼마켓들Financial Supermarkets이 탄생할 수 있는 길이 열렸다. 글라스-스티걸법 폐지에 반대표를 던진 불과 8명의 상원의원들 중 한 명이었던 바이런 도건Byron Dorgan은 앞을 내다보고, "내 판단에 따르면 글라스-스티걸법의 폐지로 인해 미래의 납세자들이 대규모 구제금융을 부담하게 될 위험이 커졌다"라고 말했다.[1]

대형 금융 슈퍼마켓들은 예전 은행업의 전통을 파괴했다. 19세기에 배젓은 은행업을 작위가 있는 가족들의 전유물로 간주했다. 그는 "은행가의 직업은 세습된다. 은행의 신용은 아버지로부터 아들로 내려간다. 이러한 세습적 부는 세습된 개선을 동반한다"라고 말했다.[2]

영국 런던의 일류 상업은행인 함브로스 은행Hambros Bank의 회장은 이보다 더 노골적으로 말했다. 그는 "우리가 맡은 일은 현명하게 후손을 낳는 일이다"라고 말했다.[3] 세습된 개선은 더 산업화된 형태의 은행업을 낳았다.

영국 작가 데이비드 개프니David Gaffney의 소설 『네버 네버Never Never』에 등장하는 은행 지점장은 새로운 체제를 이렇게 설명했다.

> 지점장은 말했다. "당신은 충분히 팔지 못하고 있어. 당신은 대출, 보험, 후순위 저당, 개인연금 등 더 많은 상품을 움직여야 해. 이런 일들이 이 지역 은행들을 위한 일만은 아니야. 사람들을 돕기 위한 일이지. 사람들은 물건을 살 수 있는 돈을 구하지 못했거든."[4]

은행업은 주주의 이익을 위해 움직이는 영리 추구 활동이 되었다. 점점 더 경쟁이 치열해지자 은행들은 투자자의 기대에 부응하기 위해 '부두'에 의존했다.

수건 돌리기

은행들은 단기로 받은 예금을 가지고 장기로 대출해주었다. 이때 채무자가 돈을 상환하지 않으면 중대한 위험을 감수해야 했다. 이는 단순하면서도 무미건조한 사업이었다. 은행의 성장 능력은 주주들의 자본과 예금을 유치할 수 있는 능력에 달려 있었다. 주주들은 예측 가능하면서도 괜찮은 수익을 올렸다. 〈그림 4-1〉은 전통적인 은행의 업무 모델을 보여주고 있다.

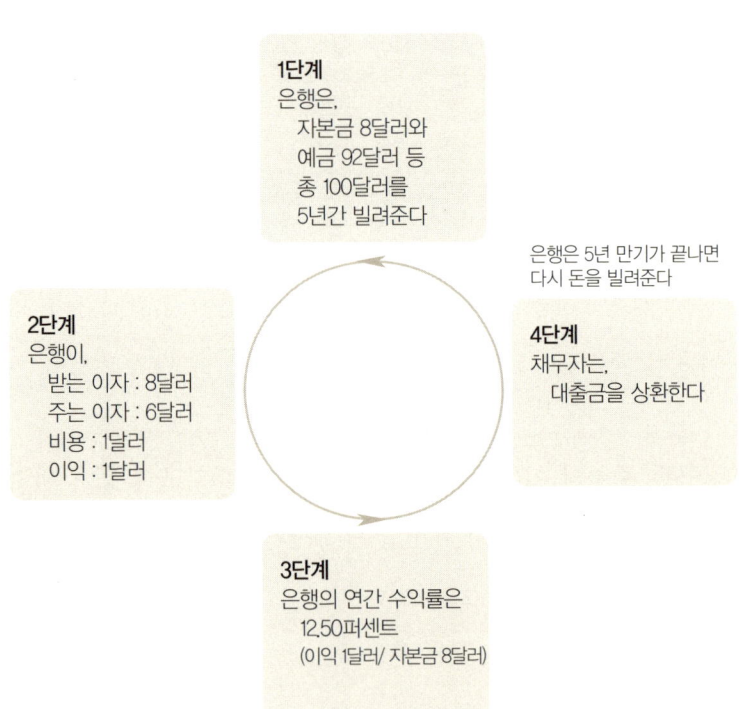

그림 4-1 전통적인 은행 업무 모델

1. 은행은 고객들로부터 받은 예금 92달러와 주주들이 낸 자본금 8달러를 합친 돈 100달러를 가지고 있다.
2. 예를 들어 고객들에게 100달러를 5년 동안 빌려준다고 하자.
3. 은행은 이자로 8달러를 받고, 이 중 예금자들에게 6달러의 이자를 준다. 은행의 운영 비용은 1달러다. 따라서 세전 이익은 1달러(8달러-6달러-1달러)이기 때문에 은행 주주들에게 돌아갈 연간 수익률은 12.50퍼센트(이익 1달러/자본금 8달러)가 된다.
4. 대출이 상환되면 이 전체 과정이 다시 반복된다.

은행들은 새로 만든 '자산 창출 후 분배 모델Originate-to-Distribute Model'을 통해 증권화Securitization 과정을 거쳐 대출을 증권으로 만들어 투자자들에게 팔았다. 〈그림 4-2〉는 이러한 새로운 모델의 작동 메커니즘을 보여준다.

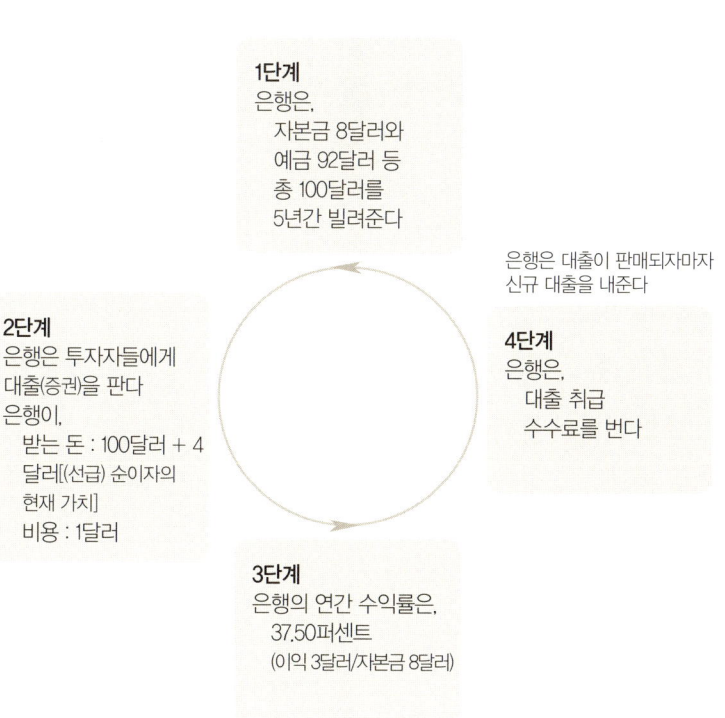

그림 4-2 자산 창출 후 분배 모델

1. 은행은 여전히 고객들로부터 받은 예금 92달러에 주주들로부터 받은 돈 8달러를 합쳐 100달러를 고객에게 5년 동안 빌려줄 수 있다.
2. 은행은 대출금을 5년 내내 보유하고 있기보다는 연금펀드, 보험회사, 투자 매니저 등과 같은 투자자들에게 대출을 포장해 팔 수 있을 만큼 충분한 숫자와 규모를 확보할 때까지만 보유한다.
3. 대출이 투자자들에게 팔리면 은행은 고객(채무자)에게 대출해준 돈(100달러)에다가 현재 순이자의 가치(채무자가 지급하는 것과 다시 포장된 대출을 사는 투자자가 받는 것 사이의 차이), 즉 4달러를 받는다. 운영비 1달러를 제할 경우 은행은 3달러(4달러에서 1달러를 뺀 금액)의 세전이익을 얻으므로 주주들의 연간 수익률은 37.50퍼센트(3달러의 이익/자본금 8달러)다.
4. 은행은 영업하는 동안 지속적으로 대출금 관리를 하고 대출 처리 수수료를 받는다. 대출이 판매된 이후에는 은행의 자본과 자금 운용이 자유로워지므로 은행은 이 과정을 되풀이할 수 있다.

'자산 창출 후 분배 모델'에서 은행은 대출 상품이 팔릴 때까지 단기간 동안에만 자본을 묶어둔다. 이 과정이 되풀이되면서 똑같은 자본이 재활용될 수 있다. 대출이 살아 있는 동안 이자 수입이 할인되므로 즉시 자본으로 인정된다. 은행들은 수익 확대를 위해 똑같은 자본을 더 열심히 굴리면서 효과적으로 '자본의 운용 속도 Velocity of Capital'를 높인다. 은행이 1년에 두 번씩만 전체 대출 장부를 다시 작성한다면 연간 75퍼센트(37.5퍼센트×2)의 수익률을 올릴 것이다!

파생상품을 포함해 다른 금융상품들도 이와 똑같은 방식으로 활용됐다. 한 은행의 CEO는 "은행은 저장 회사가 아니라 이동 회사가 되었다"라고 밝히기도 했다.

광란의 대출

은행들은 고객들에게 더 많은 대출을 해주고 관심을 갖는 투자자들을 상대로 한 대출 규모를 늘림으로써 '돈을 생산하는 기계'를 만들었다. 전통적으로 은행은 대출이 살아 있는 동안 순이자마진Net Interest Rate Margin을 버는데, 여기에는 예금과 대출의 금리 차이에서 발생하는 수익과 채권 등 유가증권에서 발생한 이자가 포함된다. 대출 자산이 팔릴 때 대출로 인한 수익은 선인정되며, 대출이 남아 있는 시간 동안 은행은 이를 관리하는 데 따른 약간의 수수료를 챙긴다. 또한 매년 더 높은 수익을 올리라는 요구에 부응하기 위해 대출 규모를 더욱 늘려나간다.

전통적으로 상업은행들은 고객에게 저렴한 이자를 주고 예치한 예금으로 대출을 해주는 권한을 가졌기 때문에 투자은행이나 제2금융권보다 대출에서 더 유리한 입장에 설 수 있었다. '자산 창출 후 분배 모델'로 인해 투자은행, 모기지 브로커, 독립 신용카드 회사들은 대출 상품을 만들어 파는 일이 가능했다. 이들은 이로써 투자자들로부터 낮은 비용에 자금을 조달할 수 있게 됐는데, 이로 인한 경쟁이 치열해지자 수익마진이 줄어들었고, 고수익을 원하는 투자자들의 요구에 부응하기 위해 대출 규모를 늘릴 수밖에 없었다. 모두가 현재 상태를 유지하기 위해서라도 더 열심히 뛰어야 했다.

이러한 경쟁의 핵심은 은행으로부터 돈을 빌릴 채무자를 찾아내는 것이었다. 은행은 대규모의 선급금을 주고서 브로커들에게 대출을 원하는 사람들을 찾게 했다. 처음에는 어느 은행이나 신용도가 높은 사람들에게만 돈을 빌려줬다. 그러나 시간이 지남에 따라 신용도가 낮은 채무자들(예전에 대출을 거부당했던 사람들)이 시장에 들어왔다. 그리고 이어 더욱 신용도가 떨어지는 사람들을 위한 위험한 대출 상품도 나왔다. 그것이 바로 '닌자' 대출로 유명한 서브프라임 모기지와 사모펀드 및 헤지펀드들에게 해주는 대출이다.

전통적인 대출 기준은 채무자의 배경이었다. 투자은행 라자르드Lazards의 로드 풀Lord Poole은 자신이 경영하던 은행이 1970년대 초반 부동산 대출 손실을 피하자 "나는 이튼 칼리지Eton College(유명 졸업생들을 배출해낸 영국의 엘리트 학교 - 옮긴이)에 다닌 사람들에게만 돈을 빌려줬다"라면서 자신의 성공적인 대출 기준에 대해 이야기했다.5)

이후에는 누가, 어떤 조건으로, 어떤 금리로 대출을 받게 될지는 신용평점제도Credit Scoring System에 따라 결정됐다. 신용평점제도란 고객의 신용 상태를 점수로 산출해 대출 여부와 대출 금액을 결정하는 제도를 말한다. 이 모델은 순전히 역사적인 요소들을 기반으로 하기 때문에 가끔은 세상의 변화를 반영하지 못할 때도 있었고, 모델로 입력된 정보가 검증되지 않을 때도 있었다.

대출 규모는 대출 시 잡은 담보 가치에 따라 결정됐다. 채무자들은 담보의 가치가 떨어질 경우 이를 추가 현금 납부를 통해 보존해주기로 합의하면서 담보 자산의 가치를 끌어올렸다. 은행들은 담보 자산 가치의 정확성과 안정성에 대해서는 별다른 관심을 쏟지 않았다. 정작 채무자의 대출 상환 능력은 대출 가부를 결정짓는 데 중요한 요소가 아니었다. 그저 담보의 가치가 커질 것이기 때문에 누구나 앞서 빌린 돈을 상환하기 위해 새로운 대출을 받는 차환대출이 가능하리라 생각했다.

은행은 신용도가 낮은 채무자들에게 빌려준 대출을 계속 붙잡고 있을 것이 아니므로 그와 같은 대출이 위험하지 않다고 주장했다. 대출이 팔리기 전의 기간 동안만 위험할 뿐이라는 것이다. 이 같은 사고방식은 대출의 전례 없는 성장을 야기시켰다.

환상의 플라스틱 돈

미국인들은 평균적으로 5장의 신용카드를 소유하고 있다. 2005년에 미국에서 발급된 신용카드는 61억 장에 달했다.

1992년 「그랜트 금리 옵저버Grant's Interest Rate Observer」지의 창간인 제임스 그랜트James Grant의 딸 에밀리 그랜트Emily Grant는 아메리칸 익스프레스American Express로부터 편지 한 장을 받았다. 그 편지에는 "우리는 모든 사람들에게 아메리칸 익스프레스카드 신청 기회를 드리지 않는다. 특별히 당신에게만 그 기회를 드린다"라고 적혀 있었다. 제임스 그랜트는 풍자 기사를 통해 딸 그랜트가 11세이고, 매주 2달러 50센트의 용돈을 받기 때문에 연간 55달러를 쓸 수 있을지 모르겠지만 실제 그랬다가는 통장 잔고가 바닥이 날 것이라고 꼬집었다.6) 그로부터 얼마 지나지 않아 그랜트의 열 살짜리 아들 필립도 일반 아멕스카드보다 더 상급이라는 골드 아멕스카드 신청 제안을 받았다. 신청서에는 "당신의 지출과 지급 패턴, 개인적인 재력을 감안한 지급 능력에 따라 사용 한도가 승인됩니다"라고 적혀 있었다. 그랜트는 필립이 매주 1달러 50센트의 용돈을 받는데, 학교에서 과자를 사먹느라 돈을 쓰다 보니 저축해놓은 돈이 거의 없다고 말했다.

현대의 신용카드는 백화점에서 연료나 물건을 구입하기 위한 상사 신용장Merchant Credit(은행이나 금융기관이 발행하지 않고 일반 회사가 발행한 신용장 - 옮긴이)에서 성장했다. 랠프 슈나이더Ralph Schneider와 프랭크 맥나마라Frank McNamara는 처음으로 상점마다 다른 카드를 쓰지 않고 한 장의 카드로 여러 곳의 상점에서 결제할 수 있는 방식을 생각한 사람들이다. 1958년에 아메리칸 익스프레스가 최초로 신용카드 사업을 시작한 후 궁극적으로 전 세계를 연결하는 신용카드 네트워크가 창조됐다. 비자는 1958년 뱅크오브아메리카^{Bank of America}가 만든 뱅크아메리카드^{BankAmericard}로부터 나왔다. 그 밖에 다른 은행들은 마스터카드^{MasterCard}를 만들었고, 이는 궁극적으로 씨티은행이 소유하고 있던 에브리씽카드^{Everything Card}를 통합시켰다. 이 개념을 모방해 바클레이즈은행^{Barclays Bank}은 1966년 영국에 바클레이카드^{Barclaycard}를 출시했다.

1980년대 중반이 되자 당시 씨티은행 소매금융 분야 사장인 존 리드^{John Reed}가 대담한 홍보 활동을 벌이며 신용카드의 가입과 사용 범위를 확대했다. 씨티은행은 우편번호를 토대로 각 가정에 사용 제약이 거의 없는 신용카드를 우편으로 발송하기 시작했다. 이 계획은 신용카드가 빠르게 전파되는 데는 효과적이었지만 처음에 많은 카드 소유자들이 카드 사용 금액을 지급할 능력이 안 되거나 지급하지 않아 씨티은행의 부실채권이 늘어나는 결과를 가져왔다. 그러나 시간이 지날수록 신용카드 사업은 은행으로서는 매우 수익성이 좋은 사업으로 변모했다.

개인들에게는 신용카드가 단순한 리볼빙 대출^{Revolving Loan}(신용카드의 사용 한도를 설정하고 매월 사용한 금액의 일정액 만큼만 지급하게 하는 신용 판매 방법 – 옮긴이)과 같다. 금융기관은 승인된 고객들에게 신용카드를 발급함으로써 그들이 사용 한도까지 구매 행위를 할 수 있게 만들고, 고객 대신 카드 발행기관이 업체들에게 고객이 구매한 내역에 대한 돈을 지급한다. 카드를 보유한 고객은 정해진 날에 그 달에 쓴 카드 사용액을 전액 갚거나, 그게 싫다면 전체 청구 대금의 최소액에 해당하는 금액만큼만 결제해도 된다. 그렇게 고객이 카드 대금을 내지 못하면 카드 발행기관이 연체금에 대해 높은 이율의 연체 이자를 물린다.

카드 발행기관은 카드 연회비와 수수료를 통해 돈을 번다. 1990년대에는 신용카드 소유자들의 주택 가치를 담보로 발급되는 신용카드가 등장했다. 집값이 상승하자 많은 주택 소유자들은 서류상으로는 부자였다. 집의 가치가 집을 담보로 빌린 모기지 대출금에 비해 더 컸다. 집의 가치를 담보로 한 신용카드는 개인들에게 주택의 순자산을 이용해 신용카드를 발급받게 해주었다.

"비자와 함께라면 더 멋진 인생을 즐길 수 있다"라든가 "부자로 살라, 씨티은행", "무한한 가치! 마스터카드만 있으면 무엇이든 살 수 있다" 등 신용카드 홍보 마케팅 문구들은 화려하기 짝이 없다. 이러한 카드 광고는 멋진 인생과 그로 인한 소비를 연상시킨다. 카드로 1달러를 쓸 때마다 사은품이나 항공 마일리지를 받을 수 있는 보너스 포인트가 생기기도 하며, 대학 같은 기관과 제휴된 카드를 사용하면 사용 금액의 일정 금액을 기부할 수도 있다.

개발도상국들에서 신용카드는 종종 서양의 근대성의 상징으로서 그들이 간절히 추구해온 세련됨과 발전을 의미했다. 소비자들은 캐나다 출신의 미디어 이론가 마셜 맥루한Marshall McLuhan이 말한 "현금은 불쌍한 사람이 쓰는 신용카드다"라는 말에 공감했다. 아무도 자신이 불쌍한 사람으로 여겨지길 원하지 않았다.

이제 신용카드는 예술품이 되었다. 화폐 연구 전문가들과 메달이나 라벨 등을 수집하는 전문가들은 오래된 종이 소매상 카드와 소매상 신용카드로 사용된 적이 있는 금속 토큰 그리고 셀룰로이드 플라스틱과

섬유와 종이로 만들어진 초기 신용카드들을 수집한다.

2008년 10월에 마스터카드는 금으로 장식하고 0.02캐럿짜리 다이아몬드를 박은 다이아몬드 신용카드를 출시했다. 여성용 카드에는 공작 그림, 남성용 카드에는 날개를 단 말의 그림이 찍혀 있었다. 이 카드는 카자흐스탄에서 최근 몇 년 동안 일어난 석유와 광물 붐 때문에 새로 생긴 슈퍼리치 억만장자들을 공략하기 위한 것이었다. 카자흐스탄에서 두 번째로 큰 은행 카즈코메르츠방크(Kazkommertsbank)는 VIP 고객들을 위해 매달 30장 정도씩 총 1,000장의 카드를 발급할 계획을 세웠다. 카드의 연회비는 1,000달러였으며 사용 한도는 마스터카드 플래티넘 카드 한도보다 2배 이상 많은 5만 달러였다.

풍부한 유동성을 바탕으로 즉각적인 만족감을 찾는 문화가 팽배해지면서 자제와 소비 억제 문화는 뒤로 밀려나고 말았다. 새로운 경제 속에서는 세 종류의 사람만 존재했다. 가진 자, 갖지 못한 자 그리고 가진 것에 대해 돈을 내지 못한 자들이다.[7]

카지노 은행

은행들은 에리카 종(Erica Jong)의 자전소설 『비상의 두려움(Fear of Flying)』에 나오는 "어떤 두려움에도 도전해보지 않는다면 더 큰 두려움을 겪게 된다"는 조언을 따르듯 여러 가지 위험한 금융상품들을 거래하기 시작했다.

은행은 처음에는 통화와 국채 등을 거래했다. 브레턴우즈 체제가 무너지고 금본위제가 끝난 이후부터는 통화의 변동성이 확대됐다. 1974년부터 1979년 사이 일어난 석유 파동의 결과로 금리 통제가 사라지자 인플레이션이 찾아왔고 금리의 변동성도 확대됐다. 그러자 1970년대에는 주식, 채권, 통화 등 기초자산의 가치 변동에 따라 가격이 결정되는 파생상품이 거래되기 시작했다.

변동성 확대로 기업과 투자자들의 금융 위험에 대한 우려가 커지자 은행들은 '위험으로부터 보호해주는 대가로 사례를 받는 보호 사업Protection Racket'에 진출했다. 은행은 처음에는 주로 고객들 사이의 거래를 주선하는 브로커로서 활동했지만 시간이 지나면서 브로커 없이 직접 거래를 주선하기 시작했다. 경쟁이 치열해지자 마진이 점점 더 낮아졌다. 경쟁사들은 무자비할 정도로 이윤을 낮추면서 새로운 상품들을 모방했다. 그렇게 은행들은 규모와 혁신, 늘어난 위험투자 성향을 통해 이윤을 유지했다.

거래 규모가 점점 커지면서 함께 거래할 신규 고객을 찾기가 쉬워졌다. 공격적인 거래를 자주 시행하던 헤지펀드들이 은행의 주요 고객이 되었다. 은행은 헤지펀드 설립 지원부터 자금 모집, 운용 자금 대출, 주식 매매 위탁 등 다양한 서비스를 제공하는 금융회사인 프라임 브로커들Prime Brokers을 세웠다. 투자자들은 재산이 늘고 눈높이가 높아지면서 은행 예금에서 벗어나 주식이나 채권, 뮤추얼펀드로 이동해갔다. 또다시 은행은 투자상품의 수요를 맞추기 위해 자산관리 사업(펀드 운용사들과 민간 은행들 - 옮긴이)을 만들거나 인수했고, 그들의 자산관리 고객들은 증권이나 은행들이 만든 금융상품의 주요 구매자가 되었다. 주요 은행들은 특히 이머징시장을 중심으로 지리적 영업망을 확대하면서 선진국들과 유사한 상품을 만들어 새로운 고객들에게 팔았다.

이러한 트레이딩 사업을 할 때 은행은 계약상의 의무를 지키기 위해 가끔은 오랜 시간 동안 거래 상대방들Counterparts에게 의지한다. 신용도가 낮은 고객들과 거래를 할 때 생기는 위험을 극복해야 하는 은행은 '담보'라는 시스템을 만들었다. 은행들은 이제 누구와도 거래를 할 수 있게 되었고, 실제로 그렇게 했다.

은행이 고객과 거래하기 위해 파생상품 같은 이국적인 상품들을 개발하면서 상품은 점점 더 복잡해져갔다. 수학 내지는 계량적 기술을 익힌 고도로 훈련된 전문가들이 등장하면서 이러한 상품의 복잡화 속도는 더욱 빨라졌다. 은행은 복잡한 모형들을 사용해 위험을 관리하고 이익을 계산했다.

한 은행이 공중제비를 조건으로 붙인 옵션을 제시하면 두 번째 은행은 공중제비에 새우 모양 자세를 조건으로 붙인 옵션을 제시하고, 세 번째 은행은 공중제비 세 번에 새우 모양 자세를 취한 후 2회전을 도는 조건이 붙은 옵션을 제시하는 식이었다. 이런 비현실적인 순서에 따라 은행은 사람들이 이해하기 힘든 모형을 사용해 상품을 만든 후, 그 상품의 정체를 알지 못해 그 가격이나 가치를 제대로 평가할 수 없는 고객들과 거래했다. 고객들의 지식 수준은 종종 상품의 복잡성과 반비례했다.

은행들은 점차 고객과의 거래에서 얻는 마진이 줄어드는 것을 상쇄하기 위해 가격 변화에 투기적 베팅을 하기 시작했고, 트레이더들은 돈을 벌기 위해 고객들과 거래하면서 얻은 정보를 이용했다. 은행은 모든 사람들과 거래하면서 전체 거래량의 상당 부분을 장악하는 '흐름

괴물Flow Monsters'이 되기를 원했다.

 은행은 이제 자신들이 가진 돈을 거래에 투자하면서 거래의 주체가 되었다. 이를테면 사업체 인수를 위해 어떤 투자자에게 돈을 빌려줄 경우 그 투자자와 공동으로 투자하는 식이었다. 고객들은 은행이 확실히 더 나은 이윤을 챙기고자 돈을 대거나 자문을 해준 거래에 직접 투자하는 것을 좋아했다. 은행은 마진이 박하다고 판단되는 계획에는 신용을 확대할 때의 조건으로 M&A와 기업 금융에 대한 자문 작업을 내걸었고, 사업에 우선적으로 접근하기 위해 헤지펀드에 종잣돈을 대거나 직접 투자했다. 이처럼 돈을 투자하게 되면서 은행들은 수지타산을 맞출 수 있었다. 결국 트레이더들은 이제 은행들의 돈으로 베팅을 시도하게 되었다.

 고전적으로 훈련을 받은 은행가들은 그리스 역사가인 헤로도토스Herodotos(BC 484?~BC425?)의 "위대한 행동에는 일반적으로 거대한 모험이 수반된다"라는 말을 인용했다. 또 지미 카터Jimmy Carter의 어머니 릴리언 카터Lillian Carter의 "나는 위험을 크게 신경 쓰지 않는다. 나는 그저 내가 하고 싶은 일을 할 뿐이다. 당신이 해야 한다면 해라"라는 말을 믿었다. 이것은 조지 베일리의 '멋진 인생'과는 거리가 있는 세상이었다. 은행들은 모두 마크 트웨인의 신랄한 유머에 귀를 기울였어야 했다. 그는 "인간에게는 일생 동안 투기를 하지 말아야 할 때가 두 번 있다. 첫 번째는 경제적으로 그럴 능력이 없을 때고, 두 번째는 그럴 능력이 있을 때다"라고 말했다.

신뢰의 함정

국제결제은행BIS : Bank of International Settlement은 원래 제1차 세계대전 직후 연합군이 독일의 전쟁 배상금 처리를 위해 스위스 바젤에 만든 배상금 결제 전담기구였다. 바젤 1Basel 1로 알려진 최초의 글로벌 은행 규제는 1980년대 초반에 등장했다.

은행업에는 위험이 수반된다. 채무자가 채무를 이행하지 못해 생기는 신용 위험Credit Risk, 대출이나 공·사채 등을 받았는데 이자나 원리금을 계약대로 상환하지 못해 생기는 디폴트 위험Default Risk, 자산이나 부채의 가치가 시장 상황 변화로 인해 불리하게 변동되어 돈을 잃을 수 있는 시장 위험Market Risk, 예금자들이 예금한 돈을 인출함에 따라 돈이 부족해 생기는 유동성 위험Liquidity Risk 등이 그 사례들이다. 유동성 위기는 은행들이 일반적으로 최장 30년까지 장기 대출을 해주기 위해 12개월 미만으로 단기간 동안만 예금을 예치하는 만기 전환Maturity Transformation 방식에 의존하기 때문에 발생한다. 바젤 1은 은행들이 손실을 대비해 자본이나 버퍼, 준비금(주주들의 돈)을 가지도록 했으며, 또 예금자들이 돈을 인출해갈 경우를 대비해 자본 조달을 위해 언제나 팔 수 있는 증권이나 현금을 보유해야 했다.

18세기 영국의 극작가 수잔나 센트리브레Susanna Centlivre(1667~1723년)는 "모든 사람들은 자기 나름의 방식대로 다른 사람들을 속이는데, 이 사실이 들통 나지 않는 사람만이 정직한 사람이 된다"라고 꼬집었다. 각각의 은행 규제 차이를 이용하는 일명 규제 차익Regulatory Arbitrage이 비즈니스 모델로 진화했을 정도였다.

은행들은 대출, 투자, 트레이딩 규제를 받지 않고 은행만큼 많은 자본을 소유할 필요가 없는 부외계정 특수기구들Off-Balance Sheet Vehicles 네트워크로 이전하면서 고가의 자본 규모를 줄였다. 그렇지만 은행으로서는 이로 인한 실질적인 위험은 계속 남아 있는 경우가 종종 있었다. 은행은 돈이 덜 드는 창조적인 이종의 자본 조달 수단들을 대체함으로써 실제 자본(보통주)을 줄여나갔다. 은행은 덜 위험한 위험을 감추면서 고소득을 광고하며 펀드 매니저들과 일반 투자자들을 유혹했다. 수익성 강화를 위해 자사주 매입에 필요한 돈을 마련하고자 이러한 새로운 형식의 자본을 이용한 것이다. 씨티그룹은 2005년 128억 달러어치의 자사주를 매입했고, 대규모 적자로 인해 주가가 폭락하기 바로 직전인 2006년에도 70억 달러의 자사주를 추가 매입했다.

은행들은 필요할 경우 적정 가격으로 시장에서 항상 이러한 재원들을 구할 수 있다고 가정하면서 자본과 현금 보유고를 줄였다. 이를 '구매Purchased 자본' 내지는 '구매 유동성'이라고 한다. 은행은 대출 규모를 늘리고, 더 많은 위험을 무릅쓰면서 레버리지를 확대하는 동안 자본의 규모와 여유 현금을 줄여나갔다. 분모에 해당하는 자본이 줄어드는 동시에 분자에 해당하는 이익이 늘어나자 투자자들이 주시하는 은행의 자본 이익률은 높아졌다. 영국 예술가인 데이비드 호크니David Hockney의 말대로 은행가들은 "아름다움을 창조하기 위해 사람들을 속이는 순간 예술가가 된다"는 것을 알았다.

은행의 규모가 커질수록 금융 시스템은 더욱 취약해지고 위험해졌다. 스페인의 철학자이자 작가인 발타사르 그라시안Baltasar Gracian(1601~1658년)은 17세기에 이렇게 말했다.

"한 번 속이면 계속해서 속이게 된다. 그러다가 하늘에 집을 짓게 되는데, 그런 집은 곧 땅바닥으로 처박힐 것이 분명하다."

돈의 도시

1998년 4월 6일 씨티코프Citicorp와 트레블러스Travelers가 합병해 씨티그룹이 탄생했다. 합병 규모는 830억 달러로 또 하나의 '세기의 거래'로 기록됐다. 트레블러스의 CEO인 샌디 웨일Sandy Weill과 씨티코프의 CEO인 존 리드는 뉴욕 월도프 아스토리아 호텔Waldorf Astoria Hotel에서 본 합병을 발표했다. 두 사람은 똑같이 트레블러스의 원래 로고인 붉은색 우산들이 점점이 찍힌 넥타이를 매고 있었다. 본 합병은 트레블러스의 보험, 중개, 증권 사업과 씨티코프의 국제 은행업을 통합하는 것이었다. 이로 인해 100개가 넘는 국가에서 수억 명의 고객을 둔 유니버설 은행 내지는 금융 슈퍼마켓이 탄생할 예정이었다.

이들의 합병회사는 엄청난 자금 운용 능력을 이용해 기업을 상대로 대규모 대출을 해주고, 이를 레버리지 삼아 고객들에게 다른 다양한 자문 서비스 내지는 금융상품을 판매할 계획이었다. 합병사는 대규모 영업망을 바탕으로 개인들에게 결제, 신용카드, 모기지 대출, 저축, 투자상품 등에 대한 원스톱 쇼핑도 가능하게 만들 수 있었다. 그러나 야구선수 요기 베라Yogi Berra의 말처럼 "이론상으로는 이론과 실제 사이에 차이가 없지만 실제로는 차이가 있다."

합병사에서는 시너지 효과와 교차판매Cross-Selling로 인한 이점이 나타나지 않았고, 경쟁이 치열해지면서 씨티그룹이 가진 이점이 제한됐다. 다른 상업은행들도 경쟁적으로 투자은행들을 세우거나 인수했다. '아이'로 시작하는 애플 상품을 본떠서 나온 아이뱅크들i-Banks은 유니버설 은행에 맞게 비즈니스 모델을 바꿨다. 모건스탠리, 골드만삭스, 메릴린치 같은 투자은행들이 아이뱅크들이다.

1990년대 초에 열린 한 내부 회의에서 골드만의 상무이사인 존 손튼John Thornton은 비즈니스 모델의 개요를 밝혔다. 그는 프레젠테이션 때 전통적으로 사용하는 파워포인트가 아닌 화이트보드를 이용해 펠트펜으로 여러 점들을 그렸다. 이어 점들 주위에 겹치는 원들을 그린 다음 "이 원들은 세상에서 중요한 사람들이다. 이 원들 안에는 그들이 아는 사람들, 그들이 하는 거래들, 그들이 가진 아이디어들이 있다. 이 세상에서 일어나는 상당히 많은 일들이 이 원들 안에서 일어난다"라고 말했다. 손튼은 대부분의 원들이 겹치는 지점을 가리키며 다음과 같은 말로 투자 은행업을 정리하며 프레젠테이션을 끝냈다. "이곳이 내가 있고 싶은 곳이다. 그것이 우리의 전략이다."[8]

손튼의 비전은 고객들에게 자문을 제공하고, 채권과 주식 발행을 주간하는 방식의 구식이었다. 그러나 이미 투자은행들은 이제 상업은행으로 변신했다. 그들은 대출 능력을 이용해 이익을 노리고 끼어든 씨티 같은 은행들로부터 자문 프랜차이즈를 보호하기 위해 고객들에게 대출 서비스를 시작했다. 투자은행들은 상업 및 유니버설 은행들과 경쟁하기 위해 증자를 했다. 심지어 외국 기업들이 '골드 맨 섹스Gold Man Sex'라고 부르는 강력한 골드만삭스조차 점점 커지는 재무제표를 강화하고 트레이딩 업무를 지원하기 위해 필요한 자본 조달 차원에서 신성

시해온 제휴 관계까지 포기했다.

씨티은행은 중대한 실수를 바탕으로 탄생했다. 씨티는 1980년대에 남미 지역 대출시장을 공략하다가 불행하게도 수십 억 달러의 손해를 봤다. 당시 씨티의 회장이었던 월터 리스턴 Walter Wriston은 "국가는 파산하지 않는다"라고 오판했고, 1990년대 초반 허술한 부동산 대출로 인해 몰락 일보 직전까지 갔다. 인터넷 버블이 터진 직후 씨티의 전기통신 분야 스타 분석가인 잭 그루브먼 Jack Grubman은 투자은행 사업을 받는 조건으로 월드컴의 주식을 뻥튀기했다는 비난을 받았다. 그루브먼은 이에 대해 "예전에 갈등이었던 것이 이제는 시너지가 되었다"라는 변명을 늘어놓았다.9)

2004년에 씨티는 전자 플랫폼을 통해 11억 파운드에 달하는 채권을 급하게 팔면서 가격을 끌어내린 후 다시 저렴한 가격에 환매수하는 사악한 거래를 했다. 이로 인해 유럽 금융시장을 교란시킨 데 대해 비난을 받으며 벌금을 부과받았다. 2007년에는 뮤추얼펀드 영업 관행 위반으로 미국 증권업협회 National Association of Security Dealers로부터 벌금을 부과받았고, 2004년 터진 문제 이후로 일본의 정부당국은 씨티를 규제 위반으로 기소했다. 씨티 입장에서 가장 세계적인 일은 많은 국가들의 사법당국의 문제 은행 명단에 꾸준히 이름을 올렸다는 점이다.

결국 씨티 역시 미진한 성과를 끌어올리기 위해 부두 은행업에 의존했다. 씨티는 급속히 대출과 위험투자를 늘리기 시작했다. 유머 작가 월 로저스의 "과일을 얻기 위해 가끔은 위험을 감수해야 한다"는 조언을 따르는 듯했다. 글로벌 금융위기가 터지자 씨티는 치명적인 손실을 입고, 정부로부터 대규모 지원을 받을 수밖에 없었다.

시대의 신호

케인스는 이렇게 말했다. "건전한 은행가는 위험을 예견하고 그것을 피하는 사람이 아니라 자신이 파멸을 맞았을 때 자신을 정말로 비난할 수 없도록 동료들과 함께 지극히 평범한 방법으로 함께 파멸하는 사람이다."10) 미국, 영국, 독일, 스위스, 프랑스의 유명 상업 및 투자은행들도 이와 유사한 전략을 취했다.

은행들은 빨리 대규모로 대출을 거래하고, 더 큰 위험을 감수함으로써 이익을 냈다. 고수익은 은행들이 주장한 대로 '혁신' 때문이라기보다는 극도로 우호적인 경제 환경이 선사한 선물이었다. 갤브레이스는 『금융 도취의 짧은 역사 A Short History of Financial Euphoria』에서 다음과 같이 주장했다.

> 금융기관은 혁신을 모색하지 않는다. 현재 거듭 혁신이라고 불리고 칭송되는 것은 단 하나의 예외도 없이 기존 디자인을 약간 변형한 것뿐이다. (중략) 금융 세계는 바퀴의 발명을 약간 더 불안정한 형식으로 반복해 칭송하는 식이다.11)

「이코노미스트」도 지금의 상황을 다음과 같이 요약했다.

> 지난 35년 동안 금융 분야에서 종사한 사람들은 하나같이 모두 다른 사람이 되기를 원했던 것 같다. 헤지펀드와 사모펀드들은 닷컴 기업들처럼 멋있어 보이길 원했고, 골드만삭스는 헤지펀드처럼 똑똑해 보이기를 원했다. 다른 투자은행들은 골드만삭스처럼 높은 수익을 낼 수 있기를 원했고, 미

국의 소매은행들은 투자은행들처럼 최첨단이 되기를 원했다. 그리고 유럽 은행들은 미국 은행들처럼 공격적이 되기를 원했다.[12]

은행들은 모두 결국에는 처음 시작했던 곳으로 다시 돌아가기를 바라게 될 것이다.

엘리트 운동선수들은 가끔 자신의 기량을 향상시키기 위해 마약을 복용한다. 이처럼 부두 은행업은 은행들로 하여금 장기적으로 손해를 당할 위험을 무릅쓰고 단기적인 성과를 높일 수 있게 만들었다. 문제는 그들이 자신들뿐 아니라 모든 사람들을 위험에 빠뜨렸다는 사실이다. 2008년에 금융기관의 카지노식 업무 관행을 발견한 규제 기관들은 영화 「카사블랑카 Casablanca」에 나오는 르노 서장(배우 클로드 레인스 Claude Rains 분)처럼 반응했다. 그들은 규제를 받는 은행 안에서 도박이 벌어지는 것을 보고 그야말로 큰 충격을 받았다고 실토했다.

5장 노란색 벽돌 길

돈은 도시와 국가들도 완전히 바꿔놓았다. 금융센터들은 중요도 면에서 산업과 트레이딩 구역들보다 우위를 차지했다. 뉴욕, 런던, 프랑크푸르트, 도쿄, 홍콩, 싱가포르가 중요한 금융센터로 부상했다. 전자 거래로 장소는 상관이 없었다. 그러나 금융인들이 특정 장소들로 모여들었다는 것은 1890년에 영국의 경제학자 알프레드 마샬Alfred Marshall(1842~1924년)의 "거래의 미스터리가 더 이상 미스터리가 되지 않고 어느 정도 감이 잡혔다"는 말처럼 세상이 변했기 때문이었다.[1]

시장 참가자들은 물건을 만들거나 상품을 거래하지 않았다. 그들은 수십 조의 달러, 유로, 엔, 채권, 주식, 상품, 파생상품을 거래했다. 이런 대부분의 거래 활동들이 진정한 가치를 만들거나 경제에서 생산되는 재화와 용역을 직접적으로 늘린 것은 아니었다. 단지 부채와 돈의 순환 그리고 거래와 투기의 움직임을 확대했을 뿐이었다.

2009년에 연준 의장을 지낸 폴 볼커$^{Paul\ Volcker}$는 금융의 역할에 관해 다음과 같은 질문을 던진 바 있다. "나는 누군가가 내게 금융 혁신이 경제 성장을 이끌었다는 것을 보여주는 객관적인 증거를 조금이라도 제시해주었으면 좋겠다. (중략) 미국 경제에서 미국 금융 서비스 부문이 차지하는 부가가치 창출 비중은 2퍼센트에서 6.5퍼센트로 늘어났는데, 이것이 당신이 말하는 금융 혁신의 반영인가, 아니면 당신이 지급받은 것의 반영인가?"[2] 지난 20년 동안 볼커에게 감명을 주었던 유일한 금융 혁신은 ATM이었다.

전반적으로 금융계에서 일하는 사람들의 연봉은 점차 높아졌다. 금융센터가 밀집된 도로는 점점 번잡해지고, 고급 레스토랑과 세련된 술집들이 들어섰다. 명품 소매점들이 영업을 하면서 전체 도시와 지구들이 품격 있게 바뀌었다. 금융센터들은 자신감 넘치는 새로운 스타벅스^{STABUCKS} 사회의 진원지가 되었다.

엄청난 돈

뉴욕 월가 40번지에는 맨해튼 신탁은행$^{Bank\ of\ Manhattan\ Trust}$의 본사였다가 나중에 체이스 맨해튼 은행$^{Chase\ Manhattan\ Bank}$이 된 70층짜리 고층 건물이 있다. 이 건물은 한때 사무용으로는 세계 최고층 빌딩이었다. 그러나 이 건물은 아르 데코$^{Art\ Deco}$(1920~1930년대에 유행한 장식 미술의 한 형태로 기하학적 무늬와 강렬한 색채가 특징이다-옮긴이)풍의 걸작으로 미국의 강력한 산업경제의 지배를 상징했던 크라이슬러 빌딩$^{Chrysler\ Building}$에 최고층 건물 자리를 내주게 되었다. 이후에도 시그램 빌딩Seagram Building과 제너럴 모터스 빌딩General Motors Building 등 초고층 건물들이 들어서면서 뉴욕 월가 40번지는 미국 산업의 힘을 과시했다.

산업에서 금융으로의 전환을 보여주듯이 금융기관들이 들어설 새로운 랜드마크 건물들이 점점 더 많이 지어졌다. 1977년에는 높이가 279미터에 이르는 59층 건물로서 45도 각도의 천장과 독특한 지주 스타일이 특징인 씨티그룹 센터CitiGroup Center가 씨티그룹의 본사로 문을 열었다. 맨해튼 중심에 자리 잡은 이 건물은 펑크록 밴드인 레이먼스The Ramones의 노래 「쉰세 번째와 세 번째53rd and 3rd」를 통해 더욱 유명해졌다. 노래에서 이 건물은 남성 매춘부들이 모이는 유명 장소로 묘사되었기 때문이다.

런던에서는 재보험 업무를 주력으로 하는 스위스의 보험회사인 스위스재보험Swiss Reinsurance이 불명예스러운 건물 거킨Gherkin을 세웠다. 본래 이 건물의 이름은 거킨이 아니었지만 건물 생김새가 오이지 모양이라서 오이지를 뜻하는 거킨으로 불렸다. 마드리드 인근에는 대형 스페인 은행인 방코산탄데르Banco Santander가 초대형 본사 건물을 세웠다. 독일 프랑크푸르트의 스카이라인은 도이체방크Deutsche Bank의 트윈타워에 의해 점령당했다. 이 트윈타워는 각각 '인출Debit'과 '신용Credit'으로 명명됐다.

씨티그룹 센터는 처음에는 구조적으로 문제가 있었다. 시속 113킬로미터의 바람을 견딜 수 없을 정도로 약했던 것이다. 이 문제는 나중에 시정되어 혹시 있을지 모를 테러리스트의 공격에도 버틸 수 있을 정도로 강도가 보강됐다. 그러나 씨티그룹 자체는 금융 혼란을 버텨낼 수 있을 정도로 강하진 않았다.

연못의 전쟁

런던에서 시티City나 스퀘어마일Square Mile은 영국 금융 서비스 산업과 동의어로 간주된다. 그러나 시티는 더 이상 시티가 아니다. 헤지펀드들은 커즌 가 주위 메이페어나 성제임스 스퀘어, 버클리 스퀘어 등지로 모였다. 여기서 몇 마일 벗어나 있는 도크랜드 금융 산업지대는 캐너리 워프Canary Wharf를 중심으로 모여 있다.

캐너리 워프는 세계에서 가장 분주한 항구들 중 하나였던 '개들의 섬Isle of Dogs'이라고 불리는 웨스트 인디아 부두West India Docks 쪽에 위치하고 있다. 1980년대에 전 크레딧스위스퍼스트보스턴Credit Suisse First Boston의 회장을 지냈던 마이클 폰 클렘Michael von Clemm은 아무도 거들떠보지 않던 이 쇠퇴한 부두를 새로운 사업지구로 전환시키자는 아이디어를 냈다. 지금은 금융 서비스 산업을 지원하는 법률, 회계, 미디어 기업들과 더불어 주요 은행들이 이곳의 유리 타워들에 입주해 있다. 캐너리 워프는 영국과 런던이 금융센터로서 성장했다는 것을 보여주는 상징이기도 하다.

뉴욕의 금융지구도 이와 유사하게 널리 분산되어 있다. 미국 언론인인 H. L. 멩켄Menchen(1880~1956년)의 눈에 월가는 '묘지에서 시작해 강에서 끝나는 직통로'였다. 월가의 많은 기업들과 헤지펀드들은 지금의 미드타운Midtown 지역으로 모이고 있다. 다른 기업들은 뉴욕의 그랜드센트럴 역에서 1시간 거리에 있는 코네티컷 주 스탬퍼드Stamford에 기반을 두고 있다.

월가는 돈의 권력을 상징한다. 월가와 메인 가Main Street(실물경제) 사이의 대조는 돈과 비즈니스에 대한 관심과 일반 개인들의 관심 간 충돌을 의미한다. 역사가이자 저술가인 스티브 프레이저Steve Fraser는 저서 『월가 : 미국의 꿈의 궁전Wall Street : America's Dream Palace』에서 월가의 금융, 정치, 윤리, 문화적 차원의 중요성을 인정했다.

뉴욕은 미국의 대규모 국내 시장과 그곳에서 활동하는 대형 기업들과 투자자들에게 초점을 맞춘다. 뉴욕은 외국 기업에 투자한 미국 투자자들로부터 돈을 조달하거나 외국 투자자들이 미국에 투자할 수 있게 돕는다. 뉴욕에서는 대규모 주식 거래가 일어나는데, 뉴욕증권거래소New York Stock Exchange는 세계 최대 규모의 증권거래소다. 미국은 세계 투자운용 사업, 보험회사, 연금펀드, 뮤추얼펀드, 헤지펀드들의 약 40퍼센트를 통제하고 있으며, 미국에는 세계 최대 상품과 파생상품 거래소들이 여러 곳 있다.

런던은 일반적으로 관세를 내지 않고도 상품이 수출입되는 중계금융센터Entrepot Financial Center이다. 시티는 오랜 세월간 발전되어온 해외 트레이딩 네트워크에서 기원했다. 런던은 대부분이 영국 외에서 활동하는 채무자와 투자자들 사이의 짝짓기 센터로서의 역할을 하고 있다. 런던의 장기는 혁신과 유연성이다. 특히 구조화 금융, 복잡한 파생상품, 국경 간Cross-Border 금융 활동 그리고 보험과 은행업을 합친 이종 상품 쪽이 그렇다.

런던은 유럽과 다른 국가들과의 인접성뿐 아니라 이들 지역들의 법, 세제, 규제적 차이를 이용할 수 있는 능력을 살려서 돈을 번다. 런던증권거래소London Stock Exchange는 수백 곳의 다국적 기업들이 상장되어 있는 세계에서 가장 국제화된 자본시장이며, 런던은 전 세계 통화와 파생상품 거래뿐만 아니라 유럽 주식 거래를 지배하고 있다. 영국 산업의 힘이 근 1세기 전부터 약해졌다는 점을 감안할 때 런던의 이러한 역할은 더욱 놀라울 따름이다. 두 차례의 세계 전쟁과 그로 인한 피해로 영국은 물리적, 인간적, 경제적인 피해를 입었다.

금융 언론인인 마이클 루이스Michael Lewis는 1980년대 월가의 대형 투자은행인 살로몬 브러더스Salomon Brothers의 런던 사무실을 묘사하면서 문화적인 문제점을 찾아냈다.

> 우리 영국인들은 올바른 학교가 배출한 세련된 산물인 것처럼 보였다. 일에 집착하지도 않았고 더군다나 일 때문에 걱정하지도 않았다. (중략) 영국인들은 늦게 잠자리에 들고, 오랫동안 낮술을 마시고, 오후 시간 내내 술에 취해 휘청거리는 것으로 명성이 높았다. 어느 뉴욕 출신의 트레이더는 영국인들을 일컬어 몬티 파이튼Monty Python(영국의 초현실주의 코미디 그룹 - 옮긴이)이 만든 코미디물「나는 투자 은행가들Flying Investment Bankers」에 나올 법한 사람들이라고 말했다.3)

미국인들이 영국인들에 대해 이렇게 느꼈다면 영국인들도 미국인들에 대해 비슷하게 느꼈다. 한 영국 투자 금융회사 간부는 골드만삭스를 가리켜 "부적절하기 이를 데 없고 실용적이지 못한 아이디어들만 대규모로 쏟아내는 몸값만 높은 침입자들로 이루어진 집단"이라고 묘사했다. 이 간부는 미국인들은 그저 "소란만 잘 피우는 사람들"이라고 비난했다.4)

멋진 브리타니아

마거릿 대처가 총리였던 시절, 영국은 많은 것들이 변했다. 1979년 외환 규제가 철폐됐다. 이로 인해 자본의 이동이 보다 자유로워지면서 런던은 다시 국제 금융시장으로서 입지를 다지게 되었다. 1989년에 영국 정부는 '빅뱅Big Bang'으로 알려진 금융 규제 완화 내지는 금융 혁신을 실시했다. 이로 인해 금융 규제들이 전면 개편되면서 영국은 보다 시장 친화적으로 변했다. 2001년에는 금융시장을 감독하기 위해 영국 재정청FSA : Financial Services Authority이 설립됐다.

월가가 주춤거린 것도 런던의 부활에 도움을 주었다. 존 F. 케네디가 추진한 이자형평세Interest Equalization Tax(미국이 국제수지 개선을 위해 외국 투자에 대해 부과하던 세 – 옮긴이)는 런던을 근거지로 한 유로와 달러시장 창조의 도화선이 됐다. 미국에서는 분식회계 사건으로 한바탕 홍역을 치른 후 내부 준법 통제를 강화하기 위해 사베인-옥슬리법Sarbanes-Oxley과 같은 엄격한 규제와 회계 규정들이 마련되면서 미국 기업들은 미국 증권거래소에 상장해 자금을 조달하는 방식을 기피하게 되었다.

런던으로서는 2가지 엄청난 이점이 있었는데, 하나는 런던이 성장하는 아시아시장과 미국 사이 적절한 시간대에 위치해 있다는 점이었고, 다른 하나는 국제 금융 분야에서 영국 법이 으뜸으로 평가됐다는 점이었다.

금융센터로서 런던의 성공은 매년 열리는 권위 있는 윔블던 테니스 대회의 모습과 흡사하다. 이 대회는 영국에서 열리고 경기 운영의 주체도 영국인들이다. 일반적으로 경기에서는 외국 선수들이 우승을 하지만 경제적·문화적인 면에서 혜택을 입는 쪽은 영국이다. 이 대회에서 가장 최근 우승한 영국 남녀 선수들은 각각 1936년 우승한 프레드 페리Fred Perry와 1977년에 우승한 버지니아 웨이드Virginia Wade였다. 런던은 미국, 영국, 유럽, 일본, 아시아인 출신의 금융시장 참가자들이 모이는 일류 국제금융센터다. 영란은행 총재는 이것이 지극히 정상적이면서도 바람직한 결과라는 생각을 내비치기도 했다.5)

런던과 금융 서비스 부문은 대영제국 때의 상업과 거래활동 위주의 산업을 밀어내고 영국의 성장과 번영의 엔진이 되었다. 고든 브라운Gordon Brown 전 영국 총리는 시티의 성장 덕분에 낮은 세금을 부과할 수 있는 스칸디나비아식 사회복지국가를 은밀히 꿈꿨다. 2007년에 그는 은행가들을 만난 자리에서 "당신들이 금융 서비스 시장에서 이뤄놓은 것을 우리는 지금 영국 전체 경제에서 이룰 수 있기를 갈망한다"라고 말했다. 알리스테어 달링Alistair Darling 전 영국 재무장관은 금융 서비스를 영국 경제에서 '절대적으로 중요한 것'으로 평가하는 데 주저하지 않았다. 에드 볼스Ed Balls 전 재무장관 역시 과거 언론인으로 활동하던 때를 회상하듯 승리에 찬 목소리로 "나는 런던이 오늘 세계에서 가장 위대한 글로벌 금융센터가 됐다고 단언하는 데 조금도 주저하지 않겠다"라고 말했다.6) 외국 은행가들의 찬사도 이어졌다.

많은 사람들이 새로운 시대를 축하했다.

이탈리아 파생상품 트레이더들, 미국의 기업금융인들, 레바논의 차익 거래인들, 네덜란드의 브로커들, 모로코의 로켓 과학자들, 독일의 채권 영업사원들, 스위스의 증시 참가자들, 일본의 스왑 거래자들 그리고 심지어 멀리에섹스에 있는 외환 트레이더들도 모두 축하했다. 이 세상에는 런던시티에 필적할 만한 인재 풀을 가진 금융센터가 더 이상 존재하지 않는다.[7)]

16세기에 포르투갈 약제상인 토메 피레스Tome Pires가 여행기인 『수마 오리엔탈Suma Oriental』에서 세계에서 가장 중요한 무역항 중에 하나인 말레이시아 항구도시 말라카에 대해 이와 비슷한 맥락의 말을 기록한 바 있다. 그는 말라카에서 통용되는 84개가 넘는 언어를 기록해놓았는데, 이 언어 수는 런던과 뉴욕 같은 현대 금융센터들에서 통용되는 언어들보다도 더 많다.[8)]

야만적 침략

소규모 금융센터들도 역시 주로 특정 지역들을 중심으로 발전했다. 시카고는 상품과 파생상품 거래의 중심지로 부상했다. 옥수수, 소맥(밀), 돼지를 거래하는 곳 옆에서 통화, 주식, 채권 거래도 할 수 있었다. 제네바와 취리히는 비밀 보장, 세금, 규제 면에서의 우위를 내세우며 은밀한 프라이빗 뱅킹과 자산 운용을 강조했다.

아시아와 중동 지역은 한마디로 맨땅에서 출발해 '허브Hub'를 구축했다. 1980년대의 거품경제 때 외국 은행들은 대규모 내수시장과 세계 최대의 저축액에 고무되어 도쿄로 몰려들었다. 그러나 1989년에 거품이 터지고 일본 경제가 장기 침체로 접어들자 도쿄는 국제 레이더에서 사라졌다.

홍콩과 싱가포르는 중국과 인도 등 성장하는 아시아시장과의 지리적 접근성을 강점으로 내세우며 야심찬 프로젝트들을 추진했다. 상하이와 뭄바이도 이러한 움직임에 가세했다. 그 결과 중국으로 향하는 관문 역할을 하는 공동 금융센터로서 상하이와 홍콩의 합성어인 '상콩Shang Kong'이라는 신조어가 만들어졌다.

두바이는 두바이 국제금융센터DIFC : Dubai International Financial Center를 만들기 위해 막대한 양의 석유를 팔아 얻은 자본, 즉 오일 달러를 이용했다. DIFC는 면세 혜택, 외국인 무제한 소유권, 자유로운 돈의 이동, 술과 여성 동료 등 두바이에서 금기시되는 것들을 제공해주었다.

45헥타르에 이르는 도시 내에 또 다른 도시인 DIFC의 중심에는 특히 DIFC 행정청Authority, 규제 당국, 선도적 국제 금융기관들의 사무실들이 들어서 있는 15층짜리 게이트 빌딩이 화려한 자태를 뽐내며 이목을 끌고 있다. DIFC에서 일하는 기업인과 근로자들은 대부분 신화적 부와 비과세 임금에 매료되어 찾아온 외국인들이었다.

금융위기가 터지자 미국과 유럽 은행들은 이머징시장이 위기를 피해갈 수 있을 것이라 믿으며 아시아와 중동에 세워지는 새로운 센터들에서 도피처를 구하기 시작했다. 일자리를 잃고 온전한 일자리를 구하지 못한 이들 은행원들은 "상하이나 두바이, 뭄바이 아니면 작별인사 중 하나를 택해야 한다"라는 말을 들었다.[9] 2010년에 두바이 역시 금융위기를 경험하자 런던에 이어 세계에서 두 번째로 비쌌던 DIFC의 임대료가 3분의 2나 급락했다. DIFC 역시 세입자를 구하지 못해 발을 동동 굴렀다.

어울리지 않는 금융센터들

역사적으로 가난한 농업경제 국가인 아일랜드 역시 새롭게 변신했다. 1970년대에 아일랜드는 유럽연합EU : European Union에 가입했다. 당시 EU는 유럽경제공동체European Economic Community로 알려져 있었다.

EU의 자금 유입, 교육 수준이 높은 국민, 낮은 세금, 제한적인 규제 그리고 친親기업가적인 정부가 모여 아일랜드를 '켈틱 타이거Celtic Tiger'로 변신시켰다. 1980년대 후반에 아일랜드는 더블린에 금융센터를 세우고, 이를 국제금융센터International Financial Center로 불렀다. 특히 독일을 중심으로 한 대륙 은행들은 더블린에 지사들을 세우고, 자금을 조달해 다양한 투자상품에 투자했다. 돈이 유·출입됐고, 이익은 모기업으로 송환됐다. 이곳이 런던에 인접해 있다는 점도 영업에 도움이 됐다.

아일랜드 은행들은 빠른 속도로 성장했다. 끊임없이 공급될 것만 같은 풍부한 유동성이 아일랜드 경제에도 도움이 됐다. 1997년과 2001년 사이 아일랜드의 연평균 성장률은 약 9퍼센트 정도로 다른 유럽 국가들의 성장률보다 높았다. 1인당 생산성은 1995년에 1만 7,200달러였으나 2000년대 초에는 3만 3,000달러로 EU 평균 대비 20퍼센트가 높았다.

제2의 번영은 저렴하고 풍부한 부채의 힘으로 뜨거워진 부동산시장의 덕도 봤다. 집값이 수직 상승하면서 건설 경기는 활황세를 보였다. 더블린의 방치된 지역들은 새로운 금융 엘리트들이 모이는 문화시설인 동시에 외식과 음주 공간으로 바뀌었다.

아이슬란드 역시 금융 서비스 부문을 통해 변신에 성공했다. 2003년에 아이슬란드의 3대 은행들은 아이슬란드의 GDP에 맞먹는 자산을 보유했으며, 그로부터 몇 년 동안 그들의 자산은 아이슬란드 GDP의 8배가 넘는 1,400억 달러로 불어났다. 심지어 은행들은 해외에서 자금을 조달해 개인과 기업이 주식과 부동산을 살 수 있도록 빌려줬다.

2003년과 2007년 사이 아이슬란드의 주식시장은 900퍼센트 상승했고, 수도 레이캬비크의 집값은 3배나 뛰었다. 아이슬란드 국민들의 재산도 3배 정도 늘어났으며, 기업인들은 전 세계로 영업망을 확대하면서 다른 기업들을 인수하고 투자했다. 아이슬란드의 은행 시스템은 이렇듯 전례가 없는 성장을 이끌었다.

금융센터들과 그 안에서 일하는 범세계적인 금융인들은 선진국 경제를 지배했다. 이러한 현실을 보며 스페인 시인 가르시아 로르카 Garcia Lorca(1898~1936년)는 돈으로 이루어진 도시들의 면모를 다음과 같이 잘 포착해냈다.

> 금으로 가득한 강은 전 세계 곳곳에서 죽음과 함께 그곳으로 흘러 모인다. 그곳에서 당신의 영혼은 다른 곳에서 느낄 수 없는 완전한 죽음을 느낀다. 셋 이상을 셀 수 없는 사람들, 아니 여섯 이상을 셀 수 없는 더 많은 무리들이 순수과학에 경멸감을 느끼는 동시에 현실에 대해 악마와 같은 존경심을 품는다. 거리를 채운 군중들은 세상이 항상 지금과 똑같을 것이라 믿으며, 그 거대한 기계를 밤낮없이 영원토록 계속해서 돌리는 것이 자신들의 임무라고 생각한다. 참으로 끔찍한 일이다.[10]

역사적으로 금융센터들은 단명해왔다. 중국 산시성山西省 중부 현인

평요는 19세기 청나라 시대에 중국 은행업의 수도였다. 이곳이 전성기였을 때 많은 은행들이 비단, 차, 양모 거래에 필요한 자금을 지원하며 영업 활동을 활발히 떨쳤다. 하지만 중국 최초의 은행인 일승창은 지금은 박물관이 되고 말았다. 이곳에는 아편 굴을 비롯해 당시 은행이 고용한 창녀들이 고객을 상대로 영업했던 마작방 등이 전시되어 있다.

엘도라도 경제

돈은 복잡한 방법으로 개발도상국들에게도 영향을 미쳤다. 역사적으로 많은 이머징 국가들은 선진국들의 식민지였다. 엘도라도 경제에서는 특히 돈으로 환전이 가능한 금과 은의 지배와 약탈이 판을 쳤다. 모든 천연자원이 착취 대상이었다. 그리고 사람들은 노예가 되거나 저렴한 노동력으로 전락하곤 했다.

이 시대에는 선진국들이 착취한 토착민의 노동력으로 이윤을 얻어 그들의 힘을 확대하고, 식민지에 그들의 종교적·정치적 철학을 확산시키는 것이 일반적이었다.

식민지 개척자들은 자신들이 토착민들에게 문명을 소개해줬다고 주장하지만 실제로 그들이 소개한 것은 죽음과 복종, 이동 혹은 문화와 문명의 파괴(고대 문화와 문명까지도)에 지나지 않았다. 어느 관측자는 서양의 질병이 퍼지면서 신세계(New World, 과거 남북 아메리카)가 겪은 파괴를 꼬집으며 "유럽은 인간 질병에 있어 줄 것은 많았지만 받을 것은 거

의 없었다"고 주장했다.11)

제2차 세계대전 이후 탈식민지화로 인해 과거 식민 강대국들은 이 머징 국가들을 저렴한 자원이나 노동력의 출처 내지는 서양산 상품들을 파는 시장으로 활용하면서 영향력을 확대해나갔다.

시간이 지날수록 높은 저축률을 자랑하는 일부 이머징 국가들은 선진 국가들에 자본을 제공하는 출처로 전락하고 말았다. 엘도라도 경제학이 이제 세계화된 무역과 자본 흐름의 세계를 지배하게 된 것이다.

부유한 사회주의

중국 역시 새로운 글로벌 통화 질서의 좋은 사례다. 덩샤오핑鄧小平(1904~1997년) 시대 때 중국은 개혁개방 운동을 시작하면서 국내, 사회, 정치, 경제 정책에 변화를 꾀했다. 이 중심에는 사회주의와 시장경제 요소들을 혼합한 경제 개혁이 자리를 잡고 있었다. 덩샤오핑은 시장경제를 포용하면서 "검은 고양이든 흰 고양이든 쥐만 잘 잡으면 된다"는 흑묘백묘黑猫白猫론을 주장했다.

앞서 영국의 외교관이자 광둥해관의 제2대 총세무사를 지낸 로버트 하트Robert Hart(1835~1911년)는 이렇게 말했다. "중국은 쌀이라는 세계에서 가장 좋은 음식, 차라는 세계에서 가장 좋은 음료, 면과 비단, 모피라는 세계에서 가장 좋은 옷감을 가지고 있다. 이런 주요한 것들과 셀수 없을 정도로 많은 토속물들을 갖고 있으므로 그들은 다른 곳에서 무언가를 살 필요가 전혀 없다."12)

그러던 중국은 이제는 전통적인 자급자족 경제에서 벗어나 글로벌 경제 국가로 도약했다.

일본의 전후 회복을 모델로 삼고 중국은 경제 성장과 현대화 촉진을 위해 무역에 의존했다. 예를 들어 투자와 산업의 활성화를 위해 전략적으로 홍콩과 인접한 선전深圳에 특별경제구역SEZ : Special Economic Zones을 만들었고, 풍부하고 저렴한 중국의 노동력을 이용해 무역활동을 전개해 나갔다. 아시아 이웃 국가들의 비용 상승을 기회로 삼아 중국은 인건비가 저렴한 국가들에 제조업 아웃소싱을 주려고 하는 국가들로부터 엄청난 외국인 투자와 기술 관리 및 무역 기술을 얻어왔다.

중국의 일부 지역에는 세계 제조업 공장들이 들어섰다. 수입 자원과 부품들이 조립되거나 가공된 후 다시 해외로 출하됐다. 글로벌 경제가 활성화되자 중국의 수출시장도 성장했다.

덩샤오핑은 중국의 경제 철학의 변화를 "가난은 사회주의가 아니다. 부자가 되는 것은 영광스러운 일이다"라고 정리했다. 이러한 그의 전략이 엄청난 변화를 야기하면서 놀라울 정도로 효과적인 결과를 가져왔다. 2011년이 되자 중국에서는 마오쩌둥毛澤東(1983~1976년)보다 KFC의 창립자인 커넬 샌더스Colonel Sanders(1890~1980년)와 KFC의 인지도가 더 높아졌다.

덩샤오핑 자신도 "몇몇 사람들부터라도 먼저 부자가 되게 하자"라고 했듯이 중국의 경제 전략은 분명 트리클 다운 경제학이었다. 그러나 덩샤오핑은 후에 "젊은 일류 간부들이 헬리콥터를 타고 올라갔다. 그들은 사실 단계적으로 올라가야 했다"라며 전에 했던 말을 후회하기도 했다.

외국의 보물

중국은 수입보다 수출을 늘리면서 대규모 외환보유고를 쌓았다. 2011년 현재 중국의 외환보유고는 3조 달러를 넘어섰다. 1997년과 1998년 사이에 아시아 경제위기가 터지자 중국은 많은 아시아 국가들을 거의 망하게 만들었던 단기 외화자본 흐름의 위험한 변동성에 대비해 보험 차원에서 더 많은 경상흑자를 쌓아두기 시작했던 것이다. 정치적 불안과 사회복지 시스템 결핍이 중국 국민들로 하여금 소득의 상당 부분을 저축하게 만들었다. 외환보유고와 저축은 엄청난 대출 여력을 선사했고 중국이 글로벌 무역에 필요한 자금을 지원하고 활성화시킴으로써 성장의 속도를 높이는 데에 큰 도움이 됐다.

이머징시장과 개발도상국가들의 중앙은행 외환보유고 확대는 사실상 브레턴우즈 시대 이후의 기축통화로서 미국 달러의 위상에 기댄 유동성 창조 전략과 일맥상통했다.[13]

수출과 외국인 투자로 얻은 달러는 중국 화폐 위안으로의 환전이 필요한데, 수출업체들의 경쟁력을 유지하기 위해 중국은 위안값의 상승 압력을 완화시킬 목적으로 자국으로 들어온 외화를 다시 해외에 투자했다.

외환보유고가 늘어나면서 중국은 보유고의 60~70퍼센트를 달러 표시 투자자산들, 특히 주로 미국 국채와 다른 안전자산들에 투자했다. 규모가 크고 유동성이 풍부한 달러 머니마켓들(단기 자본시장)은 중국의 대규모 투자 수요를 수용할 수 있었다. 역사적으로 의심할 여지가 없었던 미국의 신용이 중국인들의 눈에는 매력적으로 보였다. 재순환된 달러가 미국으로 다시 돌아오면서 미국의 대규모 무역 및 예산적자를 메우는 데 도움이 되었다.

영국의 경제이론가이자 동인도회사 이사를 지낸 토머스 먼$^{Thomas\ Mun}$(1571~1641년)은 "무역의 목적은 수입하는 것 이상으로 수출하는 것"이라고 주장했다. 국가들은 '외국의 보물$^{Foreign\ Treasure}$'을 모아서 그것을 자국에 꼭 필요한 천연자원이 풍부한 외국 식민지들을 정복하는 데 사용해야 했다. 그런데 이런 전략을 제대로 쓰려면 수입한 외국 원자재로 만든 상품의 수출을 늘리면서 국내 소비와 수입은 줄여야 했다. 중국은 먼이 17세기에 주장한 중상주의적 정책을 추종해왔다.[14]

전 세계를 상대로 한 무역과 투자(대부분 수출과 관련되어 있다-옮긴이)는 이제 중국 경제 성장의 원동력이 되었다. 2007년에 원자바오 중국 총리는 중국 경제의 성장세가 점점 더 '불안하고 불균형적이며, 조율이 힘들고 궁극적으로는 지속 불가능하게' 흘러간다며 경고하기도 했지만 한국, 독일, 일본, 타이완 등 다른 국가들도 성장 촉진을 위해 중국과 유사한 정책을 펼쳤다.

풍부한 중국의 자금은 미국이 저금리를 유지할 수 있게 도왔고, 특히 소비자들이 더 많은 돈을 빌릴 수 있게 만들었다. 이로 인해 늘어난 부채는 소비 확대와 주택과 주식시장 거품을 조장했고, 소비자들은 투자 자산의 가치가 상승하자 저축을 줄였다. 이러한 상황에서 미국의 소비가 늘어나자 중국으로부터 들어오는 수입도 확대되면서 미국의 무역 적자가 더욱 심화되고, 달러가 추가로 계속해서 유출됐다. 고평가된 달러와 저평가된 위안은 미국 내 중국산 제품의 수입을 급속히 확대시켰다.

미국의 저금리는 또 미국의 연금기금과 투자자들이 더 위험한 투자를 모색하도록 만들었다. 이로 인해 정크본드, 증권화된 부채, 사모펀드, 헤지펀드 시장이 활성화됐다. 이들 시장이 은퇴 후 생활 자금에 필요한 고소득을 약속했기 때문이었다.

미국의 화가이자 영화 제작자인 앤디 워홀[Andy Warhol](1928~1987년)에 따르면 이러한 행동은 타고난 것이었다. 그는 이렇게 말했다. "구매는 미국적인 특징이다. 유럽과 동양 사람들은 거래(매매, 즉 사고팔기)를 좋아한다. 그들은 본래 상인이다. 반면 미국인들은 정말로 사는 것을 좋아한다. 그들은 사람, 돈, 국가를 모두 산다."[15]

2006년에 경제사가인 니얼 퍼거슨[Niall Ferguson] 하버드대학 교수와 경제학자인 모리츠 슐라리크[Moritz Schularick]는 중국과 미국의 공생적 관계를 일컬어 '차이메리카[Chimerica]'라고 말했다. 이 신조어는 두 나라의 영어 이름을 합친 것이지만 또한 전설에서 나오는 상상 속의 그로테스크한 괴물인 키메라[Chimera]를 지칭한 것이기도 했다.[16]

빛 좋은 개살구

저축하는 나라 따로 있고 돈을 빌려 소비하는 나라가 따로 있는 경제 질서는 본질적으로 불안정하다. 중국은 미국인들에게 자국의 상품을 살 수 있는 돈을 효과적으로 빌려줬지만 지금은 그 빌려준 돈을 받지 못할 위험에 처했다.

경제 상황의 약화와 차입 확대로 미국의 국가 신용 등급의 하락 압력이 커지면서 미국 국채와 달러의 가치가 떨어지고 있다. 달러에 적힌 "우리는 하느님을 믿는다"라는 표어는 이제 "내 구세주가 살아 계시기를 바란다"라고 읽어야 될지 모른다.[17] 원자바오 중국 총리 역시 "미국의 금융 부문에 문제가 생기면 중국 자본의 안전성을 걱정할 수밖에 없다"라면서 불편한 심기를 노골적으로 드러냈다.[18]

상당량이 달러 표시 자산으로 구성되어 있는 중국이 보유한 수조 달러의 외환보유고는 일반적인 교역량을 훨씬 더 상회할 만큼 규모가 엄청나기 때문에 대규모 손해를 보지 않고서는 정리할 수가 없는 상황이다. 중국은 다음과 같은 케인스의 명언에서 배울 수 있을 것이다.

"내가 당신에게 1파운드의 빚을 졌다면 그건 내게 문제가 있는 것이지만 내가 당신에게 100만 파운드의 빚을 졌다면 그건 당신에게 문제가 있는 것이다."

중국은 상품과 같은 실물 자산 쪽으로 눈을 돌리면서 달러 매수 규모를 줄이기 위해 애썼다. 그러나 중국은 기존 달러 보유분의 가치를 유지하기 위해 더 많은 달러와 미국 국채를 살 수밖에 없었다. 지금으로부터 40년 전 존 코널리(John Connally) 미국 재무장관은 중국의 문제를 다음과 같은 말로 정확하게 짚어냈다. "중국이 달러 때문에 걱정하는지 모르지만 어쨌든 그건 중국의 문제다."[19]

외환보유고와 저축한 돈을 달러에 집중적으로 투자함으로써 중국은 밟고 있을 때까지는 터지지 않지만 발을 떼는 순간 터지고 마는 '공중폭발식 지뢰'를 밟은 꼴이 됐다. 중국은 달러를 '미국의 금'이라는 뜻으로 '메이진(Meijin)'이라 부르며 애정을 가지고 대해왔다. 그러나 중국의 달러 투자는 결국 빛 좋은 개살구에 지나지 않았다.

유동성 소용돌이

이제 돈이 모든 것의 중심이 되었다. 세계적인 돈의 흐름은 극단적 수준까지 레버리지를 확대한 전통적인 은행들의 존립 기반이 되었다. 부외계정 구조는 돈의 공급을 늘려놓았다. 중국과 다른 국가들이 운용해온 외환보유고는 세계적인 신용 흐름의 또 다른 일부였다. 엔 캐리 트레이드를 통한 일본의 저축처럼 저축의 수출도 마찬가지였다.

돈이 전 세계로 흘러들어가 자산 가치를 끌어올림으로써 부에 대한 착시와 더불어 개인의 삶과 기업, 도시와 전체 국가들에 일대 변화가 일어났다. 금융시장은 가격을 통해 정부 정책과 기업 결정에 대한 실시간 설문조사 결과를 제공했다. 그러나 1841년, 스코틀랜드의 시인 찰스 맥케이(Charles Mackay, 1814~1889년)의 말처럼 "돈은 군중을 기만하는 원인일 때가 많았다." 그는 또 "건전한 국가들이 순식간에 절박한 도박국가들이 됐고, 종잇조각 한 장에 거의 모든 것을 걸었다"라고 덧붙였다.[20] 케인스도 투기에 대해 다음과 같이 경고했다.

> 투기 세력들은 기업의 꾸준한 흐름 위에 떠 있는 거품일 때는 위해하지 않을지 모른다. 그러나 기업의 투기 속 소용돌이 위에 떠 있는 거품으로 변할 때는 상황이 심각해진다. 어떤 국가든 자본시장의 발전이 카지노 도박의 부산물처럼 될 때 그것은 잘못된 방향으로 가고 있을 가능성이 크다.[21]

금융위기가 터지자 지금까지 경제, 비즈니스, 인생을 바꿔놓을 수 있는 돈의 힘이 크게 고평가되어 있었다는 사실이 명백해졌다. 가용 가능한 돈의 규모는 생각보다 훨씬 더 작았다. 똑같은 양의 돈이 여기저기에서 더 빨리 움직였던 것뿐이었다.

과거 유명 스타였다가 약물, 음주, 스캔들 등의 복잡한 사생활로 일찍 선수생활을 접고 재산을 탕진한 북아일랜드 출신 축구 선수인 조지 베스트$^{George Best}$(1946~2005년)는 이렇게 말했다. "나는 내 돈의 90퍼센트를 여자, 술, 스포츠카를 사는 데 낭비했다. 그 나머지도 역시 낭비했다!" 세상은 처음부터 존재하지 않았던 믿기 어려울 정도로 엄청난 양의 부를 낭비해버렸다는 사실을 천천히 깨닫기 시작했다.

2부

시장근본주의

MARKET FUNDAMENTALISM

'금융혁명Financial Revolution'은 경제이론을 전능한 종교의 위상으로까지 끌어올렸다. 그 중심이 되는 믿음은 파괴적인 '활황-불황'식 경제 주기도 없이 지속적인 성장과 생활수준을 향상시키는 능력에서 비롯되었다. 정책 당국자들과 경제학자들이 경제 운용 방안을 조정해 같은 결과를 이뤄낼 것이라는 믿음도 생겼다. 압축된 전문용어와 수학이라는 과학으로 변장한 이 시스템은 사실상 경제 분야에서 시장과 정부의 역할에 초점을 맞춘 정치 이데올로기였다. 케인스와 프리드먼 같은 영향력 있는 경제학자들의 생각은 돈 경제를 만들기 위한 정치적 명분에 종속됐다.

6장 시카고학파

지난 25년 동안 베를린 장벽은 서독의 자유시장과 동독의 사회주의 경제 사이의 차이를 상징했다. 1987년 6월 12일, 로널드 레이건 대통령은 베를린 탄생 750주년을 기념하기 위해 브란덴부르크 문^{Brandenburg Gate} 앞에서 가진 연설에서 미하일 고르바초프^{Mikhail Gorbachev} 소련 공산당 서기관을 향해 "장벽을 허물라!"라고 말했다. 2년이 지난 1989년 11월 9일에 베를린 장벽은 허물어졌다.

베를린 장벽이 무너졌을 때 "누가 이긴 것인가?"라는 질문을 받은 서양의 정치 과학자들은 사회주의에 대한 자본주의의 승리를 거론했다. 경제학자들의 시선은 시카고로 쏠렸다. 시카고대학은 '자원 조율 수단으로서 자유시장의 효율성에 대한 믿음, 경제 활동의 정부 개입에 대한 회의론, 인플레이션 유발의 핵심 요인으로서 돈의 양적 이론에 대한 강조'에 기초한 시스템을 통해 경제, 정치, 비즈니스 분야의 세계

관을 바꿔놓았다.[1]

20세기 초반, 이론물리학은 영국의 캐번디시연구소Cavendish Laboratory, 독일의 괴팅겐Göttingen, 덴마크의 이론물리학연구소Institue of Theoretical Physics를 중심으로 펼쳐졌다. 덴마크의 노벨상 수상자이자 물리학자인 닐스 보어Niels Bohr(1885~1962년)와 그의 독일인 제자 베르너 하이젠베르크Werner Heisenber(1901~1976년)가 만든 '코펜하겐의 해석Copenhagen Interpretation'이 물리학의 주류 이론을 이루었다. 코펜하겐의 해석이란 관측되기 전의 전자는 여러 가지 위치에 있는 상태가 서로 겹쳐져 존재하지만 관측자가 전자를 관측하는 순간 파동의 수축이 일어나 전자가 한 곳에서만 발견된다는 양자역학의 해석 방식이다. 이후로 오랫동안 물리학자들은 어떤 물리학 문제를 접했을 때 "이 문제에 대한 코펜하겐의 관점은 무엇일까?"라는 질문을 던졌다. 마찬가지로 오랫동안 경제학자들은 "이 문제에 대한 시카고의 관점은 무엇일까?"라는 질문을 덧붙였다. 양자물리학만큼이나 실생활과 거리가 있던 시카고학파는 50년 넘게 경제학계에서 강력한 영향을 미쳤다.

우울한 과학

빅토리아 시대의 역사가인 토머스 칼라일Thomas Carlyle(1795~1881년)은 경제학을 '우울한 과학Dismal Science'이라고 불렀다. 미국의 풍자가인 P.J. 오루크O'Rourke는 경제학을 '무슨 말을 하는지도 모르는 철저히 과학적이기만 한 원칙'이라고 지칭했다.[2]

경제학은 생산과 금융 시스템이 어떻게 작동하거나 해야 하는지에 집중한다. 거시경제학Macroeconomics은 성장, 고용, 생산, 인플레이션, 통화와 정부 예산(재정) 정책에 초점을 맞추고, 미시경제학Microeconomics은 기업이나 개인의 행동 및 물가 같은 것들이 어떻게 결정되고, 시장이 어떻게 움직이는지를 분석하기 위해 애쓴다.

애덤 스미스는 1776년에 집필한『국부론The Wealth of Nations』에서 편협한 사심Self-love이 경제 활동을 주도할 수 있는 자율규제 시장 시스템을 옹호했다.

> 우리가 식사를 즐길 수 있는 것은 정육점 주인, 양조장 주인, 빵집 주인이 자비롭기 때문이 아니라 그들이 자기 자신의 이익에 관심이 있기 때문이다. 우리는 그들의 인간성에 호소하지 않고 그들의 이기심에 호소하며, 그들에게 우리가 필요로 하는 것을 이야기하는 것이 아니라 그들에게 돌아갈 이익만을 이야기한다.3)

자본주의는 부와 발전을 창조했지만 대신 높은 사회적 비용이 수반되어야 했다. 경제학이론은 경기순환, 특히 고통스럽고 파괴적인 활황과 불황의 주기Boom-Bust Cycles에 집착했다.

1929년에 일어난 주식시장의 붕괴는 오랫동안 이어져오던 재즈 시대Jazz Age(제1차 세계대전 이후부터 1920년대의 향락적이고 사치스러웠던 재즈 전성기 – 옮긴이)에 종말을 고했다. 이 기간 동안 세계 최대 경제국인 미국을 중심으로 한 경제 활동이 급격히 증가했고, 주식 및 여타의 상품, 다른 자산의 가치도 크게 올랐다. 이때 주식시장 붕괴로 주가는 역사상 최대 수준으로 떨어졌고, 미국 증시의 시가총액이 90퍼센트 가량 증발됐으며, 1929년 이전 수준으로 회복되기까지 25년의 시간이 걸렸다. 이후로 이어진 경기침체 기간 동안 미국의 물가는 3분의 1로 떨어졌고, 실업률은 25퍼센트로 치솟았다. 전 세계 교역량도 급감했다. 경기침체는 대공황 Great Depression 으로 이어졌고, 전 세계 경제는 제2차 세계대전 이후가 되어서야 겨우 대공황에서 빠져나올 수 있었다.

미국 31대 대통령 허버트 후버 Herbert Hoover (1874~1964년)는 균형 예산을 유지하고 통화 건전성을 지키며, 회복 과정에 개입하지 않기 위해 애썼다. 미국 정부는 은행들의 구제금융을 거절했다. 연준은 달러 가치의 하락 없이 이를 유지시키기 위해 긴축적 통화정책을 유지했다. 경제학의 정설에 따르면 부실채권 가치의 하락과 정리 내지는 불건전한 투자는 경기 회복으로 이어져야 했다. 그것은 '엄한 사랑(상대를 생각해 엄격한 방법으로 도움을 주는 것 – 옮긴이)'에 해당했다.

불황이 사회 전반으로 확대될 위험에 처하자 케인스는 소득과 구매력 확대를 통해 수요를 증진시키기 위한 정부 지출 확대를 요구했다. 그는 정부의 소관을 경제 운용으로까지 확대했다. 그는 "불황의 해법은 활황을 없애 우리를 항상 반둔화 Semi-Slump 상태에 있게 만드는 것이 아니라 경기둔화를 없애 우리가 항상 준호황 Quasi-Boom 상태에 있게 만드는 것이다"라고 주장했다.[4]

오스트리아학파 Austrian School 의 유력 회원이었던 프리드리히 하이에크 Friedrich Hayek, (1899~1992년)는 어떠한 시장 개입도 반대했다. 그는 자본주의와 시장이 스스로 정화해 재탄생하려면 경기하강이 꼭 필요하다고 생각했다. 케인스의 관점이 대공황에 의해 만들어진 것이라면 하이에크의 이상주의적 회복 추구는 제1차 세계대전 당시 오스트리아 헝가리제국의 서사적 붕괴에 영향을 받은 것이었다.

하이에크는 케인스의 저서인 『고용·이자 및 화폐의 일반이론General Theory of Employment, Interest and Money』이 그가 주로 활동하던 시대의 정치적·경제적 문제에 따른 결과물이라 믿었다. 그는 케인스의 경제학이 문제를 해결하지 못하고 인플레이션을 유발할 것이라 생각했다. 케인스 역시 가만히 있지 않았다. 그는 하이에크가 쓴 어떤 논문에 대해 '잘못'으로 시작해 '혼란'으로 끝났다며 하이에크의 연구를 비판했다. 또 하이에크가 쓴 또 다른 논문에 대해서는 '허튼소리로 가득하다'고 평했다. 케인스는 개인적으로는 하이에크와 친하게 지냈고, 하이에크가 1944년에 쓴 『노예의 길The Road to Serfdom』에 대해서는 '웅장한 책'이라고 호평하기도 했지만 하이에크에게 설득당하지 않고 "그의 이론은 그야말로 쓰레기나 다름이 없다"라고 주장했다.5)

조셉 슘페터의 세계관은 호주 재무장관으로서의 역할에 영향을 받았다. 그는 유럽 중앙의 금융기관들이 몰락하자 초래된 채권 상환에 앞장섰다. 세계에서 가장 위대한 경제학자이자 연인, 기수騎手가 되려는 의도였는지, 세 번이나 결혼하며 파란만장한 삶을 산 슘페터는 기업인들에게 과거의 쓸모없는 사업과 업무 공정들을 과감히 정리하고 이익 창출 기회를 얻기 위해 새로운 아이디어를 개발할 것을 촉구했다. 그에게 파괴란 정기적으로 새롭게 태어나는 역동적 시스템에서는 어쩔 수 없이 치러야 할 대가였다.

슘페터는 대공황을 지속 불가능한 부채와 허술한 투자를 제거하고, 한편으로는 경기 회생을 도모할 수 있는 조정 기회로 간주했다. 반면 케인스의 경제학은 이 자연적 과정에 개입을 합리화했다.

심각한 대공황의 상황, 완전고용을 회복하지 못하는 시장의 무능력, 인건비 상승은 많은 정치인과 경제학자들에게 '보이지 않는 손Invisible Hand'의 실패를 더 확실히 보여준 셈이어서 케인스는 신뢰를 얻었다. 이후로 40년 동안 정부와 중앙은행들은 신중한 예산과 통화정책 및 규제의 조합Mix을 통해 경제를 미세조정할 수 있는 능력을 갖춰야만 신뢰를 얻을 수 있었다.

1960년대에 시카고대학의 밀턴 프리드먼은 케인스의 이론을 정면으로 반박했다. 시카고학파는 약간의 순수한 자유방임주의 경제학을 곁들여 고전적인 경제이론을 갱신하고 부활시켰다. 세련되면서도 허점 없는 통계적 분석을 통해 시장이 자동적으로 조정된다는 증거를 제시했다. 양자물리학과 마찬가지로 그때부터 경제학은 현실을 묘사하기 위해 수학에 의존했다.

물리학자인 폴 디랙Paul Dirac(1902~1984년)은 "물리학에서 우리는 이전에는 아무도 이해하지 못한 무언가를 사람들에게 이해시키려고 애쓰는데, 시詩의 경우는 정반대다"라고 말했다.[6] 시카고학파가 내세운 교리와 정치적 근본주의, 수학이 조합된 경제학은 시도, 물리학도 아니었다.

이제 합리적 기대Rational Expectations, 실물경기 변동이론Real Business Cycle Theory, 포트폴리오이론Portfolio Theory, 시장가설Market Hypothesis, 자본구조이론Capital Structure Theory, 자본자산 가격결정모형Capital Asset Pricing Models, 옵션 가격결정Option Pricing, 대리인이론Agency Theory과 같은 수많은 이론들이 학계에서 쏟아져 나왔다. 이러한 이론을 만든 많은 경제학자들이 노벨경제학상을 수상하고 인정을 받았다. 어떤 역사가들은 최근 노벨경제학상을 수상한 사람들은 시카고대학 출신이거나, 그 연구가 수상 대상이었을 때 시카고에 있었거나, 그전에 언젠가 시카고를 방문했던 경험이 있거나, 아니면 병에 담아서 보내온 시카고대학의 공기를 마시기라도 했던 사람들이라고 비꼬기도 했다.

1971년 1월, 리처드 닉슨^{Richard Nixon}(1913~1994년) 대통령은 1965년에 밀턴 프리드먼이 선언했던 것처럼 "이제 나는 케인스주의자다"라고 말했다. 닉슨은 늦은 편이었다. 시카고학파의 이론은 이미 상종가를 달리고 있었다.

시카고학파이론

1833년에 세워진 시카고는 미국과 캐나다 국경의 5대호와 미시시피강 분수령 사이, 육로 수송로 근처에 위치해 있어 운송, 무역, 산업의 중심지가 되었다. 여행객들은 시카고에 도착하기도 전에 이미 가축 수용소와 도살장의 냄새를 맡을 수 있었다. 영국 작가 러디어드 키플링^{Rudyard Kipling}(1865~1963년)은 시카고를 "돈에 대해 떠들고 침을 뱉는 사람들로 가득 찬 도금한 토끼 사육장"이라고 불렀다.[7]

시카고는 궁극적으로 무역도시로서 모든 거래의 브로커 역할을 담당했다. 시카고의 시카고상품거래소^{CBOT : Chicago Board of Trade}와 시카고상업거래소^{CME : Chicago Mercantile Exchange}는 파생상품 거래의 금융 중심지가 되었다. 시카고대학은 이 도시의 무역과 시장의 분위기를 세계 다른 나라들로 수출했다.

시카고학파는 자유시장, 개인 권리의 중요성, 경험적 가설 검증에 기초한 과학으로서의 경제학, 심지어 스모 시합에 이르기까지 모든 문제에 경제학이론을 적용해 강조했다. 그들은 "시장은 항상 작동하고, 정부는 항상 해결의 일부가 아니라 문제의 일부"라고 주장했다.[8] 시카고시장의 소란스런 분위기는 대학의 교습 방법에도 그대로 영향을 미쳤다. 그들의 워크숍은 워낙 잔혹해 '소싸움'이나 '총싸움'이라 불릴 정도였다. "워크숍은 피바다였다"라는 말이 나오기도 했다.[9] 경제학은 종교적 열정과 편견을 가지고 추구된 이데올로기적 성격을 띠었다.

시카고학파는 원래 악명 높을 만큼 까다로우면서도 똑똑한 프랭크 나이트Frank H. knight(1885~1972년)와 맹렬하기로 소문난 제이콥 바이너Jacob Viner(1892~1970년)가 만들었다. 나이트는 자유방임주의 시스템을 선호했지만 자본주의는 도덕적으로 용납이 안 된다고 생각했다. 그는 위험과 불확실성 연구로 유명하며, 1976년 노벨경제학상을 받은 프리드먼의 스승이다. 나이트가 최초의 시카고학파를 만들었다면 프리드먼은 2차 시카고학파를 만들었다.

영국의 경제주간지인 「이코노미스트」의 말을 빌리자면 프리드먼은 "20세기 하반기는 물론이거니와 20세기를 통틀어 가장 영향력 있는 경제학자"다. 그는 소위 통화주의Monetarism라는 통화 역사와 이론, 소비 분석, 안정화 정책에 지대한 기여를 했다. 통화주의는 1960년대 후반에 들어 누적되었던 인플레이션 압력이 커지고 실업률이 높아지는 스태그플레이션이 일어나자 종래의 케인스의 정책 처방으로는 이 문제를 해결할 수 없다는 인식에서 탄생했다. 통화주의론자들의 기본 입장은 시장기구의 자유경쟁원리에 대한 확고한 신념이었다. 프리드먼은 자유시장경제와 개인의 자유에 관심이 많았다. 「뉴욕타임스$^{The New York}$ ^{Times}」지의 경제 전문기자인 레오나드 실크$^{Leonard Silk}$는 "일반적으로 애덤 스미스가 근대 경제학의 아버지라면 밀턴 프리드먼은 그의 가장 성공한 아들로 칭송받는다"라고 썼다.[10]

맹렬할 정도로 논쟁적이면서 천부적인 토론꾼인 프리드먼은 영향력 있는 공공 지식인의 역할을 즐겼다. 그는 『자본주의와 자유^{Capitalism} $^{and Freedom}$』, 『선택의 자유$^{Freedom to Choose}$』를 포함한 일련의 대중 저서들을 통해 정부는 강제할 수 있는 계약의 틀, 안전한 재산권, 공정거래, 안정적인 통화 그리고 '무책임한 행동'으로부터의 제한적 보호만 제공할 수 있다고 주장했다. 프리드먼은 『자본주의와 자유』에서 미국 정부가 간여해서는 안 될 여러 가지 활동들, 이를테면 농업 보조금, 관세와 무역 쿼터, 최저 임금, 임대료 통제, 국립공원, 우편 서비스, 특히 은행 등 다양한 업종의 규제 등을 정리해놓았다. 케인스와 프리드먼 사이의 지적인 갈등은 극단적 통화의 시대에 영향을 미쳤다.

경제 정치학

대공황 이후 케인스가 내세운 수요관리 정책$^{Demand Management}$에 따라 경제학자들은 바람직한 성장 수준을 유도하기 위해 과세제도와 정부 지출을 관리할 것을 요구했다. 케인스학파는 뉴질랜드 경제학자의 이름을 딴 명목 임금 상승률과 실업률 사이의 역 상관관계를 뜻하는 필립스 곡선$^{Phillips\ Curve}$을 매우 유용한 모형으로 내세웠다. 이들의 주장은 필립스 곡선이 주어지면 정책 당국은 사회복지를 극대화하는 인플레이션율과 실업률의 조합을 찾아내 그 지점에 도달할 수 있는 정책을 찾아 실시하면 된다는 것이었다.

시카고학파는 자유시장을 선호했고, 규제를 제한했다. 부의 재분배는 생산 분야에서 자본을 빼내 그것을 덜 생산적인 활동으로 전달할 것이라고 생각했다. 냉전은 케인스학파가 관련된 사회주의에 반감을 초래했다. 시카고경영대학원의 머턴 밀러$^{Merton\ Miller}$(1923~2000년) 교수의 행동경제학에 대한 불신은 공산주의자를 겨냥한 반감에서 비롯됐다.[11]

러시아 출신 철학자이자 작가인 아인 랜드$^{Ayn\ Rand}$(1905~1982년)는 지대한 영향력을 미쳤다. 그녀가 1943년에 쓴 소설 『마천루$^{The\ Fountainhead}$』는 다른 사람들의 눈을 전혀 의식하지 않고 건축가로서 오로지 건축만을 위해 집념을 불태우는 하워드 로크$^{Howard\ Roark}$의 투쟁을 그리고 있다. 「뉴욕타임스」는 『마천루』에 대해 "개인을 칭찬하는 찬가다. 이 걸작은 우리 시대의 기본적 개념에 문제를 제기한다"라고 호평했다. 1957년에 쓴 다음 책 『애틀라스 슈러그드$^{Atlas\ Shrugged}$』에서 랜드는 '합리적인 개인적 이익'에 대한 자신의 도덕적 철학을 개괄적으로 설명했다. 독립적인 자유 경제를 세우기 위해 엄청나게 큰 개인 공간들로 숨어 들어가는 기업인, 과학자, 예술가들 집단을 추적하고 있는 이 책은 영웅들의 개인적 노력이 없다면 경제와 사회가 붕괴된다는 주제를 드러낸다. 랜드의 철학은 앨런 그린스펀 전 연준 의장을 포함한 보수적·자유주의적 사상가들 모두에게 영향을 미쳤다. 랜드를 좋아하는 사람들 사이에서 그린스펀은 엄숙한 태도와 복장 때문에 '장의사'로 불리기도 했다.

학계의 싸움

2차 시카고학파는 케인스학파가 내세운 혼합경제Mixed Economy(정부가 경제 활동 분야에 개입하는 경제체제 - 옮긴이)를 해체하기 시작했다. 1950년도에 프랭크 나이트는 케인스가 "중세의 암흑시대로 거슬러 올라간 경제적 사고"를 했다면서 그를 공격했다. 그는 케인스의 통화이론이 "성채의 열쇠를 창밖으로 던져 문 앞에서 망치를 두드리고 있는 속물들에게 준 셈"이라고 했다. 제이콥 바이너는 케인스를 예언가이자 정치인으로 폄하하는 한편 그의 객관성과 합리성 결여를 비판했다. 시카고대학의 경제학자인 헨리 사이먼스Henry Simons(1899~1946년)는 케인스에 대해 "괴짜와 광대들이 모인 학계의 우상이고, 그의 저서는 파시스트 운동의 바이블이다"라고 주장했다.[12]

프리드리히 하이에크는 케인스이론의 신뢰를 떨어뜨리고 자유시장이론을 부활시키는 데 중추적인 역할을 했다. 그는 저서 『노예의 길』을 통해 경제에 대한 정부의 개입을 공격했다. 1960년도에 쓴 또 다른 책 『자유의 헌법The Constitution of Liberty』에서는 개인의 자유를 유지하기 위해서는 정부의 권력과 역할이 제한되어야 한다고 주장했다. 시카고학파에 그가 미친 영향은 자유주의 전통을 되살리려는 같은 생각을 가진 36명의 학자들의 모임인 '몽 페를랭 협회Mont Pelerin Society'를 통해 더욱 강화됐다.

프리드먼이 1963년에 안나 슈워츠Anna Schwartz와 함께 쓴 『미국 통화사: 1867~1960 The Monetary History of the United States, 1867-1960』는 케인스학파의 이론을 무너뜨리는 데 단초가 되었다. 프랑스 문학 교수이자 정신분석학자인 피에르 바야르Pierre Bayard에 따르면 책에는 4가지 종류가 있는데, 독자가 모르는 책, 대충 읽고 넘어가는 책, 들어보긴 한 책 그리고 읽은 후 잊어버리는 책이다.[13] 그런데 900쪽으로 구성된 기념비적인 책 『미국 통화사』는 독자가 모르는 책이나 읽은 후 잊어버리는 책은 아니지만 대충 읽고 넘어가는 책이나 들어보긴 한 책에 속한다. 노련한 경제학자들조차도 이 두껍고 지루한 책을 읽어보지 않았을 것이다.

프리드먼과 슈워츠의 관점에서 대공황은 시장이나 자본주의의 실패가 아니라 정부의 실패가 초래한 결과다. 프리드먼과 슈워츠는 생산의 급격한 위축으로 연준이 유동성 공급을 늘려야 했음에도 반대로 유동성 공급을 줄이는 바람에 결국 은행들을 파산으로 이끈 유동성 부족을 초래했다고 주장했다. 두 사람은 대공황과 정부 개입의 필요성에 대한 케인스학파의 관점이 틀렸다고 생각했다. 증시의 붕괴, 무역장벽 혹은 고전적인 경기 활황과 불황 주기 같은 대공황에 대한 여러 가지 일반적인 이유들로 거론되는 것들이 잘못됐다는 것이다.

대공황을 통해 배운 교훈은 경제가 붕괴될 때 중앙은행들이 통화 공급을 줄여서는 안 된다는 것이었다. 통화주의자들은 금융시장의 붕괴가 통화정책을 통해 피할 수 있다면 단기적인 경기침체 후에는 성장이 재개된다고 생각했다. 통화주의자들의 원칙은 많은 부분 케인스학파의 영향을 받았기 때문에 이 둘의 차이점은 보다 미묘했다. 그러나 케인스학파를 깎아내림으로써 그들이 내세운 경제학의 다른 부분들, 특히 수요 관리를 위한 정부 개입은 공격에 취약하게 되었다.

1960년대 후반과 1970년대에 서양 경제는 케인스학파의 처방이 듣지 않는 저성장과 실업, 인플레이션의 조합인 스태그플레이션에 사로잡혀 있었다. 유럽에서 사회복지에 관한 국가 비용은 감당할 수 없는 수준으로 드러났다. 미국은 레이건, 영국은 대처로 보수주의적 정부들이 선출됨으로써 자유시장으로의 복귀에 속도가 붙었다. 자신의 정치철학이 무엇인지를 묻는 질문에 대처는 하이에크의 『자유 헌법』의 한 부분을 보여주며 "이것이 우리가 믿는 것이다"라고 말했다.[14] 레이건은 "나는 정부에서 일하고, 나는 돕기 위해 이 자리에 있다"라고 말했다. 효율적 정부보다는 효율적 시장이 새로운 슬로건이 되었다.

레이건과 철의 여인

1956년에 정치과학자인 클린턴 로시터 Clinton Rossiter (1917~1970년)는 백악관 대통령 집무실에서 일할 사람은 "보이 스카우트 단장, 아폴로 신전의 신탁, 은막의 영웅이자 대중의 아버지를 겸하는 사람이어야 한다"고 주장했다.[15] 할리우드 B급 영화 연기자였던 로널드 레이건은 이러한 자질들 중 하나는 충족되었다. 나중에 공화당으로 전향한 민주당원이던 그는 1966년에 캘리포니아 주지사로 당선된 후 조세감면, 복지제도 확대, 고등교육 정책에 힘을 쏟았다.

1970년대가 되자 1974년과 1979년에 터진 두 차례의 오일 쇼크로 미국의 성장세가 둔화되었고 유가는 치솟았다. 인플레이션과 금리가 두 자릿수에 도달했다. 실업률이 높았고 노동시장도 불안했으며, 미국의 공공 재정 상황도 좋지 못했다. 브레턴우즈 고정환율 시스템 역시 붕괴됐다. 1960년대의 호경기 시절 Go-Go Years 이 끝나자 미국 증시는 빈사 상태에 빠졌다. 미국인들은 베트남전쟁, 인종 문제, 워터게이트 스캔들을 비롯해 점차 더 확대되는 불안감과 불확실성의 영향을 받으며 점점 자기회의에 빠져들었다.

지미 카터는 외교적으로는 성공한 대통령이었으나 이처럼 국내 경제정책에서 실패했기 때문에 재선 도전에서 레이건에게 완패했다. 당시 "당신이 일자리를 잃으면 불황이고, 당신의 이웃이 일자리를 잃으면 침체이며, 카터가 일자리를 잃으면 회복이다"라는 말이 나돌았을 정도였다. 특정 기간 동안 물가 상승률과 실업률을 합한 수치인 '고통지수Misery Index'라는 것도 등장했다. 이 지수는 국민들이 피부로 느끼는 경제생활의 어려움을 계량화해 수치로 나타낸 것이었다. 대통령 토론회 때 레이건은 다음과 같이 말하면서 카터를 겨냥해 강력한 한방을 날렸다. "다음 주 화요일, 여러분들 모두는 선거를 통해 결정할 것이다. 결정할 때 자문해보라. 4년 전과 비교해 당신의 생활이 더 나아졌는가?"

영국에서 마거릿 대처는 1979년에 노동당 소속 첫 총리였던 제임스 캘러헌James Callaghan을 누르고 영국 역사상 최초의 여성 총리로 당선됐다. 그보다 10년 전 대처는 "내가 사는 시대에 어떤 여성도 총리가 되지 못할 것이다"라고 말한 적이 있었다. 대처는 레이건의 가까운 협력자가 되었다. 그녀의 한 측근은 "두 사람이 같이 있을 때는 두 사람을 떼어놓기 위해 쇠 지렛대가 필요할 정도였다"라고 말하기도 했다.

레이건과 마찬가지로 대처 역시 국가 경제와 사회의 쇠락을 막아야 한다는 막중한 사명감을 안고 당선됐다. 대처는 "한때 위대한 국가가 어쨌든 뒤처지게 되었다는 사실에 대해 무기력감을 느낀다"는 글을 쓰기도 했다. 작품「살아 있는 자의 마음속에 있는 죽음의 육체적 불가능성」을 소유한 바 있던 찰스 사치는 "노동당은 일하지 않는다"라는 보수당의 성공적인 선거 슬로건과 함께 빈 공간에 길게 줄지어 서 있는 실업자들의 행렬이 담긴 포스터 이미지를 만들었다.

레이건은 정부와 복지국가에 대해 확실한 견해를 가지고 있었다. 그는 "정부는 아기와 같다. 한쪽 끝에서는 식욕이 넘치지만 반대쪽 끝에서는 책임을 지지 않는 소화관이다"라고 말했다. 레이건은 또한 "복지의 목적은 가능한 한 존재 자체의 필요성을 없애는 것이 되어야 한다"라고 강조했다. 대처는 개인의 책임, 검소함, 정직을 신뢰했다. 그녀는 취학 아동들을 위한 무료 우유급식을 폐지했다는 이유로 우유 도둑$^{Milk\ Snatcher}$이라는 욕을 먹기도 했으며, '다른 방법은 없다$^{There's\ no\ alternative}$'라는 문장의 각 단어의 머리글자들로 만든 '티나^{TINA}'라는 별명을 얻기도 했다.

경제 개혁은 인플레이션 통제, 건전한 통화와 규제 완화, 균형 예산 회복에 집중되었으며, 감세를 통한 정부 역할을 줄이고, 정부 지출을 낮추기 위해 통화주의자들이 내세우는 도구들을 적극적으로 사용했다.

폴 볼커 연준 의장은 인플레이션을 억제하는 데 중요한 역할을 했다. 키가 2미터에 달하고 싸구려 담배를 피워대던 공무원 출신인 그는 상대방의 머리 꼭대기에 앉아 상대방을 깔보는 듯한 말투를 쓰기로 유명했다.[16] 볼커는 통화 공급량을 제한하면서 인플레이션 기대치를 낮추기 위해 금리를 잔혹한 수준(연간 20퍼센트 이상)으로 끌어올렸다. 그 결과 경기가 둔화되자 실업률이 상승하고 파산이 늘었지만 전략이 효과를 내면서 인플레이션은 낮아졌고 다시 성장의 시대가 도래했다.

레이건과 대처는 개인소득과 법인세를 낮췄다. 미국에서는 가장 높은 개인의 한계세율Marginal Tax Rate(초과수익에 대해 세금으로 지급해야 할 비율 - 옮긴이)이 70퍼센트에서 28퍼센트로 떨어졌다. 영국에서 대처는 영국의 개인소득세율의 최고율을 98퍼센트에서 40퍼센트로 낮췄다. 또한 간접세를 통해 영국의 과세표준을 확대했다.

레이건은 1970년대 에너지 위기를 악화시켰던 국내 유통 기름에 대한 가격 통제를 끝냈다. 은행, 전기통신, 항공, 전자, 가스, 물, 수송 분야의 유연성 확대와 경쟁 장벽 제거 차원에서 모든 규제들이 사라졌다. 대처는 수십 년 동안 이어져오던 국유화와 정부 소유 정책을 파기하고 국영 기업들을 민영화했다.

노동시장 규제도 완화됐다. 연방 항공 교통 관제사들의 파업에 직면한 전 배우협회 노조위원장을 지냈던 레이건은 비상사태를 선포한 후 궁극적으로 1만 1,000명이 넘는 파업 관제사들을 해고하면서 사실상 노조를 해체했다. 영국에서 대처와 그녀가 신뢰했던 노먼 테빗Norman Tebbit 전 보수당 장관은 전국광부노조National Union of Mineworkers와의 치열한 싸움 끝에 승리를 거두었다. 레이건과 대처는 금융업자인 제이 굴드Jay Gould(1836~1892년)의 "나머지 절반의 노동계급을 죽이기 위해 절반의 노동계급만을 고용하라"는 조언을 받아들였다.

레이건은 지출을 줄였지만 세수 감소를 상쇄할 수 있을 정도로 충분히 줄이지는 않았다. 그는 식료품 할인 구매권, 연방 교육, 환경 프로그램 같은 국방 분야 외의 지출을 줄였다. 사회보장제도와 노인의료보험제도Medicare와 같은 정치적으로 민감한 정부의 복지 후생 프로그램들은 유지했다. 미국은 대규모 예산 적자를 메우기 위해 국내외에서 많은 돈을 빌렸고, 국가 부채는 7,000억 달러에서 3조 달러로 늘어났다.

레이건은 점점 더 늘어나는 국가 부채에 실망한 나머지 농담 삼아 "적자가 자신을 돌볼 수 있을 정도로 커졌다"라고 말했다. 대처는 주로 국영 기업체들의 매각을 통해 균형 예산을 유지했다.

1980년대 후반이 되자 신자유주의가 경제 사상의 주류가 되었다. 신자유주의란 현재 시카고학파가 내세웠던 이론을 따르는, 즉 국가 권력의 시장 개입을 비판하고 시장의 기능과 민간의 자유로운 활동을 중시하는 이론을 말한다. 심지어 경제에 대한 국가의 통제를 선호하는 계획경제의 전통을 가졌던 프랑스에서 사회민주주의를 신봉했던 리오넬 조스팽Lionel Jospin 전 총리조차 마지못해 실용적 경제학을 포용했다. 그는 "시장 사회Market Society가 아니라 시장경제Market Economy가 중요하다"라고 말했다.[17]

정치적 경제

1980년대 초의 경기침체 이후 성장이 재개됐다. 실업률과 금리는 급락했고, 증시는 새로운 활황기 속에서 상승했다. 그 이유가 전통적인 케인스학파가 내세웠던 대규모 예산 적자, 낮은 인플레이션, 금리 인하 내지는 새로운 경제라는 처방 덕분인지는 불확실하다. 프리드먼은 정부와 중앙은행들, 특히 영란은행이 자신의 생각을 잘못 적용하고 있다고 투덜댔다. 갤브레이스도 "밀턴의 비운은 그의 정책이 시도됐다는 데 있다"라며 신랄한 비판을 퍼부었다.[18]

볼커는 자칭 통화주의자였지만 좀처럼 이론을 추종하지는 않았다.

통화 공급은 측정하거나 통제하기 어려운 것으로 판명됐다. 정부가 한 가지 통화 공급 정책을 목표로 삼으면 다른 정책들이 갑자기 바뀌었다. 영국의 경제학자이자 중앙은행장을 지냈던 찰스 굿하트Charles Goodhart는 "통계적인 규칙성은 통제 목적으로 그에 압력이 가해질 때 무너지는 경향이 있다"라는 사실을 알아냈다. 영국 언론인인 크리스토퍼 필데스Christopher Fildes 역시 굿하트의 법칙을 되풀이하면서 "인류학자들이 야만인들을 관찰하는 것은 매우 좋은 일이지만 야만인들이 인류학자들을 관찰하기 시작할 때 모든 계획이 백지화된다"라고 말했다.[19]

레이건과 이코노믹스의 합성어로서 레이건에 의해 추진된 경제 정책인 레이거노믹스Reaganomics는 사실상 무명의 경제학자인 아서 래퍼 교수가 옹호했던 공급측이론Supply-Side Theory에 의지했다. 대규모 감세는 과세 표준을 확대해 낮은 세율로 인해 줄어든 세수를 상쇄하면서 경제성장을 부양한다는 것이 그의 이론의 골자였다. 플립차트와 포인터로 무장한 레이건은 TV 연설을 통해 래퍼곡선을 소개했다. 래퍼곡선은 세율이 영일 때는 세수도 영이 되지만 세율이 100퍼센트일 때는 누구나 소득을 얻기 위한 활동을 하지 않기 때문에 세수도 영이 되는데, 중간에 세수가 극대화되는 지점(예를 들어 50퍼센트의 세율)이 존재한다고 주장한다. 이보다 50년 전에 조지 워런George Warren 코넬대학 교수는 프랭클린 루스벨트 대통령에게 대공황을 종식시키기 위해 금값을 끌어올림으로써 농산물의 가격을 올릴 것을 제안한 바 있다. 워런은 닭들이 더 많은 달걀을 낳게 해야 한다는 원칙을 제시하기도 했다.[20]

정치 논리 때문에 정부는 균형 예산 운용을 위해 감세에 상응하는 지출 억제를 단행할 수 없었다. 지출은 정치적 지원이자 돈을 주고 산

표의 기본이었다. 영화 「애틀라스 슈러그드」에서는 톰슨 씨 등 정치인들이 경제를 살릴 수 있는 도움을 얻기 위해 영웅적인 기업인인 존 골트를 찾아가는 장면이 나온다. 골트가 "여러분은 내가 경제 독재자가 되기를 바랍니까?"라고 묻자 톰슨 씨는 "그렇습니다!"라고 대답한다. 골트가 다시 "그러면 여러분은 내 말을 듣고 내 지시에 따르겠습니까?"라고 하자 톰슨 씨는 "암암리에 그렇게 하지요!"라고 대답한다. 그러자 다시 골트가 "그렇다면 모든 소득세를 없애세요"라고 말하자 톰슨 씨는 "오, 안 됩니다!"라면서 갑자기 일어나더니 "우리는 그렇게 할 수 없습니다. (중략) 공무원들의 임금은 어떻게 줍니까?"라고 묻는다. 골트는 "공무원들을 모두 잘라버리세요!"라고 말하고 톰슨 씨는 "오, 안 됩니다!"라고 대답한다.[21]

정부의 규모가 더욱 커졌다. 산업들의 규제 완화는 시장의 힘을 한 곳으로 집중시켰고, 경쟁을 약화시키면서 새로운 국가 개입을 필요로 했다. 자유시장에 고무된 기술 혁신은 급속히 산업의 판도를 변화시키면서 규제가 필요한 비경쟁 독점들을 창조했다. 신자유주의 프로그램은 케인스학파가 깨달았던 과거의 문제에 직면했다. 자본주의는 가장 사악한 인간들이 모든 사람들의 가장 큰 이익을 위해 가장 사악한 일들을 할 것이라는 놀라운 믿음이었다.

대처는 순수이론에는 흥미가 없었다. 그녀는 "경제학은 방법이다. 목적은 영혼을 바꾸는 것이다"라고 말했다. 보수적 성향의 정치인 에녹 파월 Enoch Powell(1912~1998년)은 대처의 통화주의자적 정책을 비웃으며 "그녀가 그런 정책들을 이해하지 못하다니 가여울 뿐이다!"라고 말했다.

중도좌파 정부 때의 재무장관인 로저 더글러스$^{\text{Roger Douglas}}$ 시대의 뉴질랜드만이 시카고학파의 프로그램을 100퍼센트 시도했다. 로저로노믹스^{Rogeronomics}는 대규모 지출과 감세, 국영 자산 매각, 보조금과 관세 인하, 산업의 규제 완화를 주요 특징으로 했다. 과세제도를 낮게 고정하려는 계획도 추진됐으나 기업들의 부도와 은행들의 파산이 이어지면서 이 계획은 궁극적으로 폐지됐다.

1973년에 미국 CIA의 적극적인 지원하에서 아우구스토 피노체트 $^{\text{Augusto Pinochet}}$(1915~2006년)는 군사 쿠데타를 일으켜 좌파 성향의 살바도르 아옌데$^{\text{Salvador Allende}}$(1908~1973년) 대통령을 몰아냈다. 피노체트 정권은 칠레와 해외에서 고문, 납치, 불법 구류, 반대파로 의심되는 사람들의 대량 학살, 언론 통제 등 계획적이면서도 광범위한 인권 위반 행위들을 자행했다. 피노체트는 그 자신과 가족의 재산 축적으로도 비난을 받았다. 칠레는 경제 구조 조정에 대한 조언을 얻고자 시카고대학 학자들(이들을 los Cee-Ca-Go boys라고 한다)을 수입했다. 밀턴 프리드먼은 1975년 칠레를 방문해 피노체트를 만났다.

인권 위반 행위에 관여하지는 않았지만 프리드먼이 칠레와 피노체트와 관련됐다는 사실은 그의 경력에 오점으로 남았다. 노동당 출신인 토니 블레어$^{\text{Tony Blair}}$ 전 영국 총리는 칠레의 독재자인 피노체트와 대처 사이의 긴밀한 관계를 지적하면서 보수당을 '피노체트당'이라고 비난하기도 했다. 「뉴욕타임스」는 "순수한 시카고학파의 이론이 억압을 대가로만 실행 가능하다면 관련자들은 어느 정도 책임감을 느껴야 할까?"라고 물었다.[22]

프랭크 나이트는 공산주의, 사회주의, 자본주의, 자유주의 그리고 심지어 신자유주의에 이르기까지 모든 '주의^{Ism}'를 의심했다. 그는 공공 정책을 개선하려는 어떤 시도도 실패할 수밖에 없다고 믿었다.

> 권력을 쥔 사람들이 권력의 소유와 행사를 싫어하는 개인이 될 가능성은 극도로 마음씨 좋은 사람이 노예 공장에서 채찍질을 하는 주인이 될 확률과 같다.[23]

새로운 과거의 계약

이데올로기와 상관없이 정치인과 정부들은 시장의 근본주의를 수용했다. 자유시장은 경쟁력을 규제하고, 자원을 할당하고, 소비자들의 요구를 충족시키는 데 더 나은 것으로 간주됐다. 정부의 역할은 자유롭고 경쟁적인 시장에 필요 적절한 제도적인 틀을 보장하고, 이에 방해되는 것을 제거하는 것이었다. 하버드대학 경제학자 출신으로 미국의 재무장관을 지낸 로렌스 서머스$^{Lawrence\ Summers}$는 "(그의) 학생들에게 보이지 않는 손은 감춰진(혹은 감춰지지 않은) 손보다 더 강력하다는 시각을 갖게 하려고 노력했다. 방향과 통제와 계획이 없어도 체계적인 노력을 통해 일이 잘 풀릴 것이다. 그것은 경제학자들 사이에서 공통된 견해다"[24]라고 말했다.

1990년대에 토니 블레어가 이끌게 된 신노동당$^{New\ Labour}$에 대한 영국의 순수한 지원은 이런 믿음이 바탕이 되었다. 블레어에 이어 영국의 총리에 오른 고든 브라운조차 대처를 다우닝 가 10번지에 있는 영국 수상 관저로 불러 함께 차를 마시기도 했는데, 이는 그의 경제 정책의 신뢰도를 높이기 위한 포석인 듯했다. 빌 클린턴은 재임 시절에 시장과 규제 완화를 열정적으로 포용했다. 클린턴의 정치 자문관인 제임스 카빌James Carville은 이러한 클린턴의 태도를 "나는 채권시장으로 복귀하고 싶다. 그러면 모든 사람들에게 겁을 줄 수 있다"라는 말로 요약했는데, 이 말은 자주 인용되곤 한다.25) 장소 불문하고 정치인들은 어디서나 대처가 했던 "당신은 시장에 맞설 수 없다"라는 말이 사실임을 배웠다.

고도로 이동성이 강한 자본 흐름인 돈과 금융 부문과 금융화는 신경제의 핵심이었다. 경제 성장은 더 거대한 규모의 차입과 지출에 의해 탄력을 받았다. 투자자와 트레이더들은 최근 생긴 기회들을 자신들에게 유리하게 이용하기 위해 놀라울 정도로 빨리 투자상품과 국가에 돈을 넣고 빼는 일을 계속했다. 서머스는 "전자통화가 유통되는 지금과 같은 시대에 투자자들은 더 이상 1,000개의 장막으로 가려진 금융 댄스에 유혹되지 않는다. 엄격하고 정확한 정보만이 문제가 생겼다는 것을 알려주는 첫 신호에 자본이 급작스럽게 빠져나가는 사태를 막아줄 것이다"라고 말했다.26)

경제 역사가들은 시카고학파가 준 영향에 대해 논란을 벌이고 있지만 여러 상반되는 주장들이 난무하고 있다.

미화된 보수주의자들의 원로인 로널드 레이건은 분명 케인스학파의 오점이라고 할 만한 엄청난 예산 적자를 남겼다. 블레어와 클린턴의 사회민주주의 옹호 정부들은 은행 규제의 공격적인 완화를 주도했는데, 이는 분명 잘못된 계획에 따른 것처럼 보인다. 따라서 아마도 북한을 제외하고는 어떤 순수한 경제 모델도 아직 살아 있는 사람들의 기억 속에서 실행된 적이 없는 것 같다.

통화 렌즈

다시 통화에 관심이 집중되면서 돈과 중앙은행들에 의한 권력의 중요성이 확대됐다. 정치인과 대중들은 전통적으로 강력한 중앙은행에 매우 회의적인 시각을 가지고 있었다. 미국의 중앙은행을 세우는 데 주도적으로 나섰던 인물은 유대인 독일 금융인인 파울 바르부르크Paul Warburg(1868~1932년)였다. 미국의 중앙은행을 세우자는 생각은 1910년에 조지아 해변 인근의 제킬 섬Jekyll Island에서 열린 비밀 회담에서 가닥이 잡혔다. 회의 참가자들은 오리 사냥꾼처럼 위장한 채 제킬 섬으로 건너갔다. 비밀 보장을 위해 서로 성을 빼고 이름만 부르기로 함으로써 이 회의는 나중에 '이름 클럽The First Name Club'이라는 별칭을 얻게 되었다.[27]

이렇게 해서 1913년에 미국의 중앙은행인 연방준비제도이사회(연준)가 만들어졌다. 연준의 역할은 1907년 대공황 사태처럼 정기적으로 일어나는 은행의 위기를 막기 위해 은행과 통화의 개편을 추진하는 것이었다. 연준은 미국 전역을 12개 연방준비구聯邦準備區로 나누어 각 지구마다 연방준비은행을 두었다. 연준은 금융화에서 지킬 박사와 하이드 역을 동시에 맡아야 할 운명이었다.

이론적으로 볼 때 중앙은행의 권한은 인플레이션에 의해 돈의 가치가 깎이지 않도록 하는 데 초점을 맞췄다. 하이에크는 중앙은행의 재량권을 축소하기 위한 기계적인 규정을 찬성하기도 했다.

1920년대에는 전능한 연준 의장에 대한 추종이 시작됐다. 노이로제를 넘어 정신분열 증세를 보였던 영란은행 총재 몬터규 노먼Montagu Norman(1871~1950년)은 강신술降神術에 빠져 동료에게 자신은 벽을 관통해 걸을 수 있다는 말을 하기도 했다. 중앙은행의 업무와 관련해 노먼은 "내게는 이성이 없다. 본능만이 있을 뿐이다"라는 말을 반복적으로 한 것으로 유명했다.

뻣뻣한 걸음걸이와 프로이센 예비군 장교의 긴 콧수염을 한 극렬한 국수주의자인 히얄마 샤흐트Hjalmar Schacht(1877~1970년)는 제2차 세계대전 종료 때까지 존속했던 독일의 중앙은행인 라이히스방크Reichsbank의 총재를 지냈다. 그는 사임했다가 1933년에 히틀러 정권 탄생 후 다시 중앙은행 총재로 일했다. 폴 볼커는 인플레이션 문제를 성공적으로 해결함으로써 엄청난 권력을 갖게 됐고, 연준 의장의 역할에 위대한 권위를 부여했다. 1987년에 그가 은퇴하자 그의 후임자인 앨런 그린스펀은 중앙은행의 역할을 더 확대했다.

결정적인 사건은 1987년 10월 19일 월요일에 일어난 주식시장의 붕괴였다. 그 전 주에 이미 주식시장은 변동성이 커졌지만 그린스펀은 그날 평소와 마찬가지로 차분한 표정을 유지했고, 미국은행가협회American Bankers' Convention에서 연설하기 위해 댈러스로 출장을 떠나 있던 참이었다. 그때 그는 주식시장이 급락했다는 이야기를 들었다. 처음에는 5.08포인트 하락한 것으로 잘못 들었지만 나중에 시장이 508포인트, 즉 22퍼센트 이상 급락했다는 것을 알게 되었다.

그린스펀은 대공황 때 연준이 취한 행동들에 대한 프리드먼의 비판을 머릿속에 그리면서 "경제와 금융 시스템을 지원하기 위해 연준이 유동성의 공급처로서의 역할을 하겠다"는 의지를 발표했다. 이 전략이 효과를 거둠에 따라 경제적 타격은 미미했다. 주식시장은 안정을 찾으면서 재빨리 회복했고, 그린스펀에 대한 시장의 신뢰는 높아졌다.

그보다 약 50년 전에 최장수 연준 의장이었던 윌리엄 맥체스니 마틴William McChesney Martin (1906~1998년)은 연준이 맡은 일은 과음하지 않고 성공적인 파티가 되도록 화채 그릇Punchball Bowl을 없애는 것이라고 말했다.28) 거품은 찾아내기 어렵고, 연준의 임무가 거품이 생기지 않도록 막는 것은 아니라고 믿은 그리스펀은 마틴의 말을 뒤집었다. 지금 중앙은행 총재들은 비이성적 과열Irrational Exuberance (1990년대 미국의 경제 호황이 정점에 도달하면서 1996년에 주식시장이 거품이 생겼는데, 그린스펀이 이 거품을 우려하며 했던 말-옮긴이)의 희생자들에게 흘러들어가는 유동성을 관리하고 있다.

2002년에 프리드먼의 90번째 생일을 기념하기 위해 열린 만찬회에서 그린스펀의 후임인 벤 버냉키Ben Bernanke 연준 의장은 이렇게 말했다. "나는 밀턴과 안나에게 이 말을 해주고 싶다. 대공황의 경우 당신들의 생각이 맞았다. 그렇다. 정말 미안하다. 그러나 당신들 덕택에 우리는 다시 대공황을 겪지 않을 것이다."29) 청중들은 자신들이 모두 죄수인 양 고개를 떨군 채 촉촉이 젖어든 눈망울로 멀거니 앉아 있었다. 그들은 '아멘, 형제여'와 같은 말을 읊조리고 있었다.

불안한 안정

프리드먼을 믿는 사람들은 레이건과 대처의 정책들이 경제에 활기를 불어넣었으며, 안정적 성장기를 뜻하는 이른바 대완화기Great Moderation로 인도해주었다고 주장했다. 대완화기란 하버드대학 경제학자인 제임스 스톡James Stock이 처음 만들어낸 단어로 경제는 강력하게 성장하고, 자산가치는 늘어나고, 경제 주기와 변동성이 끝난 것으로 사료되는 시기를 일컫는 말이다.

번영은 점점 더 금융 서비스와 투기 경제에 의존하게 되었다. 필요할 경우 중앙은행들이 공짜 유동성을 공급해 미봉책으로 막긴 했지만 여전히 경기 주기는 존재했다. 투기와 위험행동은 모든 사람들, 특히 대마불사의 믿음에 빠진 금융기관들이 똑같은 색깔에 투자하는 한 거의 위험하다고 보기 힘들었다.

수백만 명의 사람들에게 엄청난 일자리와 사회 발전의 기대감을 제공해준 제조업은 생산과 일자리가 더 저렴한 장소들로 이전하면서 타격을 받았다. 근로자들은 시간제나 임시직 등 고용이 불안한 세상에서 생활했다. 공공 서비스와 공공 부문도 위축됐다. 많은 부채에 의존하던 소비문화는 소비에 집중했다. 사회적으로 불평등하고 세분화된 구조가 위대한 도시들의 저급한 주거지에서 폭음과 빈번한 폭력으로 이어졌다.

하이에크는 자유시장의 근간을 이루는 역동적이면서도 도덕 관념이 부족하고 예측하기 어려운 힘들에 대해 이해했다. 나이트는 자유시장이 능력과 노력보다는 운과 상속에 기초해 부를 분배하기 때문에 불공

평하다고 생각했다. 하이에크와 나이트는 자유시장이 투기, 광기, 사기에 빠질 가능성을 우려했다. 탐욕과 속임수, 군중심리가 경제의 합리성을 압도할 가능성이 높다는 것이었다. 나이트와 하이에크는 시장은 어쩔 수 없이 적극적인 참가자들의 욕구에 따라 그 틀이 형성되고, 투자와 삶의 질 같은 다른 요소들을 무시한다는 이유로 시장을 수요를 만족시킬 수 있는 이상적인 도구로 간주하지 않았다.

나이트는 경제는 단순한 정부의 개입으로 통제되기에는 너무 복잡하면서도 불안정하다고 주장했다. 그는 케인스학파와 프리드먼학파가 제시한 경제 처방들을 모두 거부하며 개입은 위험하다고 주장했다. 프리드먼의 시카고학파에 대한 비판은 매우 풍자적이었다. 그는 "내가 보기에 감정과 가치판단을 비난하는 감정적인 선언은 문제가 있는 유머감각이 만든 증상 같다"라고 말했다.[30]

1986년에 미국 경제학자 하이먼 민스키$^{Hyman\ Minsky}$ (1919~1996년)는 『불안한 경제의 안정화$^{Stabilizing\ an\ Unstable\ Economy}$』에서 현대 경제가 변동성에 취약한 이유와 명백한 불안이 어떻게 잠시 동안 감춰질 수 있는지를 보여주는 가설을 정리해 제시했다. 그의 이론에 따르면 금융시장의 안정성은 안정성 자체가 불안정해지는 금융 시스템의 본질적인 경향의 결과로 불안정성을 낳는 것이었다.

민스키는 현대 금융시장에 대해 '조건부로 일관적$^{Conditionally\ Coherent}$이며, 평온의 시기를 특징으로 한다'고 생각했다. 위험 수준 가정, 자산 가격 상승에 따라 커지는 투자 욕구, 레버리지 확대에 의해 부분적으로 이끌려 시도되는 과도한 위험투자 성향은 시장의 붕괴를 초래했다. 민스키가 '재무제표의 모험$^{Balance\ Sheet\ Adventuring}$'에 대해 보였던 경계감은

2007년에 대완화 시대를 끝낸 위기를 미리 예상한 결과였다. 프리드먼의 추종자이자 대공황을 학습했던 버냉키는 이론적으로 두 번 다시 일어날 수 없는 유형의 금융시장 붕괴를 맞닥뜨린 자신을 발견했다.

7장 잘못된 신, 거짓 예언들

경제학자들은 금융을 '돈'이라고 부른다. 금융 경제학은 돈의 경제학이다. 이를 주도했던 학자들은 시카고대학 경제학과보다는 경영대학원GBS 출신이었다. GBS는 현대 금융, 투자, 시장, 자산가격결정과 특히 위험 측정과 관리에 영향을 미쳤다.

1950년대에 금융 커리큘럼은 제도적인 협의, 법률적 이슈, 일반화, 상식, 판단에 뿌리를 두고 있었다. 머튼 밀러Merton Miller는 금융에 대한 하버드의 사례연구를 살펴보면서 "내게는 해결책이 분명하지 않았다. (중략) 이 모든 재료를 함께 묶기 위해 의미 없는 이론을 갖는다는 것이 실망스러웠다"라고 말했다.[1] 시카고는 대학의 경제학과가 선호하는 엄격한 분석을 사용해 이런 분위기에 변화를 주었다. 오늘날 시카고 부스경영대학원은 "1960년도에 우리는 금융을 길드에서 과학으로 바꿔놓았다"라고 광고하고 있다.

로렌스 서머스는 금융이론을 '케첩 경제학Ketchup Economics'이라고 불렀다.2) 그는 케첩 시장을 분석할 때 일반 경제학자들은 케첩 가격을 결정하는 토마토, 대체재, 노동비용, 소비자의 소득 등 수요와 공급 요인에 대해 입체적으로 접근하는 반면 케첩 경제학자들은 '2쿼트 병의 케첩 가격이 1쿼트 병 케첩 가격의 2배일 경우 케첩 시장은 효율적'이라는 식으로 기계적인 논리를 전개한다"며 케첩 경제학자들로 지칭되는 재무학자들의 연구방법론을 신랄하게 비판했다. MIT 경제학자인 데이비드 듀런드David Durand는 "새로운 금융은 육지와 사실상 모든 접촉을 끊고, 진정한 문제를 해결하는 것보다는 수학적 기량을 과시하는 데 더 관심이 있고, 종종 수학적 게임에 빠진다"며 비난했다.3) 포트폴리오의 위험을 정의하고 통계적 방법으로 표현한 업적을 인정받아 1990년 노벨경제학상을 수상한 해리 마코위츠Harry Markowitz의 박사 논문 심사 위원회에 참석한 프리드먼조차도 "중요한 것은 수학이 아니다. 경제학도 아니고, 경영관리도 아니다"라고 말했다.4)

가격의 미스터리

이탈리아의 천문학자이자 물리학자, 수학자였던 갈릴레오 갈릴레이Galileo Galilei(1564~1642년)가 천체의 움직임에 집착했다면 금융 경제학자들은 주가의 움직임에 집착한다.

1950년대에 주가는 여전히 1929년 수준 밑에서 거래됐고, 개인과 기관이 주식을 보유하는 것은 위험한 것으로 간주됐다. 1969년에 포드재단Ford Foundation의 이사장으로서 미국 국가안보자문관 시절에 미국의 베트남전 개입을 확대했던 맥조지 번디McGeorge Bundy(1919~1996년)는 주식투자를 늘렸다. 해리 마코위츠와 그가 1952년에 함께 쓴 논문 「포트폴리오 선택Portfolio Selection」이 번디에게 영향을 미쳤다.

마코위츠의 현대 포트폴리오이론Modern Portfolio Theory은 위험과 보상을 연결했다. 위험은 변화량으로 정의 및 계량화됐다. 즉 그는 예상되는 평균수익에 따라 보상이 어떻게 달라질 수 있는지를 연구했다. 투자자들이 수익률의 평균(기대 수익)과 분산에 의해 투자기회를 선택한다는 가설, 즉 평균-분산이론Mean-Variance Theory은 기대효용을 극대화하기 위해 동일한 기대수익률을 갖는 서로 다른 투자안의 경우 투자자들은 수익률의 분산(위험)이 가장 작은 투자안을 선택하고 동일한 위험을 갖는 서로 다른 투자안은 기대수익이 높은 투자안을 선택한다는 것이다.

평균-분산이론이 리스크 관리의 기본이 되면서 금융에 대한 호감이 커졌다. 또 평균치를 중앙으로 하여 좌우에 균등하게 분포해 종 모양의 곡선을 나타내는Bell-Shaped 정상분포곡선Normal Distribution Curve에 대한 의존도도 높아졌다.

마코위츠는 개별 증권과 포트폴리오의 위험을 구분했다. 포트폴리오의 위험은 개별 증권의 위험과 함께 개별 증권이 다른 증권들과 상대적으로 움직이는 방식〔두 증권의 가격 움직임들 사이의 공분산Covariance(두 변수의 관계를 나타내는 양)이나 상관관계 - 옮긴이〕이 복합적으로 낳은 결과라는 것이었다. 마코위츠는 가격들이 서로 같이 움직이지 않는 다수의 증권들로 포트폴리오 투자를 다변화할 경우 위험이 줄어든다고 생각했다. 마코위츠는 윌리엄 셰익스피어의 희곡 「베니스의 상인Merchant of

Venice」에서 안토니오가 한 말을 되풀이하고 있었다.

> 다행히 내 물건들을 한 배에만 실은 건 아니거든.
> 거래처도 한 군데만은 아니야.
> 내 전 재산이 금년 운수에 좌우되는 것도 아닐세.
> 그러니까 배에 실린 물건 때문에 내가 울적한 건 아니란 말이지.
> -「베니스의 상인」1막 1장

프리드먼의 불만에도 불구하고 마코위츠는 박사 학위를 받았다. 1960년대에 마코위츠의 연구를 바탕으로 잭 트레이노Jack Treynor, 윌리엄 샤프William Sharpe, 존 린트너John Lintner, 얀 모신Jan Mossin이 자본자산 가격결정 모형CAPM을 개발했다. 이것은 개별 증권이나 포트폴리오 같은 자산의 수익률을 이론적으로 적절한 수준으로 도출해내는 모형이었다. 잘 분산된 포트폴리오에 자산이 첨가될 때 요구되는 추가수익은 그 추가된 증권에만 있는 위험과 관련이 되는데, 이 위험은 분산해 없앨 수가 없다.

CAPM은 현대 금융의 상징적인 방정식들 중 하나다.

$E[Ri]) : Rf + Beta [E[Rm]] - Rf$

여기서

$E[Ri]$: 자산의 기대수익

Rf : 국채 투자 시 위험이 없는 이자율

$Beta$: 시장수익 대비 자산수익의 민감도

$E[Rm]$: 예상되는 시장수익

[E(Rm) : Rf] : 시장 프리미엄 내지는 위험 프리미엄으로 알려져 있음(예상되는 시장의 수익률과 위험을 제거한 수익률 사이의 차이)

CAPM 모형에 따르면 시장의 일반적인 위험(체계적 위험 Systematic Risk)은 포트폴리오의 다각화를 통해 줄일 수는 있지만 증권 하나에 있는 위험(비체계적 위험 Unsystematic Risk)은 그럴 수가 없다. 변동성이 크거나 위험한 주식(베타값이 높은 주식)은 투자자들을 끌어들이기 위해 가격이 낮아야(기대수익이 높아야) 한다. 이와 반대로 변동성이 낮거나 위험하지 않은 주식(베타값이 낮은 주식)은 가격이 높다(기대수익이 낮다). 투자자들은 이 모형에 정보를 입력함으로써 증권의 수익률을 결정할 수 있다.

시카고대학 출신의 마이클 젠센 Michael Jensen은 위험을 감안해 펀드 매니저들이 벌어들인 실제수익들을 비교하기 위해 샤프가 개발한 지표, '정보비율 Information Ratio'을 이용했다. 정보비율은 초과수익률을 추적 오차로 나눈 값인데, 펀드 매니저가 벤치마크와 다른 수익률, 즉 초과수익률을 얻는 원천이 자신들만의 고유한 정보를 사용하는 것에 기인하고 있다고 판단한 탓에 이러한 이름이 붙었다.

젠센은 전반적 시장 평균 이상의 수익률을 내는 펀드들이 거의 없다는 사실을 알아냈다. 평균적으로 봤을 때 시장에서 모든 주식을 사는 투자자들은 위험을 낮추면서 더 높은 수익을 올리곤 했다. 높은 수익을 올리는 펀드 매니저들의 경우는 그들이 초자연적인 기술을 소유해서라기보다는 높은 위험을 취했기 때문이었다.

우연이란 악마

효율적 시장가설^{EMH : Effective Market Hypothesis}에 따르면 주가는 무작위적인 성향을 띠면서 움직인다. 이 가설을 처음으로 내세운 프랑스 경제학자 쥘르뇨^{Jules Regnault}(1834~1894년)와 루이 바슐리에^{Louis Bachelier}(1870~1946년)는 단기적인 주가의 움직임은 무작위적인 성향을 띤다는 것을 알아냈다. 즉 동전 던지기로도 주가의 위나 아래의 움직임을 예측할 수 있었다. 바슐리에는 소르본대학에서 썼던 논문에서 특정한 가격변화가 일어날 확률은 통계이론에서 잘 알려져 있는 가우시안(정규) 내지는 종형^{鐘形} 정상분포(대칭적인 종 모양의 곡선을 낳는 분포 – 옮긴이)와 일치한다는 이론을 확립했다.

통찰의 중요성을 알고 있던 바슐리에는 "작금의 이론은 투기 연구에서 생기는 과반수 이상의 문제들을 해결해준다"라고 주장했다.[5] 그를 연구한 사람들은 이 생각에 반대했다. 일류 프랑스 확률이론가인 폴 레비^{Paul Levy}는 바슐리에의 연구가 지나치게 금융적인 성격을 띤다고 생각했다. 바슐리에의 이론은 학계에서 중요하게 인정받는 데 필요한 최우수 등급이 아니라 우수 등급을 받았다.

어떤 추세나 주기가 없는 무작위적인 가격의 움직임은 경제학자들을 우울하게 만들 뿐이었다. 영국의 통계학자인 모리스 켄달^{Maurice Kendall}(1907~1983년)은 이 이론을 '우연이라는 악마^{Demon of Change}'가 가격변화 분포에서 하나의 숫자를 무작위로 꺼낸 후 그것을 오늘의 가격에 덧붙였을 때 다음 가격이 정해지는 것과 같다고 묘사했다.

주식시장용 뉴스레터를 만들던 미국 경제학자 유진 파머^{Eugene Fama}는 급격히 등장했다가 사라지는 주식시장의 패턴들을 찾아냈다. 그는 박사 논문에서 주가는 그것의 가치와 관련된 모든 활용 가능한 정보를 반영해 무작위로 움직인다고 주장했다. 가격은 무작위적 움직임을 추종하기 때문에 시장 참가자들은 시장의 비효율성으로는 체계적인 이익을 남길 수 없다는 것이었다. EMH이론은 시장 가격이 항상 정확할 것을 요구하지는 않는다. 투자자들은 가격이 실제 가치 주위에서 무작위로 출렁거리게 만든다. 경제학자 폴 새뮤얼슨Paul Samuelson(1915~2009년)은 이렇게 말했다. "가격이 오를 것으로 확신할 수 있다면 가격은 이미 올랐을 것이다."6)

EMH는 시카고학파의 자유시장에 대한 믿음이 낳은 필연적 결과였다. 데이비드 듀런드는 마코위츠의 연구를 검토한 후 "그 주장은 합리적인 인간의 개념에 의존한다"라고 밝혔다. 듀런드는 그러한 인간이 존재한다고 생각하지 않았고, 모든 것이 그저 판타지에 불과하다고 생각했다.7)

기업과 차익 거래

1950년대에는 이탈리아 출신의 미국 경제학자 프랑코 모딜리아니Franco Modigliani(1918~2003년)와 머튼 밀러가 기업의 자본 구조(부채와 자본의 조합)와 배당금 정책에 영향을 준 2가지 명제를 개발했다. 두 사람은 모두 카네기멜론대학 교수로 재직 중이었다. 명제 1은 세금과 파산 비용과 참가자들 사이의 지식 차이(정보의 불균형Asymmetric Information)가 없는 효율적 시장에서 기업의 가치는 그 기업의 자본 조달 방식에 영향을 받지 않는다는 주장이다. 기업이 주식을 발행해 자본을 조달하건 채권을 발행해 자본을 조달하건 중요하지 않다는 것이다. 그리고 명제 2는 기업의 배당금 정책이 중요하지 않다는 주장이다.

모딜리아니-밀러의 이론은 결정적으로 무관련성 원칙Irrelevance Principle 과 차익 거래Arbitrage를 소개했다. 두 사람은 채권과 주식을 이용한 자본 조달 방법이 대출 기관들과 주주들 사이의 이익 분배 방법을 결정할 뿐이고, 기업의 이익은 자본 조달 방법과는 아무 상관이 없다고 주장했다. 부채가 많은 기업은 일반적으로 부채가 낮은 기업에 비해 더 위험한 것으로 간주됐다. 모딜리아니와 밀러는 완벽한 세상에서 투자자들은 차입이 더 많은 기업의 주식과 채권에 더 높은 이익을 요구할 것이라고 주장했다. 이럴 경우 채권을 통한 자본 조달 방법이 주식을 통한 자본 조달 방법에 비해 더 낫긴 하지만 어쨌든 추가 차입이라는 이점이 사라질 것이었다.

그러자 기업들은 차익 거래로 눈을 돌렸다. 고전적으로 차익 거래는 두 시장의 가격 차이를 이용하는 것이었다. 예를 들어 런던에서 코카인이 온스당 1,000달러에 거래되고 있고, 뉴욕에서는 온스당 1,100달러에 거래되고 있으며, 두 나라 사이의 코카인 운송료가 온스당 25달러라고 가정하자. 차익 거래자는 런던에서 코카인 1온스를 산 다음 뉴욕으로 보내서 팔면 어떤 금융 위험이 없이도 온스당 75달러의 이익을 챙길 수 있다.

모딜리아니와 밀러는 기업의 채권이나 주식의 가치가 이익이나 현금 흐름에 의해 생기는 기업의 내재가치와 달라서 차익 거래가 자유로운 세상에서 투자자들은 시장 가격에서 생길 수 있는 어떤 차이라도 이용할 것이라는 사실을 보여주었다. 투자자들은 채권과 주식을 가지고 여러 조합을 이뤄 투자함으로써 차익 거래와 똑같은 규모와 위험을 가진 미래 소득 흐름을 창조할 수 있다는 것이다. 투자자들은 배당 정책에 전혀 신경을 쓰지 않고 주식을 팔아 돈을 벌 수 있게 됨으로써 배당금이라는 개념이 부적절해졌다. 세금이 면제되지 않을 경우 이자 지급으로 세금을 줄일 수 있게 되자 주식보다 채권을 더 저렴하게 발행하는 것이 가능해졌다. 이로 인해 레버리지와 사모펀드 거래는 확대됐다.

3부
연금술
ALCHEMY

중세에 연금술사들은 금(돈)을 만드는 기술을 개발해 과학을 통해 부를 추구했다. 자본주의 시대의 금융인들은 돈에 대한 사회 신념을 자신들에게 유리하게 해석한 기술들을 개발했다.

연금술과 마찬가지로 사모펀드와 증권화, 파생상품, 헤지펀드들은 과거 상상하지도 못했던 부를 약속했다. 그러나 현실적으로 볼 때 이러한 기술들은 단순히 변장한 부채이거나 고객들은 물론 궁극적으로 금융가들 자신마저 속이는 불투명한 위험 투성이였을 뿐이다.

8장 부채를 사랑하는 법

금융 연금술은 처음에는 사모펀드와 정크본드의 형태로 점점 더 차입을 늘려갔다. 원래 LBO$^{\text{Leveraged Buyouts}}$(기업 매수 자금을 매수 대상의 자산을 담보로 한 차입금으로 조달하는 방법 – 옮긴이)라고 불렸던 사모펀드는 높은 레버리지, 즉 빚을 내서 투자했다.

금융의 후원자들$^{\text{Financial Sponsors}}$인 투자자들은 기업을 사는 데 필요한 약간의 자본을 댔다. 거액의 인수 자금이 차입금으로 조달됐고, 인수한 기업의 현금 흐름을 통해 이 차입금이 상환됐다. 이런 식으로 진행되던 게임은 다른 사람들의 돈으로 기업을 싸게 인수해 다시 비싸게 파는 것이 목적이었다.

LBO의 시작

세계적 바닥재 회사인 콩고륨Congoleum의 원조는 1887년 뉴저지 주 커니에 세워진 아메리칸 네른 리놀륨 사American Nairn Linoleum Company였다. 이 회사는 건물 바닥재 등으로 쓰이는 물질인 리놀륨을 제조했다.

1978년에 콩고륨의 매출과 순익은 각각 5억 7,600만 달러와 4,200만 달러에 달했다. 매출의 40퍼센트와 순익의 53퍼센트는 리놀륨 판매가 차지했고, 나머지는 선박 건조와 자동차 액세서리 판매에 따른 것이었다. 콩고륨의 당시 부채는 무시해도 좋을 정도의 수준이었고, 주가는 현재 시장 가치로 환산했을 때 주당 25.375달러 정도에 거래됐는데, 이는 주당순이익EPS : Earnings Per Share의 7배에 이르는 수준이었다.

1978년 7월 16일, 지금의 스위스 은행인 크레딧스위스Credit Suisse에 인수된 퍼스트보스턴First Boston 증권회사와 프루덴셜보험사Prudential Insurance Company는 콩고륨을 시장 가치에 50퍼센트를 더 친 주당 38달러에 인수하기 위해 4억 7,470만 달러의 인수 제안서를 내놓았다. 양사는 인수 제안가의 87퍼센트는 부채로 조달할 예정이었다(〈표 8-1〉 참조).

퍼스트보스턴의 안정적인 순익과 현금 흐름이, 늘어난 채무상환액을 감당할 만한 수준이었던 만큼 콩고륨의 인수가 위험해 보이지는 않았다. 퍼스트포스턴의 예측에 따르면 LBO 이후 콩고륨의 금리 부담 능력(지급 이자나 어음 할인료 등 기업이 부담하는 금리에 대해 기업이 통상 영업활동으로 얻는 이익이 몇 배인가를 나타내는 것 - 옮긴이)은 1.7배에 이르러야 했다. 만일 이자 지급에 어려움을 겪게 되려면 순익이 41퍼센트나 줄어야

표 8-1 **퍼스트보스턴의 콩고륨 인수 제안**

	단위 : 100만 달러	총자본 중 비율(%)
콩고륨의 잉여 현금	95.1	
부실채권	125.0	33
기관 투자자 펀드		
선순위채권	113.6	30
후순위 채권	89.8	24
누적적 우선주*	26.2	7
주식		
보통주	16.5	4
보통주 – 투자 은행	4.5	1
보통주 – 경영진	4.0	1
총계	474.7	

자본 비율은 콩고륨의 잉여 현금을 빼고 계산된 결과임
* 특정 연도의 배당이 소정의 우선 배당률에 달하지 않는 경우 그 부족액을 차년도 이익에서 우선적으로 추가 배당받을 수 있는 우선주

했다. 이는 낮은 안전마진Margin of Safety(매출액과 손익분기점에서의 매출액과의 차이를 말하며, 이것이 낮다면 매출액이 조금만 감소해도 영업손실이 발생한다 – 옮긴이)에 해당됐지만 퍼스트보스턴이 부채를 빨리 상환해나가면 콩고륨의 금리 부담 능력은 급속히 개선될 전망이었다. 1984년까지 차입금의 3분의 1이 상환되면 금리 부담 능력은 약 4.6배 정도로 늘어나는데, 이 정도면 안전마진이 훌륭한 수준이었다. 특허와 로열티 계약은 리놀륨 판매를 통한 순익을 보호해줬고, 조선 사업은 미국 해군을 포함해 많은 고객들로부터 주문과 계약이 밀려 있는 상태였다.

콩고륨을 성공적으로 인수한 후 퍼스트보스턴은 1983년까지 예정보다 일찍 차입금을 줄였다. 콩고륨은 이어 새로운 LBO를 단행했다.

1986년에 퍼스트보스턴 경영진은 콩고륨을 8억 5,000만 달러에 매각했다. 경영진이 콩고륨에 투자했던 400만 달러는 근 6억 달러로 늘어났다. 1975년부터 콩고륨을 경영해왔던 브라이언 라다커$^{Bryon\ Radaker}$와 에디 니콜슨$^{Eddy\ Nicholson}$은 "우리는 또 다른 회사를 세우거나 미래를 위해 다소 흥미로운 투자를 할 계획이다. 어떤 결정을 내리기 전에 우리는 휴식을 취하려고 한다"라고 발표했다.[1] 이는 전적으로 레버리지에 의존해 얻어낸 엄청난 금전적인 성과였다.

부트스트랩 방식

LBO는 KKR$^{Kolberg,\ Kravis,\ and\ Roberts}$ 및 1990년에 나온 책 『문 앞의 야만인들$^{Barbarians\ at\ the\ Gate\ :\ The\ Fall\ of\ RJR\ Nabisco}$』에 연대기가 기록되어 있는, KKR이 311억 달러를 들인 담배·과자 회사 RJR 나비스코의 LBO와 동의어였다. 인플레를 감안했을 때 지금까지 RJR 나비스코만큼의 대규모 LBO는 없었지만 절대 규모로 보면, 2006년과 2007년에 더 큰 규모의 LBO가 마무리된 적이 있었다.

투자은행인 베어스턴스$^{Bear\ Stearns}$의 제롬 콜버그 2세$^{Jerome\ Kohlberg,\ Jr.}$와 그의 후배인 헨리 크래비스$^{Henry\ Kravis}$, 크래비스의 사촌인 조지 로버츠$^{George\ Roberts}$는 대규모 부채를 동원해 RJR 나비스코를 인수했다. 그러나 세 사람은 전략적인 불화로 인해 베어스턴스를 떠났고 1976년에 KKR을 설립했다.

LBO가 낯선 개념은 아니었다. 제2차 세계대전이 끝난 후 금융기업

인수자들이 인수한 회사의 자산과 현금 흐름으로 인수 대금을 갚는 식으로 기업을 인수하는 부트스트랩 인수Bootstrap Acquisition라는 것이 있었다. 1960년대에 미국의 기업인 제임스 링James Ling(1922~2004년)과 그가 세운 투자회사인 LTV는 높은 수준의 부채를 이용해 기업들을 인수하고, 이윤을 얻기 위해 인수 기업들 중 일부를 매도했다. 링이 썼던 수법은 아주 간단했다. "지미는 가치를 찾았다. (중략) 저평가된 기업이 있다면 100퍼센트 대출을 받아서라도 그 기업을 인수했다."[2]

1970년대에 세계 경제가 낮은 경제 성장과 높은 인플레이션, 높은 실업률의 시대로 접어들자 LBO의 규모는 점차 커지기 시작했다. 실적이 부진한 기업들이나 연구 활동 부족, 제한적인 유동성, 유행에 뒤처진 사업 등으로 인해 주가가 저평가된 소규모 기업들의 인수에 많은 LBO가 집중됐다. 1960년대 호시절 때부터 급하게 규모를 키운 대기업들은 구조 조정이 필요했다.

LBO에 나선 기업들은 신뢰할 수 있는 순익과 현금 흐름을 가진 이른바 '조용한' 기업들을 집어삼켰다. 기업 인수와 기존 경영진 및 직원들에 대한 지분 확보는 가족 운영 기업들의 창업자들로 이루어진 은퇴 세대에게는 매력적으로 보였다. 대공황을 직접 경험해 부채를 기피해 왔던 기업의 경영진들은 말 그대로 사라져갔으며, MBA 출신의 새로운 경영자들은 돈을 빌리는 데 더욱 적극적이었다.

1982년 1월에 미국 재무장관을 지냈던 윌리엄 사이먼William Simon이 이끄는 투자그룹은 8,000만 달러를 투자해 연하장 제조회사인 깁슨 그리팅스Gibson Greetings를 인수했다. 그로부터 약 16개월 뒤에 깁슨은 주식 시장에 상장됐는데, 공모 금액만 2억 9,000만 달러였다. 사이먼이 투자했던 33만 달러는 근 7,000만 달러로 늘어났다. 깁슨 그리팅스의 성공과 엄청난 수익이 투자자들의 관심을 불러일으키면서 LBO의 유행을 불러일으켰다.

모든 것을 사기 위한 레버리지

LBO를 진정으로 신뢰하는 사람들은 이러한 방식이 경영진의 경영활동과 효율성을 개선하고, 높은 순익과 회사의 가치를 드높여준 힘이 되었다고 주장했다. 대중적인 인기를 얻고 있는 보스턴컨설턴트그룹 BCG : Boston Consultant Group 이 만든 성장-점유율 메트릭스 Growth-Share Matrix (상당한 점유율로 성장하는 산업 내에서 높은 시장 점유율을 얻는 것을 강조하는 경영 전략 수립 지침 - 옮긴이)는 시장을 적극적 공략시장 Star, 안정적 시장 Cash Cow, 장기적 공략시장 Question Mark, 보류시장 Dog 으로 분류했다. 좋은 경영진은 안정적 시장에서 번 돈을 공략시장이나 성장과 순익 잠재력이 큰 장기적 공략시장에 투자했다. LBO는 안정적 시장, 장기적 공략시장, 심지어 보류시장을 공략시장으로 전환시키기 위해 부채를 이용하는데, 이는 경제학적으로 개구리를 왕자로 변신시키기 위해 입을 맞추는 것과 같은 이치였다.

만약 당신이 자본금 1,000만 달러와 연리 6퍼센트로 빌린 차입금 9,000만 달러로 1억 달러짜리 회사를 산다고 가정해보자. 이 회사는 연간 1,500만 달러를 번다. 그 돈을 사업에 투자하지 않고 배당금을 지급하고 모든 수익금(1,500만 달러)을 부채 상환에 쓴다고 가정하면 당신의 부채는 8년 후면 사라진다. 당신이 인수 회사를 원래 가치대로 팔 수 있다면 당신이 투자한 1,000만 달러는 지금 약 1억 달러의 가치를 갖는다. 즉 연간 33퍼센트의 수익을 올리는 셈이다. 당신이 이 회사에서 더 많은 수익을 낼 수 있다면 부채를 더 빨리 상환하고 더 많은 이익을 얻을 수 있을 것이다. 매년 현금 흐름이 3분의 1씩 늘어나 2,000만 달러에 이른다면 부채는 6년 후에 상환할 수 있고 투자 수익률은 매년 46퍼센트에 이르게 된다.

콩고름의 투자자들은 1억 5,400만 달러의 웃돈을 지급했다(퍼스트보스턴의 인수 제안이 있기 전의 주식 시가총액보다 50퍼센트 더 높은 금액 – 옮긴이). 민간회사로 전환됨에 따라 얻는 비용 절감과 대규모 세제 혜택이 지급된 웃돈의 대부분을 상쇄해주었다. 공적 상장회사가 되면서 지급해야 할 비용을 아낀 금액이 1979년 달러 기준으로 5년 동안 약 1,100만 달러에 이르렀다. 콩고름의 이자 공제 금액은 7,800만 달러에 육박했다. 콩고름의 자산이 공정시장 가치 Fair Market Value 에 맞게 조정됨으로써 감가상각비용이 올라가고 5년 동안 5,000만 달러에 달하는 추가적인 감세 효과가 나타났다. 총 1억 3,900만 달러에 달하는 절감분은 퍼스트보스턴이 기꺼이 지급하려고 했던 추가 비용의 대부분에 해당했다.

프랑코 모딜리아니와 머튼 밀러는 대규모 차입을 한 기업들이 납부 이자에 세금 공제 혜택을 받을 수 있었기 때문에 더 낮은 부채 비용과 절세에 따른 수혜를 받을 수 있다는 사실을 알아냈다. 두 사람은 주주들에게 돌아갈 이익을 늘리기 위해 파산 위험이 관리 가능한 지점까지는 부채를 늘려야 한다고 주장했다. LBO는 이러한 시각을 실질적으로 적용한 결과였다. 1909년 7월, 법인세 도입과 이자 비용에 대한 세금 공제 여부를 두고 논란이 벌어지던 도중 아우구스투스 베이컨^{Augustus} ^{Bacon}(1839~1914년) 미국 상원의원은 다음과 같이 지적했다. "주식을 채권으로 전환하는 것은 기업들의 능력 범위 내의 일일 것이다. 그렇게 함으로써 그들은 세금 납부를 피해갈 것이다."[3]

LBO는 기업들을 소생시키거나 기업들의 사정을 개선시키지 못했다. 언론인인 존 브룩스$^{John\ Brooks}$는 1960년대 대기업 시대의 인수와 1980년대 LBO를 비교하면서 "1960년대 기업 인수자들은 인수 기업들을 직접 경영하거나 그들이 스스로 경영할 수 있게 해주는 것이 인수의 목적이었다. 1980년대 기업 인수자들은 더 빠른 현금 이익을 얻고자 인수한 기업들을 해체하는 것이 인수의 목적인 것처럼 보였다."[4] 한 금융인은 "중요한 것은 레버리지다. 우리가 지금 정말로 하고 있는 일은 조각가가 돌무더기에서 예술작품을 만드는 식으로 가치를 발산하는 것이다"라고 말했다. [5]LBO는 예술이 아니라 안정적 수익 창출의 터전을 만드는 것이 목적이었다.

허리띠 졸라매기

1979년부터 1989년 사이 총 2,500억 달러가 넘는 2,000회 이상의 LBO들이 마무리되었다. KRR과 그곳의 경쟁사들은 LBO 거래에 투자하기 위해 펀드들을 만들었다.

거래 규모는 급속히 커졌다. 인수가 점점 더 비우호적으로 변하면서 적대적이거나 요청하지 않은^{Unsolicited} 인수의 성격을 띠었다. KKR이 그렇게 요청하지 않은 인수 제안을 고려했을 때 콜버그는 "그것은 회사가 할 짓이 아니다"라며 불쾌감을 드러냈다.6)

처음에 LBO는 시나리오에 따라 진행됐다. 즉 인수 대상은 주로 부채를 감당할 능력이 되고 현금 흐름이 안정적인 기업들이었다. 그러나 시간이 지나면서 안전마진이 줄어들었다. 콩고름의 이자보상배율Interest-Coverage Ratio(영업 이익을 지급 이자로 나눈 기업의 채무 상환 능력을 나타내는 지표-옮긴이)은 공격적인 1.7배에 이르렀고, 1980년대 말이 되자 이 배율은 0.7배 정도에 이르렀는데, 이는 채무자들이 이자를 상환하는 것조차 힘들어한다는 것을 의미했다.7) LBO와 관련해 이와 같은 위험 경고는 기존 영업활동을 통해 벌어들인 자금만으로는 기업이 차입금 상환 의무를 다할 수 없다는 의미였다. LBO는 더 이상 안정적 시장을 창조하는 역할을 하지 못했다.

혁신적인 채무 구조하에서 이자는 계속해서 쌓여갔지만 현금 상환이 원활히 이루어지지 않았다. 이때는 자산 매각이나 주식 매도를 통해 조달된 자금으로 이자 상환이 가능했다. 돈을 빌려주는 쪽에서는 한 푼도 받지 못할 수 있다는 사실을 무시한 채 채무자가 제시하는 고금리에 유혹당했다. 이제 LBO는 자산 매각, 비용 감축, 설비투자 축소, 기타 기업의 자체 사업 규모 축소를 통한 부채 상환으로 이어졌다. "우리는 늘 줄이고, 줄이고, 또 줄이고 있다. (중략) 당신에게 정말 필요한 것조차 줄여야 할지 모른다."8)

1980년대에는 티 분 피켄스T. Boone Pickens, 칼 아이칸Carl Icahn, 빅터 포스너Victor Posner(1918~2002년), 로버트 M. 바스Robert M. Bass, 커크 커코리언Kirk Kerkorian, 제임스 골드스미스 경Sir James Goldsmith(1993~1997년), 솔 스타인버

그Saul Steinberg 같은 기업탈취자들Corporate Raiders(지배 지분을 매입하여 새로운 경영진을 내세우고 기업 지배권을 획득하려는 투자자 - 옮긴이)이 LBO시장을 지배했다.

분 피켄스는 주요 정유회사들을 잇따라 사들이다가 그들이 비축물을 보충하기 위해 탐사와 개발에 투자하기보다는 기존 비축물을 다 써버림으로써 말 그대로 스스로 청산 절차를 밟고 있다는 것을 깨달았다. 크게 성공하지는 못했지만 피켄스는 시티즈서비스Cities Services, 걸프 오일Gulf Oil, 유노칼Unocal 같은 기업들에 전략적 지분투자를 늘려나감으로써 상당한 이득을 챙겼다.

그는 그린메일Greenmail 방식을 사용했는데, 이는 표적 기업의 주식을 매집하여 인수하는 척하면 해당 기업이 방어 목적으로 프리미엄을 붙여 자사 주식을 되돌려 사게 되는데, 이때 주식을 매각하여 이익을 얻는 방식이었다. 피켄스는 이사회가 선임한 백기사들(기업 M&A 때 경영진의 경영권 방어에 우호적인 주주들 - 옮긴이)이나 적대적 인수 기업으로부터 주식을 환매수하기 위해 돈을 빌린 인수 대상 기업에게 보유 지분을 매도함으로써 이익을 챙겼다.

콜버그는 직접 기업 M&A 전문 기업을 세우기 위해 베어스턴스를 떠났고, 어느 연설을 통해 '과도한 권력을 가진 탐욕'과 월가의 윤리 시스템의 붕괴를 성토함으로써 높은 도덕적 토대의 필요성을 분명히 밝혔다. 그러나 금융산업의 진화에 의문을 제기하는 '영적 지도자'라는 말을 듣던 콜버그 역시 KKR의 M&A와 RJR 나비스코를 포함한 새로운 M&A에 투자할 수 있는 우선권을 이용해 수백만 달러의 이익을 챙겼다.

젠센 교수, 월가로 가다

시카고학파의 유명한 복음주의자인 마이클 젠센 교수는 LBO가 기업의 효율성을 증진시킨다고 주장했다.[9] 부채 원칙, 즉 이자와 원금을 지급해야 할 의무가 경영상의 효율성을 높이는 계기가 된다는 것이다. 또한 고비용의 주식을 저비용의 채권으로 대체함으로써 기업의 자본 비용도 줄어든다고 주장했다. 그가 보기에 의미 있는 수준의 지분을 가진 경영자들은 주주의 가치를 최대화하는 소유자들처럼 행동하면서 경영자와 주주들의 이익을 위해 더 애썼다. 반면 분기 이익 목표를 맞춰야 하는 압력과 M&A 위협에서 벗어나 있는 민간 기업들은 장기적 관점에서나 효율적인 경영이 가능했다.

LBO를 비판하는 사람들은 이들을 세제 혜택을 이기적으로 이용한 금융계의 기회주의자들로 간주했다. 그들은 LBO가 주는 경영상의 혜택은 제한적이고, 실질적인 혁신과는 거리가 멀며, 대출기관들은 위험을 오인하고 채무를 저평가했다고 주장했다.

1970년대 후반과 1980년대 초 미국은 스태그플레이션과 더불어 특히 일본과 독일로 인해 심한 경쟁에 휘말려 고전하고 있었다. 고비용에 제품의 품질도 신통치 않은 데다 고객의 요구에도 귀를 닫았다. 경쟁력과 생존력을 확보하기 위해 기업들으로서는 급진적인 혁신이 불가피했다.

BCG와 마찬가지로 젠센은 기업의 영업활동에 의한 현금 흐름에서 설비투자에 필요한 현금 흐름을 뺀 잉여 현금 흐름Free Cash Flow에 집중했다. 성장 시기에 기업들은 높은 수익을 올렸지만 현금이 필요했다. 강력한 수요와 높은 가격으로 높은 수익을 올리는 것은 당연하지만 이러한 수요를 맞출 수 있는 생산 능력이 부족하거나 제한적인 경쟁을 통해서도 높은 수익을 올릴 수 있다. 현금이 부족하다는 것은 결국 성장하기 위해 공장, 장비, 운전 자본, 인력에 지속적으로 투자해야 한다는 것을 의미했다. 제품시장이 성숙하자 수급의 균형이 맞춰졌고, 높은 수익에 매료된 경쟁은 순익을 저하시켰다. 이익과 투자 순익이 줄어들자 투자의 필요성이 줄어들면서 잉여 현금 흐름이 늘어났다.

성장 시기에 기업은 주식과 채권 투자자들로부터 이를 조달해야 했다. 이들은 기업활동의 원칙과 통제 방법을 제공했다. 기업이 성숙기에 접어들면 자체 잉여 현금 흐름으로부터 투자 자금을 마련함으로써 외부의 감시를 덜 받을 수 있었는데, 이는 다시 말해 경영자들이 부채를 갚고 잉여 현금을 유지함으로써 경영의 자율권을 늘릴 수 있다는 의미였다. 이 결과 기업의 자본 비용이 늘어나고, 또 가끔은 투자가 위축되기도 했다.

경영진은 이미 과잉생산으로 고통받고 있는 산업에 과잉투자하거나 아니면 사업 다각화 차원에서 비주류 산업에 투자했다. 성과에 집착했던 기업들은 성숙 사업의 수익이 부진하자 이를 감추기 위해 성장 사업에 과도하게 투자했다. 반면 기업들은 성숙시장에서의 경쟁 압력이 커지자 성장 분야에 대한 투자를 크게 줄였다.

젠센은 기업의 소유자인 주주들과 경영자들 사이의 갈등을 현금 흐름 통제와 활용 측면에서 바라봤다. LBO는 수익을 내지 못하는 사업 투자를 줄임으로써 효율성을 제고하고 개별 자산이나 사업부 전체의 매각을 강제했다. 타기업 인수는 기업들이 분간하기 쉽고 밀접한 관련이 있는 활동들에 집중할 수 있게 해줌으로써 투자자들에게 특정 사업에 직접적이며 가감 없이 집중적으로 투자할 수 있는 기회를 제공했다. 투자자들은 포트폴리오를 직접 통제함으로써 더 나은 투자 다각화가 가능했고, 일괄 투자로 인해 입을 수 있는 피해를 줄일 수 있게 됐다. 기업들은 부채가 늘어남에 따라 이자와 원금 상환, 배당금 확대, 주식 환매수, 자본 이익 창출을 통해 투자자들에게 현금을 돌려줄 수밖에 없었다. 부채 확대는 자본 비용과 지급하는 세금액을 낮춰주었다.

이때 중요한 문제는 부채와 사모펀드 투자자들 같은 적극적 주주들이 지키는 원칙이었다. 일반적으로 경영진의 충분한 주식 소유권과 성과에 연동된 지급처럼 경영진에게 돌아갈 올바른 인센티브들은 자본주의의 병폐를 치유하는 만병통치약이었다.

숫자에 빠져 죽다

젠센은 미국 기업들이 걸린 질병을 정확히 찾아냈다. RJR 나비스코에서 CEO가 기르던 개도 10대의 상용 제트기들 중 하나를 타고 다닐 정도였다. 그러나 젠센이 찾아낸 치료법은 효과가 없었다. 사모펀드들은 인수 기업을 회생시키기 위해 필요한 경영 기술을 갖고 있지 않았다. 헨리 크래비스는 "우리는 경영하는 사람들이 아니라 금융업에 종사하는 사람들이다. 우리는 기업을 경영하는 방법을 모른다. 우리가 기업을 경영하려고 했다간 기업을 망칠 것이다"라고 말했다.[10]

사모펀드들의 목표는 '기업을 인수해 이익을 내고 튀는 것'이 되었다. 따라서 높은 몸값을 받는 경영자들은 고질적인 문제들을 치유하기보다는 성과를 늘리기 위해 비용과 투자를 크게 줄이는 등의 단기적인 방법에 의존했다. 이후 사모펀드는 인수 기업들의 주식을 공공 투자자들에게 매각하는 방법으로 기업을 정리하고 수익을 냈다. 헨리 크래비스는 이런 전략을 "우리가 기업을 샀다고 해서 축하하지는 말아라. 기업을 팔았을 때 축하하라"는 말로 요약했다.[11]

투자자들과 기업들 사이에 직접적인 계약 같은 것은 거의 없었다. 긴축 조치들은 전화, 팩스, 이메일처럼 원격적인 수단들을 통해 전달됐다. 숫자, 즉 부채를 줄이기 위한 재정적 목표 달성이라는 숫자만 강조됐다. 기업의 성과는 금융의 일부가 되고 있던 스프레드시트 위에서 거듭 분석됐다. "PC는 월가 인수 부티크Boutique(소수의 고객들에게 특정 금융상품을 제공하는 소규모의 특화된 전문회사 - 옮긴이)에 화포의 출현이 몽골 전사들에게 줬던 것과 같은 것을 선사했다."[12]

사모펀드 기업들은 산업과 지리 면에서 서로 떨어져 있던 제국들을 통제하면서 점점 더 그들이 해체했던 대기업들을 닮아갔다. 젠센은 이런 움직임을 은행과 금융기관들이 돈을 빌려준 기업들의 지분을 확보하는 일본의 '계열사'나 '기업 연합' 구조에 비유하며 긍정적으로 생각했다. 그러나 불행하게도 경영 전문가 에드워드 데밍Edward Deming이 지적한 것처럼 "미국의 경영진은 그들이 일본의 경영방식을 모방할 수 있다고 생각하지만 무엇을 모방할지 몰랐다!"[13]

LBO의 성공에는 경영진의 인센티브와 정보의 독점적인 접근이 중요한 역할을 했다. 기존 경영진이건 외부에서 영입한 경영진이건 그들은 인수 기업의 지분 10~15퍼센트를 받았다. 이는 그들이 전통적으로 받던 1~3퍼센트의 스톡옵션보다 훨씬 더 후한 수준이었다. KKR에서 일했던 한 경영자는 이러한 전략에 대해 다음과 같이 정확히 설명했다. "연소득 명세서를 가지고 경영자의 마음을 사라."14)

LBO를 둘러싼 이해관계도 서로 엇갈렸다. 경영진은 인수 가격을 낮추기 위해 인수 기업의 활동에 대한 독점적인 정보 접근권을 이용하면서 LBO를 자신들에게 유리하게 만들 수 있는 길을 열었다. 인수된 기업의 기존 경영진은 자신들도 LBO에 참가하기 때문에 지분을 얻는 조건으로 인수된 기업의 문제점을 수정하거나 성과를 제고하는 방법을 알려주겠다고 주장했다. 일종의 합법적인 협박을 한 셈이었다.

M&A 전문회사들은 일반적으로 인수 한 건당 1퍼센트의 수수료를 받았다. 아울러 이들은 투자자들의 투자금에 연간 약 1~2퍼센트 정도의 관리 수수료Management Fee와 함께 20퍼센트 정도의 성과보수Carried Interest를 받았다. 그들은 또한 매년 감시와 지시 비용도 청구했다. KKR이 인수한 플로리다의 대기업인 휴데일인더스트리즈Houdaille Industries의 회장인 제럴드 솔타렐리Gerald Saltarelli가 KKR은 자사를 인수하면서 어떤 수수료도 받을 자격이 없다고 주장하자 콜버그는 자신은 수수료를 받을 자격이 있다면서 "나는 투자은행가"라고 밝힌 일화도 있다.15)

LBO에 돈을 빌려준 채권단은 높은 이자와 함께 거액의 수수료를 받았다. 은행들도 역시 마찬가지였다. 은행들은 법적 수수료, 회계 비용, 실사 비용, 기타 전문 자문 비용 등을 합쳐 엄청난 돈을 수수료로 청구했다. 심지어 그들은 커피와 도넛, 배달시킨 중국 음식비까지 청구했다.

이 모든 돈을 누가 지급했을까? 고객이 지급했다. 이윤은 어디서 나왔을까? 대규모 레버리지와 거액의 세재 혜택 그리고 주로 인력 수준을 낮추고 일반 직원들의 임금을 깎는 식의 비용 축소를 통한 '효율성 제고'로 충당했다. 경영진 입장에서 마술 같은 부채가 채찍(경영진은 자리 보존을 위해 적절한 조치를 취할 수밖에 없었다)이었다면 목표를 성취하면 엄청나게 부유하게 될 것이라는 기대감이 당근이었다.

하버드 경영대학원 말콤 솔터Malcolm Salter 교수는 LBO를 '자본주의 수리점'이라고 말했다.16) 금융은 미국 산업의 몰락을 치유해주는 만병통치약이 되었다. 그동안 제품, 제조, 품질, 판매, 대고객 서비스와 같은 문제들을 해결하려는 시도는 거의 없었다. 작가 필립 마이어Phillipe Meyer가 쓴 소설 『아메리칸 러스트American Rust』에는 산업재해로 불구가 된 전 건축회사 직원이 이렇게 말하는 장면이 나온다. "일본과 독일인들은 항상 투자했다. 그러나 펜 스틸Penn Steel은 공장에 단 한 푼도 투자하지 않았다. 몰락이 자명했다. 그들은 많은 철강을 생산했음에도 파산의 길을 밟고 있었다."17)

9장 부채 굴리기

2009년에 런던의 「데일리 미러_Daily Mirror_」지는 금융위기의 주범으로 지기 스타더스트_Ziggy Stardust_(외계인)와 씬 화이트 듀크_Thin White Duke_(공작)라는 온갖 이미지의 인격체로 자신을 포장한 가수 데이비드 보위_David Bowie_를 지목했다. 1997년에 그는 「스페이스 오더티_Space Oddity_」, 「스타맨_Starman_」, 「진지니_Jean Genie_」, 「페임_Fame_」, 「영 어메리칸_Young American_」, 「애쉬즈 투 애쉬즈_Ashes to Ashes_」, 「렛츠 댄스_Let's Dance_」, 「차이나 걸_China Girl_」, 「모던 러브_Modern Love_」를 포함해 287곡의 노래가 담긴 25장의 앨범의 향후 저작권료를 보증으로 10년 만기 보위 채권_Bowie Bonds_을 연 금리 7.9퍼센트로 5,500만 달러어치 발행했다.

보위 채권은 지적 소유권의 증권화를 이끌었지만 이러한 발행 기술은 1970년대부터 대출, 특히 모기지 대출을 투자자들에게 파는 증권으로 재포장하기 위해 사용된 기술이었다. '정크본드의 황제'라고 불렸던 마이클 밀켄Michael Milken은 이것을 '자본의 민주화Democratization of Capital'로 칭했다.

일본 TV의 한 요리 프로그램에서는 출연한 요리사들이 서로 특정 주제의 재료로 요리를 만드는 경쟁을 벌인다. 은행가들은 시간이 지나면서 다른 어떤 유명 TV 요리사들이 할 수 있는 것보다 더 많은 방법으로 부채를 자르고 써는 방법을 배웠다. 증권화는 은행가와 그들의 조수들에게는 전례가 없던 규모로 흥청망청할 수 있는 연회를 개최할 기회였다.

증권화라는 요리법

증권화는 부채를 더 많은 부채로 자르고 써는 데 필요한 요리법이다. 식품의 요리법과 마찬가지로 증권화에는 단순한 음식부터 고급 음식에 이르기까지 그 요리법의 종류도 다양하다. 유일한 재료는 부채다. 이 부채에는 모기지 대출, 신용카드 대출, 자동차 대출, 기업 대출, 일반인 대출, 부채 상환 능력이 없는 사람들을 위한 대출 등 모든 대출이 포함된다. 엉성한 품질의 대출은 수용과 식용이 가능한 최종 증권화된 상품에 장애물이 되지는 않는다.

고급 증권화된 부채는 SPV, 파생상품, 채권, 트란셰Tranche(채권의 분할 발행), 초과 담보Over-Collateralization, 초과 스프레드Excess Spread 등 다양한 조미료들에 의존한다. 주방에서 일할 직원들도 필요한데, 그들은 대출을 해주는 은행가와 브로커들, 거래를 구조화하고, 값을 매기고 헤지하는 트레이더들, 영업사원들, 거래가 투자자들이 소비하기에 적합하기를 기도하는 신용평가사들, 채권 소유자들의 이자를 관리해주는 신탁 관리자들, 특히 그중에서도 자신을 보호해주는 변호사들이다. 증권화는 은행가들과 그들의 제자들에게 전례 없는 대규모 만찬이었다.

증권화는 〈그림 9-1〉의 구조를 따라 진행된다. 대출 기관들은 매도자와 관련이 없는 SPV에 그들이 조성한 대출을 판다. 신탁 내지는 세금이 감면되는 케이맨제도Cayman Islands에 위치한 회사 같은 SPV는 투자자들에게 발행하는 채권인 자산담보증권ABS : Asset-Backed Securities 판매 수익금을 대출 인수 대금으로 대출 기관들에 지급한다. ABS 투자자들은 SPV를 통해 간접적으로 대출을 소유하고, 그들이 받을 이자와 원금에 대한 대출 채권Underlying Loan에서 나오는 현금 흐름에 의존한다.

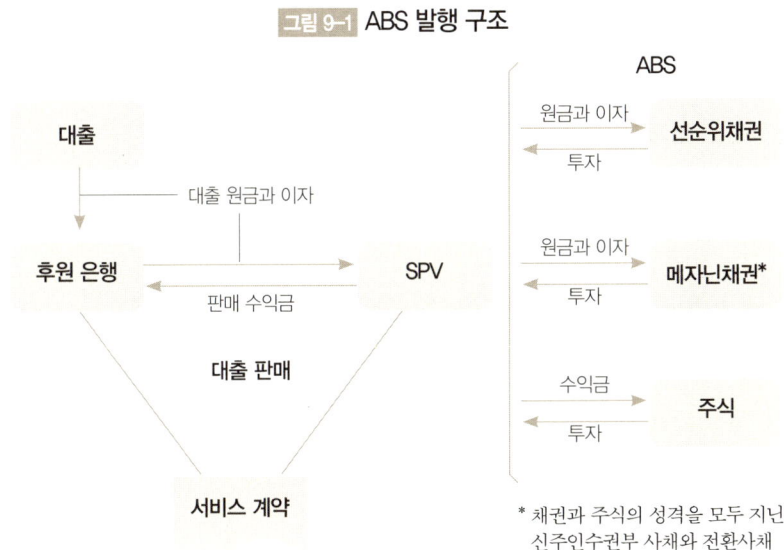

그림 9-1 ABS 발행 구조

* 채권과 주식의 성격을 모두 지닌 신주인수권부 사채와 전환사채

대출이 SPV에 팔리면 대출과 그와 관련된 차입금은 원래 대출 기관의 재무제표에서 사라진다. 대출이 판매되면 대출 기관은 신규 대출을 할 수 있으므로 자본과 자금 조달 자원의 구속에서 벗어난다. 또 대출 기관은 대출기간에 상응하는 기간 동안 장기 자금 조달이 가능해져 위험을 줄일 수 있다. ABS 투자자들은 기초 자산을 담보로 간주하기 때문에 신용도가 낮은 대출 기관에 대해서도 자금의 비용이 낮다. 또한 대출채권을 빌린 사람들이 계약대로 대출금과 이자를 상환하지 않을 경우 ABS 투자자들이 손실을 보게 되므로 대출 기관들은 대출의 손실 위험을 전가할 수도 있다. 투자자들은 이런 위험을 짊어지는 대가로 유사 채권에 비해 상대적으로 더 높은 수익을 요구한다. 증권화는 처음에는 정부나 정부 유사 기구들의 보증을 받아 일반인들에게 내준 고품질 모기지 대출을 사용했기 때문에 손실 위험이 낮았다.

자르고 쪼개기

이러한 구조를 가장 처음 만든 사람은 살로먼 브러더스(Salomon Brothers)에서 채권 트레이더와 부회장을 지낸 루이스 라니에리(Lewis Ranieri)와 투자운용사인 블랙록(Blackrock)의 창업자인 로렌스 핑크(Lawrence Fink)였다. 2004년에 「비즈니스 위크(Businessweek)」지는 마이클 루이스의 저서 『라이어스 포커(Liar's Poker)』에 등장한 '루'를 지난 75년 동안 등장한 위대한 혁신가들 중 한 사람으로 칭송했다. 2008년 3월에 노벨경제학상 수상자인 로버트 먼델(Robert Mundell)은 빌 클린턴 대통령, 행크 그린버그(Hank Greenberg) AIG 회장,

벤 버냉키 연준 의장, 헨리 폴슨Henry Paulson 재무장관과 함께 라니에리를 '2008년 일어난 금융위기에 기여한 다섯 염소' 명단에 포함시켰다.[1]

증권화의 열쇠는 여러 다른 투자자들 사이에서 위험을 분산시키는 능력이다. 계량 분석가들은 복잡한 선택들로 이루어진 메뉴, 즉 투자자들의 욕구를 충족시키기 위한 제조업 투자에 맞는 요리들로부터 모기지 대출 현금 흐름을 분리시켰다.

미국의 모기지 대출은 일반적으로 만기가 30년인 고정금리 대출이다. 이 상품은 조기상환 시 수수료가 매우 적으므로 금리가 내려갈 경우 모기지 대출자들은 대출 상환금을 줄이기 위해 저금리 대출로 갈아타면서 예전 모기지 대출을 상환한다. ABS 투자자들은 돈이 조기 상환될 위험을 감수하고, 이 돈을 저금리로 재투자해야 한다. CMO Collateralized Mortgage Obligation 로 불리는 다계층 채권이 등장했는데, 이는 자동이체 증권의 중도상환 때문에 발생하는 현금 흐름의 불확실성을 줄이기 위해 서로 다른 만기의 채권으로 구성해 저당채권의 현금 흐름을 '수평적으로' 변화시킨 다단계 증권이었다.

만일 4개의 개별 채권이 있다면 첫 번째 채권은 다른 채권들보다 먼저 상환된다. 첫 번째 채권은 위험이 상대적으로 낮기 때문에 금리가 더 낮고, 두 번째 채권은 그 다음으로 금리가 낮고, 세 번째 채권은 금리가 두 번째 채권보다 더 낮은 식이다. 그리고 마지막 채권은 가장 금리가 높지만 모든 다른 채권들이 완전히 상환되기 전까지는 돈을 받지 못한다. CMO는 만기 30년짜리 모기지 대출을 이처럼 투자자들의 다양한 욕구에 맞게 만기가 서로 다르고, 보다 예측이 가능한 채권으로 전환시켜준다.

수직적 분할, 즉 트란칭^{Tranching}(프랑스어로 '자르다'라는 의미 – 옮긴이)은 신용의 질을 개선시켰다(〈그림 9-2〉 참조). SPC는 3가지 다른 종류의 채권을 발행한다. 가장 위험한 증권은 에쿼티 트란셰$^{Equity\ Tranche}$라고 하는데, 이것은 대출채권 중에서 가장 먼저 손실이 난다. 두 번째로 가장 위험한 증권은 메자닌채권$^{Mezzanine\ Note}$이다. 이것은 손실이 에쿼티 트란셰의 규모를 넘어설 때만 손실을 입는다. 가장 위험이 적은 증권은 선순위 트란셰$^{Senior\ Tranche}$다. 이것은 손실이 에쿼티와 메자닌 트렌셰들을 합친 가치를 넘어설 때만 손실을 입는다.

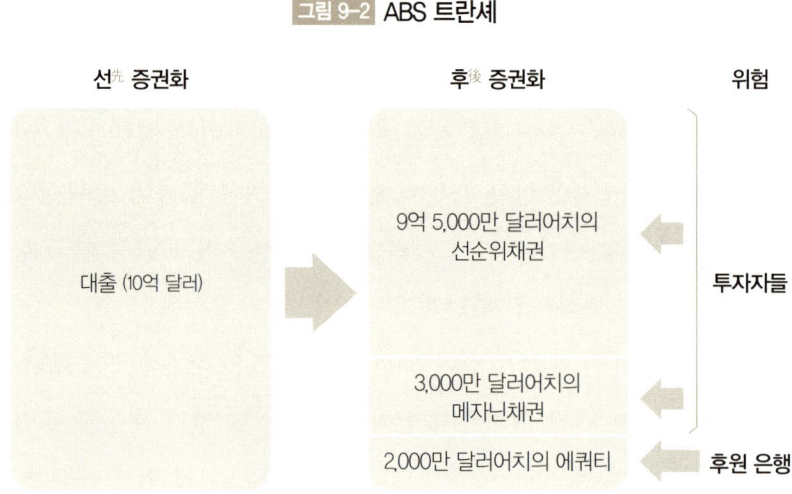

그림 9-2 ABS 트란셰

10억 달러의 기초 포트폴리오가 각기 20만 달러에 이르는 5,000개의 모기지 대출로 구성되어 있다고 가정해보자. SPV가 이 포트폴리오의 자금 마련을 위해 2,000만 달러어치의 에쿼티와 3,000만 달러어치의 메자닌 그리고 9억 5,00만 달러어치의 선순위채권을 발행했다고 가정하자. 만일 주택 소유자가 파산할 경우 대출 기관은 빌려준 돈의 50퍼센트(대출이 20만 달러일 경우 이것의 50퍼센트인 10만 달러)를 잃는다. 손실이 대출의 규모에 비해 적은 이유는 부동산 매각을 통해 빌려준 돈의 일부를 만회할 수 있기 때문인데, 이때 회수율을 50퍼센트로 계산한 것이다.

200개의 모기지 대출(4퍼센트) 지급 불능 사태가 터지면 에쿼티 트란셰가 사라지지만(대출 한 건당 10만 달러의 손실×200) 메자닌과 선순위채권 투자자들은 나중에 투자자금을 100퍼센트 회수한다. 만일 모기지 대출의 10퍼센트가 지급 불능될 경우 5,000만 달러의 손실(10만 달러 손실×500)은 에쿼티와 메자닌채권을 날려버린다. 전체 포트폴리오가 지급 불능 상태가 될 경우 선순위채권 보유자들은 5억 달러(10억 달러에서 5억 달러의 손실을 제한 금액. 10만 달러의 손실×5,000으로 계산)를 받게 되는데, 투자금의 53퍼센트의 손실(5억 달러의 손실÷9억 5,000만 달러의 액면가치)을 입는 것이 된다. 모든 모기지 대출이 지급 불능 상태에 빠지고, 담보로 잡은 모든 주택들의 가치가 사라질 때에야 비로소 선순위채권 소유자들은 전체 투자자금을 날리게 된다.

지급 불능 사태가 발생하지 않거나 발생할 가능성이 낮을 것이라는 데 베팅한 에쿼티채권 소지자들은 가장 큰 위험을 감수하되 가장 높은 이익을 맛보고, 선순위채권 소유자들은 가장 적은 위험을 감수하되 가장 낮은 이익을 누린다. 메자닌채권 투자자들은 중간 수준이다. 메자닌채권은 에쿼티에 비해서는 덜 위험하지만 선순위에 비해서는 더 위험하기 때문이다. 메자닌채권 소유자들은 선순위채권 투자자들에 비해서는 더 높은 수익을 얻지만 에쿼티채권 투자자들에 비해서는 그렇지 않다.

전제는, 전체 기초 포트폴리오가 동시에 파산할 확률은 거의 없다는 것이다. 만일 에쿼티와 메자닌채권들이 충분한 완충장치를 제공해준다면 선순위채권 투자 손실 위험은 경감된다. 개별 채권들의 투자 위험이 후순위 수준(더 일찍 손해를 입는 트란셰의 규모-옮긴이)을 변화시킴으로써 유사하게 조정될 수 있다.

역사적으로 모기지 대출의 평균 지급 불능 확률이 0.5퍼센트라면 예상되는 손실은 250만 달러(5,000개의 모기지 대출×모기지 대출당 10만 달러의 0.5퍼센트)에 이르게 될 것이다. 선순위채권 투자자들은 손실을 보기 전까지 평균 손실의 20배(5,000만 달러÷250만 달러)가 나야 하기 때문에 위험률이 매우 낮은 것으로 평가받으므로 가장 높은 AAA 신용등급을 받는다. 메자닌채권도 비교적 위험하지 않기 때문에 투자 등급을 받을지 모른다. 메자닌채권 투자로 손실을 보려면 평균 투자 손실의 8배의 손실이 나야 한다.

보수적인 투자자들은 위험성이 낮은 AAA 내지는 AA- 등급의 증권들에 투자해왔다. 그런데 연금술은 낮은 품질의 정크 등급 대출 포트폴리오를 높은 등급의 증권으로 바꿔놓음으로써 투자자들이 높은 등급의 채권인 ABS 형태로 이를 살 수 있게 만들어놓았다. 엄청난 위험부담을 기꺼이 감수하고자 하는 투자자들은 메자닌채권이나 에쿼티 트란셰를 샀다. 유독성 폐기물Toxic Waste이라고 알려진 에쿼티 투자자들은 손실이 제로 내지는 낮은 한 높은 수익을 올렸다. 대부분의 거래에서 대출 상품을 팔거나 증권화를 주간하는 은행은 다른 투자자들에게 안도감을 주기 위해 적어도 에쿼티 트란셰의 일부를 취했다. 이것은 은행도 투자 위험이나 투자 손실을 감수하겠다는 뜻이었다.

트란칭은 홍수가 자주 들이닥치는 지역에 거주를 목적으로 집을 사는 것과 같다. 당신은 1만 년에 한 번 홍수가 터지는 지역에서 자신을 보호하기 위해 이전에 알려진 최고 홍수 수위보다 훨씬 더 높은 타워형 아파트를 산다. 이는 안전마진이 아주 큰 아파트에 속한다. 당신은 홍수로부터 안전한 펜트하우스를 사기 위해 웃돈을 지급한 반면, 당신보다 저층 아파트를 구입한 사람들은 '홍수가 일어나려면 아직 멀었다'는 데 베팅을 하며 더욱 저렴한 가격을 지급한다.

비가 오지 않을 때는 모든 사람들이 행복하게 살아가지만 홍수가 닥치면 저층 아파트 소유자들은 홍수 피해를 당한다. 당신은 당신이 현명한 선택을 했다는 데 기뻐하다가 홍수가 당신의 타워형 아파트 기반에 피해를 주어 아파트의 구조가 약해졌다는 것을 깨닫는다. 전기장비와 각종 서비스들이 작동하지 않는다. 당신은 펜트하우스를 떠날 수 없다. 아무리 돈을 많이 주더라도 그곳을 벗어날 수가 없다. 1만 년에 한 번이란 안전마진을 잘못 계산한다면 당신은 트란칭의 연금술을 생각하며 거실에 앉아 있으면서 완전한 스쿠버 장비를 갖춰놓아야 할 수도 있다.

안전한 주택 담보

헨리 포드와 마찬가지로 은행가들은 대량 생산에 능숙하고, 성공적인 제품을 신속히 개발해냈다. 모든 종류의 부채를 투자자들이 찾는 높은 신용 등급의 증권으로 재포장할 수 있는 은행의 능력이 부채 수준을 엄청난 규모로 확대시켰다.

미국에서 처음 관심이 몰린 것은 주택저당증권MBS : Mortage Backed Securities 이었다. 이는 정부가 후원하는 기관들이 보증하는 모기지 대출을 재포장해 판매하는 것이었다. 증권화가 수용되자 은행가들은 민간 모기지 대출, 자동차(자동차 대출을 근거로 발행되는 단기성 부채증권인 자동차매출채권증서 - 옮긴이) CARSCertificate for Automobile Receivables, 신용카드 부채를 묶는 데 이 기술을 적용했다. 밀켄은 1980년대 후반에 회사채를 재포장해 회사채담보부증권인 CBOCollateralized Bond Obligation(금융기관이 가지고 있는 채권의 투기성 등급물을 모아 이를 담보로 발행하는 증권 - 옮긴이)와 대출채권담보부증권인 CLOCollateralized Loan Obligation(주채권은행이 대출채권을 모아 이를 담보로 발행하는 증권 - 옮긴이)를 만들었다. 곧바로 기업 대출, 사모펀드 대출, 상업용 부동산 담보 대출, 신흥시장 정크본드들이 모두 증권화되었다.

기업에 대출을 내주는 은행은 원래 규제 당국들로부터 손실 위험에 대비해 8퍼센트의 자본(100달러의 대출을 내줄 때마다 8달러씩)을 유지하라는 지시를 받았다. 은행이 연간 1퍼센트의 마진을 요구할 경우 자본 이익률인 ROIReturn on Capital는 연간 12.5퍼센트(1퍼센트 나누기 8퍼센트)로서 일반적으로 CAPM에 따라 결정되는 은행의 자본 비용보다 낮았다. 은행은 마진이 낮은, 신용 등급이 높은 기업들을 상대로 한 대출을 CLO로 묶어서 팔았다. 대출 은행이 2퍼센트의 에쿼티 트란셰를 보유하고, CLO 비용이 연간 0.2퍼센트(대출마진이 1퍼센트에서 0.8퍼센트로 줄어든다)라면 ROI는 연간 40퍼센트로 3배나 늘었다(0.8퍼센트÷2퍼센트).

은행들이 에쿼티 트란셰를 보유하고 이를 초과하는 손실을 낼 확률이 낮다면 ROI는 올라갔지만 위험은 바뀌지 않았다. 은행 임원들의 성과급과 주가가 ROI와 연계되어 있기 때문에 은행들은 이익을 늘리기 위해 증권화를 활용했다.

등장인물들이 모기지 대출에 투자하는 사건을 다룬 영국 작가 앤서니 트롤럽$^{Anthony\ Trollope}$(1815~1882년)의 소설 『바셋의 마지막 연대기$^{Last\ Chronicle\ of\ Barset}$』에서 투자자들은 위험은 낮지만 안정적으로 꾸준한 소득을 올릴 수 있는 투자상품으로서 MBS를 산다. 비슷한 신용 등급의 일반 증권과 비교해 증권화된 채권투자로 얻을 수 있는 높은 수익은 충분히 매력적이었다.

합성 증권화

1990년대에 증권화는 부채담보증권$^{CDO\ :\ Collateralized\ Debt\ Obligation}$으로 새 단장을 했다. CDO는 회사채나 금융회사의 대출 채권 등을 한데 묶어 유동화시킨 신용파생상품을 말한다. 1997년에 JP모건은 기초 대출을 SPV로 이전해야 하는 불편함을 극복하고, 동시에 위험 전가 비용을 낮추면서 합성^{Synthetic} 증권화를 선보였다. 이제 대출 기관은 대출을 팔지 않고서도 신용부도스왑, 즉 CDS$^{Credit\ Default\ Swap}$를 사용해 손실 위험에 대비한 신용보험을 살 수 있게 됐다. CDS는 부도가 발생하여 채권이나 대출 원리금을 돌려받지 못할 위험에 대비한 것으로 부도의 위험만을 따로 떼어내어 사고파는 신용파생상품이다.

CDO의 구조는 〈그림 9-3〉과 같다. 은행은 이전하고 싶은 각각의 대출마다 SPV로부터 별도의 신용보험증권을 구입했다. 전통적인 ABS 구조에서 SPV는 증권을 발행했다. SPV는 보험이 든 대출의 액면 가치와 같은 증권을 발행하지 않고 더 낮은 가치의 증권(10억 달러의 기초 포트폴리오 대비 8,000만 달러)을 발행했다. 채권 발행 수익금은 미국 국채 같은 국채를 매입하는 데 썼다. 이 채권들은 이어 SPV가 앞서 은행에 팔았던 신용보험하에서 SPV의 지급 의무를 확보하기 위한 담보로 사용됐다.

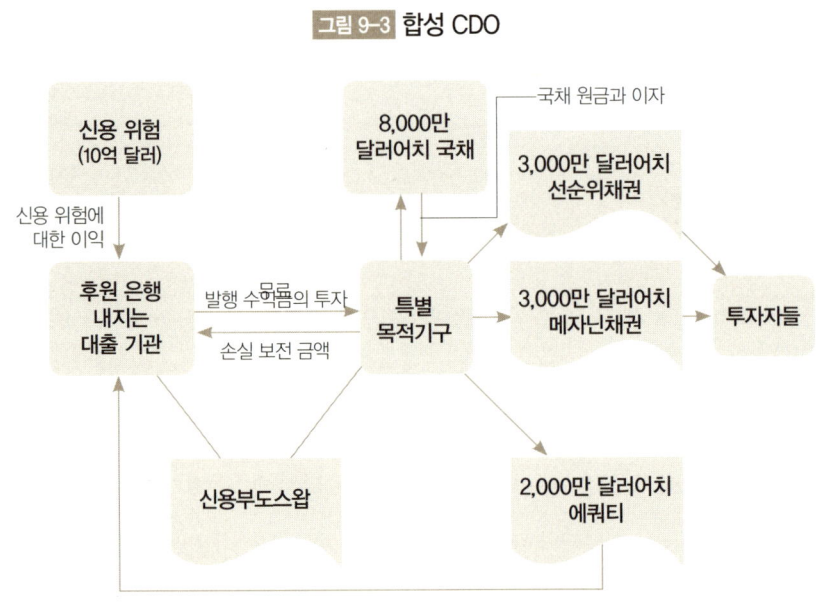

그림 9-3 합성 CDO

거래가 진행되는 동안 은행은 SPV에 보험료를 지급했고, SPV는 국채 투자 수입과 합쳐 선순위와 메자닌채권 투자자들에게 이자로 줄 돈을 마련했다. 이때 남은 돈은 에쿼티 투자자들에게 돌아갔다. 대출 채권이 부도가 나지 않을 경우 구조의 만기가 돌아오면 채권 소유자들은 만기된 국채 수익금으로부터 이익을 챙겼다. 부도가 발생할 경우 보험 증권에 따라 은행의 몫은 국채에서 지급되기 때문에 에쿼티, 선순위채권, 메자닌채권 보유자들(순서대로)에게 돌아갈 수 있는 금액은 줄어들었다. 합성 CDO의 위험 구조는 〈그림 9-4〉와 같다.

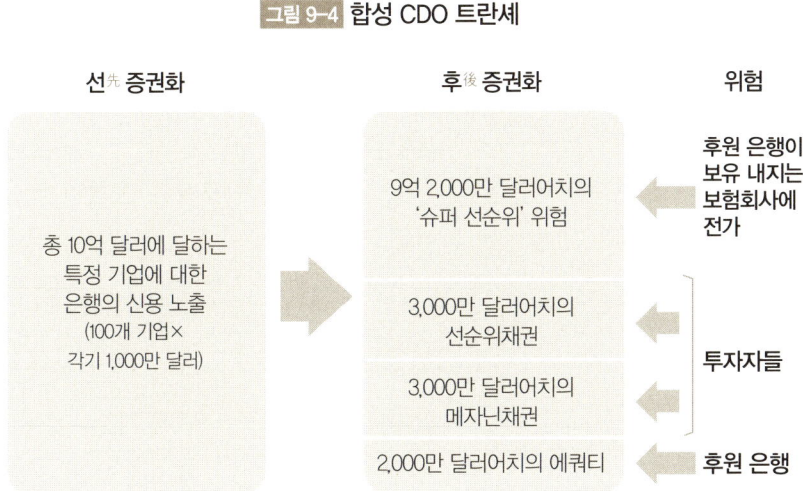

그림 9-4 합성 CDO 트란셰

10억 달러어치의 기초 포트폴리오가 100개 기업에 각기 1,000만 달러씩 나간 대출로 구성되어 있다고 가정해보자. SPV가 에쿼티, 메자닌채권, 선순위채권을 각각 2,000만 달러, 3,000만 달러, 3,000만 달러씩 발행했다고 가정하자. SPV는 총 8,000만 달러어치의 증권만 발행하면서 10억 달러에 이르는 대출 포트폴리오의 위험을 지게 된다. 이로 인해 9억 2,000만 달러 상당은 위험 회피가 안 되는데, 이 위험은 그림에서와 같이 은행의 몫이 된다.

채무자의 부도로 대출 기관은 대출해준 돈(600만 달러)의 60퍼센트의 손해를 본다고 가정하면 회복률은 40퍼센트인 셈이다.[2] 3건의 대출이 부도(대출의 3퍼센트)가 나서 2,000만 달러의 손실(대출당 600만 달러×3)이 나면 에쿼티 트란셰는 완전히 사라진다. 8건의 부도(대출의 8퍼센트)나 5,000만 달러의 손실(600만 달러의 손실×8)은 에쿼티와 메자닌을 완전히 없애버린다. 손실이 5,000만 달러가 넘을 경우 선순위채권 투자자들까지도 손실을 입는다. 13건의 부도(대출의 13퍼센트)나 8,000만 달러의 손실(600만 달러의 손실×13)은 에쿼티, 메자닌, 선순위 투자자들의 투자금을 모두 날려버린다.

13건의 부도나 8,000만 달러의 손실이 날 경우 SPV는 은행과 맺은 보험증권에 따라 추가 부도를 감당할 수 있는 추가 자금을 가지고 있지 않다. '슈퍼 선순위Super Senior' 트란셰로 알려져 있는 남은 9억 2,000만 달러(포트폴리오의 92퍼센트)에 대한 위험은 은행으로 전가되어 보전되거나 제3자에게 전가돼야 한다. 손실이 대출 위험 대비로 매우 높아야 하고, AAA 등급 선순위 트란셰가 완전히 사라졌기 때문에 슈퍼 선순위 트란셰는 위험이 없는 것이나 다름없다. 규제 당국은 은행들이 슈퍼 선순위 위험을 대비해 준비해놓고 있어야 하는 자본의 규모를 최소한 줄여주면서 이와 같은 생각에 동의했다.

은행이 제3의 당사자가 슈퍼 선순위 위험을 지도록 돈을 지급하지 않는 곳에서 증권화 비용은 연간 0.2~0.3퍼센트에서 연간 0.05퍼센트 수준으로 급감한다. 슈퍼 선순위 위험이 제3자에게 전가되어야 한다고 해도 연간 0.1퍼센트 정도의 비용은 채권 투자자들이 일반 증권화에서 AAA 등급 채권에 요구했던 비용에 비해 낮은 수준이므로 전체 비용은 줄어들었다.

이처럼 엄청난 손실을 야기할 수 있는 잔존 위험Residual Risk은 슈퍼 선순위 CDS를 사용(보험 계약)해 AIG, 스위스리Swiss Re, 젠리Gen Re 같은 재보험사들과 채권 보증 전문회사들Monolines(채권을 발행한 기업이나 금융회사가 부실해져 돈을 제대로 갚지 못할 때 이를 대신 지급해주기로 보증하는 회사 - 옮긴이)이나 MBIA와 암백Ambac 같은 채권 발행회사들에 전가할 수 있었다. 이런 대형 재보험사들은 전통적인 위험을 분산해주는 보험 형식의 사업들을 물색 중이었다. 채권 보증 전문회사들의 전통적인 기관채 보증 사업은 쇠락하고 있었다. 지방 정부들은 이제 신용 등급을 직접 확보하거나 본드 랩Bond Wrap이라고 하는 전문회사들의 보증을 받지 않고도 자금을 조달할 수 있었다. 위험이 보험 유사 계약들로 포장되는 합성 증권화는 이러한 투자자들에게는 이상적으로 간주됐다.

합성 증권화는 높은 수준의 레버리지에 의존한다. 다시 말해 8,000만 달러의 돈이 10억 달러의 신용 위험을 뒷받침한다. 슈퍼 선순위 위험이 제3자에 의해 헤지되는 곳에서도 거래 상대방은 처음에는 돈을 준비해놓을 필요가 없었기 때문에 레버리지와 위험이 확대됐다. 전통적인 증권화의 경우 대출채권이 존재했다. 그러나 합성 증권화에서 은행은 대출채권을 보유하지 않은 상태에서 보험을 매입함으로써 신용도의 하락이나 유명 기업의 부도를 통해 이익을 취하기 위해 신용 위험을 줄일 수 있게 된다. 이론적으로 완성될 수 있는 증권화의 규모에는 제한이 없었다. 증권화의 규모는 대출채권과 채권시장 사정과는 거리가 멀어졌다.

사모펀드와 정크본드가 레버리지와 서로 다른 상품 투자 욕구에 의

존할 경우 증권화는 부채 확보 능력을 완전히 새로운 차원으로까지 끌어올렸다.

규제 당국자들은 이론적으로 위험을 잘게 쪼개 폭넓게 분포시킬 수 있다는 생각을 좋아했다. 그러나 실제로 위험은 금융 시스템 전반에 악성 바이러스처럼 퍼지면서 자신들이 감당해야 할 복잡한 위험에 대해 이해하지 못하고 있는 투자자들에게 엄청난 피해를 안겼다. 2008년 아이슬란드가 국가 부도 위기에 직면한 것도 이 나라 은행들이 구조화 금융상품의 위험성을 간과했기 때문이었다.

짝짓기

은행 시스템에 대한 지식이 거의 없는 다양한 통계학자, 수학자, 과학자, MBA 출신들은 대출을 묶어서 복잡한 예술품으로 만들었다. 그들은 대출채권에서 비롯되는 현금 흐름의 패턴을 예측하기 위해 단순화시킨 모형을 창조했다. 효율적 시장이라는 초합리적인 세상에서 선급은 행동의 뉘앙스를 감안해 조정된 금리와 연계되어 있는 것으로 간주됐다. 미납의 위험(부도율)과 손실률(회수하지 못한 돈의 비율)을 추정하기 위해 역사적 자료가 사용됐다. 또한 한 대출이 부도가 날 경우 다른 대출들도 부도가 나는 위험, 즉 '부도 상관관계Default Correlation'를 추정하기 위해서도 역사적 데이터가 활용됐다.

통계학적 분석은 적어도 단순한 전통적인 주택 담보 모기지 대출의 경우에는 그런대로 들어맞지만 많은 숫자의 대출 운용 성과는 거의 평균과 일치한다. 대부분의 채무자들이 요구받은 대로 대출금을 납부하기 때문에 개인의 재난, 실업, 질병, 사기가 전체 대출에 영향을 미치지는 못한다. 모든 주택 소유자들이 동시에 지급 불능이 될 위험도 낮다.

기업 대출 증권화의 경우 이런 모형들에 문제가 더 많았다. 아마도 똑같은 크기의 포트폴리오에서 모기지 대출이 5,000건이라면 기업 대출은 100건에 불과함에 따라 기업 대출의 개별 부도와 손실의 영향력이 훨씬 더 컸다. 투자 등급 기업들이 언제 파산할지는 모르지만 그들의 회복률은 변동성이 심했다. 부도들 사이의 상관관계 역시 복잡하다. 주요 고객 회사가 공급한 재화와 용역에 대한 대금을 납부하지 않은 상태에서 부도가 난다면 기업의 부도 가능성도 높아진다. 경쟁사가 부도난다면 기업은 경쟁사의 사업을 인계받을 경우 부도 위험이 줄어들지 모르지만 경쟁사의 부도를 초래했던 것과 똑같은 문제로 인해 피해를 본다면 부도율은 올라간다.

논문 「디폴트의 상관관계 : 계사 기능 접근법 On default correlation : a copula function approach 」에서 중국 출생의 보험계리인인 데이비드 샹 린 리 David Xiang Lin 는 가우시안 계사(명제에서 주사와 빈사를 맺어 긍정이나 부정의 뜻을 나타내는 말로, '나는 사람이다'나 '나는 새가 아니다'에서 '나는'은 '주사'이고 '사람'과 '새'는 빈사이며, '이다'와 '아니다'는 계사다 – 옮긴이)를 사용해 두 기업이 동시에 부도에 빠질 가능성을 알아봤다.[3]

이 아이디어는 배우자가 숨진 후 남은 배우자의 수명에 변화가 일어난다는 사실에서 착안한 것이었다. 일반적으로 사랑하는 사람이 숨진 후 여성과 남성은 각각 일반적인 경우보다 2배와 6배 이상 사망 확률이 높아진다. 보험계리인들은 사랑하는 사람과의 이별로 인한 상심 때문에 숨지는 스트레스성 심근증$^{Stress\ Cardiomyopathy}$(심장 펌프 기능에 손상이 나타나는 증세 – 옮긴이)이나 좌심실 첨부의 확장 신드롬$^{Apical\ Ballooning\ Syndrome}$을 모형화하기 위해 통계 기술을 사용했다. 샹 린 리는 대출 포트폴리오의 부도 가능성을 알아보기 위해 이 접근법을 적용했다.

이 모형의 장점은 적용이 단순하고 쉽다는 데 있었다. 은행가들과 금융시장 분석가들은 이 모형의 도움을 받아 거래를 성사시켰다. 그러나 단순한 모형만으로 2가지 대출 사이의 복잡한 관계를 포착할 수는 없었다. 예상되는 부도 상관관계는 객관적인 계산이 불가능했고, 주가나 신용마진 같은 다른 정보를 통한 추론이 가능했다. 약간의 인풋 변화만으로도 결과가 크게 바뀌었다. 이 모형에 불만을 품은 리는 2005년에 「월스트리트저널$^{Wall\ Street\ Journal}$」과의 인터뷰에서 "모형의 본질을 이해하는 사람이 거의 없다"라고 말했다. 2006년에 과거 파생상품 담당 은행원을 지냈던 재닛 타바콜리$^{Janet\ Tavakoli}$는 "상관관계 트레이딩은 고도로 전염성이 강한 사고 바이러스와 마찬가지로 금융시장 참가자들의 심리에 퍼졌다"라고 말했다.4)

주택투자를 통한 부의 축적

영국 작가 버지니아 울프$^{Virginia\ Woolf}$(1882~1941년)에 따르면 빅토리아 시대 영국 여성들에게는 돈과 자신만의 방이 필요했다고 한다. 그런데 현대 미국인들에게는 커다란 집 한 채가 아닌 여러 채가 필요했다. 집값이 오르면 다른 집을 사는 데 필요한 현금이 생겼기 때문에 집을 사는 데 반드시 돈이 필요한 것은 아니었다. 집을 사는 데 필요한 대출금과 모기지 대출을 기초로 한 증권화된 채권들은 문학 소설의 고전처럼 여겨졌다.

집은 안식처, 즉 거주 공간을 제공해준다. 적대적인 세계에서 집은 오락거리(TV와 엔터테인먼트 기기들이 있는 공간), 자연(정원), 레크리에이션(가족 체육관), 대양(수영장)을 갖춘 자급자족이 가능한 요새가 되었다. 사람들은 집을 떠나지 않아도 됐다. 덴마크의 사상가 쇠렌 키에르케고르Søren Kierkegaard(1813~1855년)가 말한 대로 "도적들과 엘리트들은 숨어서 산다는 한 가지 면에서는 일치한다."[5]

1950년에 1,000평방피트(93제곱미터)였던 미국의 평균 집 크기는 2000년대 초에는 2,400평방피트(223제곱미터)로 2배 이상 커졌다. 마이크로소프트의 공동 창업자인 폴 앨런Paul Allen은 100명이 일하고 있는 코넬 경영대학원과 거의 같은 크기인 7만 4,000평방피트(6,882제곱미터) 크기의 집을 지었다.

주택을 소유하는 사람들이 늘어날수록 사회가 안정될 것이라는 믿음 아래 정부가 주택 소유에 보조금을 지급하면서 주택을 소유하는 것이 더 이상 부자들만 누릴 수 있는 혜택인 시대는 지났다. 영국에서는 대처 총리가 세입자들에게 할인된 가격에 공공주택을 팔았고, 정부는 보조금, 모기지 대출 이자 세금공제 혹은 주택 판매를 통해 얻은 자본소득에 대한 세금 인하 등의 혜택을 제공했다.

미국에서는 주택 소유라는 개념을 열정적으로 받아들였다. 대공황 시절 대규모 모기지 대출 부도와 은행들의 파산으로 주택 대출시장이 붕괴했다. 1934년에 미국 정부는 채무자의 채무 불이행 시 발생하는 주택금융기관의 손실을 보전하기 위해 저당대출 보증제도를 시행하는 연방주택관리국(FHA : Federal Housing Administration)을 설립했다. 1938년에는 저소득층 주택 구입을 지원하기 위해 모기지 대출 전문 금융회사인 패니메이(Fannie Mae)를 세웠는데, 이는 연방주택저당공사(Federal National Mortgage Association)란 이름으로도 불렸다. 1968년 존슨 정부 때는 늘어나는 예산 적자에 필요한 자금을 마련하기 위해 패니메이를 민영화시키면서 지니매(Ginnie Mae)로 불리는 정부저당금고(Government National Mortgage Association)를 만들었다. 지니매는 연방정부가 보험을 들어주거나 보증을 서준 주택저당 채권을 기초로 만든 MBS에 보증을 서주었다. 그로부터 2년 뒤 일명 프레디맥(Freddie Mac)이라고 불리는 연방주택금융저당회사(Federal Home Loan Mortgage Corporation)가 생겼는데, 이 회사의 주된 목적은 패니메이와 경쟁하는 것이었다. 프레디맥은 1989년에 민영화되었다.

이러한 정부보증기관들(GSE : Government-Sponsored Entities)은 미국의 모기지시장을 지배했다. 정부의 암묵적 보증은 GSE의 차입 비용을 낮추고, 채무자들에게 모기지 대출 비용을 줄여주는 효과로 이어졌다. GSE는 세금 감면 혜택과 낮은 자기자본 비율 충족 등의 혜택을 누렸기 때문에 은행들보다 더욱 레버리지에 의존했다. 은행은 GSE와 직접적인 경쟁이 불가능했기 때문에 기관대출 자격이 안 되는 채무자들에게 해줄 수 있는 더 위험한 모기지 대출 상품을 개발했다.

1980년대에 접어들어 사람들이 주택투자를 은퇴 후 삶을 위한 투자로 생각하기 시작하자 주택투자를 통한 부의 축적이 시작됐다. 주택소유자들이 모기지 대출금을 상환하는 한 주택의 가치에서 주택대출을 제외하고 남는 주택의 순자산 가치는 늘어났고, 이것은 소비와 은퇴에 필요한 자금이 되었다. 하지만 주택 소유자들은 유지비용, 전기·가스·수도 요금, 재산세 등을 내야 하기 때문에 주택을 담보로 대출을 받았다. 주택 소유자들은 부동산을, 현금을 인출할 수 있는 ATM으로 간주했다. 2000년과 2008년 사이에 미국인들은 4조 달러가 넘는 주택담보대출을 받았다.

투자자들 역시 빌린 돈으로 단독주택과 아파트를 매입해 임대를 주고, 계속해서 더 비싼 집을 사고, 소유한 부동산 숫자를 늘려나갔다. 인터넷 골드러시 기간 중 주택을 단타 매매하는 사람들이 등장했고, 일반 사람들은 데이 트레이더Day Trader라고 불리는 단타 매매자가 되기 위해 일자리를 포기했다. 심지어 사람들은 주택 건축 계획만 사서 건물이 완공되기 전에 팔기도 했다.

부동산을 주제로 한 서적이나 세미나, TV 연재물들이 주택이야말로 불패의 투자상품이라고 광고하면서 집값은 단연코 멈추지 않고 계속해서 오를 것으로 예견됐다. 많은 사람들이 부동산이나 주택을 구입해 성공의 사다리를 오르려고 했다. 애덤 스미스라면 이런 바보 같은 모습을 보고 "그들은 이길 확률을 과대평가하고 실패 확률을 과소평가했다"라고 말했을 것이다.[6]

주택 소유로 인한 부의 증대는 소득 수준의 감소나 미국인들의 불확실한 고용 사정이라는 문제를 덮어버렸다. 세계화에 영향을 덜 받은 주택시장이 고용, 소득, 경제 활동을 지탱해주었다. 앨런 그린스펀은 자신의 2000년대 정책을 평가하는 자리에서 "주택 거품이 미국 경제를 살렸다. (중략) 미국인들은 부동산 광풍에 휩싸였고, 더 비싼 집을 짓고 허문 다음 다시 짓는 일을 되풀이했다"라고 말했다.[7]

영화 「멋진 인생」에서 조지 베일리(지미 스튜어트Jimmy Stewart 분, 1908~1997년)는 인간이 자기만의 지붕과 벽과 벽난로를 갖고 싶어 하는 근본적인 바람을 인식했다. 친절한 은행원인 베일리는 그의 집(그가 다니는 은행에서 받은 모기지 대출금으로 산 집)을 방문한 어느 부부에게 행복한 순간을 기념하기 위해 음식과 포도주를 대접한다. 그러나 집은 과소비와 과잉을 상징하는 집착이 되었다. 몬티 파이튼이 만든 영화「삶의 의미The Meaning of Life」에서 비만인 크레오소트(테리 존스Terry Jones 분) 씨는 엄청난 양의 음식을 먹고, 반복적으로 토한 다음 마지막으로 조그만 박하사탕을 먹은 후 폭발했다. 미국의 주택시장에서 서브프라임 모기지 대출이 이 마지막 박하사탕이었다.

방만한 대출

1990년대 초부터 미국 정부는 가난한 사람들과 소수 민족들에게까지 대출을 적극적으로 확대했다. 조지 W. 부시 대통령은 주택 소유와 주택 구입 능력을 확대하기 위해 노력했다. 그는 "우리는 이 나라에서 어둠이 있는 곳에 불을, 낙담이 퍼진 곳에 희망을 줄 수 있으며, 우리 모두 힘을 합쳐 사람들이 자기 집을 가질 수 있게 용기를 북돋워주려고 노력해야 한다"라고 말했다.[8] 건설회사, 은행, 대출 기관과 정부는 창조적인 자금 조달 기술을 통해 구입 가능한 주택의 수를 늘리기 위해 '국가 주택 보유 확대 전략National Homeownership Strategy'을 수립했다.

지역 재정 투자법CRA : Community Reinvestment Act은 금융기관이 중산층과 저소득 계층을 포함해 지역사회의 신용 수요를 맞출 수 있도록 장려했다. 또한 GSE가 저소득 채무자들에게 나간 대출을 포함해 모기지 대출과 MBS를 구입하는 식으로 증권화된 서브프라임 모기지 대출시장을 확대할 수 있도록 장려했다. 법적 변화가 각종 제한들을 없애줌으로써 서브프라임 대출에 대한 고금리와 초과 비용 부과가 가능해졌다.

한시적 내지는 파트타임으로 일하는 자영업자나 프리랜서들이 늘어나자 소득 증빙 요구 기준들도 완화됐다. 거주 목적이 아니라 투자 목적으로 구입해 임대를 주거나 나중에 팔려고 하는 집들, 별장, 두 번째나 세 번째로 산 집을 담보로 한 모기지 대출이 허용됐으며, 기존 집을 담보로 대출을 내는 일은 유행이 되었다.

대출 기관들은 최첨단 모형에 의존해 신용도가 낮은 사람들의 위험을 계산할 수 있다고 판단하고 이들도 대출 대상에 포함시켰다. 벤 버냉키 의장도 전임자인 앨런 그린스펀의 믿음을 공유하면서 "은행들은 신용 점수 같은 통계 모형을 데이터에 적용함으로써 점점 더 능숙하게 부도 위험을 예측하게 되었다"라고 말했다. 버냉키는 "은행은 위험을 평가하고 관리하는 능력에 있어 상당한 발전을 이루었다"라고 덧붙였다.[9]

혁신적인 대출 상품들로는 점보론$^{Jumbo\ Loan}$과 슈퍼 점보론$^{Super\ Jumbo\ Loan}$이 있었는데, 이 두 대출은 규모 때문에 대출 지침에 부합하지 않았다. 프라임보다는 더 위험하지만 서브프라임보다는 덜 위험한 알트 A$^{Alternative\ A}$ 모기지 대출이 정상적인 신용 기준에 부적합한 사람들에게 제공되었다. 대출 기관들이 기준을 완화하면서 '증거 서류가 필요 없는$^{SIVA\ :\ Stated\ Income\ Verified\ Asset}$' 대출과 '수입을 입증하지 않아도 되는$^{NIVA\ :\ No}$

9장 부채 굴리기 259

Income Verified Asset' 대출도 늘어났다.

전통적인 모기지 대출은 감정가격의 70~80퍼센트까지를 인정한다. 그런데 주택담보인정비율LTV : Loan to Value ratio을 이보다 더 공격적으로 잡은 대출, 다시 말해 대출 기관이 주택 가치 이상을 빌려주는 대출이 가능해졌다. 영국에서 대출 기관은 부동산 가치의 125퍼센트까지도 대출해주었다. 미국에서는 소위 피기백론Piggyback Loan과 2차 모기지 대출이라는 것이 등장하면서 2005년에는 최초 주택 구입자들의 경우 평균적으로 주택 계약금의 2퍼센트만 내고도 대출을 받을 수 있었다. 또 이들 중 40퍼센트 이상은 계약금을 전혀 낼 필요가 없었다. FHA의 웹사이트에는 "FHA가 보증하는 대출은 현금을 거의 투자하지 않아도 받을 수 있다. 가구의 소득과 지급율을 계산하는 데 융통성이 많다"라고 명시되어 있었다.

만기일시상환Balloon Payment 모기지 대출은 만기일 때문에 채무자들에게 큰 부담으로 작용했지만 이자만 내는 대출의 경우 채무자들이 원금을 나중에 내는 것이 가능했다. 또한 시중금리 변동에 따라 정기적으로 금리가 조정되는 변동금리 모기지 대출ARM : Adjustable Rate Mortgage이 있다. 옵션Option ARM의 경우 채무자는 처음에는 시중금리보다 낮은 일명 티저금리Teaser Rate만 지급했는데, 여기서 티저금리란 판촉 목적을 위해 변동금리 모기지 채무자 일부에게 상환 기간 중 첫 2~3년 동안 적용되는 낮은 금리를 말한다. 또 2/28 ARM은 처음 2년 동안은 채무자가 저금리(연간 최저 1퍼센트)를 내고, 그 후부터 남은 대출 상환 기간인 28년 동안은 모든 지급 금액이 시장금리에 따라 조정되는 것이었다.

예를 들어 옵션 ARM 모기지 대출의 경우 채무자가 1퍼센트의 티저

금리를 적용받으면 모기지 대출로 52만 달러를 받았다고 가정할 때 첫 해에는 매달 1,673달러씩만 내면 된다. 그리고 금리 6.05퍼센트로 30년 고정금리 모기지 대출을 받을 경우에는 매달 3,134달러의 이자만 내면 된다. 이처럼 매달 내는 금액이 줄어들자 채무자들은 더 많은 대출을 받았다. 이 대출의 경우 처음 내는 돈이 본래 이자에 미치지 못하기 때문에 내지 않은 이자만큼(차입 원금의 마이너스 상각) 대출 원금이 늘어났다. 집값이 떨어질 경우 채무자들이 진 빚은 부동산 가치를 넘어서기도 했다. 초기 이자를 적게 내는 시기가 끝나면 매달 지급해야 할 이자가 급격히 늘어났다. 상환해야 할 대출금이 일반적으로 원래 빌린 돈의 110~115퍼센트까지 오를 경우 채무자들은 초기 이자상환 기간이 끝나기 전이라도 갑자기 크게 늘어난 상환 부담에 직면하게 된다.

그럼에도 불구하고 그린스펀은 ARM을 옹호하면서 "많은 주택 소유자들이 지난 10년 동안 고정금리 모기지 대출보다는 변동금리 모기지 대출을 받았더라면 수만 달러의 돈을 아낄 수 있었을 것이다"라고 말했다.10) 2006년 9월에 미국 최대 모기지 대출 업체인 컨트리와이드Countrywide의 CEO 안젤로 모질로Angelo Mozilo는 옵션 ARM으로 돈을 빌린 채무자들 중 80퍼센트가 실제 그들이 대출금을 갚을 능력은 처음의 낮은 이자만 낼 수 있는 수준이라는 사실에 충격을 받았다고 주장했다.

집값 하락을 경험해보지 못한 채무자들은 티저금리가 적용되는 기간 동안 집값이 급속도로 오를 것이고, 나중에 지급금이 늘더라도 자신들의 소득이 올라서 상환이 가능할 것이라 예상했다. 그러나 이런 예상은 빗나갔으며, 채무자들은 지급 충격에 휩싸이고 말았다. 티저 금리 기간이 끝나고 금리가 다시 조정될 때 상환해야 할 돈이 크게 늘어났던 것이다. 따라서 어떤 이들은 이런 모기지를 '폭발하는^{Exploding} ARM'이라고 부르기도 했다.

모기지시장의 과잉

2004년부터 2006년 사이 미국에서 서브프라임 모기지 대출은 모든 신규 모기지 대출의 약 20~30퍼센트까지 늘어났다. 2007년이 되자 서브프라임 모기지 대출 잔액은 약 10조 달러에 이르는 전체 모기지시장의 10~15퍼센트 정도를 차지했다. 증권화는 복잡한 모기지 먹이사슬로 진화해갔다(《그림 9-5》).

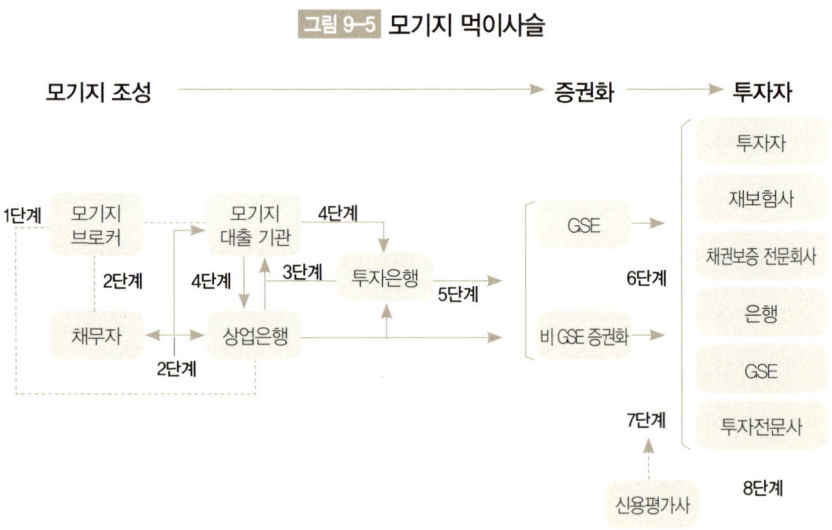

그림 9-5 모기지 먹이사슬

모기지 브로커, 대출 기관, 채무자들의 속임수가 만연해지면서 결국

라이어론[Liar Loan]이라는 대출 기관이 차용증을 요구하지 않은 주택담보 대출까지 생겨났다. 2005년에 모기지 브로커인 마이크 몰덴[Mike Molden]은 "햄 샌드위치가 일자리를 가지고 있다면 나는 샌드위치로도 주택대출을 받을 수 있다"고 말했다.[11] 모기지 대출을 받기 위해서는 어떤 생명체가 맥박이 뛰거나 '거울에 수증기가 서리게' 할 수 있을 정도의 호흡만 가능해도 충분했다. 심지어 오하이오에서는 23명의 사망자에게도 신규 대출이 승인되기도 했다.

대출 규모를 유지하고 늘리기 위한 목적의 인센티브는 신용의 질을 떨어뜨렸다. 브로커들은 모기지 대출 규모에 근거해 선수금을 받았다. 일반적으로 모기지 대출금의 1~2퍼센트가 선수금이었다. 브로커들은 고금리로 대출을 내줄 경우 '수익률 스프레드 프리미엄[YSP : Yield Spread Premium]'도 받았다. 시장금리가 9퍼센트인데 브로커가 9.5퍼센트나 10.25퍼센트 금리의 대출을 물어오면 각각 1퍼센트와 2퍼센트의 추가 수수료를 받았다. 그 결과 채무자가 더 나은 조건으로 일반적인 모기지 대출을 받을 수 있는 지역에서조차 서브프라임 대출의 비중이 커졌다.

컨트리사이드 같은 대출 기관들의 유일한 관심은 성장이었기 때문에 이들은 대출을 더욱 늘려나갔다. 이 회사의 한 직원이 'FUNDEM'이라고 적힌 번호판을 붙인 자동차를 몰고 다니자 신참 동료가 그에게 그 의미를 물었다고 한다. 그러자 그 직원은 2006년도 컨트리와이드의 성장 전략으로서 '모든 대출을 내주자[Fund All Loans]'라는 뜻의 줄임말이라고 알려줬다. 대출 신청자가 일자리나 자산이 없을 경우에도 컨트리와이드의 대답은 늘 똑같았다. "그들에게 대출을 내주자."[12]

모기지 대출에 투자한 사람들을 제외하고는 아무도 채무자의 대출 상환 능력을 확인하려고 들지 않았다. 투자자들조차 더 높은 수익을 추구했기 때문에 신용 등급이 낮은 사람들에게 대출이 나가는 것을 장려했다.

투자자들은 신용평가사들에게 의존했고, 신용평가사들은 대출의 품질을 확인하기 위해 은행과 브로커, 기타 다양한 제3자들에게 의존했다. 은행 등 차입기관은 신용평가사들에게 의존했고, 브로커들은 그들의 대출을 사는 은행과 증권을 사는 투자자들에게 의존했다. 모든 사람들이 자신이 맡은 일을 하기 위해 다른 누군가에게 의존한 셈이다.

자동화된 모기지 대출 승인 모형과 ABS 품질 평가를 위한 등급 모형은 모기지시장의 변화, 특히 대출의 품질 저하를 무시한 역사적 데이터에 의존했다. 상식이라는 것이 따로 없었기 때문에 똑똑한 사람들은 위험성이 낮다는 사실을 증명해 사람들을 설득하기 위해 모형과 역사적 데이터를 사용했다.

2004년에 서브프라임 대출은 미국 주택 소유율을 69.2퍼센트로 높이는 데 일조했다. 10년 전 1994년의 주택 소유율은 64퍼센트였고, 1997년과 2006년 사이 전반적으로 주택 수요가 늘어나면서 집값이 평균 2배로 뛰었다. 2006년 말이 되자 미국 평균 집값은 일반 가구 소득의 4배에 이르렀다. 역사적으로 이 비율은 2배 내지는 3배 정도에 머물렀다. 집값이 상승하자 미국인들은 덜 저축하고 더 빌렸다. 미국 가구의 모기지 대출금이 GDP에서 차지하는 비중은 1990년대에는 50퍼센트 미만이었지만 2008년에는 73퍼센트로 늘어났다.

집값이 상승하자 정책적 지원으로도 일반 사람들이 집을 소유하기 힘들게 되었다. 채무자들은 집을 사기 위해 값비싼 창조적인 모기지 대출에 의존할 수밖에 없었다. 결과적으로 팔리지 않은 집이 생겨났고 대출금이 감당할 수 없는 수준으로까지 치솟았다. 그러자 2006년 중반부터 미국의 집값이 하락하기 시작하면서 주택 소유자들은 감당하기 어려운 수준의 부채를 짊어지게 되었다. 주택 소유율도 하락하기 시작했다.

2006년에 새크라멘토에 거주하는 24세의 웹 디자이너인 케이시 세린Casey Serin은 220만 달러를 빌려서 5개월 만에 7채의 집을 샀다. 그는 예금이 없었음에도 서류가 필요 없는 대출을 받으면서 자신의 소득을 속였다. 결국 2007년에 그가 샀던 집 중 3채는 주인이 바뀌었고 다른 집들은 압류 위기에 처했다. '나는 압류 위험에 처했어요'라는 뜻의 이름을 가진 세린의 웹사이트인 'www.Iamfacingforeclosure.com'은 서브프라임 모기지시장의 과잉을 나타내는 상징이 되었다. 가난한 사람들에게 돈을 빌려준 것이 문제가 아니라 돈을 잘못 빌려준 것이 문제였다.

10장 위험한 슈퍼마켓

1930년 8월 4일에 마이클 컬렌(Michael Cullen)은 박리다매(薄利多賣) 전략을 실천에 옮기기 위해 뉴욕 시 자메이카 퀸스에서 최초의 슈퍼마켓인 킹컬른(King Kullen)의 문을 열었다. 킹컬른의 마케팅 구호는 "높게 쌓고, 싸게 팔자"였다. 은행들은 이 슈퍼마켓과 유사한 금융 슈퍼마켓으로서, 파생상품으로 알려진 별개의 꾸러미로 위험을 포장하기 시작했다.

파생상품 자체에는 내재가치가 없다. 파생상품은 주식, 채권, 상품 혹은 통화 같은 기초 금융자산으로부터 가치를 빼온다. 파생상품은 자산 가격 변동에 따른 위험을 헤지할 수 있게 해준다. 피터 번스타인은 "현대와 과거 사이의 경계를 정의하는 혁명적인 생각은 위험의 정복이다. 이는 미래는 신의 변덕과는 차원이 다르며, 남성과 여성들은 자연 앞에서 수동적이지 않다는 인식이다"라고 말했다.[1] 위험을 관리하기 위한 도구로서 파생상품들의 정복은 새로운 금융의 시대를 정의했다. 파생상품은 금융 연금술의 '궁극'에 해당됐다. 파생상품을 보유한 사람들이 돈을 통제하고 규정할 수 있는 강력한 마술 반지나 다름이 없었다.

파생상품을 주의하라

파생상품은 가격보증과 가격보험 시스템이다. 선도Forwards 내지는 선물Futures 계약은 미래의 약정 기일 내지는 기간에 어떤 것을 매매할 수 있는 가격을 보증한다. 구리 가격이 상승하면 구리 광산회사는 구리를 팔아서 더 많은 돈을 벌게 되고, 반대로 구리 가격이 내려가면 더 적은 돈을 벌게 된다. 광산회사가 구리의 미래 가격을 보증하고 싶다면 알려진 가격으로 합의된 날짜에 구리 선도 계약을 팔 수 있다.

옵션은 가격보험을 제공한다. 광산회사는 선도 계약을 매도함으로써 예상했던 구리 가격보다 가격이 더 올라서 얻을 수 있는 잠재적인 이익을 포기한다. 대신에 구리 가격 하락으로부터 보호해주는 풋옵션Put Option을 살 수 있다. 구리 가격이 하락한다면 풋옵션은 미래 특정일의 실제 시장 가격과 합의된 가격(행사 가격Strike Price) 사이의 차이만큼을 지급해주기 때문에 광산회사가 입은 손실을 보상해준다. 가격이 합의된 행사 가격보다 오를 경우 옵션을 행사하지 않아도 되고 광산회사는 구리 가격 상승으로 수혜를 얻는다. 광산회사(옵션의 매수자)는 풋옵션을 사기 위해 보험 제공자(옵션 매도자)에게 비용(프리미엄)을 지급한다. 콜옵션Call Option은 소정의 비용을 내면 구리 가격이 올라갈 때 구리 구매자에게 향후 특정일에 구리의 실제 시장 가격과 합의된 가격 간 차이만큼을 지급해줌으로써 가격 상승으로부터 구매자를 보호해준다.

이처럼 파생상품들은 많은 특징을 가지고 있는데, 이 특징들이 파생상품을 더욱 매력적으로 만들어준다. 구리 광산회사가 가격보증이나 보험 서비스를 제공해주는 곳에 실제로 구리를 전해주는 것은 아니지만 계약이 체결된 시기 이후의 가격 변화에 기초해 현금으로 결제한다. 광산회사는 구리 가격이 하락하면 가격을 보증해준 곳으로부터 잃어버린 수익만큼의 돈을 지급받고, 반대로 구리 가격이 상승하면 늘어난 이익으로 돈을 지급한다. 구리 광산회사가 가격보험을 산다면 구리 가격이 떨어질 때만 돈을 받게 된다. 현금 결제는 구리 매매 포지션이 없는 트레이더들이 예상되는 가격 변화를 자신들에게 유리하게 이용할 수 있게 만든다.

트레이더들은 파생상품을 이용해 실제로 돈을 투자하고 자산을 매입하지 않고도 미래 가격 변화에 베팅할 수 있다. 그들은 현금 1,000만 달러를 주고 주식을 사기보다는 그 주식들에 대한 총수익 스왑 TRS : Total

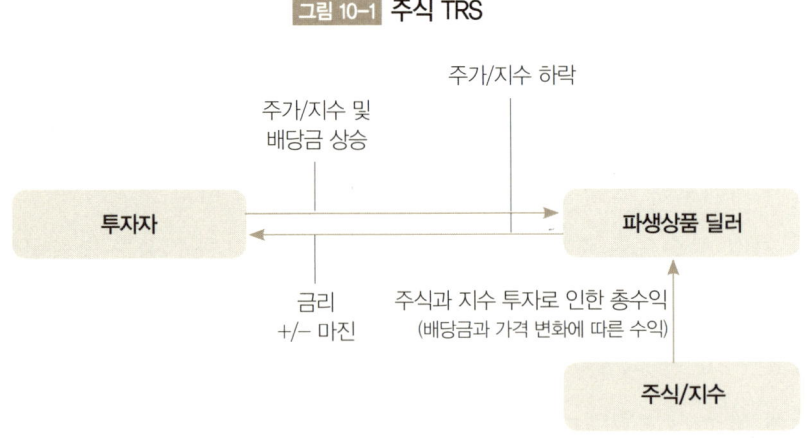

그림 10-1 주식 TRS

Return Swap이란 파생상품을 살 수 있다(〈그림 10-1〉 참조). 트레이더는 주식을 보유함으로써 내야 하는 돈(주가 하락으로 인한 손해와 딜러의 펀딩 비용) 대신에 주식 투자 수익금(배당금과 가격 상승으로 인한 수익금)을 받는다. TRS는 딜러가 요구하는 담보(일반적으로 주식을 사는 데 필요한 돈) 외에는 다른 자금이 필요없다. 트레이더는 주식 매수와 같은 투자 노출 위험을 얻지만 레버리지를 통해 수익과 위험을 높인다.

파생상품 계약은 르네상스 시대에 처음 생긴 회계 기준으로도 설명하기 힘들다. 파생상품의 모든 지급은 미래에 일어나므로 부외거래에 해당하기 때문이다. 이러한 특별한 성격 때문에 투자자들은 파생상품을 이용해 회계 규정, 투자 규정, 증권 및 세제 문제 등을 피해갔다.

입자 금융

사람들이 단순히 위험을 헤지하는 세상에서 거래되는 파생상품은 투자 규모는 같아도 가격 변동에 포지션을 반대로 잡은 거래 상대방이 필요하다. 예를 들어 앞서 나왔던 구리 광산회사는 더 높은 구리 가격에 노출되어 있는 전자제품 제조업체와 거래할 수 있다. 투자 규모는 같지만 포지션이나 미래 가격 움직임에 대한 관점이 반대인 사람을 항상 찾을 수 있는 것은 아니기 때문에 은행들은 점점 더 파생상품 공급을 늘렸다. 은행들은 블랙-숄즈 옵션 가격결정 모형을 사용해 기초 자산 거래를 함으로써 위험을 관리했고, 끊임없이 다양한 파생상품들을 만들었다.

소설 『바빌론의 복권 The Lottery of Babylon』에서 저자 호르헤 루이스 보르헤스 Jorge Luis Borges(1899~1986년)는 "어떤 결정도 최종적이지 않고 모두 다른 결정들로 파생되어 나가는" 무한한 세분화로부터 생기는, 무한한 조합들이 생기는 세상에 대해 묘사했다.2) 파생상품은 점점 더 바빌론의 복권을 닮아갔다. 물질과 마찬가지로 금융상품들은 이제 위험 입자들로 쪼개진 후 파생상품들을 사용해 마음대로 재구성되었다. 복잡한 파생상품들이 위험을 크게 나누고 곱할수록 파생금융은 점점 더 복잡해졌다.

일명 퀀트 Quant로 불리는 금융전문가들(이들은 월가의 물리학자들 POW : Physicists on Wall Street이라고도 불렸다)3)은 가끔 이해하기조차 힘든 파생상품들도 만들었다. 예를 들어 최대 수익률 Cap, 최소 수익률 Floor, 칼라 Collar라고 불리는 여러 다른 옵션 유형과 조합, 스왑이 그것들이다. 그 밖에도 키코 Knock-In, Knock Out(기업과 은행이 환율 상하단을 정해놓고 그 범위 내에서 지정환율로 외화를 거래하는 상품 - 옮긴이), 디지털 옵션 Digital Option(기초 자산가격이 옵션 계약 당사자 간에 정한 수준이 되면 미리 정해진 이익을 얻고, 기초 자산가격이 미리 정해진 가격 이상으로 올라가더라도 정해진 수준 이상의 이익을 얻을 수 없는 옵션 거래 유형 - 옮긴이), 원터치 옵션 One-Touch Option(기초 자산가격이 미리 설정한 수준에 도달하거나 돌파하면 이익을 내는 이색 옵션 - 옮긴이), 무지개 옵션 Rainbow Option(2개 이상의 기초 자산으로 손익 구조가 결정되는 옵션 - 옮긴이), 콴토 옵션 Quanto Option(옵션의 기초 자산을 구성하는 통화와 실제로 결제되는 통화가 다른 옵션 - 옮긴이) 등 이국적인 옵션들이 많았다. 대부분의 파생상품들은 금리, 채권, 통화, 주식 혹은 상품과 관련됐다. 또한 인플레이션, 경제 통계학, 부동산 가격, 화물 운임률, 재난 위험(허리케인과 지진),

날씨 등과 관련된 파생상품들도 있었으며, 기후변화에 맞서 싸우는 방법으로서 배출 파생상품도 만들어졌다.

고전적인 물리학 법칙이 양자준위를 바꿔놓았듯이 금융 규칙들은 파생 수준에 따라 다르게 작동한다. 입자 물리학은 상상할 수 없을 정도의 가공할 만한 무기를 창조하기도 했다. 핵무기와 마찬가지로 파생상품은 오랜 세기 동안 이어진 지적 노력의 산물이었다. 2002년에 오마하의 현인으로 불리는 워런 버핏은 파생상품을 가리켜 "그것을 다루는 당사자들과 경제 시스템 모두에게 시한폭탄"이라고 묘사했다. 그는 "우리 시대에 파생상품은 지금은 잠복해 있지만 잠재적으로 치명적인 위험을 수반하는 금융 부문의 대량학살 무기"라고 덧붙였다.[4]

이제 파생상품은 점점 더 투기를 위해 위험을 거래하도록 허용했다. 위험이나 투자 관리에 익숙한 곳에서조차 파생상품은 점점 더 의도하지 않은 결과의 새로운 위험들을 소개했다.

하버드대학조차 당하다

매사추세츠 주 케임브리지에 소재한 하버드대학의 27대 총장인 로렌스 서머스 전 재무장관은 캠퍼스 확장과 관련한 중대한 계획을 발표했다. 하버드대학 경제학 박사이자 1982년부터 종신 교수로 일해온 서머스는 세계은행 수석 경제학자를 지냈고, 클린턴 정부 때는 재무장관으로도 활약했다. 그는 2004년에 예술과학 교수들에게 "교수진이 직면했던 한 가지 실질적인 한계는 상상력의 한계였다"라고 말했다.[5]

사실 하버드의 재정 여건은 매우 건실했다. 앞서 10년 동안 하버드는 226억 달러의 기부금을 가지고 매년 16퍼센트의 투자 수익을 올리고 있었다. 캠퍼스 확장에 필요한 자금 조달을 위해 대학 측은 2008년에 18억 달러를 시작으로 2020년까지 추가로 5억 달러의 자금을 조달할 계획으로 채권을 발행했다. 2004년 12월에 하버드는 역사상 최저 금리로 금융 비용을 낮추기 위해 23억 달러 규모의 금리 스왑 계약을 체결했다.[6] 하버드는 '헤지'라는 예산상의 확실성을 획득했다.

2008년에 신용시장이 경색되고 중앙은행들이 금리를 내리자 문제의 스왑은 손실을 입었다. 하버드가 현재의 시장금리보다 더 높은 금리를 지급하도록 계약을 맺었기 때문이다. 계약의 가치가 급락하자 하버드는 은행들에 돈을 물어줄 수밖에 없었고, 하버드의 기부금 펀드의 가치도 30퍼센트나 급락했다. 기부금 펀드는 가치가 정점이었을 때 360억 달러까지 이르렀다가 260억 달러로 줄어들었다. 하버드의 현금 계좌가 현재의 비용 손실인 18억 달러를 물어주는 데 동원됐다. 손실을 줄이려는 목적으로 하버드는 스왑을 끝내기 위해 돈을 차입했고, 2009년에 11억 달러짜리 금 스왑 계약을 취소하기 위해 은행들에 4억 9,800만 달러를 지급했다. 하버드는 또한 7억 6,400만 달러의 추가 스왑을 상쇄하기 위해 향후 30~40년 동안 4억 2,500만 달러를 지급하기로 합의했다. 하버드는 직원 임금을 동결하고, 감원을 실시하고, 확장 계획을 포함한 지출 계획을 줄이는 등 긴축 조치를 단행했다. 이처럼 스왑 계약 때문에 하버드는 유동성 위기에 빠졌고, 서머스를 포함해 그 누구도 이러한 일이 일어날 줄은 상상조차 하지 못했다.

로버트 루빈Robert Rubin과 앨런 그린스펀과 더불어 서머스는 미국의 선물거래위원회Commodity Futures Trading Commission가 1998년에 금리 스왑을 포함한 장외 파생상품을 규제하려는 시도를 무산시키는 데 중요한 역할을 한 바 있었다. 그런데 2009년에 오바마 정부에서 백악관 국가경제회의NEC : National Economic Council 의장을 맡자 서머스는 "미국 국민을 보호하기 위해서"라는 명분을 앞세워 파생상품 시장 규제를 추진했다.

파생상품의 위험

그러나 실적 목표를 맞춰야 한다는 끊임없는 압력에 직면한 미국의 기업들은 실적을 끌어올리기 위해 점점 더 이러한 투기적 거래에 의존했다. 세계화는 무역 장벽을 낮췄고, 경쟁을 확대하고, 기업들의 이익마진을 축소했다. 그런데 이처럼 줄어든 이익마진조차도 외환, 금리, 상품 시장의 변동성 확대로 인해 사라지는 경우도 있었다. 심지어는 하룻밤 만에 모든 것이 날아가기도 했다. 이제 기업들은 그들이 손쉽게 뭔가를 얻을 수 있다는 믿음에 사로잡혀 복잡한 파생상품 시장에 진출했다. 그러나 일이 틀어졌을 때 은행들은 손실을 숨기면서 파생상품 거래를 정리했고, 거래 당사자들은 일이 완전히 틀어질 때까지 파생상품 거래가 헤지 수단인 척했다.

2008년에 많은 국가의 수출업체들이 대규모 환 손실을 입었다. 기업들은 수출 대상 국가인 유럽과 북미로부터 달러로 결제 대금을 받았는데, 이 돈을 자국 통화(한국의 원, 일본의 엔, 타이완 달러, 중국 위안 혹은 인도 루피 등)로 환전해야 했다. 그런데 달러 가치가 하락할 경우 수출업체들은 자국 통화 기준으로 매출이 감소하기 때문에 손해를 볼 수밖에 없었다. 이러한 상황에 2007년부터 달러가 하락하면서 헤지가 안 된 상태에서 달러를 받은 수출업체들 사이에서 공포감이 조성됐다.

예를 들어 엔을 운영 통화로 사용하는 일본 수출업체가 수출로 100만 달러의 수입을 올렸다고 가정해보자. 이 업체는 '1달러=100엔' 환율 기준으로 예산을 짰기 때문에 100만 달러의 수입을 1억 엔의 수입으로 간주했다. 그런데 달러가 90엔으로 하락할 경우(달러 평가절하 내지는 엔의 평가절상) 수출업체의 수입은 9,000만 엔으로 줄어든다. 즉 당초 생각했던 것의 10퍼센트인 1,000만 엔을 손해보는 것이다. 수출업체는 달러를 현재 시장 가격인 90엔보다 좋은 95엔(이 경우 수입은 9,500만 엔이 된다)에 팔기로 은행과 헤지 계약을 체결해놓는다. 이 수준에 팔아도 수출업체는 여전히 이익을 얻으므로 업체는 엔의 가치가 달러당 85엔 위로 올라가지 않는다는 조건하에 달러당 95엔으로 환전할 수 있는 권한을 갖고, 85엔 위로 올라가면 계약이 소멸되기로 했다고 치자. 이는 환율이 일정 수준에 도달하면 권리가 소멸되는 녹아웃Knock-Out 옵션 때문이다. 엔의 가치가 달러당 100엔 아래로 떨어질 경우 수출업체가 환율이 일정 수준에 도달할 때 권리가 발생하는 조건을 가진 녹인Knock-In 옵션 계약을 맺어뒀다면 은행에 달러당 100엔의 2배에 달하는 달러(200만 달러)를 팔아야 할 수도 있다.

2007년에 일본 수출업체들은 시장 환율보다 더 나은 조건에 달러를 팔았지만 대규모 손실을 입을 위험도 있었다. 업체들은 달러 약세보다 달러 강세를 대비해 2배 규모의 보험을 든 상태였기 때문에 엔이 크게 강세를 보인다면 수출업체들은 가장 헤지가 필요한 시기에 헤지를 하지 않은 것이나 다름없는 상황이었다.

2008년 초에 미국 투자자들은 손실을 만회하기 위해 해외에서 번 돈을 자국으로 송금했고, 이로 인해 달러 가치가 급격히 올라가면서 녹인 옵션 조항이 발동됐다. 결국 수출업체는 은행에 2배의 달러를 팔 수밖에 없었다. 수출업체들이 달러를 보유하고 있다면 달러를 나쁜 조건의 환율로 팔았다. 일부는 글로벌 금융위기로 인해 수출이 감소한 탓에 충분한 달러를 갖고 있지 못했거나 원래 받기로 계약했던 것보다 미리 더 많은 달러를 팔았다.

결국 한국, 타이완, 중국, 필리핀, 인도, 동유럽, 남미를 포함해 적어도 12개 국가에서 활동하는 최대 5만 개 기업들이 많게는 5,300억 달러의 손실을 입었다.[7] 멕시코의 시멘트 생산회사인 시멕스(Cemex)는 이러한 환 파생상품 계약으로 인해 5억 달러의 손해를 입었다고 밝혔다.

멕시코 제3위 슈퍼마켓 운영회사인 컨트롤라도라커머셜멕시카나(Controladora Comercial Mexicana) SAB는 환 파생상품 계약으로 인해 11억 달러의 손해를 본 후 파산 신청을 했다.

홍콩의 시틱퍼시픽(Citic Pacific)은 호주달러까지 포함해 19억 달러의 파생상품 계약 손실을 입었다고 발표했고, 결과적으로 이 회사의 대주주인 중국 최대 국영 투자회사인 시틱그룹(Citic Group)이 시틱퍼시픽을 살리기 위해 추가 자본을 투입했다. 시틱퍼시픽은 환율 위험을 헤지하고 있었다고 주장했다. 이 회사의 상무이사인 헨리 판(Henry Fan)은 영국의 「파이낸셜 타임스」지와의 인터뷰에서 자신은 당시 사건으로 충격을 받았다며 "내가 레슬리(시틱퍼시픽의 그룹 재무 담당자인 레슬리 창(Leslie Chang – 옮긴이))에게 어떻게 이런 일이 일어날 수 있는지를 묻자 그는 하강위험

10장 위험한 슈퍼마켓　275

평가를 소홀히했다"는 답을 들었다고 밝혔다. 이는 평범한 상식 부족에서 초래된 문제였다.

호주의 록밴드 더 디비닐스_{The Divinyls}의 보컬리스트인 크리스티나 앰플렛_{Christina Amphlett}은 교복을 입고 망사 스타킹을 신은 채 기쁨과 고통의 미묘한 차이를 노래했는데, 투자자들에게 있어 투자와 투기 사이의 차이는 이보다 더 미묘했다.

소득 감소와 퇴직 시 저축 예금이 부족할 것을 걱정하는 개별 투자자들은 더 높은 수익을 좇기 시작했다. 그들은 예상되는 은퇴 후 지출에 대비하는 차원에서 레버리지를 통해 수익을 늘리고자 복잡한 파생상품에 의존했다. 이러한 파생상품에 대해 잘 모르는 투자자들조차 은행 예금보다 약간이라도 더 높은 수익을 올릴 수 있다는 기대감에 파생상품에 관심을 갖기 시작했다. 그러나 실제로 이런 상품들은 상당한 고위험이 수반되는 위험하면서도 복잡한 상품들이었다.

그리스가 한 거래

1990년대에 일본 기업들과 투자자들은 손실을 숨기기 위해 파생상품을 사용하는 데 앞장섰다. 이런 관행은 '날리다'라는 뜻을 가진 일본어 동사 토바스_{とばす}에서 유래된 '토바시'라고 불렸다. 이후로 수많은 유럽 국가들이 파생상품을 이용해 차입 사실을 숨겼다.

금리와 통화 스왑 같은 파생상품들은 일반적으로 자산의 현금 흐름이나 차입금의 성격과 흐름을 바꾸기 위해 사용됐다. 금리 스왑이란 금리 상품의 가격 변동성으로 인한 손실을 보전하기 위해 금융 기관들끼리 고정금리와 변동금리를 일정 기간 동안 상호 교환하기로 약정하는 거래를 말하는데, 이때 원금은 바꾸지 않고 서로 이자 지급 의무만 바꾼다. 또 통화 스왑이란 거래 당사자들 간에 거래 시작 시 서로 다른 통화로 표시된 원금을 교환하고, 일정 기간 동안 그 원금에 대해 계약 시점에 미리 정한 이자 지급 조건으로 이자를 교환한 다음 만기 시 계약 시점에 미리 약정한 환율로 원금을 재교환하는 거래를 말한다.

2008년에 그리스는 부채를 숨기기 위해 골드만삭스와 일련의 거래를 한 것으로 드러났다. 이에 앞서 학자인 구스타보 피가$^{Gustavo\ Piga}$는 이탈리아로 추정되는 한 유럽 국가가 파생상품을 사용해 그리스와 유사한 분식결산$^{Window\ Dressing}$을 한 사실을 알아냈다.

1996년 12월에 이탈리아는 엔화 평가절하로 차익을 얻기 위해 2,000억 엔(당시 160억 달러)에 달하는 기존 채권에 통화 스왑 계약을 걸어놨다. 임의$^{Off-Market}$금리로 체결된 이 스왑 계약을 통해 이탈리아는 불리한 환율을 받아들이는 대신 현금을 받았기 때문에 실제로는 빚을 진 것이나 마찬가지였다. 이탈리아는 받은 돈을 적자를 줄이는 데 사용함으로써 유럽연합이 마스트리흐트 조약$^{Maastricht\ Treaty}$(유럽의 정치 통합과 경제·통화 통합을 위한 유럽통합조약 – 옮긴이)에 따라 정한 GDP의 3퍼센트 미만이란 적자 목표를 달성하는 데 도움을 받았다.

그리스도 외채 발행을 할 때 이와 비슷한 임의 외환 스왑을 사용했다. 그리스가 맺은 스왑은 만기 15~20년 사이로 100억 달러 가까운 개념적 원금을 받는 것이 목적이었다. 그리스는 받은 자금으로 2001년에 107퍼센트였던 GDP 대비 부채 비율을 2002년에 104.9퍼센트로 낮추고, 이자 지급 금리도 같은 기간 동안 7.4퍼센트에서 6.4퍼센트로 낮췄을지도 모른다. 그런데 스왑 계약하에서 그리스의 장래 지급 의무는 그리스의 미래 부채로 보고되지 않았다.

딜러들은 클라이언트들이 파생상품을 사용해 위험을 헤지하거나 아니면 반대로 더 많은 위험을 무릅쓰도록 도우면서 돈을 벌었다. 고객들은 또한 딜러들에게 위의 사례처럼 규제의 허점을 이용할 수 있는 구조를 알려준 데 대해 거액의 돈으로 보상했다. 골드만은 그리스를 도와주는 대가로 3억 달러 정도를 받은 것으로 알려졌다.

미친 사람들의 게임

많은 금융 혁신들은 위험이나 레버리지를 숨기고, 투자자들을 혼란스럽게 만들고, 투명성을 낮추기 위한 목적으로 설계됐다. 투자상품을 이해하고 분석하기 어렵도록 복잡함이 동원되었고, 트레이더들이 과도한 이윤을 챙기도록 상품 가격이 비효율적으로 설정되었다.

워런 버핏은 한때 "파생상품 계약은 인간의 상상 혹은 가끔은 미치광이들의 상상에 의해서만 제한을 받는 것 같다"라고 꼬집었다.[8]

엘리자베스 워런 Elizabeth Warren 하버드대학 교수는 제약산업에서 혁신가들은 한때 고객들이 제품을 잘 이해하지 못한다는 사실을 악용해 효과가 없는 제품과 기술적인 속임수 마케팅 방법을 써서 엄청난 부당이익을 올렸다고 지적했다. 미국 식품의약국 FDA : Food and Drug Administration 은 더 안전하고 효과적인 약품과 치료법 육성을 지원하기 위해 공시 규정을 개발했다. 그러나 복잡한 파생상품들과 이해하기 힘든 구조, 약삭빠른 영업 관행들은 비교적 규제를 덜 받았다. 워런 교수는 복잡함은 '기만의 시녀'라고 주장했다.[9]

하지만 시간이 지나면서 파생상품의 유혹에 빠진 딜러들은 자기 돈을 걸고 파생상품을 직접 거래하기 시작했다. 최면에 걸린 사람들처럼 딜러들은 불법적이고 중독성이 강한 파생상품이 주는 즐거움에 탐닉했다. 그들은 17세기 프랑스 작가 프랑수아 드 라 로슈푸코François de La Rochefoucauld(1613~1680년)가 했던 "우리는 다른 사람들에게 우리의 정체를 숨기는 데 너무 익숙해져 있는 나머지 결과적으로 우리 자신을 속이게 된다"라는 경고를 듣지 못했던 것이다.

파생상품 전문가들, 특히 퀀트들은 과학적·수학적으로 위험을 정밀하게 예측할 수 있다는 우아한 비전에 매료되었다. 영국 작가인 G. K. 체스터턴Chesterton(1874~1936년)이 했던 말 그대로였다. 체스터턴은 이렇게 말했다. "우리가 사는 세상의 진정한 문제는 세계가 실제보다 조금 더 수학적이고 규칙적으로 보인다는 데 있다. 세상의 정밀성은 분명히 드러나지만 비정밀성은 감춰져 있다. 그리고 세상의 야생성은 숨어서 기다리는 중이다."[10]

소시에테제네랄

소시에테제네랄Société Générale(이하 SG)은 프랑스 일류 은행으로서 이 은행의 이름은 복잡한 최첨단 파생상품과 동의어나 마찬가지였다. 2008년

1월 24일에 SG는 에쿼티 파생상품 거래로 인해 59억 유로의 손실을 입었다고 발표했다. 「파이낸셜 타임스」 지는 칼럼을 통해 SG는 '쇼크젠SchockGen'이라고 꼬집었다.

SG의 선물 파트 트레이더인 제롬 커비엘Jerome Kerviel은 다우존스 유로스톡스50, 독일의 닥스DAX, 영국의 FTSE100 시장에서 파생상품 계약을 이용해 주식에 투자했다. 그가 본래 맡았던 일은 위험을 최소화하기 위해 다른 은행들과 포지션을 절충하면서 고객들을 상대로 매매 행위를 하는 것이었다. 그런데 결과적으로 그는 500억 유로어치의 주식 매입을 숨기기 위해 허위 거래를 만들면서 포지션을 맞춰놓지 않았다.

SG의 본사가 있는 묘지와 인접해 있는 현대 파리의 비즈니스 지구인 라데팡스의 프로이센이라는 이름은 프랑스 전쟁 도중 파리를 지켜낸 군인들을 칭송하는 1884년 성명을 따라서 지어졌다. SG의 대외 홍보팀도 피해를 통제하기 위해 파리를 지켜내려는 군인들처럼 결의에 찬 태도로 은행을 지켜냈다. 그들은 커비엘을 가리켜 숨기는 데 특별한 재주가 있는 '슈퍼 악인'이라고 주장했다. 그가 SG의 영업 활동에 대해 알고 있는 지식을 바탕으로 파생상품과 위조 서류들을 이용해 포지션을 교묘히 숨겼다는 것이다. 그러나 진실이 드러나면서 SG의 이런 변명은 신뢰를 잃었다.

SG는 매매 포지션들 사이의 차이인 '순Net' 포지션에만 신경을 썼기 때문에 대규모 포지션을 감지하지 못한 것이다. 커비엘이 취한 포지션들이 감시망을 벗어났던 이유는 트레이더들의 가짜 포트폴리오가 실제 포트폴리오와 균형이 맞아 순 포지션이 없어 위험이 존재하지 않는다는 인상을 주었기 때문이다. 포지션을 취할 경우 SG는 거래를 지원하기 위해 현금을 제공해야 했다. SG는 선물 계약 기간 중에 선물 가격 변화에 따른 추가 증거금 납부를 요구하는 마진콜 Margin Call 의 규모를 눈치 채지 못했다. 유럽 파생상품 거래소인 유렉스 Eurex 는 실제로 SG가 특정 포지션과 현금의 움직임을 개별 트레이더들에게 연계해 볼 수 있게 해주는 상세한 데이터를 보내주었다. SG는 이 정보를 수용하지 못한 것이다.

2006년 6월과 2008년 1월 사이에 커비엘의 거래에 대해 90여 차례가 넘는 내부 감사가 진행되었다. 변칙적 거래에 대한 커비엘의 설명은 여러 가지로 의문점이 포착되었음에도 불구하고 추가 조사 없이 수용되었다. 2007년 말에 유렉스가 커비엘이 한 거래를 조사했다. SG는 조사에 응했지만 이 조사가 '기술적인 것'에 불과하다고 생각했다. 대니얼 부통 Daniel Bouton SG CEO는 시간당 80마일로 달릴 수 있는 SG의 파생상품 사업부가 사실은 시간당 130마일로 달리고 있었다는 사실을 인정했다.

사악한 커비엘

은행이 대규모 거래 손실을 입을 때마다 항상 비난의 화살은 악덕 트레이더에게로 돌아갔다. 1995년에 베어링스은행 Barings Bank 을 파산시킨 주인공 닉 리슨 Nick Leeson 은 에쿼티 거래를 하다가 8억 6,000만 파운드의 손실을 냈고, 1996년에는 일본 스미토모은행 Sumitomo Bank 의 하마나카 야스오가 구리 거래를 하다가 18억 달러의 손실을 냈다. 또 2006년에 브라이언 헌터Brian Hunter는 헤지펀드인 아마란스Amaranth에서 천연가스 거래를 하다가 60억 달러를 잃기도 했다. 이처럼 SG의 실패 교훈이 계속해서 되풀이됐지만 역사상 최대 규모의 파생상품 거래를 막을 수는 없었다.

은행들은 위험 감수와 투기로부터 얻은 이익이 현대 금융의 핵심이라는 것을 인정하고 싶어 하지 않는다. 2007년에 SG의 기업투자은행이 벌어들인 이익의 약 35퍼센트는 고객이 낸 돈과 은행 자체 계좌에 있던 돈을 바탕으로 한 거래에서 나왔다. 경쟁 은행들과 마찬가지로 SG는 공격적인 위험투자와 트레이더들 사이에서의 경쟁을 장려하고 허용했다.

호주국립은행NAB : National Australia Bank은 외환 거래를 하다가 수억 달러의 손실을 입었는데, 당시 이 사건의 재판을 맡았던 조프 체틀Geoff Chettle 판사는 2명의 전직 트레이더들에게 형을 선고하면서 트레이더들이 무소불위의 권력을 가진 것처럼 보이는 문화를 간파했다. NAB의 트레이딩 팀원들은 자신들이 '역사상 최고의 트레이더들'이라고 생각했다. 판사는 "NAB에는 수익 추구가 도덕적이라고 생각하는 문화가 팽배해 있다. 당신들은 당신들이 정한 예측과 목표를 맞추기 위해 위험을 감수해야 했다. 당신들은 계속해서 경력을 유지하기 위해 성공해야 했다"라고 말했다.11)

리슨과 마찬가지로 커비엘은 악인과는 거리가 먼 듯해 보였다. 프랑스 일류 대학을 졸업한 상당수의 SG 트레이더들과는 달리 커비엘은 2류 대학에서 공부했다. 리슨과 마찬가지로 그는 거래를 지원해주기 위해 SG에 들어왔다가 2005년에 후선 업무를 하던 중 주니어 트레이더로 승진하는 이례적인 기록을 남겼다.

본래 맡았던 일은 위험이 적었지만 커비엘은 주식의 움직임에 베팅하기 위해 여러 포지션들을 취하기 시작했다. 그는 무허가 거래가 광범위하게 퍼져 있었고, 그로 인해 돈을 버는 것이 묵인됐다고 주장했다. 2007년 12월 말에 그가 취했던 포지션은 20억 달러의 이익을 올렸지만 이후 시장 상황이 돌변하면서 이익은 손실로 바뀌었다.

커비엘은 탐욕스럽지 않았다. 다만 30만 유로의 보너스를 받고 싶었고, 특별한 능력을 가진 트레이더로서 인정받기를 원했다. 후에 그는 이렇게 말했다. "커비엘이 가진 힘이 무엇인지를 보여주고 싶었다. 그런데 이런 일을 하다 보면 돈의 규모에 대한 감각을 잃게 된다. 즉 돈에 둔감해진다."[12]

SG는 최첨단 계량 금융공학에 의존하던 프랑스 은행들의 이미지에 먹칠을 했다. 그럼에도 불구하고 2007년 5월에 프랑스 중앙은행인 프랑스은행Banque de France의 크리스천 노이어Christian Noyer 총재는 프랑스의 은행들이 가진 파생 기술에 대해 칭찬하기도 했다. 그는 "파생상품 분야에서 프랑스가 가지고 있는 전문 지식은 금융 분야에서 성공을 이루는 데 핵심인 수학과 금융에 대한 확실한 교육과 대학 수준의 인재들을 통해 가능하다"라고 말했다.[13]

파생상품이 가진 위험

2009년 1월에 전 세계 파생상품 시장 규모는 605조 달러에 이르렀다. 20년 전만 해도 이 규모는 10조 달러에 미치지 못했다. 이 규모는 약 550억~600억 달러에 달하는 전 세계 GDP와 비교할 때 훨씬 높은 수준이다. 저자 리처드 던컨(Richard Duncan)이 지적했듯이 2008년 6월에 정점에 도달한 전 세계 파생상품 시장(760조 달러)은 "이전 20년 동안 지구상에서 생산된 모든 것"에 맞먹는 수준이었다.[14]

파생상품을 옹호하는 쪽은 이것이 주로 헤지와 차익 거래 수단으로 사용된다는 점을 강조한다. 파생상품이 위험 전가, 저축, 투자, 자본 비용 인하에 필수적이라는 것이다. 그러나 거래되는 파생상품 규모는 헤지 수준을 넘어선다. 신용 파생상품 시장이 정점에 도달했을 때 거래 규모는 기초 채권과 대출 잔액의 4배를 넘어섰다. 파생상품들은 헤지 수단으로도 활용이 가능하지만 현재는 투기와 위험 및 레버리지 조장 목적으로 광범위하게 활용되고 있다.

옵션이나 선물 같은 비교적 간단한 파생상품들이 풍부한 헤지 기회를 제공해주는 것은 사실이다. 딜러들은 복잡하고 불투명한 상품들이 늘어난 이유가 '금융 해결책'에 대한 소비자들의 수요가 늘어났기 때문이라고 주장한다. 실제로 소비자들의 요구에 따라 파생상품들은 투자자와 기업들에 레버리지를 제공함으로써 자산의 시장 가격 변화 같은 특정 사건 때 손실 규모를 크게 늘린다.

1999년에 그린스펀은 이렇게 말했다. "파생상품의 유행은 대형 은행들의 이자 외 수입이 크게 늘어나는 데 중요한 역할을 했다. 파생상품의 부가가치는 은행들이 가진 부의 창조 능력을 확대할 수 있는 능력에서 비롯된다."[15] 그린스펀은 파생상품이 가진 수익성의 진정한 출처를 놓친 것이다. 불투명하고 비효율적으로 가격이 책정된 금융상품들이 높은 수익마진을 올렸다.

파생상품은 무한한 조합 속에서 위험이 변경되고 재구성되면서, 참가자들 사이에서 위험이 서로 전가되게 만든다. 전체적으로 봤을 때 위험은 계속해서 남고, 어떤 경우 위험이 보다 위험한 노출로 전환되기도 한다. 위험 전환의 법칙이란 금융시장의 위험은 좀처럼 줄어드는 법이 없다는 것을 의미한다. 파생상품이 강력한 도구인 것은 맞지만 "그것은 망치와 같다. 망치는 정확히 못을 박는 데 사용하지만 누군가의 머리통을 쳐서 날려버리는 데도 사용할 수 있다."[16]

11장 헤지펀드

뉴욕의 헴슬리 빌딩이나 코네티컷 주의 스탬퍼드나 런던의 세인트 제임스와 메이페어(이곳은 헤지펀드 골목으로 알려져 있다-옮긴이) 주변에 붙어 있는 놋판들은 이곳에 헤지펀드들이 모여 있다는 것을 보여준다. 헤지펀드들은 매나 송골매, 물수리 같은 맹금류의 이름을 따서 작명하는 경우가 종종 있다. 어떤 이름들은 견고한 이미지를 풍기기도 하는데, 웨슬리 R. 에덴스Wesley R. Edens가 운용하는 포트리스Fortress나 케네스 C. 그리핀Kenneth C. Griffin이 운용하는 시터델 등 성이나 성채를 뜻하는 이름들이 그 예다. 사모펀드, 증권화, 파생상품이 연금술이라면 헤지펀드 매니저들은 자본 시대의 연금술사가 되어야 했다.

헤지펀드 매니저들은 자신들이 "새로운 시대와 새로운 혈통의 일부인 월가의 복음주의자이자 성과만을 중시하는 우주의 주인Master of the Universe"이라고 생각했다.[1] 원래 우주의 주인들은 1980년대 대중 만화에 등장하는 히맨He-Man과 그의 친구들이었다. 작가 톰 울프는 영화 「허영의 불꽃Bonfire of the Vanities」에서 채권 트레이더로 나오는 주인공을 풍자하기 위해 이 단어를 사용했다. 2009년에 골드만삭스의 CEO인 로이드 블랭크페인Lloyd Blankfein은 자신이 벌어들인 막대한 이익을 정당화하기 위해 무의식적으로 울프가 했던 말을 빌려와 "성과는 궁극적인 내러티브이다"라고 말했다.2) 새천년이 도래하자 울프는 헤지펀드 매니저들이 은행들을 밀어내고 새로운 우주의 주인공이 되었음을 인정했다.

존스의 모형

헤지펀드는 조지 소로스George Soros가 검은 수요일Black Wednesday로 불리는 1992년 9월 16일에 영란은행의 위상과 파운드의 가치에 큰 피해를 주면서 주목받기 시작했다. 1970년에 세워진 소로스의 퀀텀펀드Quantum Fund는 파운드 하락으로부터 이익을 보기 위해 파운드를 공매도했다. 영란은행은 파운드 방어를 위해 애썼지만 실패했고, 소로스는 11억 달러의 이익을 얻었다. 나중에 소로스는 이렇게 말했다.

> 검은 수요일까지 우리의 전체 포지션 규모는 근 100억 달러에 달해야 했다. 우리는 그 이상으로 팔 계획이었다. 사실상 노먼 라몬트Norman Lamont(전 영국 재무장관)가 파운드 평가절하 이전에 파운드 방어를 위해 150억 달러 가까운 돈을 빌리겠다고 한 발표를 듣고 우리는 즐거워했다. 우리가 팔고 싶었던 액수가 그만큼이었기 때문이다.3)

검은 수요일에 영국 국민들은 약 34억 파운드의 세금을 손해 봤다.

헤지펀드를 맨 처음 생각해낸 사람은 학자이자 외교관이면서 증기선 사무장이자 언론인인 알프레드 윈슬로우 존스Alfred Winslow Jones (1900~1989년)였다. 존스는 예상할 수 없는 시장의 움직임으로부터 손해 위험을 최소로 줄이면서 이익을 얻기 원했다. 1950년대에 그는 저평가되어 오를 것 같은 주식을 사고, 고평가되어 하락할 것 같은 주식을 팔았다. 즉 주식 롱/숏Long/Short (매수/매도) 전략이었다. 숏은 롱을 헤지하면서 일반적인 시장의 움직임에 대한 노출을 줄였다는 점에서 '헤지펀드Hedge Fund'라는 이름이 붙었다. 그렇게 해서 존스는 장기간 동안 다른 뮤추얼 펀드들보다 훨씬 더 높은 수익을 올렸다.

숏 포지션이 롱 포지션 가치의 약 50퍼센트였기 때문에 위험이 축소되긴 했으나 그렇다고 위험이 완전히 없어진 것은 아니었다. 존스는 시장이 결국에는 올라갈 것에 베팅했다. 또 그는 레버리지에도 의존했다. 그가 150만 달러의 롱 포지션과 100만 달러의 숏 포지션을 잡았다면 주가 움직임에 대한 전체 노출은 50만 달러어치의 '순' 위험을 가진 250만 달러 정도가 됐다. 존스는 운용 성과의 20퍼센트를 받아 자신의 돈도 펀드에 투자했다. 미래에 벌어질 상황을 예상하면서 존스는 2명의 직원을 교육시켰는데, 그들은 존스를 떠나 그들 고유의 펀드를 만들었다. 존스는 나중에 자신이 운용하던 펀드를 '펀드 중의 펀드Fund of Funds (펀드에 재투자해 위험을 분산하고 투자 기회를 극대화하는 펀드 상품 - 옮긴이)'로 만든 후 다른 전문 지식과 투자 스타일을 가진 헤지펀드들에 투자했다.

1960년대 후반에 「포춘Fortune」지 기자인 캐럴 루미스Carol Loomis가 존스의 펀드를 소개하는 영향력 있는 기사를 썼는데, 이후로 다른 펀드 매니저들은 지금까지 비밀로 여겨지던 존스의 투자 전략을 모방하게 되었다. 2008년이 되자 헤지펀드 수만 8,000개가 넘었고, 전 세계적으로 헤지펀드들의 운용 자산은 1조 5,000억 달러가 넘는 것으로 추정됐다.

모비딕을 찾아서

오늘날 헤지펀드들의 운용 자금 중 30~40퍼센트는 부자, 마피아, 마약상, 무기 밀매상 그리고 독재자들에게서 나오며, 나머지 돈은 연금펀드, 보험사, 뮤추얼펀드, 재단, 기부펀드, 은행들에서 나온다.

투자자들은 처음에는 뛰어난 수익에 매료되었다. 투자는 베타(시장 평균 수익)와 알파(시장 평균 이상의 수익)로 분류됐다. 알파는 에이합 ^{Ahab} 선장의 모비딕, 즉 "소중하고 진귀하고 광인 같은 맹렬함을 가지고 추구되는 투자 커뮤니티의 흰 고래"였다.[4] '핵심^{Core}' 포트폴리오는 비용이 낮은 상장지수펀드$^{ETF : Exchange Traded Fund}$(실시간 지수의 등락에 따라 가격이 결정되는 펀드 – 옮긴이)와 같은 지수 추종 펀드를 사용하는 베타를 목표로 삼았다. 적극적으로 운용되는 펀드나 대체 투자들로 구성되어 있는 '위성^{Satellite}' 포트폴리오는 알파를 좇았다. 투자자들은 평균 이상의 수익을 추구하면서 헤지펀드들로 몰렸다.

전통적인 투자 매니저들 중 거래 비용과 수수료를 제외하고 장기간 동안 시장 평균 이상의 수익을 내는 사람들은 드물다. 만일 그런 이들이 있다면 사람들은 그들에게 더 많은 돈을 투자해달라고 맡길 것이기 때문에 유동성이 떨어지는 일명 '승자의 저주Winner's Curse'가 생길 것이다. 대규모 펀드들은 또한 규모의 비경제학을 초래한다. 즉 대형 투자자가 거래를 할 때마다 시장은 그와 반대로 움직인다. 투자 매니저들은 주식 벤치마크 지수보다 더 높은 수익률을 올리기 위해 노력했다. 포트폴리오가 50퍼센트 하락할 때 벤치마크 지수가 53퍼센트 하락하면 펀드 매니저는 +3퍼센트 더 높은 수익을 올리는 것이 된다. 이와 달리 헤지펀드들은 모든 시장 상황하에서도 돈을 벌기 위해 애쓰면서 절대 수익을 올리는 데 집중했다.

1990년대 초반과 이후 2000년대 초반에 주식시장 상황은 매우 나빴으며 금리는 사상 최저 부근에 머물렀다. 투자자들은 다른 투자처를 찾다가 헤지펀드에 대한 투자를 늘렸다.

새로운 상품을 의심하는 전통적인 기관들은 떨어지는 수익을 메우기 위해 마지못해 새로운 시장에 진출했다. 구조화된 증권 매입, 공매도, 레버리지 혹은 파생상품 사용이 허용되지 않은 보수적인 펀드들은 이런 모든 것들이 허용되는 헤지펀드에 돈을 맡겼다. "모든 사람들을 위한 헤지펀드"가 새로운 진언眞言이 되었다.

스타일 구루

헤지펀드 매니저들은 그들이 하는 일을 아는 사람은 자기 자신들밖에 없다고 주장했다. 마치 1920년대에 "기업의 신용과 지위는 매우 잘 알려져 있기 때문에 공식 성명을 발표할 필요가 거의 없다"라고 했던 사업설명서를 연상시키는 말이다.[5] 2009년 열린 의회 청문회에서 시터델의 켄 그리핀은 공시를 "코카콜라에 제조 비법을 세상에 알리도록 요구하는 것"에 비유하면서 운용 비밀을 공개하는 것에 반대했다.[6]

어느 헤지펀드 매니저는 자신의 투자 전략을 파편화된 정보와 불투명한 과거 기록에 불빛을 비춰주는 것이라고 주장했다. 조지 소로스는 이렇게 말했다.

> 나에게 특별한 투자 스타일이란 없다. 좀 더 정확히 말해 나는 여건에 따라 내 스타일을 바꾸려고 노력한다. (중략) 나는 시장은 항상 틀렸다고 가정한다. (중략) 우리가 추세에서 어긋날 경우 대부분 벌을 받고, 변곡점에서만 보상을 받는다.[7]

헤지펀드들은 시장 움직임과 반대 방향으로 움직이는 롱과 숏 포지션을 혼합함으로써 위험을 낮추기 위해 노력하면서 높은 절대 수익을 추구한다. 또 수익을 늘리기 위해 레버리지를 사용한다.

헤지펀드들은 윈슬로우 존스의 모형인 에쿼티 롱/숏을 추종하는 전략, 장단기에 같은 양의 자본을 투자하는 시장 중립Market Neutral 내지는 상대 가치Relative Value 전략, 각종 이벤트로 인한 가격 변동 과정에서 수익을 창출할 수 있는 기회를 포착하는 이벤트 드리븐Event-Driven 전략, 계량적 투자 모형을 통해 체계적으로 포트폴리오를 구축해 벤치마크, 즉 비교 대상 지수 대비 초과 수익을 노리는 퀀트Quantitative 전략, 환율이나 금리 같은 거시경제 정책상의 변수에 대한 특정 국가의 정책 변화에 기초해 레버리지와 파생금융상품 등을 활용해 고수익을 추구하는 매크로Macro 전략 등 다양한 전략들을 동원한다.

헤지펀드들이 기존 지식을 활용할 수 있는 기회들이 고갈되면 한 가지 전략을 추구하던 펀드들은 다른 전략들을 취하게 되는데, 이를 가리켜 '스타일 갈아타기Style Drift'라고 한다. 시간이 지나면서 헤지펀드들도 다양한 전략을 사용하기 시작했다. 1940년도에 출간된『고객의 요트는 어디 있는가?Where Are the Customer's Yachts?』에서 저자인 프레드 슈웨드 주니어Fred Schwed Jr.는 헤지펀드 투자를 예상하면서 "하루 일과가 끝나면 그들은 번 돈을 모두 취해 하늘로 던져버린다. 천장에 붙은 것만 모두 고객의 돈이다"라고 말했다.8)

2007년에는 고작 3명의 헤지펀드 매니저만이 10억 달러 이상을 챙겨갔다. 당시 헤지펀드를 상대로 벌인 의회 청문회에서 메릴랜드 주 출신 엘리자 커밍스Elijah Cummings 민주당 의원은 이웃이 그에게 "하느님보다 더 많은 돈을 번 5명의 헤지펀드 매니저들 앞에 선 기분이 어떤가?"라고 물었다고 했다.9)

이처럼 헤지펀드 매니저들이 좋은 운용 성과를 내는 것이 우연인지, 기술이 좋아서인지는 분명하지 않다. 빌 밀러Bill Miller가 운용 중인 세계 최대 펀드들 중 하나인 레그메이슨 밸류트러스트펀드Legg Mason Value Trust Fund는 1991년부터 2005년까지 15년 연속으로 S&P500 지수를 앞서는 수익률을 올렸다. 밀러에 관한 전설, 투자 스타일, 성공을 노래한 찬가들이 만들어졌다. 그러나 금융위기가 닥치자 밀러의 운용 성과도 흔들리기 시작했다. 밀러의 동료들 중 한 명인 마이클 모부신Michael Mauboussin은 저자 나심 탈레브Nassim Taleb가 했던 말을 인용하며 "우리는 사업과 투자에서 기술과 운을 구분하는 데 어려움을 겪었다"라고 말했다.10)

투자자들은 돈 운용에 특수 재능을 지닌 학습 장애자들을 찾는다. 그런데 불행하게도 특수 재능은 없는 학습 장애자들을 믿고 말았다. 그들은 펀드 매니저들을 선택할 때 나폴레옹이 장군들을 고를 때 물었던 것과 같이 "당신은 운이 좋은 편인가?"라는 질문을 던졌어야 했다.

은행과 헤지펀드들의 특별한 관계

헤지펀드들은 부자 고객을 상대로 하는 고급 창녀와 같다. 은행들은 포주이며, 매음굴의 문지기들이다. 「포브스」지가 지적했듯이 "장기적으로 누가 가장 많은 돈을 벌게 될지 추측하기는 쉽다."[11]

은행들은 헤지펀드 거래를 체결하고 결제하며, 헤지펀드 자금을 조달하는 우량고객 위탁매매Prime Brokerage 사업부를 두고 있다. 은행은 헤지펀드를 위해 자금을 조달하려고 외자 도입Capital Introduction을 한다(수수료는 2~4퍼센트를 받는다). 은행은 초보 트레이더들이 헤지펀드를 만드는 것을 돕기 위해 공식적인 조찬 모임에서의 에티켓과 투자자들과의 소통 방법 등을 가르치는 교육 시스템도 갖추고 있다. 은행들은 헤지펀드에 투자하고 헤지펀드와 거래한다. 또 헤지펀드를 통해 파생상품을 거래한다.

헤지펀드를 상대로 한 대출은 은행의 주요 수익원이 된다. 대출은 환매 조건부 채권이라고 불리는 레포Repo : Repurchase Agreement를 통해 이루어지는데, 레포는 대상물을 환매일에 사전에 정한 금액으로 환매수할 것을 조건으로 매도하거나, 환매도할 것을 조건으로 매수하는 매매 거래를 말한다.

은행들은 또한 헤어컷^{Haircut}(소유증권의 평가절하-옮긴이)을 하거나 과도하게 담보를 잡기도 하며 위험을 줄이기 위해 매일 포지션 가치가 최악의 상태로 떨어지는 경우를 추정하기도 한다. 포지션의 가치가 상당히 빨리 변하는 이벤트성 위험은 예측과 측정이 어렵다. 경쟁은 헤어컷을 줄여준다. 롱텀캐피탈매니지먼트$^{LTCM : Long\ Term\ Capital\ Management}$는 특별한 사례로서 헤어컷을 요구하지 않았다. 한 전문가는 "헤지펀드들이 엄청난 대출을 받는 과정에서 도덕적 해이$^{Moral\ Hazard}$를 겪지 않고도 존재할 수 있을까?"라고 질문하기도 했다.[12]

한창 잘나가던 시절, 헤지펀드들은 은행이 올린 전체 투자 이익의 약 30~40퍼센트를 가져다줬다. 시터델은 투자은행들에게 거래 비용으로 55억 달러를 지급하기도 했는데,[13] 이는 차임금에 대한 역사상 최대 규모의 이자에 해당했다. 시터델의 총자산과 순자산은 각각 1,660억 달러와 130억 달러였다. 따라서 거래 비용은 순자산의 3분의 1에 해당했다.

헤지펀드들과 은행의 거래는 종종 이해갈등을 초래하기도 했다. LTCM에 개별적으로 투자하기도 했던 고위 은행 임원들은 LTCM의 구제금융을 협상하기도 했다. 이는 모두 은행과 헤지펀드 사이의 특별한 관계를 보여주는 사례들이었다.[14]

은행은 가장 뛰어나고 똑똑한 헤지펀드들로부터 성공 투자 전략을 모방해 자체 헤지펀드를 만들었다. 자신들의 위험 한도가 모두 차자 은행들은 이 전략을 다른 은행들과 헤지펀드들에게 전수했다. 헤지펀드가 실패하더라도 은행은 헐값에 포지션을 매입함으로써 돈을 벌 수 있었다. 은행들은 진정으로 헤지펀드들에게 '무덤에서 요람까지' 이어지는 서비스를 제공한 셈이었다.

결국 우리는 모두 죽는다

LTCM은 본사가 코네티컷 주 그리니치에 위치해 있다는 점 때문에 살로먼노스Salomon North로도 알려졌다. 1991년에 트레이딩 관련 추문에 연루돼 살로먼 브러더스를 떠난 존 메리웨더John Meriwether는 1994년에 40억 달러의 자본금으로 LTCM을 설립했다. 투자자들은 운용 수수료 2퍼센트와 함께 일정 수준 이상의 이익을 올릴 경우 그에게 25퍼센트의 성과 보수Incentive fee를 지급하기로 하고 LTCM에 투자했다.

LTCM은 살로먼 브러더스의 성공적인 고정자산 차익 거래 사업부를 모방했다. 에릭 로젠필드Eric Rosenfield, 로렌스 힐리브랜드Lawrence Hilibrand 등 살로먼의 핵심 트레이더들 여러 명이 메리웨더 측에 합류했다. 노벨경제학상 수상자인 로버트 머튼과 마이런 숄즈Myron Scholes, 데이비드 멀린스David Mullins 전 연준 부의장도 역시 메리웨더 측에 합류했다. 이들은 LTCM에 자신들의 재산을 투자했는데, 그중에는 전 재산을 투자한 이도 있었다. 그들은 LTCM이 헤지펀드라는 소리를 들을 때마다 격분했다.

LTCM의 전략은 조사, 섬세한 분석, 독점적 모델링, 상대가치, 차익 거래 등을 강조하는 등 모호했다. 그들은 단기적인 시장 교란에 의해 증권 가격이 장기 균형에서 이탈할 때 생기는 투자 기회를 이용하면서 증권들 사이에 생기는 약간의 가격결정 차이를 찾아냈다. LTCM은 저렴하면서도 저평가되어 있는 증권을 사되, 이와 유사한 특징의 고가 증권은 공매도를 통해 헤지했다. 이 두 증권 사이의 가격 차이가 시정될 때는 이익을 보았다. LTCM은 선물 가격이 상승할 것으로 예상되면 선물 계약을 매입하고, 선물 가격이 하락할 것으로 예상되면 선물 계약을 매도하면서 이익을 추구하는 방식으로 방향성Directional 내지는 일방적Outright 포지션을 취하지 않아 위험을 줄이는 한편, 수익을 늘리기 위해 최대 25배까지 레버리지를 활용했다.

한 투자자가 LTCM은 어떻게 낮은 위험을 가지고 높은 수익을 올릴 수 있는지에 대해 묻자 숄즈는 "당신 같은 바보들이 있기 때문이다"라고 거칠게 말했다.[15] 숄즈는 시카고대학의 그의 오랜 멘토에게 "머튼은 우리 LTCM이 전 세계에 있는 모든 돈을 집어삼키는 초대형 진공청소기인 것처럼 생각한다"라고 말했다.[16] 그런데 사실은 LTCM은 달려오는 총알 열차 앞에서 돈을 집어삼키기 위해 노력하던 중이었다.

LTCM은 1995년과 1996년, 살로몬 시절에 완성했던 트레이딩 전략을 통해 연간 40퍼센트가 넘는 수익률을 올렸다. 1997년에 미국 증시가 33퍼센트 올랐을 때 LTCM의 수익률은 17퍼센트로 하락했다. LTCM은 운용 실적을 높이기 위해 레버리지를 높이면서, 누적 자본 70억 달러로 투자자들에게 27억의 이익을 안겨주었다. LTCM은 신용 스프레드 거래(회사채와 국고채 사이의 마진을 이용한 거래 - 옮긴이), 변동성 거래, 에쿼티 리스크 차익 거래 등으로도 거래 범위를 넓혔다.

1998년이 되자 LTCM은 자본금의 92퍼센트를 까먹었다. 아시아 통화 위기로 인해 불확실성이 커졌고, 위험투자에 대한 반감이 생겨나면서 돈이 안전자산으로 몰렸기 때문이었다. 이를 기회로 생각한 LTCM

은 신용 스프레드와 주식의 변동성에 눈을 돌렸다. 시장은 LTCM을 '유동성과 변동성의 중앙은행', 즉 위험의 재보험회사라고 불렀다.

1998년 5~6월에 LTCM은 MBS에 투자해 대규모 손실을 봤다. 그리고 그해 8월에 러시아가 모라토리엄을 선언했을 때는 더 큰 손실을 입었다. 8월 21일에 신용 스프레드와 에쿼티 변동성 포지션에서 주로 5억 5,000만 달러의 손해를 입은 LTCM은 손실을 메울 돈이 필요했다. 메리웨더는 동요하지 않고 "우리는 심각한 손해를 봤지만 문제될 건 없다"라고 말했다.[17] LTCM은 존 메이너드 케인스의 말처럼 "시장은 기업이 건전한 상태를 유지할 수 있는 시간보다 더 오랫동안 비합리적으로 남아 있을 수 있다"라는 사실을 깨달았다.[18]

1998년 9월 2일에 존 메리웨더는 투자자들에게 LTCM은 시가총액의 52퍼센트를 날렸다고 밝혔다.

여러분 모두가 잘 알고 있는 것처럼 러시아의 붕괴로 인한 사건들이 대규모 손실을 초래하고, 글로벌 금융시장의 변동성을 확대했습니다. (중략) 펀드의 투자 전략들 중 다수는 시장에 유동성을 공급하는 것입니다. 따라서 많은 전략들에 걸쳐 우리가 입은 손해는 유동성 프리미엄 Liquidity Premium (유동성이 부족한 자산을 구입할 때 요구하거나 제공받는 가격 할인 – 옮긴이)의 급격한 상승과 긴밀한 관련이 있었습니다. 레버리지를 사용함으로써 손실은 더욱 커졌습니다.

LTCM은 투자자들로부터 새로운 투자금을 구했다. 메리웨더는 "자본금을 모으는 것이 조심스럽기 때문에 여러분들에게 LTCM의 수수료와 관련된 특별한 조건에 투자할 수 있는 기회를 주겠다"라고 말했다.[19] 그러나 이 제안을 받아들인 사람은 아무도 없었다.

1998년 9월 18일에 베어스턴스가 대규모 마진콜 이후 LTCM의 현금 계좌를 동결해버렸다는 소문이 퍼졌다. 그리고 9월 23일에 AIG, 골드만삭스, 워런 버핏은 LTCM의 파트너들의 지분을 매입하고 40억 달러를 투입하겠다는 제안을 했다. 이는 후에 결국 실패로 드러났지만 말이다. 뉴욕 연방은행은 LTCM의 대규모 부도가 전체 금융 시스템에 피해를 입힐 가능성을 우려한 나머지 LTCM의 자본 확충을 중개했다. 14개 은행들이 LTCM의 지분 90퍼센트를 확보하는 대가로 36억 달러의 돈을 투자했다. 케인스가 옳았다. "비합리적인 세계에서는 합리적인 투자 정책만큼 위험한 것도 없다."[20]

아찔한 게임

1998년에 들어서면서 LTCM의 위험 모형은 4,500만 달러가 넘는 손실을 볼 수 있는 확률이 1퍼센트에 불과하다는 사실을 보여줬다. 5~6월이 지난 후에는 위험 한도를 3,500만 달러로 줄였다. 그러나 8월이 되자 LTCM의 일일 손익은 최대 1억 3,500만 달러에 이르렀고, 9월에는 LTCM의 일일 손익은 한도의 3~6배인 1~2억 달러 사이를 움직이고 있었다.

위험 모형들은 변동성을 과소평가하고 잘못된 상관관계를 사용했다. 투자자들은 빌린 돈을 가지고, 대규모 포지션을 취한 회사가 처한 위험에 눈이 멀었다. LTCM은 전 세계 달러 금리 스왑시장의 10퍼센트를 장악했다. LTCM은 포지션을 급격히 줄이기 위해 먼저 유동성 포지션을 팔고 비유동성 포지션만 남겼다. 대규모로 비유동성 포지션을 폐쇄하자 손실이 늘어났다.

LTCM이 하는 모든 거래들은 LTCM이 직접 만든 것이었기 때문에 시장에서는 LTCM이 어떻게 거래하고 있는지 잘 몰랐다. LTCM이 트레이딩 전략들을 개발한 후 딜러들이 자신들이 속한 은행의 돈을 사용해 그 전략들을 복제하거나 다른 헤지펀드들과 은행들에 팔아왔던 터라 모든 사람들이 '붐비는 트레이드 현장'을 동시에 탈출하려고 애썼다.

LTCM의 문제에 관한 소문들이 곧 LTCM이 대규모 포트폴리오를 정리할 것이라는 예상을 불러일으키면서 더 많은 매도가 일어났다. 트레이더들은 LTCM을 강제로 부도처리한 후 LTCM이 운용하던 포트폴리오를 헐값에 매수하려고 했다.

손실이 커지자 LTCM은 투자 포지션에 대한 마진콜을 맞춰야 했다. 무어캐피탈Moore Capital의 헤지펀드 매니저인 루이스 베이컨Louis Bacon은 한때 이렇게 말했다. "세상에는 자신이 게임에 참가하고 있다는 것을 아는 사람들과 이 사실을 모르는 사람들이 있다. 그리고 자신들이 게임을 하고 있다는 것을 몰라서 게임이 되어버린 사람들이 있다."[21] 1998년 말이 되자 LTCM은 게임이 되어버렸고, 결국 유동성이 떨어졌다.

이렇게 점차 문제들이 생겨났고 헤지펀드들은 지속적으로 알파를 내지 못했으며, 수익은 실망스러울 정도로 줄어들었다. 어떤 기간에는 전반적인 에쿼티 시장의 수익률도 따라잡지 못했다.[22] 1990년대 연평균 수익률은 18.3퍼센트였지만 2000년대에는 7.5퍼센트로 하락했다.[23]

투자 천재들은 항상 건망증에 시달리는 듯했다. 에드워드 7세 시대(1901~1910년)에 활동했던 소설가 맥스 비어봄Max Beerbohm (1872~1956년)은 이렇게 말했다. "똑똑한 사람들에 대한 멍청한 사람들의 질투심은 항상 전자에 속한 사람들이 나쁜 파국을 맞게 될지 모른다는 의심으로 인해 누그러진다."

그럼에도 불구하고 투자자들은 여전히 어제의 수익을 좇았다. 이제 관심은 다각화로 돌아가 헤지펀드들을 전통적인 투자 위험의 균형을 맞추는 데 활용했다. 헤지펀드들은 "생각할 수 있는 모든 금리 환경에서 손해를 보는 완벽하게 헤지된 금융기관"이었다.[24]

친밀감과 저주

똑똑한 사람들은 주변에 자신과 같이 똑똑한 사람들이 거의 없고 기회는 많을 때 돈을 벌 수 있다. 스티브 코헨은 조심스러운 목소리로 "다른 사람들이 취하지 않는 생각을 찾기는 어렵지만 실제 수익을 올리고 자기 자신을 차별화하는 것은 더욱 어렵다. 우리는 새로운 환경에 진입하고 있다. 이제 대규모로 수익을 내던 시대는 끝났다"라고 말했다.[25]

또한 '확장성Scalability'의 문제도 그렇다. 소규모로는 통하던 것이 대규모로는 통하지 않을 수 있다. 어떤 전략들은 유동성 시장을 필요로 한다. 당신이 비효율성을 이용한다면 다른 투자자들은 그것을 공급해야 한다. 대안이 되기 위해서는 다수가 있어야 하지만 대안은 다수가 될 수 없다.

성공한 헤지펀드들로 자금이 유입되면서 수익성이 떨어졌다. 루이스 베이컨은 "크기가 중요하긴 하나 이는 성공한 자금 매니저에게는 골칫거리다"라고 말했다.[26] 크기는 스타일의 변화를 강제한다. LTCM은 고정자산의 상대가치 거래에서 벗어나 변동성 거래, 신용 스프레드 거래, 합병 차익 거래 Merger Arbitrage(기업 M&A와 관련된 두 기업의 가격 차이를 이용하는 전략 - 옮긴이)로 움직였다. 2006년에 시장의 몰락을 반영한 결과 시장 중립적인 헤지펀드들이 손실을 입었을 때 헤지펀드 매니저들은 "시장에서 일어나는 모든 일들은 무조건 사라는 신호였다. 우리는 매도할 만한 것은 아무것도 찾을 수 없었다"라고 말했다.

시장은 변했다. 은행들은 낮은 수수료와 아마란스, LTCM의 낮은 위험을 특징으로 하는 간단한 도구들을 사용해 수익을 내는 방법을 따라 헤지펀드들을 복제했다.[27] 투자자들은 이 같은 복제 방식으로 더 낮은 운용 수수료를 제시하는 위대한 장인들을 찾고 있었다.

2006년에 투자 자문회사인 파이럿 캐피탈 Pirate Capital의 주도하에 헤지펀드들은 투자자들에게 주식을 판매하기 시작했다.[28] 매수나 매도 타이밍을 잡는 데 익숙해져 있던 이들은 고점일 때 주식을 파는 데 좋은 수완을 보였다. 이를 본 은행들은 자체적으로 헤지펀드 매니저들을 확보할 필요가 있다고 확신하게 되었다. 매니저들 입장에서는 헤지펀드들에 거래 포지션을 갖고 있는 것이 자본을 효율적으로 운용하는 데 유리했다. 헤지펀드들은 은행들보다 더 많은 레버리지 거래를 할 수 있었기 때문이다. 따라서 헤지펀드들은 스타급 트레이더들을 데려와 보수를 지급하는 문제로 고민하지 않아도 됐다.

월가와 런던은 종종 가치를 잘못 판단한다. 우유를 맛있게 먹고 있다가 혼란이 일어난 순간에 소의 값을 과도하게 지급하는 경향을 보인다. 그러면 수십 억 달러의 매수 열기가 뒤따른다.

우드스톡 경험

1995년과 2007년 사이, 2가지 유형의 펀드(계량적 시장중립 전략과 롱-숏 에쿼티 전략-옮긴이)에 유입된 투자금은 100억 달러에서 1,600억 달러로 크게 늘어났다. 같은 기간 동안 수익률이 1.3퍼센트에서 0.13퍼센트로 떨어지자 매니저들은 레버리지를 2배에서 10배로 늘렸다. 그러나 기회가 제한적인 헤지펀드는 비슷한 포지션을 가질 수밖에 없었다.

2008년 8월과 9월, 두 달 동안 시장의 변동성이 확대되고, 주식들 사이의 상호관계의 변화가 커지자 헤지펀드들은 손실을 입었다. 이들이 어쩔 수 없이 주식 매도에 나서자 저렴한 주식이나 가치주들(헤지펀드들이 매수했던)의 가치가 하락했고, 고가의 주식(헤지펀드들이 공매도를 내놓았던)의 가치는 올라가기 시작했다. 앤드류 로$^{Andrew\ Lo}$ MIT 교수가 지적했던 일이 일어난 것이다.

> 항구에 배가 아주 많이 있는데, 몇몇 배들을 흔들어놓지 않고서는 시간당 50노트의 속도로 움직일 수가 없다. (중략) 바다 한가운데에서 당신이 탄 배의 항적航跡은 아무런 영향을 주지 못하겠지만 이처럼 복잡한 항구에서는

빠르게 항구를 빠져나갈 경우 상당한 혼란을 일으킬 수 있다.

헤지펀드인 AQR의 창립자 클리포드 애스네스Clifford Asness는 "우리가 활동하는 세상에 새로운 위험 요소가 생겼는데, 그것은 바로 우리 자신이다"라고 말했다.29)

모든 사람들이 높은 수익을 안겨주는 비유동성 투자상품을 사기 위해 저금리 통화로 돈을 빌렸다. 트레이더들도 모기지 대출의 낮은 손실, 브릭스 경제의 부상, 상품 가격 인상, 기업들의 행동(M&A와 LBO, 파산 등 – 옮긴이) 가능성 등 이벤트성 위험들을 취해왔다. 헤지펀드들은 변동성 수준에 베팅하는 변동성 스왑Volatility Swap, 상관관계에 베팅하는 상관관계 스왑Correlation Swap, 변동성과 상관관계에 모두 베팅하는 감마Gamma 혹은 분산 스왑Dispersion Swap들을 통해 대규모 투자 베팅을 한 레버리지를 확대했다. 이처럼 위험이 집중되자 어떤 이벤트라도 생길 경우 레버리지가 큰 금융 시스템 전반에 미친 충격이 확산되면서 변동성이 커지고 충격이 더 확대되는 악순환이 만들어졌다.

유동성 부족은 시장 가격에도 영향을 미쳤다. 은행들은 포지션을 보수적으로 평가하며 이미 큰 손실을 더욱 악화시키면서 헤지펀드들이 감당할 수 없는 마진콜의 필요성을 높였다. "은행원은 태양이 빛날 때는 당신에게 우산을 빌려주지만 비가 내리기 시작하는 순간 우산을 다시 돌려받기를 원하는 친구"라는 미국 소설가 마크 트웨인의 말이 옳았다.

은행들은 헤지펀드들이 갖고 있지 않은 추가 담보를 요구하거나 대출 상환을 위해 투자상품을 헐값에 매각하도록 강요하는 식으로 위험을 낮추기 위해 움직였다. 이제 헤지펀드들이 겪는 경험은 우드스톡Woodstock(1969년 8월 15일부터 17일까지 뉴욕 시 베델에서 개최되었던 대규모 야외 록 음악 축제 – 옮긴이)의 주최자들이 겪었던 경험과 비슷했다. 당시 주최자들 중 한 사람이었던 조엘 로즈먼Joel Roseman은 「우드스톡 경험Woodstock Experience」이라는 앨범을 발매하면서 말했다. "우리는 상당히 보수적인 은행원을 만났다. 그의 책상 옆에는 피라냐(살아 있는 동물을 공격하여 먹는 남미산의 작은 물고기 – 옮긴이)와 금붕어가 각각 담긴 어항이 있었다. 그는 금붕어를 피라냐가 담겨 있는 어항에 넣으면서 '여기 북미 국립은행에서는 모든 사람들이 진 빚을 상환한다'라고 말했다."[30)]

투자 손실을 본 투자자들이 환매를 시작하자 많은 헤지펀드들은 일명 '임시 조치Gating'라고 하는 환매 권리를 중단했다. 레버리지와 복잡하고 비유동적 증권 투자에 따른 위험에 노출되자 헤지펀드 매니저들은 문이 높은 성채 뒤에 숨어버린 듯했다.

처벌이 없는 범죄

2008년에 헤지펀드들의 운용 수익률은 평균 마이너스 20퍼센트를 기록했다. 헤지펀드 투자 규모는 약 6,000억 달러 급감했다. 8,000개 헤지펀드들 중 3,300개가 넘는 곳이 운영을 중단했다. 그러자 헤지펀드 매니저로서 화려한 삶을 즐겼던 존 드바니John Devaney 같은 인물은 1억 달러의 손해를 본 후 자신이 자랑스럽게 생각하던 부동산, 개인용 헬리콥터, 초대형 요트 등 개인 자산들을 몽땅 팔기도 했다.

헤지펀드들은 온갖 미사여구를 동원해 투자자들의 불안감과 분노를 누그러뜨리기 위해 애썼다. 80억 달러의 손해와 운용 자산 규모가 55퍼센트 줄어든 시터델의 창립자 그리핀은 "우리는 9월에 펼쳐질 금융 재난을 예상하지 못했다"고 말했다. 이 밖에도 한 헤지펀드 매니저는 "8년 동안 호시절을 보내다가 글로벌 통화 시스템 실패로 헤지펀드들이 이처럼 큰 피해를 입게 됐다는 것이 감정적으로나 경제적으로 큰 충격이다"라고 말했고, 또 다른 매니저는 "우리는 떨어지는 칼들을 붙잡고 있는 것과 다름없다. 신중하면서도 기술적으로 떨어지는 칼을 붙잡는 것이 우리가 해야 할 일이라고 생각한다"라고 말했다.[31] 이 밖에 또 다른 매니저는 규제 당국자들을 비난하기도 했다. 그는 "우리의 금융 시스템을 운영한 천재들이 그랬던 것처럼 다음에 누군가가 당신에게 모든 오르는 집값들은 저축으로 계산해야 한다고 말할 때 당신은 그의 귀에 대고 '바보!'라고 소리쳐야 한다"라고 말했다.[32]

특권을 누리는 아이들

금융시장의 불안정성과 금융위기를 깊이 연구했던 미국의 경제학자 하이먼 민스키Hyman Minsky(1919~1996년)는 비즈니스 주기의 초기 단계에서는 신용도가 높은 채무자들만이 돈을 구할 수 있다는 것을 이론화했다. 아이러니하게도 그는 이러한 상황을 '헤지금융Hedge Finance'이라고 불렀다. 주기가 진행될수록 금융 여건이 낙관적으로 보이면 대출 기관들 사이에 경쟁이 치열해지면서 신용도가 떨어지는 채무자들에게까지 대출이 확대되는데, 이런 상황을 일컬어 투기금융Speculative Finance이자 폰지금융Ponzy Finance이라고 불렀다. 이 주기는 돈의 공급 속도가 둔화되거나 중단되는 소위 민스키 모멘트Minsky Moment로 끝나는데, 채무 의무를 수행할 수 없는 채무자들이 자산을 팔고, 결과적으로 경제가 급락의 소용돌이에 빠져드는 가격 폭락 사태가 발생하는 순간이다.

헤지펀드들은 민스키 기계들Minsky Machines이다. 그들은 돈을 빌려 자산을 매입한다. 이러한 전략은 경제 상황이 나쁘지 않을 때는 통한다. 인위적으로 자산을 매입하기 위해 차입금을 늘리면 자산의 가치가 확대되고, 돈의 공급이 중단될 때까지 이익이 늘어나 추가적인 레버리지가 가능해진다. 그러다가 결국에는 자산가격의 거품이 터질 때 자산 청산 압력이 커지면서 손실이 발생하고, 펀드에서 대규모 자금 유출이 일어나면서 펀드는 대규모 손실과 실패의 구렁텅이에 빠진다. 과거 호주중앙은행장을 지냈던 이안 맥파레인Ian Macfarlane은 "헤지펀드들은 국제 금융시장에서 특권을 가진 아이들이 되었다. 그들은 아무런 책임을 지지 않고도 자유시장이 주는 혜택들을 맛볼 수 있는 권한을 갖게 됐다"라고 꼬집었다.[33]

헤지펀드 매니저들 자신은 거의 위험을 감수하지 않았다. 런던에 소재한 대규모 헤지펀드인 브레번하워드Brevan Howard의 공동 창업자 앨런 하워드Alan Howard는 "나는 흥분하거나 당황하는 데 관심이 없다"고 말하기도 했다. 런던 금융시장에서 '미스터 본드Mr. Bond'라는 별명으로도 잘 알려진 그는 사고를 당한 후 스키 타는 것을 중단했고, 런던 시내 교통이 위험하다는 이유로 운전도 하지 않는다. 그는 "바보 같은 운전사들만 운전한다"라고 말했다.[34] '머리가 나오면 내가 이기고 꼬리가 나오면 내가 지는 식의 세상'에서는 투자자들과 대출 기관들만이 위험을 책임질 뿐이다.

2008년에 버크셔해서웨이Berkshire Hathaway의 CEO인 워런 버핏은 재간접 헤지펀드 전문 운용사인 프로티지파트너스Protege Partners와 흥미로운 내기를 벌였다. 버핏은 엄격하게 고른 헤지펀드들의 포트폴리오가 향후 10년 동안 시장의 수익률을 상회할 수 없다는 데 100만 달러를 걸었다. 버핏은 헤지펀드들은 거액의 수수료를 받기 때문에 S&P500 지수를 능가하는 수익률을 내는 것은 물론이거니와 같은 수준의 수익률을 내기 위해서라도 이 지수보다 훨씬 높은 수익을 내야 한다고 주장했다.35) 버핏의 내기는 2029년까지 어떤 컴퓨터나 기계가 지능을 가지고 있는지 판단하는 튜링 테스트Turing Test에 통과할 수 있을지 여부를 놓고 로터스 디벨로프먼트Lotus Development의 창업자인 미첼 카포Mitchell Kapor와 미래학자인 레이 커즈와일Ray Kurzweil이 2만 달러를 걸고 벌인 내기와 유사하다.

2010년에 소로스의 퀀텀펀드의 트레이더들 중 한 사람이었던 스탠리 드러켄밀러Stanley Druckenmiller는 자신이 운용하던 듀케인캐피탈매니지먼트Duquesne Capital Management를 폐쇄한다고 발표했다. 그러면서 드러켄밀러는 글로벌 금융위기 이후 확대된 변동성으로 인해 돈을 벌기가 어려워졌다고 실토했다. 그의 이 말은 민스키 기계들의 전망이 어려워졌음을 시사했다.36)

4부
금융위기
FINANCIAL CRISIS

자본의 시대는 정책 당국자들과 규제 당국자들이 의도적으로 만든 것이다. 중앙은행들조차 금융위기를 극복할 수 있는 자신들의 능력을 실험하기 위해 '전쟁 게임'을 했다. 그러면서 중앙은행장들은 은행들의 붕괴와 붕괴의 전염 현상을 목격했지만 전반적인 금융 시스템의 취약한 기반을 지지하는 데는 실패했다. 투자운용사 GMO의 제레미 그랜덤Jeremy Grantham 회장은 이렇게 말했다. "강조하건대, 나는 글로벌 금융 시스템의 모든 복잡한 메커니즘을 제대로 이해하지 못하고 있다. 그래서 다른 누군가가 그것을 이해해주기를 바란다."[1)]

12장 전쟁 게임

차입의 시기

신경제는 용감하게도 부채를 기반으로 세워졌다. 개인들은 집과 자동차, 가재도구를 사거나 휴가를 가기 위해 돈을 빌렸다. 또 교육을 받거나 치료를 받기 위해, 심지어 저축을 하기 위해서도 돈을 빌렸다. 기업들은 투자를 하고 다른 기업을 인수하기 위해 돈을 빌렸다. 그리고 배당금을 지급하거나 자사주를 매입하기 위해서도 돈을 빌렸다.

처음에 호주와 영국 정부는 빚을 지지 않겠다고 맹세했다. 그러나 사정이 힘들어질 기미가 보이자마자 맹세를 어기고 미친 듯이 돈을 빌리기 시작했다. 미국은 좋은 시절에는 돈을 빌릴 수 있어서 빌렸고, 나쁜 시절에는 돈을 빌려야 했기 때문에 빌렸다. 딕 체니^{Dick Cheny} 전 부통령은 "레이건은 적자가 중요하지 않다는 것을 증명해주었다"라고 말

했다.2)

특히 가계와 정부의 차입금 수준이 급격히 높아졌다. 〈그림 12-1〉은 급격히 늘어나고 있는 미국의 부채 규모를 보여준다. 영국, 캐나다, 호주, 뉴질랜드 등 다른 나라 국민들도 빌려서 사는 생활을 시작했다. 전통적으로 금욕적이었던 유로존 국가들에서도 1999년 말 GDP의 49퍼센트에 이르렀던 가계 부채 규모가 2009년 중반 63퍼센트까지 늘어났다. 유럽의 채무는 아일랜드와 소위 클럽 메드Club Med 국가들로 불리는 스페인, 포르투갈, 이탈리아, 그리스로 인해 주로 늘어났다. 그러나 다른 국가들 역시 사회 지출과 재정 지원 혜택 제공에 필요한 돈을 마련하기 위해 주로 국채 발행을 통해 부채를 늘려나갔다. 근검한 독일과

그림 12-1 GDP 대비 미국의 부채 수준

출처 : 미국 경제분석국, 연준, 인구조사국

아시아 국민들이 저축한 돈이 이런 식으로 차입 국가로 들어갔고, 차입 국가들은 독일과 아시아 등지로부터 수입한 상품의 결제 대금으로 빌린 돈을 지급했다.

셰익스피어의 비극 「햄릿^{Hamlet}」에서 폴로니우스^{Polinus}는 이렇게 조언했다. "빌려주지도, 빌리지도 말라. 빚은 종종 빚 자체와 친구를 모두 잃게 만든다. 또한 빚은 절약의 날을 무디게 만든다." 이는 지금 시대에도 적합한 조언이다.

저축은 소비의 유예 행위다. 차입은 즉각적인 만족감을 주는 소비를 부추긴다. 모든 빚은 오늘 쓰기 위해 내일로부터 빌리는 것이다. 파산하지 않고 버티기 위해서는 미래의 소득이 이자를 내고, 부채를 상환하기에 충분해야 한다. 그러나 신경제에서 발생한 부채 중 상당 규모가 소득을 생산하지 못하는 소비나 더 큰 집을 구매하는 데 쓰이면서 비생산적이 되고 말았다. 또한 투자 이익은 이자와 원금 상환을 감당하기에도 부족했다.

부채는 자산의 가치와 불가분으로 연결되어 있다. 다음 〈그림 12-2〉는 부채의 공급과 자산가격 사이의 관계를 보여준다.

자산의 규모가 부채의 규모만큼 빠른 속도로 늘지 않는 곳에서 자산가격 상승은 이런 차입 과정이 지속되게 만들었다. 부채 이자를 감당할 수 없는 채무자들은 원래의 부채를 상환하기 위해 더 많은 돈을 빌려야 했고, 이를 위해서는 자산가격이 올라줘야 했다. 이러한 자산가격 상승은 자산을 팔아 부채를 갚는 식으로 현금으로 전환되기 전까지는 허수에 불과하다. 그런데 막상 자산가격이 상승할 경우 누구도 미래에 거둘 수 있는 이익을 포기하려고 하지 않으므로 누구나 향후 자

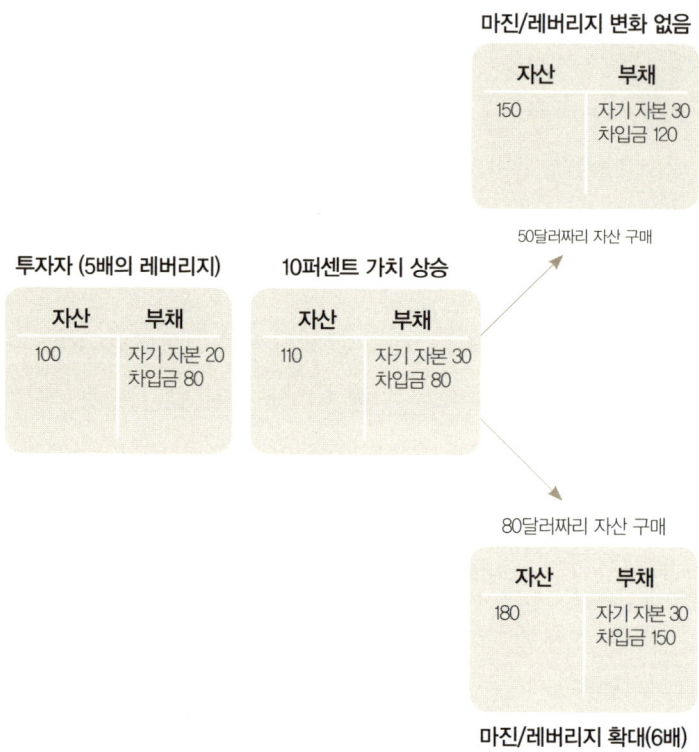

그림 12-2 차입금을 통한 자산 구매 (단위 : $)

산가격 하락에 취약하게 된다.

  미국과 영국에서는 이런 식으로 액면상 부가 늘어나자 저축이 감소했다. 미래는 보장된 가격 상승 흐름에 의지했다.

  그린스펀은 "가구의 소득 대비 부채 비율이나 GDP 대비 전체 비금융권 부채의 증가는 (금융 시스템의) 스트레스를 의미하는 것이 아니라 경제 주체들 사이의 재정적인 불균형 확대 현상의 확산을 보여주며, 이는 결과적으로 되돌릴 수 없는 분업과 전문화의 역류逆流 현상을 의미한다"라고 말했다.3) 2005년에 그린스펀의 후임자인 버냉키는 높은 수준의 부채에 대해 "가구 자산(특히 가구의 부)이 가구 부채보다도 더 빠른 속도로 늘어났다는 사실로 인해 가구 부채에 대한 우려는 완화되어야 한다"라면서 높은 가구 부채에 대해 사과했다.4) 대완화기 때에 부채를 바탕으로 한 투기는 번영을 이끌었다.

버냉키의 눈에는 부채가 아니라 저축이 더 문제였다. 그는 독일, 일본, 중국인들이 과도하게 저축을 많이 하고 있다고 비난했다.5) 금융위기가 터진 후에도 그는 계속해서 저축하는 외국 국가들이 금융위기를 일으켰다고 비난했다.6)

1933년에 경제학자인 어빙 피셔는 부채가 주는 위험에 대해 이렇게 지적했다. "과도한 투자와 과도한 투기가 중요한 때도 있지만 그들을 차입금으로 하지 않는다면 그에 따른 문제는 훨씬 덜 심각할 것이다." 7) 2005년에 BIS의 선임 경제학자인 윌리엄 화이트William White는 "호황기 이전에 생긴 실질적인 불균형의 규모를 고려해봤을 때 '쉽게 구한 돈Easy Money'이 고통스러운 종말을 맞을 호황기를 창조하고 있다"고 경고했다. 그는 또한 "잘못을 해결하는 데는 오랜 시간이 걸린다"고 덧붙였다.8)

유동성 공장

솜사탕은 설탕의 실을 길고 얇게 돌려서 만드는데, 그 가운데에는 주로 공기가 들어 있다. 금융공학도 실제 돈을 가지고 점점 더 크게 부풀려서 속이 빈 '솜사탕 같은 돈Candyfloss Money'을 만들었다.9) 〈그림12-3〉은 현대 자금의 피라미드를 보여주고 있다.

그림 12-3 새로운 유동성 공장

출처 : 인디펜던트 스트래티지(www.instrategy.com) 소속 데이비드 로체(David Roche)

1980년대 중반까지 세계에 존재했던 돈은 주로 중앙은행들이 찍어낸 돈과 은행대출로 이루어져 있었다. 2006년에 이런 전통적인 돈이 전체 가용 가능한 유동성에서 차지하는 비중은 21퍼센트에 그쳤다. 그리고 전체 가용 가능한 유동성 중에 중앙은행이 창조한 돈과 은행 대출이 차지하는 비중은 각각 2퍼센트와 19퍼센트였다. 달러 기준으로 중앙은행들의 돈은 약 4조 달러(전체 56조 달러에 달하는 전 세계 GDP의 7퍼센트 수준) 정도였으며, 은행 대출은 전 세계 GDP의 75퍼센트 정도인

42조 달러에 달했다.

새로운 유동성 공장 내지는 시장에서 조성된 신용[10]은 금융 연금술의 토대가 되었다. 이제 증권화와 파생상품이 전체 유동성의 70퍼센트에 이르는 대부분의 유동성을 공급했다. 전 세계에서 유통되는 돈의 약 38퍼센트인 전 세계 GDP의 146퍼센트에 이르는 82조 달러 정도가 증권화 형식을 띠었고, 약 41퍼센트 정도에 해당하는 전 세계 GDP의 384퍼센트에 이르는 215조 달러 정도가 파생상품 계약 형태를 띠었다.[11] 전 세계 유동성 규모가 놀라울 정도로 빠르게 성장한 것은 금융화 덕분이었다.

은행들은 자산을 부외계정에서 불투명하고 규제를 받지 않는 그림자 금융 시스템Shadow Banking System(MMF, 주식 딜러, 헤지펀드 등 비은행 금융기관들이 고수익·고위험 채권을 사고파는 과정에서 유동성을 새롭게 만들어내는데, 이처럼 전면에 드러나지 않고 대형 은행이나 보험사 그늘에 가려 있다는 뜻에서 '그림자'라는 말을 쓴다 – 옮긴이)으로 이동했다. 그림자 은행들은 장기적인 비유동 자산들을 구입하는 데 필요한 돈을 조달하기 위해 전문 머니마켓에서 빌린 단기 자금을 사용했다. 은행들은 자산 가치를 담보로 돈을 빌렸기 때문에 자산가격 하락에 취약해질 수밖에 없었다. 은행들은 자산들을 그림자 금융 시스템으로 이전할 수 있다고 자신하면서 대출과 위험 부담을 늘려나갔다.

세계 최대 채권 펀드인 핌코Pimco의 폴 맥컬리Paul McCulley는 이러한 추세를 다음과 같이 설명했다.

> 기본은 단순하다. 그림자 은행들은 옛날 정부 보호를 받던 예금만큼 좋지

는 못한 자금 조달 수단들에 의지하고 있다. 그러나 대중들이 이러한 자금 조달 방법이 은행 예금 못지않게 좋다고 생각하는 한 그것은 위대한 일이었다. 레버리지를 늘려도 규제를 덜 받고 더 많은 자산 운용의 자유를 누리는 것은 그림자 은행들로서는 일반 은행들보다 더 높은 ROE를 올릴 수 있는 길이었다.[12]

유동성 공장은 역사적으로 유례없는 수준으로 부채를 늘려나갔다. 부채의 쓰나미는 주식, 부동산, 인프라, 상품 시장에서 가격 인상을 촉발했다.

그러나 결과적으로 솜사탕은 원래 크기의 끈적끈적한 덩어리로 쪼그라든다. 금융위기 시에는 시장에 쌓였던 거대한 돈뭉치가 솜사탕처럼 꺼지면서 전 세계 경제를 얽어맬 수도 있다.

조하르에 의존하기

금융위기는 경기 둔화나 정치적인 이벤트 혹은 자연재해보다는 금융 시스템에 내재한 심각한 문제들 때문에 일어나는 경우가 많아졌다.[13] 정부의 조치, 정보의 개선, 통화와 재정 정책들의 결과로 경제주기가 덜 확연해졌다. 이와 동시에 시장의 구조, 규제 당국들의 정책적 결함, 변동성이 높은 자본 흐름으로 인해 위험은 점점 더 커졌다.

거래는 복잡한 방식으로 시스템 내에서 위험의 성격을 바꿔놓았다. 헤지펀드와 은행들이 유동성을 제공하고 위험을 분산시켰지만 그들은 서로 다른 방법을 사용해 똑같은 사건에 대규모로 베팅함으로써 위험을 키웠다. 헤지펀드들과 그들에게 자금을 지원하고 그들과 거래하는 은행들 사이의 관계는 위험 집중화 현상을 만들었다. 투자상품들의 가격결정, 리스크 관리, 가치 평가가 모두 기초 시장의 움직임, 자산가격의 역학, 유동성 거래 및 자금 조달의 한계를 반영하지 못한 매우 비슷한 모형들에 의존했다.

"캐러웨이 씨앗의 크기와 파스닙Parsnip(미나리과 식물 – 옮긴이)의 상상력을 가진 두뇌"의 리스크 관리자들14)은 비굴하게 부적절한 기술들을 사용했다. 과학 철학자인 토머스 쿤Thomas Kuhn(1922~1996년)의 주장대로 금융시장은 계속해서 결함을 가진 모형들을 가지고 움직였다. 이 모델들은 정상적인 여건에서는 잘 돌아갔고, 대체 모델들에 비해 더 뛰어난 성과를 냈지만 비정상적인 상황에서는 전혀 그렇지 못했다. 미국의 대형 헤지펀드인 그린라이트캐피탈Greenligt Capital의 창업자인 데이비드 아인혼David Einhorn은 위험 시스템을 "충돌할 때만 빼고는 언제나 잘 작동하는 에어백"에 비유했다.15)

금융인들은 그들의 과학적 자아상에는 적합하지 않았던 정성적 접근법Qualitative Approach을 사용하기를 꺼렸다. 카오스이론의 창시자인 베노이트 만델브로트Benoit Mandelbrot가 말했듯이 "인간은 본래 이 세상에서 질서와 위계를 보기 갈망하고, 그것들을 찾지 못하면 직접 창조할 것이다."16)

행동주의 심리학자인 B. F. 스키너Skinner는 '미신에 빠진 비둘기들'*을 창조했다. 일반 실험들과 달리 그는 사실 비둘기의 행동과 아무 상관없이 먹이를 주었다. 그가 시간에 맞춰 먹이를 주더라도 비둘기들은 먹이와 관련된 패턴을 밝히려고 애쓰며 스스로 미신적인 행동을 개발했다. 어떤 비둘기는 새장 주위를 시계바늘 반대 방향으로 돌았고, 또 어떤 비둘기는 계속해서 우리 위쪽 구석에 머리를 부딪쳤다. 또 어떤 비둘기들은 머리와 몸을 시계추처럼 움직였다. 금융 모델들은 이러한 미신에 빠진 비둘기처럼 행동했다.

수학 금융은 리스크 관리의 놀라운 현실에 신뢰성과 잘못된 정확성을 빌려주었다. 어느 남베트남 장교에게 로버트 맥나마라Robert McNamara (1916~2009년) 전 미국 국방장관이 베트남전쟁에 계량적 방법을 적용한 것에 대해 어떻게 생각하는지 묻자 그는 이렇게 대답했다. "당신네 국방장관은 통계를 사랑한다. 우리 베트남 사람들은 그가 통계를 만드는 데 필요한 것을 모두 줄 수 있다. 베트남 사람들은 위로 올라가라고 하면 위로 올라가고 아래로 내려가라고 하면 아래로 내려갈 것이다."[17]

위험을 정복하고자 하는 노력으로도 인간은, 미래가 신의 변덕이라거나 우연이라는 인식을 극복하지 못했다. 금융 경제학자와 리스크 관리자는 신전의 점쟁이들과 자리를 바꿔 앉았을 뿐이었다. 은행과 규제 당국들은 유대교 신비주의의 일종인 카발라의 고전古典, 조하르Zohar가 가진 힘을 믿은 셈이었다. 즉 "단순히 고전들만 소유함으로써 권력과 보호감과 성취감이 그들의 삶에 들어왔다."[18]

---

* 스키너는 비둘기를 새장에 가두고 특별히 설치된 막대기를 부리로 쪼면 먹이가 흘러나오게 하는 실험 장치를 만들었다. 어느 날 비둘기가 우연히 새장을 한 바퀴 선회한 후 부리로 막대를 쪼았더니 먹이가 흘러나왔다. 그러자 비둘기는 먹이가 생각날 때마다 매번 새장 안을 한 바퀴 선회한 후 막대를 쪼았다. 막대를 건드리는 최종적인 행동이 먹이를 나오게 하는 것이지만 비둘기는 자신이 새장을 한 바퀴 선회한 것 때문에 먹이가 나온다는 미신을 믿게 되었다.—옮긴이

맹목적 자본

유동성의 벽은 전 세계 경제를 이끌었다. "CDO, CLO, 헤지펀드, 사모펀드, 재순환되는 외국 무역흑자들처럼 무한한 자원 같은 시장 주위로 자본이 흐른다."[19]

헤지펀드인 쿼드랭글Quadrangle의 창업자인 스티븐 래트너Steven Rattner는 2007년 6월 18일자 「월스트리트 저널」과의 인터뷰에서 "오늘날 미국 금융시장이 만개한 이후 100년이 넘는 시간 동안 우리는 과거에는 본 적도 없는 양과 가격과 조건으로 돈을 구할 수 있다. 이를 분명히 밝히는 데에는 어떤 과장도 필요하지 않다"라고 말했다.[20]

그러나 신경제는 부채, 위험, 투기 그리고 "성취가 가능하다고 믿는 비현실적인 열망과 기대감"이 섞여 있었다.[21] 영국의 임상 심리학자인 올리버 제임스Oliver James는 "나는 위대한 사람들은 부유하고 유명하게 될 수 있다고 믿는다"라고 말했다.[22] 이들이 모인 만찬 파티에는 "아무개가 집을 사서 얼마를 벌었는지 들었어?"라는 말이 울려퍼졌다.

전통적인 어업과 지열 에너지에 의존하던 경제를 개편하기 위해 인구 33만 명의 국가 아이슬란드는 세계 금융시장의 큰손이 되었다. 이런 아이슬란드를 일컬어 사람들은 '툰드라Tundra(북극해 연안의 동토지대 – 옮긴이) 위에 세워진 월가'라고 불렀다.[23] 아이슬란드의 은행인 카우프팅Kaupthing은 북극의 골드만삭스가 되기를 갈망했다. 아이슬란드 기업들은 동유럽의 전기통신 회사와 하우스오브프레이저House of Fraser, 아카디아Arcadia, 햄리스Hamleys 같은 유명한 영국 고급 소매업체들, 북유럽 국가의 금융 시스템 상당 부문을 소유했다. 아이슬란드의 식품회사인 바카보르Bakkavor가 지스트Geest를 인수하면서 영국 최대의 즉석음식 기업을 세웠을 때 이 회사의 CEO인 올라퓌르 그림손Olafur Grimsson은 인수 대금의 출처에 대해 "바클레이즈은행에서 나왔다"라고 말했다.[24]

국내 금리가 무려 15.5퍼센트까지 치솟자 아이슬란드의 일반 국민들은 저금리로 일본 엔이나 스위스 프랑 혹은 유로를 빌려서 집을 사는 데 보탰다. 금융 이익이 어업 소득을 훨씬 넘어설 때까지 어부들도 이와 같은 방식을 취했다. 그들은 빌린 통화 대비 아이슬란드 통화인 크로나Krona 가치가 떨어질지 모른다는 위험에 대해서는 무시했다. 1719~1720년 동안 일어난 미시시피 회사의 투기에 대해 언급했던 프랑스 작가 마티유 마레Matthieu Marais(1641~1737년)는 이렇게 말했다. "당신이 절대 이해하지 못하고, 모든 사전 경고도 쓸모없으며, 똑똑한 정신으로도 위험을 보지 못하는, 그저 기계 설계에 따라 돌아가는 것이 바로 거래다. 영국의 운명은 거래에 달려 있다."[25]

아이슬란드의 변화를 주도한 핵심 인물인 데이비드 오드손David Oddsson 총리는 프리드먼, 하이에크, 대처, 레이건으로부터 많은 영향을 받았다. 그는 세금을 깎고, 정부 소유 자산을 민영화하고, 무역 장벽을 낮추고, 금융 시스템의 규제를 풀었다. 아이슬란드는 심지어 2005년에 하이에크 및 프리드먼을 지지하는 세계 자유주의자들의 모임인 몽 페를랭 협회Mont Pelerin Society 모임을 개최하기도 했다.

아이슬란드는 '할 수 있다'는 태도 면에서 철저히 미국적이었다. 오바마 대통령이 끊임없이 외쳤던 "우리는 할 수 있다Yes, we can!"와 같은 효과를 기대하면서 카우프팅 은행의 CEO 시거두어 아이나손Sigurdur

Einarsson은 당시 소형 증권사였던 그의 회사 직원들에게 "할 수 있다고 생각하면 할 수 있다"고 말했다.26) 카우프팅에 인수된 영국 은행 싱어앤프리드랜더Singer & Friedlander의 CEO인 토니 쉬어러Tony Shearer는 "그들은 완전 달랐다. 그들은 매우 낯선 방법으로 경영을 했다. 그곳에서 일하는 모든 사람들은 믿기 어려울 정도로 젊었고, 그들 모두 수도 레이캬비크 출신이었다. 그리고 그들은 자신들이 무슨 일을 하고 있는지 몰랐다"라고 말했다.27)

아이슬란드는 신경제의 핵심 교훈을 흡수했다. 그것은 자산가격은 오르기만 할 것이므로 차입금으로 되도록 많은 자산을 사라는 교훈이었다. 2002년과 2007년에 아이슬란드 국민들은 외국 자산 소유 규모를 50배로 늘렸다. 금융위기가 터지자 미국인들은 아이슬란드를 가리키며 다음과 같이 말할 수 있었다. "음, 적어도 우리는 저런 짓은 하지 않았다."28)

임대료 수집가들

워런 버핏은 마약의 해악을 주제로 월가 사람들에게 연설하는 가두 연사의 일화를 소개한 적이 있다. 연사는 연설을 마친 후 사람들에게 질문이 있는지 물었다. 그러자 한 투자 은행가가 "음, 마약을 놓는 바늘은 누가 만듭니까?"라고 물었다고 한다.

이처럼 은행들은 수많은 바늘과 대부분의 마약 투여 기회를 만들어 냈다. 가상의 시대에 익명의 은행들이 현대 세계 내지는 적어도 현대 경제를 만들기 시작했다. 은행들은 규모를 더욱 키웠고 대출을 확대했으며, 재무제표를 점점 더 늘렸다.

미국 금융기관이 진 전체 부채 규모는 1980년에 GDP의 20퍼센트 정도에서 2008년에는 100퍼센트 이상 크게 늘어났다. 영국 은행들의 부채 규모는 국가 GDP의 4배가 넘는 수준이 되었다. 이는 미국뿐 아니라 스위스와 네덜란드 같은 금융 서비스 부문에 의존하고 있는 다른 국가들에 비해서도 상대적으로 심한 편이었다. 2008년 10월까지 4년 동안 RBS(Roytal Bank of Scotland)는 재무제표 규모를 스코틀랜드 경제 규모의 15배에 달하고, 1조 5,000억 파운드에 달하는 영국의 GDP보다도 큰 1조 9,000억 파운드 이상으로 3배나 늘렸다. 2003년과 2007년 사이 아이슬란드 3대 은행의 자산 규모는 수십 억 달러에서 1,400억 달러 이상으로 성장했다. 이는 "인류 역사상 가장 급속한 은행 시스템의 팽창"에 해당되는 사례였다.[29]

미국은 독일, 일본, 중국으로부터 재화를 수입하면서 새로 찍은 차용증서로 대금을 결제했다. 금융 부문이 성장하자 영국 제조업이 전체 경제에서 차지하는 비중은 1970년에 30퍼센트 이상이었다가 2009년에는 11퍼센트로 하락했다. 이 분야에 고용된 사람들의 숫자도 1978년 전체 취업 인구의 28퍼센트 정도인 690만 명에서 전체 취업 인구의 10퍼센트인 260만 명으로 줄어들었다. 세계지적재산권기구(World Intellectual Property Organization)에 따르면 영국은 특허 출원 건수에서 북한에 이어 2위에 올라와 있었다.

2007년에 미국 금융 부문이 국내 기업 이익에서 차지하는 비중은 41퍼센트로 고점에 도달했다. 1990년대에는 21~30퍼센트 정도에 머물렸고, 1973년과 1985년 사이에는 16퍼센트 미만으로 떨어지기도 했던 부문이었다. 1980년대 초반과 2007년 사이, 이들 기업의 전체 주식 시가총액은 6퍼센트에서 23퍼센트로 늘어났다. 1996년과 2007년 사이에만 S&P500 지수에 편입되어 있는 금융기관들의 이익은 650억 달러에서 2,320억 달러로 증가했다. 같은 기간 전체 기업들이 올린 이익에서 금융기관의 이익이 차지하는 비중은 19.5퍼센트에서 27퍼센트로 늘어났다. 호주에서 1960년과 2010년 사이 은행들이 올린 이익은 GDP의 1퍼센트에서 6퍼센트로 늘어났고, 특히 지난 10년 동안 이익은 3배가 증가했다.

보상 수준도 미국 민간 산업 평균의 181퍼센트까지 크게 늘었다. 1948년과 1982년 사이 보상 수준은 99~108퍼센트 사이였다. 2006년과 2007년에 월가의 보너스 총액은 각각 343억과 330억 달러였는데, 2002년의 98억 달러와 비교하면 크게 늘어난 수준이었다.

금융기관들은 거대한 경제지대Economic Rent를 얻었다. 경제지대란 재화나 용역의 적절한 공급을 확보하기 위해 필요한 규모를 넘어서는 과잉 이익을 말한다. 자유시장과 경쟁은 경제지대를 낮춰야 한다. 그러나 금융시장의 구조, 특히 투명성 부족은 금융기관들에 높은 수익성을 보장했고, 은행과 고객들 사이의 정보와 기술 불균형뿐 아니라 특별하게 만들어진 상품들이 은행에 이익 창출 기회를 창조했다. 투자자들은 자문관들을 고용했고, 자문관들은 컨설턴트들을 고용했으며, 컨설턴트들은 펀드 매니저들을 고용했고, 펀드 매니저들은 다른 펀드 매니저들을 고용했으며, 이들 다른 펀드 매니저들은 은행들로부터 상품을 샀고, 은행들은 다른 은행들 및 투자자들과 함께 위험을 털어냈다. 이와 같은 사슬을 따라 활동하는 모든 사람들은 각기 일정 부문 맡은 역할을 해냈다.

금융상품의 경우는 '사기 전에 써보라'와 같은 개념이 없다. 과거 수익률에 기초해 판매되고, 성격상 복잡하고 장기 투자가 필요하기 때문에 금융상품들은 경제지대 추구에 적합하다. 사람들이 비용이 낮은 인덱스 추종 펀드들로 이전하면서 펀드 운용 수수료가 줄어들자 투자 매니저들은 투자자들을 더 높은 마진의 상품, 구조화된 투자상품, 사모펀드와 헤지펀드들로 유인했다. 이때 그들은 투자자들에게 더 높은 이익을 약속했다. 이처럼 이익마진을 끌어올리기 위해 단순한 파생상품들이 복잡하고 불투명한 이국적 구조로 재포장되었다.

높은 보상은 최고로 똑똑한 사람들이 이 분야에 관심을 가지게 되면서 더 새롭고 더욱 복잡한 상품으로 재탄생되었다. 아이슬란드대학 어업 경제학과 교수인 라그나 아나슨(Ragnar Arnason)은 많은 사람들이 블랙-숄즈 모형을 배우고 있으며 엔지니어링과 수학 관련 학교들이 금융공학 과정을 제공하고 있다는 것을 알았다.[30]

최고 중 최고

모든 금융 거품들은 "이번에는 다르다"는 논리 아래, 자신감 넘치는 그럴 듯한 이론을 가지고 출발한다. 그것은 새로운 기술(철도, 자동차, 컴퓨터 혹은 인터넷)일 수도 있고, 새로운 시장(중국)일 수도 있다. 사람들이 앞서 상식이 통하지 않았던 지역으로 과감히 진출하기 시작하면서 쉽게 얻은 돈과 과잉 신용의 도움을 받은 과도한 투자가 유행했다. 부채가 늘어나면서 자산가격이 상승하고, 이로 인해 가치나 생산 소득에 의해 뒷받침될 수 없는 더 많은 부채가 생겨났다.

이러한 시스템은 국회의원, 규제 당국 혹은 논평가와 구루, 금융 전문 언론인들이 활동하는 지식인 사회가 가진 능력에 대한 신뢰로 지지를 받는다. 그린스펀과 버냉키가 말한 대완화와 같은 가짜 이론들은 투자자들에게 과거의 문제들이 극복됐다는 확신을 갖게 만들었고, 과도한 위험 감수와 투기가 일반화되면서 모럴해저드가 확대됐다. 또한 날카로운 사람들이 우호적인 여건과 풍부한 유동성의 이점을 자신들에게 유리하게 이용하면서 사기나 횡령 건수가 늘어났다.[31]

프랑스의 작가 볼테르의 풍자소설인 『캉디드 Candide』에 나오는 형이상학적·신학적·우주론적 철학의 교수인 팡글로스 박사 Dr. Pangloss가 알고 있었듯이 "모든 것은 모든 가능한 세계들 중에서 최고 중에 최고를 위해 존재한다." 은행가들은 최고 중에 최고였다. 투자은행인 자딘 플레밍 Jardin Fleming의 상무이사를 지냈던 닉 시블리 Nick Sibley는 그로 인한 결과를 이렇게 예측했다. "은행들에게 유동성을 공급하는 것은 술에 취한 사람에게 맥주 한 통을 주는 것과 같다. 이때 무슨 일이 일어날지 정확히 예측할 수 있을 것이다. 다만 그가 어느 벽을 골라서 부딪칠지만 모를 뿐이다."[32]

2007년까지 물가가 오르면서 모든 사람들은 돈을 벌었다. 1856년에 영국의 경제·정치학자인 월터 배젓은 이렇게 썼다.

> 어느 특정 시기에나 엄청나게 많은 멍청한 사람들이 엄청나게 많은 멍청한

돈을 번다. (중략) 중간에 이 사람들이 번, 나라의 눈먼 돈은 특히 규모가 크고 열망이 가득하다. 이 돈은 자신을 집어삼킬 누군가를 찾고 있는데, 그럴 사람들은 많다. 돈은 누군가를 찾고, '투기'가 등장한다. 돈은 누군가에 의해 집어삼켜지고, '공포감'이 조성된다.[33]

2008년 11월에 런던정치경제대학을 방문한 자리에서 엘리자베스 여왕은 왜 아무도 전 세계적으로 금융위기가 도래하고 있다는 것을 예측하지 못했는지를 물었다. 경제학자들이 그에 대비하지 못했던 실제 이유는 단순했다. 경제학자 윌렘 부이터Willem Buiter는 '대부분 최첨단 학술적인 통화 경제학들의 불행한 무용성'이라는 훌륭한 제목을 단 블로그에서 지난 수십 년 동안 경제 연구는 자체 논리와 미학적 퍼즐에 사로잡힌 나머지 하이쿠Haiku(일본의 전통적인 짧은 시 - 옮긴이)가 되어버렸다고 주장했다.[34] 경제 연구는 대체로 실제 경제 메커니즘에는 관심이 없었다. 또한 스트레스를 받고 금융시장의 불안감이 높은 시기에 경제가 어떻게 움직일지에 대해서는 철저히 무시했다. 새로운 시대에는 그러한 환경이 조성될 수 없는 것으로 여겨졌기 때문이다.[35]

2009년 6월에 팀 베슬리Tim Besley와 피터 헤네시Peter Hennessy 교수는 경제 상황에 대한 그들의 관점을 요약한 편지를 여왕에게 보냈다. 그들은 많은 경제학자들이 위기를 미리 예측했음에도 언제, 어떤 모습으로, 어느 정도에서 위기가 시작될지를 구체적으로 예측하지 못했을 뿐이라고 했다. 두 경제학자는 경제 위기를 예측하지 못한 이유를 묻는 일이 다시는 발생하지 않도록 새롭게 공유된 미래 이슈를 분석할 수 있는Horizon Scanning 능력이 개발되기를 기대했다.[36]

누구도 실제 경제가 얼마나 위험한 상황에 처했는지 혹은 경제가 어떻게 기능하고 있는지를 이해하지 못했다. 경제가 성장하고 집값과 은퇴저축의 가치가 늘어나면서 사람들의 삶은 부유해졌고, 기업의 이익은 매 분기마다 늘어났다. 사람들은 단기간에 400퍼센트 내지는 500퍼센트의 수익을 올리는 법에 대해 말했다. 그러나 월터 배젓은 "사람들은 자신들이 행복할 때, 즉 돈을 벌었을 때 가장 쉽게 속는다"라고 말했다.[37]

영화 「트랜스포머_Transformers_」에는 미래 기술이 가진 위험을 경고하는 듯 휴대전화가 살인 로봇으로 변하는 장면이 나온다. 이처럼 선진화된 금융이 세계 경제에 그와 똑같은 위험을 초래했다.

13장 위험의 우상화

돈과 부채가 경제를 움직이는 핵심요인이 되자 은행의 영향력이 커졌다. 부동산 같은 관계 산업들 역시 자가自家 구입에 필요한 돈의 공급을 늘리는 프로그램에 참가하기 위해 열심히 로비를 벌였다.

미국의 경제학자 맨커 올슨Mancur Olson은 저서 『집합 행위 이론The Logic of Collective Action』과 『국가의 부흥과 몰락The Rise and Decline of Nations』에서 민주주의 사회와 시장경제에서는 시간이 지날수록 계속해서 소규모 연합체들이 만들어진다고 주장했다. 이 연합체들은 구성원들에게 혜택을 주는 정책에 영향을 미치기 위해 풍부한 자금력을 바탕으로 강력한 로비활동을 벌이며, 이때 드는 거액의 비용을 나머지 사람들의 몫으로 남긴다는 것이다. 이 연합체들의 수가 늘어나면 궁극적으로는 경제 시스템이 마비되고, 필연적으로 되돌릴 수 없는 경제 하강이 야기된다.

국제통화기금IMF : International Monetary Fund의 선임 경제학자를 지낸 사이먼

존슨Simon Johnson과 맥킨지에서 컨설턴트로 활동한 제임스 크왁James Kwak 은 논문 「조용한 쿠데타The Quiet Coup」1)와 『13명의 은행가들13 Bankers』이라 는 책에서 "뱅스터들Banksters(은행을 뜻하는 Bank와 Gangster를 합친 신조어 로 미국의 월가 은행들이 폭력배처럼 무분별하게 국민의 돈을 강탈했다는 뜻으로 생겨난 말 – 옮긴이)이 규제 당국자들의 마음을 사로잡았다"라고 주장했 다. 이와 같은 생각은 드와이트 아이젠하워Dwight Eisenhower(1890~1969년) 미국 대통령이 1961년에 군사 체제와 '부적절한 권력의 재난적인 성장 잠재력'이 있는 무기 산업의 강력한 결합인 방위산업 복합체를 겨냥해 했던 경고를 연상시킨다.2) 부채와 위험 확대는 분명 위험한 일이었지 만 경제 성장과 생활수준 개선을 위해 용인되었다.

끊임없는 성찰

황제가 권력을 유지하기 위해 국민들에게 풍부한 빵과 오락거리를 제공해야 했던 고대 로마와 마찬가지로 이제 모든 정치와 경제 시스템 을 유지하기 위해서는 강력한 경제 성장이 유지되어야 한다.

우리는 12년마다 세계 경제를 2배로 성장시키면서 지구상에 거주하는 수 십 억 명의 사람들에게 더 많은 번영을 안겨줄 지속적 성장의 시대에 진입 했다. 우리는 겉으로 보기에는 해결이 불가능해 보이는 빈곤과 같은 문제 들을 해결하고, 전 세계 긴장을 완화하는 데 크게 기여할, 앞으로 25년 동 안 이어질 초기 성장 파도를 타고 있다. 그리고 이러한 성장은 환경에 피해

를 주지 않고도 가능하다. 3)

이렇게 정부와 중앙은행들이 경제를 통제할 수 있다는 믿음이 광범위하게 퍼져나갔다.

> 초고속 경제 성장은 모든 경제적·정치적 문제들에 대한 만병통치약이며, 이는 인플레이션을 유발하는 수요 관리 정책과 정치적으로 매력적인 재정정책의 술책을 통해 쉽게 달성할 수 있다.4)

정부와 중앙은행들은 경제 성장에 지속적으로 집착했다. 1929년에 뉴욕의 「데일리 미러Daily Mirror」지는 "강력한 황소 장세는 미국 경제가 확장세를 멈추지 않을 것이라는 데에 미국이 건 내기다"라고 말했다.5) 1936년에 독일의 자유주의 사회경제학자 빌헬름 뢰프케Wilhelm Röpke(1889~1966년)는 격동하는 1920년대를 회상하면서 "전 세계적으로 매달 생산과 교역량이 늘어나는 순간 사회 문제들은 모든 사람들이 누리는 번영을 통해 해결될 것처럼 보였다"라고 말했다.6) 당시 1920년대는 놀라운 사회 발전의 시기로 간주되기도 했다.

역사적으로 볼 때 인구 증가와 새로운 시장의 형성, 생산성 향상, 산업 혁신이 성장을 이끌었지만 시간이 지날수록 성장 속도는 둔화됐다. "괴물이 성장을 멈추면 곧 죽음이다. 계속 동일한 형태로 남아 있을 수는 없는 법이다."7) 베를린 장벽이 무너진 이후에는 동유럽과 중국, 인도가 전 세계 무역의 장에 본격적으로 진출하면서 저렴한 재화와 용역을 공급하는 값싼 노동력을 제공하는 동시에 새로운 제품 판매시장이 창조됐다. 그러나 개선된 생활수준에 적합한 수요를 맞추기 위해서는 더 큰 성장이 필요했다. 중국의 소설가 마젠馬建은 이 같은 현상을 보고 다음과 같이 말했다. "사회가 변할수록 사우나, 개인의 자동차 소유, 부동산 개발업자, 모기지 대출, 개인 할부 대출과 같은 새로운 단어와 용어들이 계속해서 등장한다. 이제 누구도 천안문天安門 시위나 정부의 부패에 대해 말하지 않는다."[8]

금융공학은 성장 엔진으로서 실제 공학을 대체했다. 부채로 움직이는 소비는 특히 개발도상국들의 성장을 이끌었다. 대규모 외환보유고를 가진 중앙은행들 같은 투자자와 연금펀드, 자산운용사는 열심히 부채를 매수했다. 차입은 자산가격을 끌어올리면서 높아진 자산의 가치를 담보로 한 차입 가능 수준을 더욱 높여주었다. 낮은 비용으로 돈을 빌릴 수 있게 되자 일반적으로 수년이라는 긴 시간에 걸쳐 일어났던 지출이 단기간에 몰렸다. 기업들은 과장된 성장이 무기한 지속될 것으로 가정하고 과도하게 생산 시설에 투자했다.

최근 몇 년 동안 미국의 공식적인 성장의 절반 이상은 부채가 빚어낸 결과다. 부채 수준이 높아지자 성장을 관리하는 일이 필요했다. 2008년까지 1달러어치 성장을 창조하기 위해 4~5달러어치의 부채가 필요했다. 이보다 20년 전에는 1~2달러면 충분했지만 저금리와 자산가격 상승의 열기 속에서 담보 제공과 대출 상환 능력이 급격히 악화되면서 부채 수준은 지속 불가능한 수준까지 높아졌다.

영구히 돌아가는 기계는 소비하는 것보다 더 많은 에너지를 생산한다. 신경제는 영구히 성장하는 기계로서의 부채를 사용해 높은 성장률을 달성했다. 그러나 신경제는 궁극적으로 지속적으로 버틸 수 없다는 것이 드러났다. 대완화와 골디락스 경제Goldilocks Economy(고성장에도 불구하고 물가 상승 압력이 없는 상태 - 옮긴이)라는 가짜 즐거움이 무너진 것이 바로 금융위기였다.

금융 분야의 집단사고

증권거래위원회SEC : Securities and Exchange Commission의 위원장을 지낸 리처드 브리덴Richard Breeden은 왜 규제 당국자들은 문제와 과잉을 간파하지 못했느냐는 질문을 받자 이렇게 말했다. "그 질문은 심리학자들에게 더 어울릴 것 같다. 집단 역학이라는 것이 존재하는데, 모두가 즐거운 시간을 보내고 있을 때는 누구도 파티를 끝내고 사람들을 집으로 돌려보내는 역할을 맡고 싶어 하지 않는다."9)

『조직 인간The Organization Man』의 저자인 윌리엄 화이트William Whyte가 제안하고 심리학자인 어빙 재니스Irving Janis가 개발한 집단사고Groupthink란 배경이 유사하고 외부 의견으로부터 대체로 고립되어 있는 집단은 여러 생각들을 비판적으로 검증하거나 분석, 평가하지 않고 결정을 내린다는 것을 의미한다.10) 집단사고에는 집단적인 합리화, 자신의 관점에 내재한 도덕성에 대한 확신, 만장일치와 불가침성에 대한 착각이 수반된다. 집단은 외부인들에 대해 진부한 시각을 가지면서 반대를 용납하지 못한다.

금융 시스템은 금융 분야의 집단사고, 즉 '대중의 광기Madness of Crowds'의 사례였다. 금융 분야에서 집단사고의 인도자 역할을 한 것은 그린스펀이었다. 1950년대 초반에 그는 작가 아인 랜드의 정기간행물과 그녀의 저서 『자본주의 : 미지의 이상Capitalism : The Unknown Ideal』에 여러 편의 논문을 기고했다. 그린스펀은 경제 컨설턴트로서 성공적인 경력을 쌓은 후 1974년에 제럴드 포드Gerald Ford(1913~2006년) 대통령의 경제자문위원회Council of Economic Advisers에 들어갔다. 랜드는 그린스펀의 선서식에 참석했고, 1982년에 그린스펀은 랜드의 장례식에 참석했다.

러시아계 유대인이었던 랜드는 20세기 대중적인 집단주의 움직임을 신랄하게 비판했던 인물이다. 그녀는 러시아 혁명을 겪으면서 쌓은 경험을 바탕으로 공산주의를 열렬히 반대했고, 개인의 권리와 자유를 위해 헌신했다. 그녀는 자유의지론자적인 자아상, 즉 제한받고 패배하고, 권력에 굶주린 관료나 관리 그리고 무능한 눈치꾼들과 영원한 갈등을 벌이는 재능 있는 인간을 만들었다.

그녀는 자유와 기업인, 혁신 없이 번창하는 사회란 불가능하다고 주장했다. 중국이 시장경제학을 포용한 사실은 랜드의 시각이 가진 가치를 보여주는 증거가 되었다. 경제와 금융이론을 통해 변형된 그녀의 사상은 '극단적인 돈'에 대한 중요한 믿음이 되었다. 학계에서는 랜드의 소설과 그녀의 관점에 대해 깊이가 없고 제한적이라고 비판했지만 랜드의 생각은 그린스펀에게 영향을 주었다. 「뉴욕타임스」지는 랜드가 그린스펀에게 미친 영향에 대해 언급하면서 그를 레이건 시대의 '영향력 있는 소설가'로 칭했다.[11] 경제학자인 폴 새뮤얼슨은 당시 상황을 이렇게 회상했다.

문제는 그린스펀이 아인 랜드와 같았다는 데 있다. 그린스펀을 그의 추종자로부터 벗어나게 할 수는 있어도 그의 추종자를 그린스펀으로부터 벗어나게 할 수는 없다. 그린스펀은 벽에 "이 사무실에서 자본주의 시스템의 신뢰를 떨어뜨리는 어떤 것도 밖으로 내보내서는 안 된다. 탐욕은 유익한 것이다"라고 적힌 가르침을 붙여놓았다.[12]

그의 멘토인 랜드와 마찬가지로 그린스펀은 스스로가 그 자신의 뛰어난 창조물이었다.

그린스펀

그린스펀은 중앙은행장들이 유명인사가 되어 활동하던 시대에 흥청거리며 시간을 보냈다. 그들이야말로 록스타 반열에 오를 수 있었던 유일한 중앙은행장들이었다. 모두 그린스펀이 성장하고 있을 때 일어난 일이지만 아무도 그때까지 소련의 몰락이나 보스턴 레드삭스의 성공에 그린스펀이 기여했다고 생각하지는 않았다.[13] 2000년에 존 매케인 John McCain 미국 상원의원은 그린스펀이 죽으면 영화 「버니의 주말 Weekend at Bernie's」에 나왔던 전략*대로 그의 얼굴에 검은색 안경을 씌우고 사무실에 살아 있는 것처럼 앉혀 놓아야 할 것이라고 말했다.

성공적인 음악가가 될 수 있는 재능이 부족했던 그린스펀은 신경제

---

* 영화 「버니의 주말」에서 보험회사의 신입사원 리처드(조너선 실버맨 분)와 래라(앤드류 맥카시 분)는 회사의 부정을 발견하고 이를 사장에게 보고한다. 그러나 자신의 부정까지 노출된 사장 버니는 자신의 해변가 별장으로 둘을 파견하여 없애려 한다. 그러나 버니 자신이 마피아 두목의 애인을 건드린 죄로 별장에서 먼저 살해당하고 뒤늦게 도착한 리처드와 래라는 죽은 사장 버니를 발견하고 당황한 나머지 죄를 뒤집어 쓸까 봐 버니를 살아 있는 것처럼 꾸며댄다.

의 집단 지도자가 되었다. 그의 비평가들은 그가 뉴욕대학에서 받은 경제학 박사학위는 1950년대 썼던 논문들의 짜깁기에 불과하다고 투덜댔다. 노래 가사를 통해 가수에게 반드시 음악 지식이 필요한 것은 아니라고 주장했던 엘비스 프레슬리Elvis Presley(1935~1977년)처럼 그린스펀은 경제학에 대해 많은 지식을 가지고 있을 필요는 없었다.[14]

그린스펀은 "얄팍한 지식의 코팅으로 무지 슬레이트에 래커 칠을 하는 데 뛰어났다"라는 비난을 들었다.[15] 그린스펀이 경제 사건의 예측에 뛰어났다는 것을 보여주는 증거도 없었다. 연준에서 그린스펀은 전횡을 휘둘렀다.[16] 그는 주식시장이 계속해서 오르고 사람들이 점점 더 부유해지고 있다고 생각하는 한 경제학이나 사고는 필요 없다고 생각했다. 모호하고도 비과학적인 언어가 알맹이의 부족함을 교묘히 감췄다. ABN 암로은행ABN AMRO Bank의 선임 경제학자 한 드 종Han de Jong은 2008년 2월 21일에「파이낸셜 타임스」지에 "오늘날 금융기관에서 진중한 경제학자들이 맡은 역할은 매우 제한적이다. 우리는 그저 남들을 즐겁게 해주는 것이 목적인 광대와 다름없다"라고 실토했다. 이는 응접실에서 떠드는 지식인들이 만든 응접실 경제학이었다.

그러나 그린스펀은 권력과 정치적 지식을 정확히 이해하고 있었다. 레이건 시대에 백악관 직원들은 그린스펀의 인맥과 그가 정부 관리들과 함께 일하는 모습을 보고 깜짝 놀랐다. 정치 이슈에 대해 그가 보인 유연성은 가히 전설적이었다. 그린스펀은 2001년 부시 대통령의 감세안을 지지했지만 2003년에는 태도를 바꿔 감세안을 비난하며 균형재정으로의 복귀를 촉구했다. 그러나 곧바로 다시 태도를 바꿔 주식 배당세를 없애려는 부시의 계획을 칭찬하는 한편, 감세가 예산에 미치는 영향은 제한적일 것이라고 주장했다. 당시 해리 라이드Harry Reid 민주당 상원의원은 그린스펀을 가리켜 "지금까지 워싱턴이 배출한 최대 정치꾼 중 한 사람이다"라고 말했다.17)

그린스펀의 진정한 지지자들은 시장에 있었다. 그는 규제 완화를 주도함으로써 은행들에 막대한 이익을 선사했다. 시장 참여자들은 그린스펀이 그들을 지켜줄 것이라고 믿으면서 그의 능력이 증시의 침체로부터 옵션 보유자를 보호하는 풋 옵션과 비슷하다는 뜻에서 '그린스펀 풋Greenspan put'이란 용어를 만들기도 했다.

그린스펀의 정치는 '불균형한 무지Asymmetric Ignorance'에 토대를 두고 있었다.18) 연준 의장으로서 그는 자산가격이 언제 지나치게 오르는지 예측이 불가능하므로 중앙은행장들은 가격 거품을 예상하거나 그것을 막기 위한 어떤 조치도 취할 수 없다고 거듭 주장했다. 그럼에도 불구하고 그는 항상 자산가격 하락이 언제 위기를 만들고 중앙은행이 가격을 지지하기 위해 금융 시스템에 언제 유동성을 공급해야 하는지는 알았다. 그의 정책 기조에는 효율적인 현대 금융시장에서는 비합리적인 거품이 일어나는 것이 불가능하다는 믿음이 자리 잡고 있었다. 은퇴 후에 그린스펀은 거품 형성에 대해 경고하고 거품을 막기 위한 조치를 촉구하면서 예지력을 얻었다.

전통적인 중앙은행장들은 대중 앞에 나서는 것을 좋아하지 않았고, 또 어떤 정보도 밝히는 것을 꺼렸다. 예를 들어 영란은행장은 과거 금 보유 현황을 묻는 질문에 그저 "상당한 수준이다"라고만 대답했을 뿐이다. 1929년에 영란은행 부의장은 의회 청문회에 출석해 "행동으로 정책을 설명하는 것이 영란은행의 관행이다"라고 대답했다. 영란은행은 "정책의 이유들을 일일이 설명하는 것은 위험하며, 비판에 대해 자신을 옹호하는 것은 현명하지 못한 처사"라고 생각했다. 마치 자신의 미덕을 지키려는 여성과도 같았다.19) 그러나 그린스펀은 말 그대로 언론에 노출되기 위해 애썼다. 그는 TV 기자인 안드레아 미첼Andrea Mitchell과 결혼하기 전 언론인 바바라 월터스Babara Walters나 수전 밀스Susan Mills와의 연애를 즐겼다. 그는 자신의 인지도를 높이는 데 언론을 똑똑하게 이용했다. 그린스펀이 연준 의장이 되었을 때 그가 누구인지 아는 미국인의 비율은 10퍼센트도 안 됐지만 그가 2006년 연준 의장에서 물러날 때 그를 아는 미국인의 비율은 90퍼센트가 넘었다.

2008년 10월 22일 전 세계 경제와 금융 시스템이 위기에 빠졌을 때 그린스펀은 미국 하원감독위원회House Oversight Committee 청문회에 출석했다.

본래 주제와 상관없이 능력이 부족하고 증인을 오히려 도와주는 식의 청문회는 일반적으로 실패의 원인을 개인이 아니라 시스템 탓으로 돌리는 성향을 보이는데, 당시 청문회 역시 금융위기의 책임을 그린스펀에게 돌리지 않았다. 2011년 1월에 금융위기조사위원회FCIC : Financial Crisis Inquiry Commission는 금융 분야의 영화 「오리엔트 특급 살인사건Murder on the Orient Express」과 맞먹는 사건이라 불리는 중대한 보고서를 발표했다. 그러나 보고서에는 위기의 책임은 모든 사람에게 있는 것이지 특정한 한 사람에게 있는 것은 아니라고 명시되어 있었다.

연준 의장에서 물러난 후 그린스펀은 연사와 은행(도이체방크) 자문관, 펀드 매니저(핌코), 헤지펀드(폴슨)에서 일하면서 많은 돈을 벌었다. 그는 『격동의 시대The Age of Turbulence』라는 베스트셀러를 냈고, 수많은 인터뷰를 했으며, 대중적 TV 프로그램에도 자주 등장했다. 이처럼 대중적인 노출의 중요성을 알고 있던 그린스펀은 PR 컨설턴트를 고용해 도움을 받기도 했다.

나는 아무것도 후회하지 않는다

2010년에 그린스펀은 FCIC와 브루킹스연구소Brookings Institute 앞에서 자신의 과거를 변호했다. 그는 과거에 밀턴 프리드먼으로부터 받은 칭찬을 비롯해 과거에 쌓은 업적으로 인해 얻은 명성을 언급하며 자신이 예지력 있는 사람인 것처럼 보이기 위해 애썼다. 그에게서 과거의 잘못을 뉘우치는 모습은 보이지 않았다. 그는 "당시 연준이 펼친 정책에 대해서는 아무런 후회가 없다"라고 말했다.[20]

이처럼 당당한 그린스펀은 과도한 대출, 은행들의 공격적이고 위험한 영업 관행, 서브프라임 모기지 대출을 억제하기 위해 아무런 조치도 취하지 않은 사실에 대해서도 인정하지 않았다. 그에 앞서 은행 시스템은 40~50년 동안 자기자본 비율이 부족한 상태를 유지해왔다. 그의 규제 완화 정책의 명분을 밝히라는 질문에 그린스펀은 그것은 자신의 잘못이 아니라고 주장했다. 그는 "여러분이 규제에 대한 나의 관점이 의회에 주도적이고 효과적인 영향을 주었다고 생각했을지도 모른다. 그러나 내가 봤을 때 반드시 그런 것은 아니었다"라고 말했다.[21] 그는 1999년과 2001년에 서브프라임 대출과 모기지 대출의 위험에 대해 경고했으며, 의회에서 조치를 취하지 못하게 방해했으므로 자신은 힘이 없었다고 주장했다. 이는 지구상에서 두 번째로 막강한 권력을 가진 사람이 자신의 무기력함을 인정하는 이상한 발언이었다.

그린스펀의 위기 분석은 지극히 일반적이었다. 그는 중앙은행들은 위기를 지켜볼 수밖에 없는 구경꾼이나 다름없다고 강조했다. 그는 버냉키의 세계적 과잉저축Global Saving Glut이론을 인용하며 세계적인 과잉저축이 위기의 원인이었다고 말했다. 그는 풍부한 유동성이나 금융 시스템의 규제 완화가 위기의 근본 이유라는 사실에 대해서는 완강히 부인했다.

프랑스 정부의 경제 자문관을 지낸 패트릭 알터스Patrick Artus는 그린스펀을 저축과 대출, LTCM, 신기술주, 서브프라임 모기지 대출과 관련된 4가지 중대한 위기를 만들어낸 '매우 나쁜 연준 의장'이라고 평가했다. 그는 그린스펀이 시장을 구하는 데 어떤 기여를 했다고 보느냐는 질문에 "구하긴 구했는데 이미 일이 벌어지고 난 후에 구했다. 그는 소방관으로서의 역할로 칭찬을 받지만 방화범이 바로 그였다"라고 말했다.[22]

2009년에 경제 전문가들은 전 세계 금융위기를 일으킨 데 가장 큰 책임이 있는 경제학자로 그린스펀을 뽑고, 그를 '경제학의 다이너마이트상Dynamite Prize in Economics' 수상자로 선정했다. 2위와 3위는 각각 프리드먼과 서머스가 차지했다. 그린스펀은 갤브레이스가 했던 "다른 모든 것들이 실패한다면 항상 멋진 오류에 의해 불멸성은 확인될 것이다"라는 조언에서 위로를 받을 수 있을 것이다.

14장

심각한 금융시장

    2006년과 2007년 사이 미국 서브프라임 모기지 시장의 문제에서 시작된 전 세계 금융위기는 극단적인 돈 경제가 가진 고질적인 문제들을 여지없이 드러냈다.

    경제 성장과 번영은 과도한 부채와 투기를 토대로 이뤄낸 결과물이었다. 개인의 부는 미래 투자 수익을 담보로 빌린 부채를 통해 획득한 것이었지만 저축만으로는 노후 생활을 대비하기 힘들었다. 기업의 실적은 차입에 의한 인위적인 소비 수요와 금융 속임수에 의해 과대평가되었고, 국가마다 금융화를 통해 국민들의 생활수준을 높이기 위해 애썼지만 성공하지 못했다.

    경제와 금융 모델들에는 심각한 결함이 있었고, 이 모델은 결과적으로 실패했다. 가용 도구와 여러 지식은 위기를 해결하고 전 세계 경제의 건전성을 회복시키는 데는 역부족이었다.

2007년, 모든 사람들은 영국 소설가 조셉 콘래드^{Joseph Conrad}(1857~1924년)가 했던 "문명화된 삶은 언제라도 무너지고 부주의했던 사람들을 불타는 바닥으로 떨어뜨릴 수 있는, 좀처럼 식지 않는 용암의 얇은 표면 위를 걷는 위험한 걸음이다"라는 말에 공감하기 시작했다.[1]

부채 시대의 종말은 어느날 갑자기 찾아왔다. 이는 영국의 시인이자 비평가인 알렉산더 포프^{Alexander Pope}(1688~1744년)가 1720년 일어난 남해포발 사건을 두고 했던 말을 상기시켜줬다. "대부분의 사람들은 거품이 터질 것이라 생각했지만 누구도 대비하지 않았다. 죽음이 그렇듯이 그런 일이 한밤중에 도둑처럼 다가오리라고 생각한 사람은 없었다."[2]

에어 포켓

유가와 식품 가격이 상승하면서 기준 금리가 1퍼센트에서 5.25퍼센트로 인상되자 미국의 집값 상승세가 꺾이면서 곧바로 하락하기 시작했다. 서브프라임 모기지 대출은 저금리와 집값 상승 그리고 좋은 조건으로 차환대출을 할 수 있는 능력에 의존했다. 집값이 내리자 돈을 빌려 집을 산 사람들은 대출 이자를 내기 위해 팔 수 있는 모든 것을 내다 팔았지만 계속해서 손해를 봤고, 이 영향은 금융시장 전반으로 확산됐다.

1929년 대공황 때 JP모건의 토머스 라몬트^{Thomas Lamont}(1870~1948년)는 시장을 안정시키기 위해 다음과 같이 말했다. "약간의 출혈 투매

Distress Selling가 나왔다. 기술적으로 작은 문제가 생기기는 했지만 상황은 곧 좋아질 것이다."³⁾ 증시가 하락하자 미국의 사업가이자 대부호 존 D. 록펠러 John D. Rockefeller(1839~1937년)는 "미국의 펀더멘털이 건전하다고 믿기 때문에 아들과 나는 당분간 건전한 보통주들을 매수해왔다"라고 말했다. 투자신탁회사 골드만삭스트레이딩 코퍼레이션 Goldman Sachs Trading Corporation이 망하면서 엄청난 손실을 입은 배우 에디 캔터 Eddie Cantor(1892~1964년)는 당시 "그렇다. 누가 남은 돈이 있겠는가?"라고 말했다. 캔터는 상대 배우가 격렬하게 오줌을 싸면서 무대 위를 걸어 나오는 장면이 담긴 촌극을 만들기도 했는데, 캔터가 상대 배우에게 "당신은 누구인가?"라고 묻자 상대 배우는 이렇게 대답했다. "나는 골드만삭스의 트레이더다!"⁴⁾

동시에 탈출하려던 트레이더들은 모든 사람들이 똑같이 빌린 돈으로 산 똑같은 증권을 갖고 있다는 사실을 알았다. 유동성은 한순간에 사라졌다. 누구도 어떤 것이 가치 있는지 몰랐기 때문에 사람들은 가격을 낮춰서 공격적으로 팔았다. 그들은 최악의 사태를 걱정했고 시장은 온갖 소문들로 가득했다. 로마의 시인 베르길리우스 Vergilius Maro(BC 70~BC 19)는 모험담인 『아이네이스 Aeneis』에서 "현존하는 모든 유해한 것들 중에서 가장 빠른 것은 소문이며, 소문은 움직이면서 번성하고 힘을 얻는다"라고 말했다. 모든 사람들은 자신들만 빼고 모두가 파산할까 봐 두려웠다.

2007년 8월 3일에 CNBC에는 평상시에 비해 통제력을 상실한 듯 보이는 투자자이자 프로그램 진행자인 짐 크레이머 Jim Cramer가 시장의 공포심에 더욱 부채질을 했다. 그는 "버냉키는 학자다. 그는 지금 시장 상황이 얼마나 나쁜지 모르고 있다. 그는 바보다! 연준 사람들은 모두 바보다! 그들은 아무것도 모른다"라고 말했다. 2007년 4월 20일에 CBS「마켓워치Market Watch」연설에서 헨리 폴슨 재무장관은 들뜬 표정으로 "미국 경제는 강건하며, 매우 건전하고, 주택시장은 바닥 내지는 바닥 근처에 있다"라고 말했다. 그는 마치 50층짜리 고층 건물에서 낙하산도 없이 뛰어내리면서 40층을 지나는 순간, 지금까지는 순전히 비행 연습이라고 말하는 사람과 같았다.

대규모 소멸

2007년 7월, 베어스턴스는 헤지펀드들 중 한 곳에 16억 달러를 투입했다. 2007년 8월 7일에 비운의 골드만삭스 CDO인 아바쿠스Abacus를 포함해 MBS에 투자하면서 몰락 일보 직전에 몰렸던 독일산업은행IKB Deutsche Industriebank은 구제됐다.

이틀 후인 2007년 8월 9일에 프랑스 은행인 BNP 파리바BNP Paribas는 일부 투자펀드들에 대한 환매를 중단했다. 2007년 9월 13일 목요일에는 영국 은행인 노던록Northern Rock의 대규모 자금 인출 사건이 터지자 영국 정부가 추가 자금 이탈을 막기 위해 기존 은행 예금들을 전액 보증하기로 결정했다. 2008년 3월에 JP모건은 LA 갤럭시가 축구선수 데이비드 베컴에게 지급했던 돈보다 더 낮은 가격으로 베어스턴스를 인수했다.

2008년 9월에 패니메이와 프레디맥이 국유화되었다. 필사적으로 애써봤지만 더 이상 버티지 못하자 메릴린치는 뱅크오브아메리카와 합병했고, 와코비아Wachovia 은행은 캘리포니아에 소재한 웰스파고Wells Fargo 은행과 합병했다. 워싱턴뮤추얼Washington Mutual 은행은 문을 닫았다. 2008년 9월 15일에 투자은행 리먼 브러더스Lehman Brothers는 세계 최대 기업 파산으로 기록될 파산 신청을 했다. 당시 리먼의 부채는 7,680억 달러였고, 자산은 6,390억 달러였다. 그로부터 몇 년 뒤 미국 정부는 파산을 막기 위해 보험회사인 AIG의 과반수 지분을 확보했다.

마치 영화 「고양이의 요람Cat's Cradle」에 나온 물과 접촉할 경우 얼어버리는 가상의 물질인 아이스-나인Ice-Nine이 세계 머니마켓에 떨어져 금융 시스템을 모두 얼리고 있는 것 같았다. 투자자들은 은행과 MMF로부터 돈을 빼가기 시작했다. 그들은 작가 테네시 윌리엄스Tennessee Williams(1911~1983년)가 생존을 위해 꼭 필요한 충고라던 "우리는 서로를 불신해야 한다. 이것이 배신을 막는 우리의 방법이다"라는 말을 추종하고 있었을지 모른다.

지금으로부터 약 6,500만 년 전 멕시코 치크수럽Chicxulub에 소행성이 떨어졌는데, 1억 톤의 TNT 폭발에 버금가는 충격으로 인해 눈 깜박할 사이 지름 180킬로미터에 달하는 대규모 운석공이 생겼다. 전 세계 금융시장에도 그와 비슷한 일이 일어났다. 돈이 부족해지자 서서히 정상적인 경제 활동은 중단됐다. 그동안 돈이 경제를 돌리는 기름 역할을 했다면 이제 그 기름은 대규모 틈을 통해 새어나가고 있었고, 움직이는 부분들은 동작을 멈추고 말았다.

공포에 질린 시장

공포에 질린 시장 참가자들은 존재하지도 않는 탈출구를 찾았다. 영국의 전 수상 로이드 조지Lloyd George(1863~1945년)가 말한 대로 "두려움에 질린 금융인들은 영웅적인 그림을 그리지 못하는 법이다."

연준은 5.25퍼센트였던 기준 금리를 사실상 0퍼센트 부근까지 내렸다. 또 프라이머리딜러 대출PDCF : Primary Dealer Credit Facility, 기간입찰 대출TAF : Term Auction Facility, 증권담보기간 대출TSLP : Term Securities Lending Facility 등 여러 가지 방법을 통해 필사적으로 경제에 유동성을 공급하기 시작했다. 연준은 궁극적으로 양적 완화Quantitative Easing로 알려진 발권력을 동원했다.

버냉키는 한때 헬리콥터에서 돈을 뿌리면 그러한 위기를 막을 수 있다고 자랑한 바 있었다. 그러나 ATM에서 돈을 인출할 수 없고, 은행들이 개인이 평생 저축한 돈을 날려버리면서 머지않아 문을 닫는 일이 일어날 것 같았다. 셰익스피어의「리어 왕King Lear」의 등장인물들이 "이것이 약속한 종말인가? 아니면 그러한 공포의 이미지인가?"라며 보여줬던 종말론적 비전이 세상을 휩쓸었다.

연방공개시장위원회FOMC : Federal Open Market Committee는 '입만 열린 위원회Open Mouth Committee'라는 비난을 받았다. 보다 극단적인 조치의 필요성을 실감한 폴슨 재무장관은 부시 대통령에게 브리핑할 때 당시 상황을 '심장 마비' 상태로 묘사했다.

2008년 9월 18일에 폴슨과 버냉키는 7,000억 달러의 긴급 구제금융을 제안했다. 버냉키는 이 돈의 효과를 의심하는 의원들을 상대로 "우리가 이 돈을 지원하지 않는다면 월요일 경제가 남아나지 않을 수도 있다"라고 말했다.[5] 다른 국가들도 구제금융과 함께 경제를 부양하기 위한 여러 조치들을 준비했다. 미국, 영국, 유럽은 국민 1인당 7,000달러, 전 세계 GDP의 25퍼센트에 달하는 14조 달러를 준비했다.

폴슨은 구제금융을 쓰지 않아도 될 것이라 믿었다. 그는 "당신이 바주카포를 갖고 있는데, 사람들이 당신이 그것을 갖고 있다는 것을 안다면 당신은 그것을 꺼내지 않아도 된다"라고 말했다.[6] 골드만삭스의 전 CEO였던 그는 은행의 거래 문화를 벗어나 움직이지 못했다. 어설픈 생각들에서 엉터리 실행안들이 나왔다. 미국 정부는 마침내 은행들의 부채와 예금을 보증하면서 주요 은행들의 지분 상당 규모를 인수할 수밖에 없었다. 영국 정부 역시 주요 은행들을 일부 국유화시켰고, 전 세계적으로 다른 국가들도 비슷한 조치들을 취했다.

또 대형 금융기관이 무너져 거래 중이던 기업들에 영향을 미치자 전 세계 금융 시스템의 몰락을 초래할 가능성에 대한 우려가 대두됐다. 1902년에 미국의 유대인 은행가 폴 와버그$^{Paul\ Warburg}$(1868~1932년)는 내셔널시티은행$^{National\ City\ Bank}$의 제임스 스틸먼$^{James\ Stillman}$(1850~1918년) 은행장에게 "스틸먼 씨, 당신 은행은 너무 크고 강력해 다음에 공포가 엄습할 때 당신의 책임이 줄어들기를 바랄지 모르겠습니다"라고 말했다.[7] 닉슨 대통령 시절 재무장관을 지냈던 조지 슐츠$^{George\ Schultz}$는 대마불사^{大馬不死} 기업으로 간주되던 기업들에 대해 정부 지원을 할 것인지 질문을 받자 "그들이 무너지기에 너무 크다고 판단되면 그들의 크기를 줄이겠다"라고 말했다.[8] 그러나 이제 대형 금융기관들은 모두 대마불사 은행들이 되었다. 따라서 어느 나라 정부든 은행들을 살리기 위해 서둘러 움직여야만 했다.

오바마 대통령과 고든 브라운 영국 총리에게도 금융 시스템을 안정화시키고, 경제 성장세를 유지하기 위한 조치가 필요했다. 머빈 킹[Mervyn King] 영란은행 총재는 이에 필요한 전략을 다음과 같이 요약했다. "어제 장관이 발표한 조치들은 대형 은행들을 보호하기 위한 목적으로 만들어진 것이 아니다. 오히려 은행들로부터 우리 경제를 보호하기 위한 목적으로 만들어졌다."[9] 짐 버닝[Jim Bunning] 공화당 상원의원은 7,000억 달러 규모의 부실자산구제 프로그램[TARP] 구제금융 패키지를 발표한 후 다음과 같이 말했다. "어제 신문을 보고 나는 내가 프랑스에서 깨어난 줄 알았다. 그러나 아니었다. 여기 미국에서 사회주의가 생겨난 것이다."[10] 중국인들은 미국이 미국의 특성을 가미한 중국식 사회주의를 받아들였다며 비아냥거렸다.

은행가들은 한창 잘나갈 때는 자본주의자지만 위기가 닥치면 사회주의자가 된다. 위기가 터질 때마다 정책 당국자들은 은행 시스템에 구제금융을 지원하지 않는다면 사람들이 평생 모은 돈과 연금이 위험해진다고 주장해왔다. 아무도 누가 그 돈을 위험하게 만들었는지에 대해서는 묻지 않는다. 은행가들의 그러한 변명은 사람을 죽이고 나서 아편에 중독된 탓에 자기도 모르게 그런 짓을 저질렀다며 선처를 호소하는 것과 같다. 사회주의 활동가 나오미 클라인[Naomi Klein]은 '재난 사회주의[Disaster Capitalism]'라는 용어를 만들었다.[11] 이 용어는 은행들이 아무도 모르게 엄청난 사적 이익을 취할 수 있는 시스템을 만들어놓고, 보통 사람들로 하여금 은행들의 구제금융에 드는 비용을 감당하게 만들었다는 의미에서 생긴 말이다.

CBS 프로그램 「60분[60 Minutes]」에 출연한 버냉키는 자신의 정책을 옹호하면서 이렇게 말했다. "나는 전형적인 미국의 중산층 출신이다. 이것이 나의 배경이다. 나는 월가에서 활동한 적이 없다. 그리고 나는 한 가지 이유, 정말로 오직 한 가지 이유 때문에 월가에 관심을 가진다. 월가에서 일어나는 일이 실물경제에 중요한 영향을 미치기 때문이다."

확산되는 위기

버냉키의 조치에도 불구하고 금융위기는 실물경제로 빠르게 확산됐다. 미국에서는 800만 개가 넘는 일자리가 사라졌고, 실업률은 1980년대 초 이후 가장 높은 10퍼센트까지 치솟았다. 오하이오 주에서는 신규 실업수당 청구 건수가 보통 때의 하루 7,500건에서 훨씬 늘어난 8만 건까지 증가했다. 오하이오 주에서는 늘어난 실업수당 청구를 처리하느라 임시직들을 고용해야 할 정도였다. 일자리를 구할 수 없어 구직 활동을 포기한 구직 단념자들과 어쩔 수 없이 시간제로 일할 수밖에 없는 사람들까지 포함한다면 미국의 실질 실업률은 16~18퍼센트에 이르렀다. 유럽에서도 실업률이 10퍼센트를 상회했다.

전 세계 교역량도 25년 만에 처음으로 12퍼센트 감소했다. 2007년 3분기에 세계에서 두 번째로 큰 트럭 제조업체인 스웨덴의 볼보 AB는 유럽에서 4만 1,970대의 주문을 받았지만 1년 후 2008년 3분기에는 주문량이 155대로 급감했다. 무려 99.63퍼센트나 줄어든 것이다! 수출이 줄어들면서 중국 남부 광저우에서는 2,000만 명의 중국 근로자들이 길거리로 내몰렸다. 1875년에 메이어 암셀 로스차일드Mayer Amschel

Rothschild(1744~1812년)가 말한 대로 "전 세계는 하나의 도시가 되었다."[12]

2008년 12월이 되자 발틱해운거래소Baltic Exchange가 발표하는 건화물 운임지수인 발틱운임지수Baltic Dry Index가 2008년 5월 고점 때 기록했던 11,793과 비교해 90퍼센트 이상 하락했다. 중국에서부터 영국까지 12미터 길이의 철재 컨테이너를 보내는 데 드는 비용은 이 기간 동안 1,400달러에서 150달러로 하락했다가 다시 300달러로 반등했다. 2008년 말이 되자 세계 무역을 수송하는 선박들 중 10퍼센트가 일이 없어 쉬었고, 싱가포르 근처에 있는 말라카 해협에서는 대규모 화물선단이 가동을 멈춘 채 정박해 있었다.

미국의 대표적 기업인 GE는 실적 전망치를 맞추지 못하고, 향후 실적 전망도 하향 조정했다. 그러자 GE의 주가가 하락했고, 잭 웰치는 후임자인 제프리 이멜트를 총으로 쏴버리겠다고 위협하기도 했다. 워런 버핏은 30억 달러어치의 보통주를 주당 22.25달러에 살 수 있는 옵션 행사 권리와 함께 연간 10퍼센트의 배당금을 받기로 하고 GE의 주식 30억 달러어치를 매입했다. 1주당 액면 금액에 대해 지급되는 배당금의 비율, 즉 배당률이 10퍼센트라는 것은 GE처럼 신용 등급이 최상위인 AAA가 아닌 투기 등급에 해당하는 기업들이 지급하는 수준이었다. GE는 또한 일반인들을 상대로도 주당 22.25달러에 주식을 팔아 120억 달러의 자금을 증자했다.

지난 3년 동안 단기적인 실적 목표에 치중하던 GE는 앞서 주식 환매를 위해 300억 달러를 지출했으나 돈이 필요하자 낮은 가격에 주식을 팔아 나중에 높은 가격으로 되살 수밖에 없었다.

크라이슬러는 이탈리아 자동차 업체인 피아트Fiat에 인수됐다. 정부로부터 구제금융을 지원받은 GM은 회생 가능한 사업이라도 살리기 위해 파산보호 신청을 했다. 미국의 대표적인 성인 잡지 「허슬러Hustler」 지의 창업자인 래리 플린트Larry Flynt와 「걸스 곤 와일드Girls Gone Wild」를 만든 조 프랜시스Joe Francis도 매출이 급감하고 있던 성인 엔터테인먼트 산업을 살려야 한다면서 의회에 50억 달러의 구제금융을 요청했다. 그들은 "미국인들은 자동차 없이는 살아도 섹스를 하지 않고는 살 수 없다"고 주장했다.13)

아일랜드가 주는 교훈

아일랜드의 경기가 점점 더 호황을 누리자 가계 부채는 GDP의 60퍼센트에서 160퍼센트까지 늘어났다. 아일랜드 은행들은 전례 없는 부동산 호황기를 맞아 부동산 개발업체들을 상대로 공격적으로 대출을 해주었다. 몇 년 만에 집값이 2배로 오르자 더블린의 일반 가정집 가격이 미국 비벌리힐스에 있는 가정집 가격만큼 올랐다.

숱한 어려움을 극복하고 강소국으로 변모해 '켈틱 타이거'라는 성공 신화에 심취되었던 아일랜드 국민들은 마치 복권에라도 당첨된 가난한 사람처럼 행동하며 흥청망청 돈을 써댔다. 아일랜드 소설가 앤 엔라이트Anne Enright는 "우리는 우리 경제의 활황이 다른 어떤 나라의 활황보다 낫다고 믿으며 심한 자기애에 빠졌다"고 꼬집었다.14)

그런데 지금은 어떤가? 아일랜드의 집값은 반 토막이 났고, 더블린의 스카이라인을 수놓았던 대형 크레인들은 놀고 있다. 부실채권의 무게를 버티지 못하고 붕괴된 아일랜드 은행 시스템은 돈을 조달할 수 없게 되었다. 2008년 9월에 아일랜드는 주요국 중 최초로 연간 GDP의 3배 가까이에 이르는 4,000억 유로의 은행 부채를 보증할 수밖에 없게 됐다.

두 자릿수 성장률을 자랑하던 아일랜드의 경제는 마이너스 20퍼센트 성장에 그쳤고, 실업률은 15~20퍼센트에 이르렀다. 아일랜드는 은행들의 구제금융 비용으로 GDP의 30퍼센트 이상을 지출했다. 호황기 때 GDP의 25퍼센트밖에 되지 않았던 정부 부채는 GDP의 100퍼센트 이상으로 늘어났다. 기업들은 구조 조정을 하거나 문을 닫았다. 경기가 하강 곡선을 그리자 부패 세력과 정치인, 기업인, 은행가들 사이의 긴밀한 유착관계가 드러났다.

미국이나 캐나다, 호주로 이민을 가는 아일랜드 국민들이 늘어났다. 과거에도 이런 추세가 있기는 했지만 경기가 활황세를 보였을 때는 이민을 떠났던 많은 사람들이 다시 아일랜드로 돌아왔고, 호황 국면에 있던 건설 분야에서 일자리를 찾는 사람들도 많았다.

농담 삼아 아일랜드와 영문 'C'자 하나밖에 다른 것이 없다던 아이슬란드의 경제도 아일랜드와 마찬가지로 흔들렸다. 경제가 붕괴되자 해외에 거주하던 아이슬란드 국민들은 ATM에서 돈을 뺄 수 없었다. 영국에 위치한 아이슬란드 은행들이 제시하는 고금리에 현혹되어 예금을 넣어두었던 개인과 지방 정부, 자선단체들 모두 돈을 찾지 못했다. 아이슬란드 은행들이 전체 나라 부채의 약 12배에 달하는 부채를 안고 무너지자 정부가 나서서 대형 은행들을 인수했다. 2001년 영국은 영국 예금자들을 보호하기 위해 무너지는 아이슬란드 은행에 예금되어 있는 영국 자산을 동결시킬 수 있는 반테러법을 적용하기도 했다. 아이슬란드가 알카에다, 수단, 북한과 같은 부류로 취급된 것이다.

한순간에 아이슬란드 경제와 통화는 무너졌다. 3일 동안 거래가 중단된 후 재개장한 아이슬란드의 주식시장은 하루 만에 77퍼센트 폭락했고, 예금자들도 막대한 손해를 입었다. 유로와 스위스 프랑 같은 저금리 통화로 빌려 냈던 대출 상환금은 버티기 어려운 수준까지 올라갔다. 아이슬란드에서 필요한 물품들은 대부분 수입품들이었기 때문에 수입 비용이 급등했다.

외국인들 역시 아이슬란드를 떠나기 시작했다. 아이슬란드 국민 중 3분의 1 이상이 다른 나라로의 이민을 고려했다. 자신감이 넘치던 독립국가 아이슬란드가 위기에 무릎을 꿇고 말았다. 새로운 정부는 경제를 살리기 위해 IMF에 40억 유로의 구제금융을 요청했는데, 이는 아이슬란드 국민 1인당 1만 3,000유로의 빚을 지는 꼴이었다.

아이슬란드는 이베이의 경매 매물로 나오기도 했다. 당시 경매 문구에는 이렇게 적혀 있었다. "유럽 서북부 북대서양에 있는 공화국 아이슬란드는 낙찰자에게 주거 가능한 환경과 아이슬란드산 말, 다소 정신이 없는 금융 환경을 제공할 것이다." 입찰자들은 자신들이 미리 낸 돈이 묶일지 모른다면서 농담조로, 상품을 인도받은 후 대금을 결제하는 상품인도결제방식[COD : Cash on Delivery]이 가능한지를 묻기도 했다.

아이슬란드의 여러 은행들은 이그[Ig] 노벨경제학상을 받기도 했다. 이상은 미국 하버드대의 과학잡지사에서 매년, 다시 할 수 없고, 해서도 안 되는 업적을 남긴 이에게 주는 상이다. 이그 노벨수학상의 영광은 2008년 8월 하이퍼인플레이션에 맞서기 위해 1,000억 짐바브웨 달러를 1짐바브웨 달러로 리디노미네이션한 기데온 고노 짐바브웨 중앙은행 총재에게 돌아갔다.

2008년에 한 은행가는 뉴욕에서 런던으로 자리를 옮겼다. 그는 레인지로버Range Rover 자동차를 구입하기 위해 다니던 은행의 일정 지분을 팔았다. 은행가는 이어 두바이에서 일하게 됐는데, 사정상 6개월 만에 레인지로버를 팔려고 하자 본래 지급한 자동차 가격의 50퍼센트의 손해를 감수해야 했다. 그런데 이렇게 받은 돈으로 은행가는 자동차를 사기 위해 팔았던 은행주들을 5배 더 많이 살 수 있게 되었다. 즉 6개월 동안 그가 보유하고 있던 은행주들의 가치 80퍼센트가 날아간 것이다.

정치인들은 은행가들을 비난했고, 은행가들은 과도하게 돈을 빌린 채무자들을 비난했다. 채무자들은 억지로 돈을 빌리게 한 은행가들을 비난하고 소득 수준 하락, 고용 불안정, 높은 생활비, 가난 등을 탓했다. 다시 태어난 케인스 학도들은 너무 적은 규제 때문이 아니라 너무 많은 시장 개입 때문에 문제가 생긴다고 주장한 자유시장경제학자들을 비난했다. 애주가였던 부시 대통령은 은행가들이 술에 취했다고 주장하며 술을 비난했다.

비크람 팬디트Vikram Pandit 씨티그룹 CEO는 씨티그룹에 문제가 생긴 것은 공매도자들 때문이라고 주장했다. 부실채권과 과도한 구조화 증권 투자, 위험 대비 부적절한 자본 비율, 그 밖에 다른 많은 실패들은 관련이 없다는 것이다. 많은 국가들은 공매도를 가리켜 나쁜 소식의 전령사라고 비난하며 이를 금지하거나 제한했다.

한국에서는 로마 신화에 등장하는 지혜의 여신 '미네르바Minerva'라는 필명의 온라인 블로거가 리먼 브러더스의 즉각적인 몰락을 예상하면서 한국 통화인 원화에 대해 끔찍한 전망을 내놓았고, 그가 운영하던 사이트는 4,000만 건의 조회 수를 기록하기도 했다. 원화 가치가 26퍼센트 급락하자 한국 정부는 '한국의 경제 대통령'으로 불린 미네르바를 체포했다.

뉴턴 경제학

2003년에 노벨경제학상 수상자인 로버트 루카스Robert Lucas는 다음과 같이 선언했다. "거시경제학은 성공했다. 그것의 핵심인 불황 예방 문제는 온갖 실질적 목적을 위해 해결됐으며, 실제로는 과거부터 지금까지 오랫동안 해결을 거듭해왔다."[15] 고든 브라운 영국 총리는 신노동당New Labour의 인도하에 영국 경제의 활황-불황 주기들이 사라졌다고 자랑했다. 세계 경제가 위기에 빠지자 경제학자들과 분석가들은 말로 표현하려고는 하지 않았지만 '불황'이란 단어를 고민하기 시작했다. 보유 중인 엄청난 달러 가치가 떨어질지 몰라 겁에 질린 중국은 케인스가 제안했던 전 세계 기축통화인 방코르를 다시 제안했다.

죽은 경제학자들은 정치적 입장을 지지하기 위해 되살아났다. 정부 개입의 급증과 수요 부양을 위한 대규모 지출은 케인스경제학의 부활을 의미했다. 1996년에 루카스는 한 언론인과 만나 이렇게 말했다. "40대 미만의 훌륭한 경제학자들 중 자신이 케인스학도라고 생각하는 사람은 없다. (중략) 사람들은 더 이상 케인스학파의 이론을 진지하게 받아들이지 않는다. 그런 이론을 듣는 사람들은 서로 속삭이며 낄낄댄다."[16] 하지만 자유시장, 시카고학파, 프리드먼의 이론이 지배했던 시기가 끝나자 케인스의 이론이 다시 유행하기 시작했다.

케인스는 위기에 어울리는 경제학자다. 그는 절박해진 정부에 대규모의 극적인 재정 부양책에 대한 지적 편향을 제공했다.

미국 외교관계위원회Council on Foreign Relations의 국제 경제 담당 이사인 벤 스테일Ben Steil 교수는 케인스이론의 부활 이유를 다음과 같이 간단히 설명했다. "사실이 우리 편일 때 우리는 사실을 공격한다. 이론이 우리 편일 때 우리는 이론을 공격한다. 그리고 사실이나 이론 어느 것도 우리 편이 아닐 때 우리는 케인스를 공격한다."[17] 로버트 루카스는 농담조로 "폭격을 받을 때는 무신론자들이 없어지듯이 참호 속에서는 모두가 케인스학도로 변한다"라고 말했다.[18]

결론 불확실한 세계

미국의 천문학자 칼 세이건Carl Sagan의 소설 『콘택트Contact』에서 엘리 애로웨이 박사가 만난 정체불명의 외계인은 "지구의 놀라울 정도로 후진적인 경제 시스템"에 대해 말한다. 대완화와 골디락스 경제를 포기한 세계는 보톡스 경제학Botox Economics을 받아들였다. 보톡스는 흔히 얼굴의 주름살을 제거해 젊어 보이게 만들려고 주입하는 독소 물질인데, 그 효과는 일시적이고 심각한 부작용을 일으키기도 한다.

금융위기가 터지자 세계 중앙은행과 정부가 엄청난 양의 유동성이라는 금융의 보톡스Financial Botox를 주입했지만 이는 깊이 뿌리박힌 문제들을 더욱 은폐시켰을 뿐이었다. 월 로저스의 말대로 "만일 우둔함 때문에 우리가 이렇듯 혼란에 빠졌다면 왜 그것이 우리를 혼란에서 빼내 줄 수 없단 말인가?"

정부의 지출, 노후 차량 보상 프로그램Cash for Clunkers과 같은 산업 지원

프로그램이나 감세, 투자 인센티브, 보조금들은 모두 경제 활동을 활성화시켰고, 저금리 정책은 주식과 금융시장의 회복을 도왔다. 특히 미국의 사상 최저 수준의 기준 금리는 합리적인 소득을 제시하는 직업은 어떤 것이든 매력적으로 보이게끔 만들었다. 한 분석가는 투자자들을 향해 "우리는 정크본드 중에서 진정한 정크본드들을 좋아한다"라고 말했다.[1]

은행들에 대한 자본 투입, 중앙은행들의 부실자산 매입과 정부의 공공연한 은행 차입 지원은 금융 시스템의 안정을 도왔다. 회계 규정의 변화는 잠재적 부실채권과 수상한 증권들의 상각 시기를 미뤄줌으로써 은행의 숨통을 틔워줬다. 투자자들에게 거품은 투자 없이도 오르는 시장이고, 투자를 해서 오른다면 그것은 활황시장이다. 정부와 중앙은행들의 정책을 반대하는 의견들은 묵살됐다.

전 세계 정부들이 전례 없는 규모로 추진한 공조적인 조치는 위기가 불황으로 번지는 것을 막는 데 성공했다. 전 세계 정책 당국자들은 막대한 빚을 진 세계 경제를 고통 없이 치료하기 위해 성장과 인플레이션을 걸고 도박을 걸었다. 17세기 프랑스의 작가 프랑수아 드 라로슈푸코François de La Rochefoucauld (1613~1680년)가 했던 말을 빌리자면 "희망은 비록 기만적인 성격을 띠더라도 최소한 합의 가능한 경로를 통해 우리를 생의 끝까지 인도해주는 역할을 한다."

겉으로 보기에 세계 경제는 연착륙할 것 같지만 속을 뜯어보면 여전히 곪아 터진 상태다. 미국의 모기지 대출시장은 여전히 불안하고, 실업률은 2011년 8퍼센트 초반으로 떨어졌으나 여전히 높은 편이다. 더군다나 그리스, 포르투갈, 스페인, 이탈리아 등 유럽 국가들을 휩쓸고 있는 채무 위기는 현재 진행형이며, 중국 경제 역시 성장세가 둔화되면서 경착륙 우려가 지속되고 있다.

특히 유럽의 채무 위기는 이제 정부가 문제의 본질이라는 사실과 금융시장을 낙관적으로만 봐서는 안 된다는 사실을 재확인시켰다. 전 세계 정부들은 새로운 세금을 걷고 지출을 줄이면서 국가 재정 상태가 추가로 악화되는 것을 막기 위한 새로운 긴축 조치를 취할 수밖에 없게 됐다. 2010년 6월 CNBC와의 인터뷰에서 데이비드 패터슨^{David} ^{Paterson} 뉴욕 주지사는 이런 상황을 '흥청망청 쓰다가 생긴 위기 장애'라고 표현했다.

전 세계적으로 부채는 경제 성장을 촉진시킴으로써 사회가 미래로부터 더 많은 돈을 빌릴 수 있게 허용했다. 돈을 저렴하게 빌릴 수 있게 되자 사람들은 일반적으로 오랜 시간에 걸쳐 쓸 돈을 단기간 내에 써댔고, 이로 인해 소비는 촉진됐다.

소수의 부자들을 제외하고 대부분이 가난했던 시절에는 생존하려면 도박이 필요했다. 시간이 지나면서 사회는 위험을 회피할 수 있는 예측적 방법들을 개발했고, 높은 수준의 취업률과 고용 안정 시스템을 구축함으로써 연금과 건강보험을 비롯한 복지와 함께 생활수준은 제고됐다. 세계대전이 끝난 후 생겼던 확실성이 사라지자 과거 경마나 카지노와 관련된 투기가 확실한 생존과 재정적인 안정성 확보에 필수적인 수단이 되었다.

주택 거품이 터지자 미국의 풍자 잡지「오니언$^{The\ Onion}$」지는 미국 국민들은 또 다른 거품에 휩쓸려 투자에 나설 것이라고 주장했다. 애덤 스미스도 인정했듯이 "누구나 이득을 올릴 확률은 다소 과장하는 반

면, 손해를 볼 확률은 저평가하는 법"이다.2)

　금융 시스템과 돌이킬 수 없는 기후 변화, 석유와 식품과 물 같은 필수 자원들의 부족 현상 사이에는 유사점이 존재한다. 각 사례에서 사회는 무엇이든 미래로부터 차입해옴으로써 향후 생길지 모를 문제들을 다음 세대의 몫으로 돌렸다. 결과적으로 당신은 말 그대로, 미래가 당신을 집어삼킬 때까지 미래를 집어삼켜버리게 됐다.

　과거에 종교는 사후 보상을 위해 현재의 즐거움을 포기하라고 가르쳤다. 그러나 사회는 말 그대로 현재의 순간적인 쾌락을 위해 미래를 희생하고 있다. 아일랜드의 경기 호황이 무너지자 건강 관리 기업 애보트Abbott의 마크 패트릭 헤더만Mark Patrick Hederman은 신념을 누르고 거둔 물질적 야망의 승리를 다음과 같이 정리했다. "사람들은 현세에서 큰 성공을 거두자 다른 세계에 대한 관심을 잃었다."3)

　사람들은 확실하지 않고 나중에나 생길지 모른다는 이유로 위험을 무시하고 단기적인 이익만을 추구했다. 금융인들은 점점 더 파괴적인 거래에 몰입하면서 거액의 수수료를 챙겼고, 결국 납세자들로 하여금 그들이 경제적으로 입힌 손해를 대신 물어주게 만들었다. 2010년 3월, 영란은행 관료인 앤드류 홀데인Andrew Haldane은 은행 산업을 자동차 산업에 비유하며 이렇게 말했다. "두 산업 모두 오염 물질을 배출한다. 자동차 산업은 배기가스를, 은행 산업은 시스템적 위험을 배출한다." 익스트림 머니는 경제를 오염시킨다!

주석

본서에 나온 대부분의 인용의 원출처는 인용이 이례적인 경우에만 제시된다. 최근 몇 년 동안 인터넷, 온라인 인용 데이터베이스와 웹사이트, 구글 같은 검색엔진 덕택으로 온라인에서 많은 인용을 쉽게 구할 수 있게 됐다. 인용이 잘 알려진 내용일 경우 주석의 양을 최소한으로 줄이고자 구체적인 출처를 명시하지 않았다. 기업들로부터 나온 인용은 'www.imdb.com'에서 찾을 수 있다.

서문 휴브리스

1 George W. Bush, Remarks on Signing the American Dream Downpayment Act (16 December 2003) (www.presidency.ucsb.edu/ws/index.php?pid=64935).

2 Ron Chernow (1990) The House of Morgan : An American Banking Dynasty and the Rise of Modern Finance, Touchstone Books, New York : 154. 인용

3 Don Thompson (2008) The $12 Million Stuffed Shark : The Curious Economics of Contemporary Art, Palgrave Macmillan, New York : 219. 인용

4 John Kay 'A stakeholding society, what does it mean for business?' (1997) Scottish Journal of Political Economy 44/4 : 425.36. 인용

5 John Kenneth Galbraith (1975) The Great Crash 1929, Penguin Books, London : 187.

6 'The pop star and the private equity firms' (26 June 2009) New York Times. 인용

7 Edwin Lefevre (2005) Reminiscences of a Stock Operator, John Wiley, New Jersey : 12.

8 F. Scott Fitzgerald (1973) The Great Gatsby, Penguin Books, London : 188.

9 Alain de Botton (2002) The Art of Travel, Penguin Books, London : 40.

10 Andrew Ross Sorkin 'A "bonfire" returns as heartburn' (24 June 2008) New York Times. 인용

1부 신뢰

1장 돈, 시대를 반영하는 거울

1 Michael Jackson 'Money' from History. Past, Present And Future Book1 (2009).

2 Adam Smith (1776) An Inquiry into the Nature and Causes of the Wealth of Nations : Book 1 Chapter 2 (http://geolib.com/smith.adam/won1-02.html).

3 Glyn Davies (2002) A History of Money : From Ancient Times to the Present Day, University of Wales Press, Cardiff : 13, 14.

4 Christian Oliver and Jan Cienski 'North Korea offers ginseng to pay Czech debt' (10 August 2010) Financial Times.

5 Jack Wetherford (1997) The History of Money, Three Rivers Press, New York : Chapter 1.

6 Justyn Walsh (2009) Keynes and the Market, John Wiley & Sons, Chichester : 148. 인용

7 William Jennings Bryan, Speech concluding debate on the Chicago Platform (9 July 1896), Democratic National Convention, Chicago, Illinois (http://en.wikisource.org/wiki/Cross_of_Gold_Speech).

8 Wetherford, The History of Money : 175.7.

9 Brook Larmer 'The price of gold' (January 2009) National Geographic : 42. 인용

10 Ian Fleming (2009) Goldfinger, Penguin Books, London : 73.

11 John Updike (1982) Rabbit is Rich, Penguin Books, London : 201.

12 Adam Smith (2007) The Wealth of Nations, Cosmino, New York : 241.

13 John Kenneth Galbraith (1975) Money : Whence It Came, Whence It Went, Houghton Mifflin, Boston : 45.

14 Dylan Grice 'Popular delusions : a Minskian roadmap to the next gold mania' (18 November 2009), Societe Generale Cross Asset Research.

15 Walsh, Keynes and the Market : 167.

16 George Bernard Shaw (2005) The Intelligent Woman's Guide to Socialism and Capitalism, Transaction Publishers, New Jersey : 263.

17 Francis J. Gavin (2004) Gold, Dollars, and Power : The Politics of International Monetary Relations 1958.1971, University of North Carolina Press : 3. 인용

18 Lewis Carroll (1871) Through the Looking Glass : Chapter 6 (www.sabian.org/Alice/lgchap06.html).

19 John Maynard Keynes (2010) The Economic Consequences of the Peace, Indo European Publishing, Los Angeles : 108.

20 William Grieder (1987) Secret of the Temple : How the Federal Reserve Runs The Country, Simon & Schuster, New York : 231. 인용

21 Alan Greenspan 'Gold and economic freedom' (1966) The Objectivist; reprinted in Ayn Rand (1986) Capitalism : The Unknown Ideal, Signet, New York (www.321gold.com/fed/greenspan/1966.html).

22 Galbraith, Money : Whence it Came, Where it Went : 15.

23 University of Virginia Library Electronic Text Center, Thomas Jefferson Digital Archive (http://etext.lib.virginia.edu/jefferson/quotations/jeff1325.html).

24 John Maynard Keynes (2006) The General Theory of Employment, Interest and Money, Atlantic Books, New Delhi : 268.

25 Niall Ferguson (2008) The Ascent of Money, Allen Lane, London : 85. 인용

26 Paul Seabright (2004) The Company of Strangers : A Natural History of Economic Life, Princeton University Press, New Jersey.

27 Grieder, Secret of the Temple : 234, 236. 인용

28 Wetherford, The History of Money : 137.9. 인용

29 William Shakespeare (1599), Julius Caesar : Act I Scene ii (www.readprint.com/chapter-7839/Julius-Caesar-William-Shakespeare).

30 Robert Hughes (1980) The Shock of the New. Art and the Century of Change, British Broadcasting Corporation, London : 398; Leonard Shilan (1991) Art and Physics : Parallel Visions in Space, Time and Light, Quill William Morrow, New York : 270.

2장 돈은 모든 것을 바꾼다

1 Niall Ferguson (2008) The Ascent of Money, Allen Lane, London : 85. 인용

2 F. Scott Fitzgerald (1926) The Rich Boy (http://en.wikiquote.org/wiki/Talk:F._Scott_Fitzgerald).

3 Robert Frank (2007) Richistan : A Journey through the 21st Century Wealth Boom and the Lives of the New Rich, Crown, New York.

4 Robert J. Gordon and Ian Dew-Becker 'Where did the productivity growth go? Inflation dynamics and the distribution of income' (December 2005), National Bureau of Economic Research Working Paper 11842.

5 Louis Uchitelle 'The wage that meant middle class' (20 April 2008) New York Times. 인용

6 John Kenneth Galbraith (1981) A Life In Our Times, Andre Deutsch, London : 122.

7 John Kenneth Galbraith (2001) 'Economics and the quality of life' in The Essential Galbraith, Houghton Mifflin, New York : 103, 104.

8 Alan Greenspan (2007) The Age of Turbulence. Adventures in a New World, Allen Lane, London : 270, 271.

9 Zygmunt Bauman (2007) Liquid Times : Living in an Age of Uncertainty, Polity Press, Cambridge : 105. 인용

10 Suketu Mehta 'What they hate about Mumbai' (28 November 2008) New York Times.

11 Doug Wakefield 'Fear and perception. the speed at which investor sentiment can change' (1 November 2007) (www.marketoracle.co.uk/ Article2634.html). 인용

12 James Quinn 'The shallowest generation' (3 November 2008) (www. financialsense.com/ editorials/quinn/2008/1103.html).

13 John Updike (1996) Rabbit : Rest, Penguin Books, London : 7.

14 Peter Watson (2001) A Terrible Beauty : The People and Ideas that Shaped the Modern Mind. A History, Phoenix Press, London : 594.

15 Robert Frank 'A risky profile' (4 March 2007) Wall Street Journal.

16 Norman Berlin (1998) 'The late plays', in Michael Mannheim (ed.) The Cambridge Companion to Eugene O'Neill, Cambridge University Press, Cambridge : 82. 인용

17 John Hills, John Ditch and Howard Glennerster (1994) Beveridge and Social Security : An International Retrospective, Oxford University Press, Oxford : 10. 인용

18 Robin Blackburn (2002) Banking on Death, Verso, London : 31. 인용

19 Robert Winnett and Myra Butterworth 'Savers told to stop moaning and start spending' (27 September 2010) Daily Telegraph. 인용

20 Thomas Friedman (1999) The Lexus and the Olive Tree, Random House, New York : 58.

3장 비즈니스 중의 비즈니스

1 Lawrence E. Mitchell (2007) The Speculation Economy : How Finance Triumphed Over Industry, Berrett-Koehler Publishing Inc., San Francisco : 13,15, 95.

2 Sir W. S. (William Schwenck) Gilbert 'Songs of a Savoyard' (http:// infomotionscom/etexts/gutenberg/dirs/etext97/svyrd10.html).

3 Tom Hadden (1972) Company Law and Capitalism, Weidenfeld & Nicolson, London : 14.

4 Oscar Wilde (1965) The Works of Oscar Wilde, Spring Books, London : 93.

5 Betsy Morris 'Tearing up the Jack Welch playbook' (7 November 2006) Fortune(www.CNNmoney.com).

6 The term was coined by Tony Golding, see (2001) The City : Inside the Great Expectations Machine, FT Prentice Hall, London.

7 Francesco Guerrera 'Welch condemns share price focus' (12 March 2009) Financial Times.

8 Frank Partnoy (2003) Infectious Greed : How Deceit and Risk Corrupted the Financial Markets, Henry Holt, New York : 298.9.

9 'The Hondoyota GT89th' (12 September 1987) International Financing Review : 690.

10 'Mystery after China copper trader vanishes following heavy losses' (15 November 2005) Fortune.

11 Larry McDonald (2009) A Colossal Failure of Common Sense, Ebury Press, London : 165.

12 Bethany McLean and Peter Elkind (2003) The Smartest Guys in the Room : The Amazing Rise and Scandalous Fall of Enron, Penguin Books, New York : 39.

13 Alan Greenspan (2008) The Age of Turbulence, Allen Lane, London : 360.

14 위의 책 : 472.

15 Andrew Smithers and Stephen Wright (2000) Valuing Wall Street. Protecting Wealth in Turbulent Markets, McGraw-Hill, Illinois.

16 Institutional Investor (4 February 1987).

17 Satyajit Das 'Key trends in Treasury management' (May 1992) Corporate Finance : 39.

18 Ron Chernow (1993) The Warburgs, Vintage Books, New York : 647.54.

19 위의 책 : 653.

20 John Cassidy (2002) dot.con, Perennial, New York : 261.4.

21 This discussion of GE draws on Julie Froud, Sukhdev Johal, Adam Leaver and Karel Williams (2006) Financialization and Strategy : Narrative and Numbers, Routledge, London : Part II, Chapter 3, 299.368.

22 The Economist (2 May 2002).

23 Robert Slater (2003) 29 Leadership Secrets from Jack Welch, McGraw-Hill, New York : 66.

24 John Plender 'When clever insiders are pitted against naive outsiders' (20 April 2010) Financial Times. 인용.

25 Berkshire Hathaway Letter to Shareholders (1995). 인용.

26 Maryann Keller (1989) Rude Awakening : The Rise, Fall, and Struggle for Recovery of General Motors (www.generalwatch.com/quotes.cfm).

27 Niall Ferguson (2008) The Ascent of Money, Allen Lane, London : 89. 인용.

4장 파는 돈

1 John Lanchester (2010) Whoops! Why Everyone Owes Everyone and No One Can Pay, Allen Lane, London : 161. 인용.

2 Walter Bagehot (2006) Lombard Street : A Description of the Money Market, Cosimo, New York : 270.

3 Ron Chernow (1990) The House of Morgan : An American Banking Dynasty and the Rise of Modern Finance, Touchstone Books, New York : 20.

4 David Gaffney (2008) Never Never, Tindal Street Press, Birmingham : 35.

5 Chernow, The House of Morgan : 612.

6 James Grant (1993) 'Why not platinum?' in Minding Mr. Market : Ten Years on Wall Street with Grant's Interest Rate Observer, Times Books, New York : 152.4.

7 Adapted from a saying by columnist Earl Wilson.

8 Jonathan A. Knee (2007) The Accidental Investment Banker, John Wiley, Chichester : 49.

9 John Cassidy (2002) dot.con, Perennial, New York : 340.

10 John Maynard Keynes (2006) The General Theory of Employment, Interest and Money, Atlantic Books, New Delhi : 176.

11 John Kenneth Galbraith (1993) A Short History of Financial Euphoria,

Viking Books, New York : 19.

12 'A special report on the future of finance' (24 January 2009) The Economist : 17.

5장 노란색 벽돌 길

1 Alfred Marshall (1920) Principles of Economics, Macmillan, London : 271.

2 Patrick Hosking and Suzy Jagger '"Wake up, gentlemen", world's top bankers warned by former Fed chairman Volcker' (9 December 2009) The Times.

3 Michael Lewis (1989) Liar's Poker : Two Cities, True Greed, Hodder & Stoughton, London : 182.3.

4 Philip Augar (2000) The Death of Gentlemanly Capitalism, Penguin Books, London : 76.

5 위의 책 : 3.

6 Philip Augar (2009) Chasing Alpha : How Reckless Growth and Unchecked Ambition Ruined The City's Golden Decade, Bodley Head, London : 4.

7 Margaret Pagano 'A matchless talent pool' (14 June 1999) Financial News; Tony Golding (2003) The City : Inside the Great Expectations Machine, FT Prentice Hall, London : 2.

8 William J. Bernstein (2009) A Splendid Exchange : How Trade Shaped the World, Grove Press, New York : 105, 106.

9 New York Times (20 December 2007); Kevin Phillip (2009) Bad Money : Reckless Finance, Failed Politics, and the Global Crisis of American Capitalism, Scribe Publications, Melbourne : 191

10 http://thinkexist.com/quotes/federico_garcia_lorca/2.html

11 William H. McNeill (1998) Plagues and People, Anchor Books, New York : 130.

12 Bernstein, A Splendid Exchange : 287.

13 David Roche and Bob McKee (2008) New Monetarism, Independent

Strategy Publications, London.

14 Martin Hutchinson 'The return of Thomas Mun' (27 July 2009) (www.prudentbear.com/index.php/thebearslairview?art_id=10254).

15 Andy Warhol (2007) The Philosophy of Andy Warhol, Penguin Books, London : 229.

16 Niall Ferguson (2008) The Ascent of Money, Allen Lane, London : 335.9.

17 Piers Brendon (2000) The Dark Valley : A Panorama of the 1930s, Pimlico, London : 222.

18 'Impact of US financial crisis will be felt around world : Chinese PM' (28 September 2008), AFP.

19 Robert A. Mundell and Paul J. Zak (2003) Monetary Stability and Economic Policy : A Dialog Between Leading Economists, Edward Elgar Publishing, Cheltenham : 136.

20 Jeffrey Thompson Schnapp and Matthew Tiews (2006) Crowds, Stanford University Press, California : 273.

21 John Maynard Keynes (2006) The General Theory of Employment, Interest and Money, Atlantic Books, New Delhi : 142.

2부 시장근본주의

6장 시카고학파

1 Milton Friedman 'Schools : Chicago' (Autumn 1974) University of Chicago Magazine 11.16 : 11.

2 P J. O'Rourke (1998) Eat The Rich, Atlantic Monthly Press, New York : 123.

3 Adam Smith (1776) An Inquiry into the Nature and Causes of the Wealth of Nations : Book 1 Chapter 2 (http://geolib.com/smith.adam/won1-02.html).

4 John Maynard Keynes (1973) The General Theory of Employment, Interest and Money in The Collected Writings of John Maynard Keynes,

Macmillan, London : 321, 322.

5 Daniel Yergin and Joseph Stanislaw (2002) The Commanding Heights : The Battle for the World Economy, Touchstone Books, New York : 125.

6 Kai Bord and Martin J. Sherwin (2006) American Prometheus : The Triumph and Tragedy of J. Robert Oppenheimer, Vintage Books, New York : 62. 인용

7 Peter Watson (2000) A Terrible Beauty : The People and Ideas that Shaped the Modern Minds. A History, Phoenix Press, London : 81. 인용

8 Philip Mirowski (2002) Machine Dreams : Economics Becomes a Cyborg Science, Cambridge University Press, Cambridge : 203, 204.

9 Johan van Overtveldt (2007) The Chicago School : How the University of Chicago Assembled the Thinkers Who Revolutionised Economics and Business, Agate Books, Chicago : 9.

10 위의 책 : 91.

11 Justin Fox (2009) The Myth of the Rational Market : A History of Risk, Reward and Delusion on Wall Street, Harper Business, New York : 252.

12 van Overtveldt, The Chicago School : 85,7.

13 Pierre Bayard (2007) How to Talk About Books You Haven't Read, Bloomsbury, London.

14 Yergin and Stanislaw, The Commanding Heights : 89. The quote is derived from John Ranelagh's book (1991) Thatcher's People : An insider's account of the politics, the power and the personalities, Harper Collins, London. It is not verifiable but is likely to be true.

15 'Lexington : the Obama cult' (25 July 2009) The Economist. 인용

16 Yergin and Stanislaw, The Commanding Heights : 346.

17 위의 책 : 333.

18 Wolfgang Munchau 'Recession is not the worst possible outcome' (6 July 2008) Financial Times. 인용

19 James Grant (2008) Mr. Market Miscalculates : The Bubble Years and Beyond, Axios Press, Mount Jackson : 298, 299.

20 Ron Chernow (1993) The Warburgs, Vintage Books, New York : 393.

21 Stephen Moore 'Atlas Shrugged : from fiction to fact in 52 years' (9

January 2009) Wall Street Journal. 인용.

22 Niall Ferguson (2008) The Ascent of Money : A Financial History of the World, Allen Lane, London : 214.

23 van Overtveldt, The Chicago School : 60.

24 Yergin and Stanislaw, The Commanding Heights : 132, 133.

25 Ferguson, The Ascent of Money : 65. 인용.

27 Emmanuel Tumusiime-Mutebile (Governor of the Bank of Uganda) 'Partnering with the media for effective communication and quality reporting', Speech at the Bank of Uganda/Media Top executives' dialogue (6 November 2009), Kampala (www.bis.org/review/r100120e.pdf) 인용.

28 The actual statement is : 'The Federal Reserve ⋯ is in the position of the chaperone who has ordered the punch bowl removed just as the party was really warming up.' William McChesney Martin Jr, Address to New York Group of the Investment Bankers Association of America (19 October 1955), Waldorf-Astoria Hotel, New York.

29 Ben S. Bernanke, Remarks at the Conference to Honor Milton Friedman (8 November 2002), University of Chicago, Chicago, Illinois.

30 Frank Knight 'What is truth in economics?' (1940) Journal of Political Economy.

7장 잘못된 신, 거짓 예언들

1 Justin Fox (2009) The Myth of the Rational Market : A History of Risk, Reward and Delusion on Wall Street, Harper Business, New York : 79. 인용.

2 Donald MacKenzie (2008) An Engine, Not a Camera : How Financial Models Shape Markets, MIT Press, Cambridge, Massachusetts : 5.

3 위의 책 : 71.

4 Peter Bernstein (2005) Capital Ideas : The Improbable Origins of Modern Wall Street, John Wiley, New Jersey : 60.

5 위의 책 : 22.

6 MacKenzie, An Engine, Not a Camera : 62

7 위의 책 : 50. 인용.

3부 연금술

8장 부채를 사랑하는 법

1 Boston Globe (20 August 1986) quoted in 'Congoleum Corporation (abridged)' Teaching Notes (1997), Harvard Business School Case Study 9-292-081, Harvard Business School Publishing, Boston, MA : 5.

2 Robert Sobel (1993) Dangerous Dreamers : The Financial Innovators from Charles Merrill to Michael Milken, John Wiley, New York : 40.

3 George Anders (1992) Merchants of Debt : KKR and the Mortgaging of American Business, Basic Books, New York : 21. 인용

4 John Brooks (1987) The Takeover Game, Truman Talley Books, New York : 29.

5 Anders, Merchants of Debt : 112.

6 위의 책 : 148.

7 위의 책 : 105.

8 위의 책 : 191.

9 Michael C. Jensen 'The modern Industrial Revolution, exit, and the failure of internal control systems' (1993) Continental Bank Journal of Applied Corporate Finance : 4.23.

10 Anders, Merchants of Debt : xix.

11 George B. Baker and George David Smith (1998) The New Financial Capitalists : Kohlberg Kravis Roberts and the Creation of Corporate Value, Cambridge University Press, New York : 90. 인용

12 Anders, Merchants of Debt : 41.

13 If Japan can … Why can't we? (1980), TV show introducing the methods of W. Edwards Deming to American managers, produced by Clare Crawford-Mason, NBC (http://en.wikipedia.org/wiki/If_Japan_Can… Why Can't We%3F).

14 Anders, Merchants of Debt : 162. 인용

15 위의 책 : 35. 인용

16 Baker and Smith, The New Financial Capitalists : 204. 인용

17 Philipp Meyer (2009) American Rust, Simon & Schuster, London : 348.

9장 부채 굴리기

1 Robert Mundell, Presentation at Conference on Globalization and Problems of Development (2.6 March 2008), Havana, Cuba.

2 회사의 파산 유무와 상관없이 여기서 사용된 모든 숫자들은 반올림된 것이다.

3 'Felix Salmon recipe for disaster : the formula that killed Wall Street' (23 February 2009)' Wired; Sam Jones 'Of couples and copulas' (24 April 2009) Financial Times.

4 'Felix Salmon recipe for disaster'.

5 www.wib.org/conferences_education/past_programs/2008_bond_university/08_index.html

6 Adam Smith (2007) Wealth of Nations, Cosimo, New York : 113.

7 Alan Greenspan (2007) The Age of Turbulence : Adventures in a New World, Allen Lane, London : 230.

8 Jo Becker, Sheryl Gay Stolberg and Stephen Labaton 'The reckoning. White House philosophy stoked mortgage bonfire' (20 December 2008) New York Times.

9 Ben Bernanke 'Modern risk management and banking supervision' (12 June 2006), Remarks at the Stonier Graduate School of Banking, Washington.

10 Alan Greenspan 'Understanding household debt obligations' (23 February 2004), Address to Credit Union National Association 2004 Governmental Affairs Conference, Washington DC.

11 Joe Bageant (2009) Deer Hunting with Jesus : Dispatches from America's Class War, Scribe Publications, Melbourne : 99.

12 Gretchen Morgenson 'How a whistle-blower conquered Countrywide' (19 February 2011) New York Times.

10장 위험한 슈퍼마켓

1 Robert Sobel (1993) Dangerous Dreamers : The Financial Innovators from Charles Merrill to Michael Milken, John Wiley, New York : 191.

2 http://resident-alien.blogspot.com/2007/07/public-v-private-equity.html

3 Edward Chancellor with Lauren Silva 'The Wizards of Oz : not making sense of Macquarie's business model' (1 June 1007) Breaking Views; Gideon Haigh 'Who's afraid of Macquarie Banks? The story of the millionaire's factory' (July 2007) The Monthly; Bethany McLean 'Would you buy a bridge from this man?'(18 September 2007) Fortune.

4 Chancellor with Silva, 'The Wizards of Oz'.

5 Martin Arnold 'Buy-out study queries performance' (25 July 2010) Financial Times.

6 'The uneasy crown' (8 February 2007) The Economist.

7 Henny Sender and Monica Langley 'Buyout mogul : How Blackstone's chief became $7 billion man. Schwarzman says he's worth every penny' (13 June 2007) Wall Street Journal.

8 Andrew Ross Sorkin 'A financier peels back the curtain' (21 September 2009) New York Times. 인용.

9 'Citicorp defiant over EMI lawsuit' (13 December 2009) Financial Times.

10 G.K. Chesterton (2009) Orthodoxy, BiblioLife : 131.

11 'Former NAB traders jailed' (4 July 2006) Sydney Morning Herald.

12 Ben Hall 'Former trader : SocGen says he got "a bit carried away"' (6 February 2008) Financial Times.

13 Nelson D. Schwartz and Jad Mouawad 'A French style of capitalism is now stained' (28 January 2008) New York Times.

14 Richard Duncan (2009) The Corruption of Capitalism, CLSA Books, Hong Kong : 140.

15 Alan Greenspan 'Financial derivatives' (19 March 1999), Futures Industry Association, Boca Raton, Florida.

16 Martin Z. Braun and William Selway 'Hidden swap fees by JP Morgan, Morgan Stanley hit school boards' (1 February 2008), Bloomberg.

11장 헤지펀드

1 Tom Wolfe (1988) The Bonfire of the Vanities, Picador, London : 64.
2 Tony Tassell 'The Goldman Sachs narrative' (8 February 2010) Financial

Times.

3 Robert Slater (2009) Soros : The World's Most Influential Investor, McGraw-Hill, New Jersey : 178. 인용-

4 Philip Delves Broughton (2009) Ahead of the Curve : Two Years at Harvard Business School, Penguin Books, New York : 99.

5 Ron Chernow (1990) The House of Morgan : An American Banking Dynasty and the Rise of Modern Finance, Touchstone Books, New York : 43.

6 'Live-blogging the hedge fund hearing' (13 November 2008) New York Times.

7 George Soros (1995) Soros on Soros : Staying Ahead of the Curve, John Wiley, New Jersey.

8 Fred Schwed Jr (2006) Where Are The Customers' Yachts? Or A Good Hard Look : Wall Street, John Wiley, New Jersey : 140.

9 'Live-blogging the hedge fund hearing'.

10 Vivek Kaul 'What's luck got to do with investing?' (28 December 2009), DNA India.

11 Temple, Hedge Funds : 5.

12 Holman W. Jenkins 'How a cat becomes a dog' (5 April 2000) Wall Street Journal.

13 David Wighton, Ben White and Deborah Brewster 'Citadel trading costs hit \$5.5 bn' (2.3 December 2006) Financial Times : 1.

14 Merrill Lynch, Bear Stearns and Paine Webber senior executives are understood to have had invested in LTCM; see Roger Lowenstein (2002) When Genius Failed : The Rise and Fall of Long-Term Capital Management, Fourth Estate, London.

15 Scholes denies having used the word 'fool' in Lowenstein, When Genius Failed, : 33, 34.

16 'Trillion dollar bet' (8 February 2000), PBS; Sam Jones 'Meriwether setting up new hedge fund' (22 October 2009) Financial Times.

17 Lowenstein, When Genius Failed : 147.

18 Lowenstein, When Genius Failed : 123; actually 'Markets can remain irrational a lot longer than you and I can remain solvent' from A. Gary Shilling

(1993) Forbes 151/4 : 236. 인용-

19 Nicolas Dunbar (2000) Investing Money, John Wiley, Chichester : 208, 209. 인용-

20 Adam Smith (2006) Super Money, John Wiley, New Jersey : 180.

21 Peter Temple (2001) Hedge Funds : The Courtesans of Capitalism, John Wiley & Sons, Chichester : 41, 42.

22 William Fung, David Hsieh, Narayan Naik and Tarun Ramadorai 'Hedge funds : performance, risk and capital formation' (19 July 2006) (www.ssrn.com/abstract=778124).

23 'Rolling in it' (16 November 2006) The Economist.

24 Michael Lewis (2010) The Big Short : Inside the Doomsday Machine, Allen Lane, London : 3.

25 'The hedge fund king is getting nervous' (16 September 2006) Wall Street Journal : A.1.

26 Peter Temple (2001) Hedge Funds : The Courtesans of Capitalism, John Wiley & Sons, Chichester : 42.

27 H. Kat and H. Palaro 'Who needs hedge funds? A copula-based approach to hedge fund return replication' (2005), Alternative Investment Research Centre Working Paper 27, Cass Business School, City University London; H. Kat and H. Palaro 'Replication and evaluation of fund of hedge fund returns' (2006), Alternative Investment Research Centre Working Paper 28, Cass Business School, City University London; H. Kat and H. Palaro 'Superstars or average Joes? A replication-based performance evaluation of 1917 individual hedge funds' (2006), Alternative Investment Research Centre Working Paper 30, Cass Business School, City University, London; H. Kat and H. Palaro 'Tell me what you want, what you really, really want! An exercise in tailor-made synthetic fund creation' (2006), Alternative Investment Research Centre Working Paper 36, Cass Business School, City University London; Jasmina Hasanhodzic and Andrew W. Lo 'Can hedge-fund returns be replicated? The linear case' (16 August 2006) (www.ssrn.com/abstract=924565).

28 Thorold Barker 'Does it do what it says on the tin?' (2.3 December

2006) Financial Times : 11.

29 Jenny Anderson 'Papers study August crisis, from first wave to last ripple' (28 September 2007) New York Times.

30 Peter Aspden 'From free love to free market' (31 July 2009) Financial Times. 인용

31 'Hedge funds : what they told clients' (2 November 2008) The Sunday Times.

32 위의 책.

33 Temple, Hedge Funds : 133. 인용

34 Richard Teitelbaum and Tom Cahill 'Brevan Howard shows paranoid survive in hedge fund of time outs' (1 April 2009), Bloomberg.

35 Carol J. Loomis 'Buffett's big bet' (9 June 2008) Fortune.

36 Henny Sender 'Druckenmiller exit marks end of era' (18 August 2010) Financial Times.

4부 금융위기

12장 전쟁 게임

1 Lawrence C. Strauss 'Jeremy Grantham : still holding back' (13 October 2008) Barron's.

2 Ron Suskind (2004) The Price of Loyalty, Simon & Schuster, New York : 291.

3 Alan Greenspan (2007) The Age of Turbulence : Adventures in a New World, Allen Lane, London : 360, 361.

4 Ben Bernanke 'The economic outlook' (5 May 2005), Testimony to the Joint Economic Committee, US Congress.

5 'Savings versus liquidity' (11 August 2005) The Economist.

6 Robin Harding 'Bernanke says foreign investors fuelled crisis' (18 February 2011) Financial Times.

7 Fisher, Irving 'The debt-deflation theory of great depressions' (1933) Econometrica : 337.57.

8 William White 'Is price stability enough?'(April 2006) Bank of International Settlements.

9 Gillian Tett of the Financial Times coined the phrase; see Gillian Tett 'Should Atlas still shrug?' (15 January 2007) Financial Times.

10 The phrase 'new liquidity factory' was coined by Mohamed El-Erian.

11 청산되지 않고 남은 총 파생계약 규모는 훨씬 더 큰 약 600조 달러에 이른다(14장 참조). 이 숫자는 파생계약 규모와 헤징에 사용된 것으로 추정된 액수를 이중계산한 걸 조정해서 계산한 것이다.

12 Paul McCulley 'The paradox of deleveraging will be broken' (November 2008), Pimco.

13 Richard Bookstaber (2007) A Demon of Our Own Design, John Wiley, Hoboken, New Jersey : 2.6.

14 Larry McDonald (2009) A Colossal Failure of Common Sense, Ebury Press, London : 175.

15 John Lanchester (2010) Whoops! Why Everyone Owes Everyone and No One Can Pay, Allen Lane, London : 142.

16 Benoit Mandlebrot (2004) The (Mis)behavior of Markets, Basic Books, New York : 237.

17 Philip Delves Broughton (2009) Ahead of the Curve : Two Years at Harvard Business School, Penguin Books, New York : 283. 인용

18 Marina Hyde (2009) Celebrity : How Entertainers Took Over the World and Why We Need an Exit Strategy, Harvill Secker, London : 67.

19 Victor Consoli (11 May 2006) Financial Times.

20 Steven Rattner 'The coming credit meltdown' (18 June 2007) Wall Street Journal.

21 Zygmunt Bauman (2010) Living on Borrowed Time, Polity Press, Cambridge : 43.

22 위의 책 : 43.

23 Michael Lewis 'Wall Street on the tundra' (April 2009) Vanity Fair.

24 Kate Burgess, Tom Braithwaite and Sarah O'Connor 'A cruel wind' (10 October 2008) Financial Times.

25 Alex Preda Framing Finance (2009), University of Chicago Press,

Chicago and London : 63. 인용

26 Asger Jonsson (2009) Why Iceland? McGraw-Hill, New York : 36.

27 Lewis 'Wall Street on the tundra'.

28 위의 책.

29 위의 책.

30 위의 책.

31 The term is associated with John Kenneth Galbraith (1975) The Great Crash 1929, Penguin Books, London.

32 Smith, ECONned : 109. 인용

33 Walter Bagehot 'Edward Gibbon' (January 1856) in (1978) The Collected Works : Literary Essays, The Economist, London : 352.

34 The phrase is used in Olivier Blanchard 'The state of macro' (2008), NBER Working Paper 14259 : 27.

35 Willem Buiter (2009) 'The unfortunate uselessness of most "state of the art" academic monetary economics' (http://blogs.ft.com/maverecon/2009/03/the-unfortunate-uselessness-of-most-state-of-the-art-academic-monetaryeconomics.

36 Samuel Brittan 'Economists shuffle the deckchairs' (6 August 2009) Financial Times.

37 Walter Bagehot (1877) Lombard Street : A Description of the Money Market, Henry S. King & Sons, London : Chapter 6 (www.econlib.org/library/Bagehot/bagLom6.html.

13장 위험의 우상화

1 Simon Johnson 'The quiet coup' (May 2009) The Atlantic.

2 President Dwight Eisenhower, Farewell Address to the Nation (17 January 1961).

3 Peter Schwartz and Peter Leyden 'The long boom : a history of the future, 1880.1920' (July 1997) Wired.

4 Harry Johnson and Elizabeth Johnson (1978) The Shadow of Keynes, Basil Blackwell, Oxford : 222.5.

5 Liaquat Ahamed (2009) Lords of Finance : The Bankers Who Broke The World, Penguin Books, London : 313.

6 Wilhelm Ropke (1936) Crises and Cycles, William Hodge & Co., London : 64 (http://mises.org/books/crisis.pdf).

7 John Steinbeck (1992) The Grapes of Wrath, Penguin Books, New York : 44.

8 Ma Jian (2009) Beijing Coma, Vintage Books, London : 557.

9 'Financial crisis stemmed from a lack of will' (15 July 2009), ABC Radio.

10 Irving Janis (1982) Groupthink : Psychological Studies of Policy Decisions and Fiascoes, Houghton Mifflin, New York.

11 Maureen Dowd 'Where Atlas shrugged is still read, forthrightly' (13 September 1987) New York Times.

12 'An interview with Paul Samuelson, part one' (17 June 2009) The Atlantic.

13 Alan Blinder and Ricardo Reis 'Understanding the Greenspan standard' (August 2005), Federal Reserve Bank of Kansas City, Jackson Hole Conference.

14 Fred Sheehan 'Clowning around' (19 May 2008) (www.prudentbear.com).

15 James Grant (2008) Mr. Market Miscalculates : The Bubble Years and Beyond, Axios Press, Mount Jackson : 264.

16 John Lanchester (2010) Whoops! Why Everyone Owes Everyone and No One Can Pay, Allen Lane, London : 167.

17 'Pimco hires Greenspan as consultant' (16 May 2007) Reuters.

18 The phrase was used by Charles Dumas of Lombard Street Research; see 'Losing confidence, looking at the dollar in the old-fashioned way' (22 July 2010) The Economist.

19 Ahamed, Lords of Finance : 80, 81, 372.

20 'Greenspan, on CNBC : US in recession' (8 April 2008), Reuters.

21 Sewel Chan and Eric Dash 'Greenspan rejects criticism of policies at hearing' (7 April 2010) New York Times.

22 'Interview by Farah Nayeri : Greenspan was "very bad" Fed chairman,

says Artus of Natixis' (30 November 2007), Bloomberg.

14장 심각한 금융시장

1 Bertrand Russell (1956) Portraits from Memory and Other Essays, Simon & Schuster, London : 152. 인용.

2 Edward Chancellor (2000) Devil Take The Hindmost : A History of Financial Speculation, Plume Books, New York : 84. 인용.

3 Liaquat Ahamed (2009) Lords of Finance : The Bankers Who Broke the World, Penguin Books, London : 355. 인용.

4 Ron Chernow (1990) The House of Morgan, Grove Press, New York : 319, 320.

5 Joe Nocera 'As credit crisis spiraled, alarm led to action' (1 October 2008) New York Times.

6 위의 책.

7 Ron Chernow (1993) The Warburgs : The Twentieth-Century Odyssey of a Remarkable Jewish Family, Vintage Books, New York : 89. 인용.

8 PBS Newshour 'How big is too big to fail?' (15 December 2009) (www.pbs.org/newshour/bb/business/july-dec09/schultz_12-15.html).

9 Mervyn King, Governor of the Bank of England, Speech to the CBI Dinner (20 January 2009), East Midlands Conference Centre, Nottingham.

10 Senator Jim Bunning, Statement to the Senate Banking Committee on the Federal Reserve Monetary Policy Report (15 July 2008), Senate Banking Committee.

11 Naomi Klein (2008) The Shock Doctrine : The Rise of Disaster Capitalism, Picador, New York.

12 Charles P. Kindelberger (1978) Manias, Panics and Crashes : A History of Financial Crisis, Basic Books, New York : 130. 인용.

13 'Americans "too depressed" for sex, porn barons seek US bailout' (8 January 2009) (www.abc.net.au/news/stories/2009/01/08/2461638.htm).

14 'After the race' (19 February 2011) The Economist.

15 Robert Lucas 'Macroeconomic priorities' (2003) American Economic

Review 93/1 : 1703.

16 John Cassidy 'The decline of economics' (2 December 1996) New Yorker : 54.

17 Benn Steil 'Keynes and the triumph of hope over economics' (5 February 2009) Financial Times.

18 Justin Fox 'The comeback Keynes' (27 January 2009) Time.

결론 불확실한 세계

1 Henny Sender 'On Wall Street : A tonic that works too well' (23 December 2009) Financial Times.

2 Adam Smith (2007) The Wealth of Nations, Cosmino Books, New York : 113.

3 'After the race' (19 February 2011) The Economist.

참고문헌

Viral Acharya and Matthew Richardson (eds) (2009) *Restoring Financial Stability : How to Repair a Failed System*, John Wiley, New Jersey.

Liaquat Ahamed (2009) *Lords of Finance : The Bankers Who Broke The World*, Penguin Books, London.

Al Alletzhauser (1990) *The House of Nomura*, Bloomsbury, London.

Daniel Altman (2007) *Connected : 24 Hours in the Global Economy*, Macmillan, London.

George Anders (1992) *Merchants of Debt : KKR and the Mortgaging of American Business*, Basic Books, New York.

Philip Augar (2000) *The Death of Gentlemanly Capitalism*, Penguin Books, London.

Philip Augar (2006) *The Greed Merchants : How the Investment Banks Played the Free Market Game*, Penguin Books, London.

Philip Augar (2009) *Chasing Alpha : How Reckless Growth and Unchecked Ambition Ruined the City's Golden Decade*, Bodley Head, London.

John Authers (2010) *The Fearful Rise of Markets : A Short View of Global Bubbles and Synchronised Meltdowns*, FT Prentice Hall, London.

Joel Bakan (2004) *The Corporation*, Constable & Robinson, London.

George B. Baker and George David Smith (1998) *The New Financial Capitalists : Kohlberg Kravis Roberts and the Creation of Corporate Value*, Cambridge University Press, New York.

Martin Baker (1995) *A Fool and His Money*, Orion Books, London.

Erik Banks (1999) *The Rise and Fall of the Merchant Banks*, Kogan Page, London.

Maria Bartiromo with Catherine Whitney (2010) *The Weekend that Changed Wall Street : An Eyewitness Account*, Portfolio/Penguin Books, New York.

Zygmunt Bauman (2006) *Does Ethics Have a Chance in a World of Consumers?* Harvard University Press, Boston.

Zygmunt Bauman (2007) *Liquid Times : Living in an Age of Uncertainty*, Polity Press, Cambridge.

Zygmunt Bauman (2010) *Living on Borrowed Time*, Polity Press, Cambridge.

Alan Beattie (2009) *False Economy : A Surprising Economic History of the World*, Viking, London.

Gary Belsky and Thomas Gilovich (1999) *Why Smart People Make Big Money Mistakes . and How to Correct Them*, Simon & Schuster, New York.

Peter L. Bernstein (1996) *Against The Gods : The Remarkable Story of Risk*, John Wiley, New York.

Peter L. Bernstein (2000) *The Power of Gold : The History of An Obsession*, John Wiley, New York.

Peter L. Bernstein (2005) *Capital Ideas : The Improbable Origins of Modern Wall Street*, John Wiley, New Jersey.

Peter L. Bernstein (2007) *Capital Ideas Evolving*, John Wiley, New Jersey.

William J. Bernstein (2009) *A Splendid Exchange : How Trade Shaped The World*, Grove Press, New York.

Barton Biggs (2006) *Hedge Hogging*, John Wiley, New Jersey.

Richard Bitner (2008) *Confessions of a Sub-prime Lender : An Insider's Tale of Greed*, Fraud and Ignorance, Icon Books, London.

Robin Blackburn (2002) *Banking on Death*, Verso, London.

John Bogle (2009) *Enough : True Measures of Money*, Business and Life, John Wiley, New Jersey.

Bill Bonner and Addison Wiggin (2006) *Empire of Debt : The Rise of an Epic Financial Crisis*, John Wiley, New Jersey.

Richard Bookstaber (2007) *A Demon of Our Own Design*, John Wiley, New Jersey.

Piers Brendon (2000) *The Dark Valley : A Panorama of the 1930s*, Pimlico, London.

Dan Briody (2003) *The Iron Triangle : Inside the Secret World of the Carlyle Group*, John Wiley, New Jersey.

Samuel Brittan (2005) *Against the Flow : Reflections of an Individualist*, Atlantic Books, London.

Po Bronson (1995) *Bombardiers*, Secker & Warburg, London.

John Brooks (1998) *The Go-Go Years : The Drama and Crashing Finale of Wall Street's Bullish 60s*, John Wiley, New Jersey.

Philip Delves Broughton (2009) *Ahead of the Curve : Two Years at Harvard Business School*, Penguin Books, New York.

J.C. Bruce (2010) *The 'Rogue' Myth : Demon Traders or Convenient Scapegoats?* CreateSpace, Seattle.

Connie Bruck (1988) *The Predators' Ball : How Michael Milken and his Junk Bond Machine Staked the Corporate Raiders*, Simon & Schuster, New York.

Robert F. Bruner and Sean D. Carr (2007) *The Panic of 1907 : Lessons Learned from the Market's Perfect Storm*, John Wiley, New Jersey.

Jennifer Burns (2009) *How Markets Fail : The Logic of Economic Calamities*, Oxford University Press, Oxford.

Bryan Burroughs and John Helyar (1990) *Barbarians at the Gate : The Fall of RJR Nabisco*, Harper & Row, New York.

Christopher Byron (2004) *Testosterone : Tales of CEOs Gone Wild*, John Wiley, New Jersey.

John Cassidy (2002) *dot.con*, Perennial, New York.

John Cassidy (2009) *How Markets Fail : The Logic of Economic Calamities*,

Allen Lane, London.

Edward Chancellor (2000) *Devil Take The Hindmost*, Plume Books, New York.

Ron Chernow (1990) *The House of Morgan : An American Banking Dynasty and the Rise of Modern Finance*, Touchstone Books, New York.

Ron Chernow (1993) *The Warburgs*, Vintage Books, New York.

Ron Chernow (1997) *The Death of the Banker : The Decline and Fall of the Great Dynasties and the Triumph of the Small Investor*, Vintage Books, New York.

William D. Cohan (2007) *The Last Tycoons : The Secret History of Lazard Freres & Co.*, Broadway Books, New York.

William D. Cohan (2009) *House of Cards : How Wall Street's Gamblers Broke Capitalism*, Allen Lane, London.

Lawrence A. Cunningham (2009) *The Essays of Warren Buffett : Lessons for Investors and Managers*, John Wiley, Singapore.

Satyajit Das (2010) *Traders Guns and Money : Knowns and Unknowns in the Dazzling World of Financial Derivatives*, FT Prentice Hall, London.

Glyn Davies (2002) *A History of Money : From Ancient Times to the Present Day*, University of Wales Press, Cardiff.

Emanuel Derman (2004) *My Life as a Quant : Reflections on Physics and Finance*, John Wiley, New Jersey.

Kevin Dowd and **Martin Hutchinson** (2010) *Alchemists of Loss : How Modern Finance and Government Intervention Crashed the Financial System*, John Wiley, New Jersey.

Steven Drobny (2006) *Inside the House of Money*, John Wiley, New Jersey.

Nicolas Dunbar (2000) *Investing Money*, John Wiley, Chichester.

Richard Duncan (2009) *The Corruption of Capitalism*, CLSA Books, Hong Kong.

David Einhorn (2008) *Fooling Some of the People All of the Time*, A Long Short Story, John Wiley, New Jersey.

Larry Elliot and **Dan Atkinson** (2008) *The Gods That Failed : How Blind Faith in Markets Has Cost U.S. Our Future*, The Bodley Head, London.

Charles D. Ellis (2009) *The Partnership : The Making of Goldman Sachs*, Penguin Books, London.

Adam Ferguson (2010) *When Money Dies : The Nightmare of the Weimar Hyper-Inflation*, Old Street Publishing, London.

Niall Ferguson (1998) *The House of Rothschild : Money's Prophets 1798.1848*, Penguin Books, London.

Niall Ferguson (2000) *The House of Rothschild : The World's Banker 1849.1999*, Penguin Books, London.

Niall Ferguson (2001) *The Cash Nexus : Money and Power in the Modern World 1700.2000*, Penguin Books, London.

Niall Ferguson (2008) *The Ascent of Money*, Allen Lane, London.

Niall Ferguson (2010) *High Financier : The Life and Times of Siegmund Warburg*, Allen Lane, London.

Joel L. Fleishman (2007) *The Foundation : A Great American Secret-How Private Wealth is Changing the World*, Public Affairs, New York.

Justin Fox (2009) *The Myth of the Rational Market : A History of Risk, Reward and Delusion on Wall Street*, Harper Business, New York.

Loren Fox (2003) *Enron : The Rise and Fall*, John Wiley, New Jersey.

Robert Frank (2007) *Richistan : A Journey through the 21st Century Wealth Boom and the Lives of the New Rich*, Crown, New York.

Guy Fraser-Sampson (2007) *Private Equity as an Asset Class*, John Wiley, Chichester.

Julie Froud, Sukhdev Johal, Adam Leaver and Karel Williams (2006) *Financialization and Strategy : Narrative and Numbers*, Routledge, London.

Peter C. Fusaro and Ross M. Miller (2002) *What Went Wrong at Enron*, John Wiley, New Jersey.

John Kenneth Galbraith (1975) *The Great Crash 1929*, Penguin Books, London.

John Kenneth Galbraith (1994) *A Short History of Financial Euphoria*, Penguin Books, London.

John Kenneth Galbraith (1998) *The Affluent Society*, Mariner Books, Boston.

John Kenneth Galbraith (2001) *The Essential Galbraith*, Houghton Mifflin,

New York.

John Kenneth Galbraith (2004) *The Economics of Innocent Fraud*, Penguin Books, London.

Andrew Gamble (2009) *The Spectre at the Feast : Capitalist Crisis and the Politics of Recession*, Palgrave Macmillan, London.

Dan Gardner (2008) *Risk : The Science and Politics of Fear*, Virgin Books, London.

Charles Gasparino (2009) *The Sellout : How Three Decades of Wall Street Greed and Government Mismanagement Destroyed the Global Financial System*, Harper Business, New York.

Francis J. Gavin (2004) *Gold, Dollars, and Power : The Politics of International Monetary Relations 1958.1971*, University of North Carolina Press, Chapel Hill.

Charles R. Geisst (1997) *Wall Street : A History from its Beginning to the Fall of Enron*, Oxford University Press, Oxford.

Charles R. Geisst (2002) *Wheels of Fortune : The History of Speculation from Scandal to Respectability*, John Wiley, New Jersey.

Charles R. Geisst (2009) *Collateral Damaged : The Marketing of Consumer Debt to America*, Bloomberg, New York.

Tony Golding (2001) *The City : Inside the Great Expectations Machine*, FT Prentice Hall, London.

Gary Gorton (2010) *Slapped by the Invisible Hand : The Panic of 2007*, Oxford University Press, Oxford.

James Grant (1992) *Money of the Mind : Borrowing and Lending in America from the Civil War to Michael Milken*, Farrar Strauss Giroux, New York.

James Grant (1993) *Minding Mr. Market : Ten Years on Wall Street with Grant's Interest Rate Observer*, Times Books, New York.

James Grant (2008) *Mr. Market Miscalculates : The Bubble Years and Beyond*, Axios Press, Mount Jackson.

Alan Greenspan (2007) *The Age of Turbulence : Adventures in a New World*, Allen Lane, London.

William Grieder (1987) *Secret of the Temple : How the Federal Reserve Runs the Country*, Simon & Schuster, New York.

David Harvey (2010) *The Enigma of Capital and the Crisis of Capitalism*, Oxford University Press, Oxford.

Michael Hirsh (2010) *Capital Offense : How Washington's Wise Men Turned America's Future Over to Wall Street*, John Wiley, New Jersey.

Karen Ho (2009) *Liquidated : An Ethnography of Wall Street*, Duke University Press, Durham and London.

Marina Hyde (2009) *Celebrity : How Entertainers Took Over the World and Why We Need an Exit Strategy*, Harvill Secker, London.

William Isaac (2010) *Senseless Panic : How Washington Failed America*, John Wiley, New Jersey.

Tetsuya Ishikawa (2009) *How I Caused the Credit Crunch : An Insider's Story of the Financial Meltdown*, Icon Books, London.

Michael Jensen (1976) *The Financiers : The World of the Great Wall Street Investment Banking House*, Weyright and Talley, New York.

Simon Johnson and James Kwak (2010) *13 Bankers : The Wall Street Takeover and the Next Financial Meltdown*, Pantheon Books, New York.

Asgeir Jonsson (2009) *Why Iceland : How One of The World's Smallest Countries Became The Meltdown's Biggest Casualty*, McGraw-Hill, New York.

Anatole Kaletsky (2010) *Capitalism 4.0 : The Birth of a New Economy in the Aftermath of Crisis*, Public Affairs, New York.

Craig Karmin (2009) *Biography of the Dollar : How the Mighty Buck Conquered the World and Why It's Under Siege*, Three Rovers Press, New York.

Henry Kaufman (2009) *The Road to Financial Reformation : Warnings, Consequences, Reforms*, John Wiley, New Jersey.

John Kay (2004) *The Truth About Markets : Why Some Nations Are Rich But Most Remain Poor*, Penguin Books, London.

John Kay (2009) *The Long and the Short of It : Finance and Investment for Normally Intelligent People Who Are Not in the Industry*, Erasmus, London.

Charles P. Kindelberger (1978) *Manias, Panics and Crashes : A History of*

Financial Crisis, Basic Books, New York.

Naomi Klein (2008) *The Shock Doctrine : The Rise of Disaster Capitalism*, Picador, New York.

Jonathan A. Knee (2007) *The Accidental Investment Banker*, John Wiley, Chichester.

Richard C. Koo (2008) *The Holy Grail of Macro Economics : Lessons from Japan's Great Recession*, John Wiley, Singapore.

Jesse Kornbluth (1992) *Highly Confident : The Crime and Punishment of Michael Milken*, William Morrow & Co. Inc, New York.

Paul Krugman (2005) *The Great Unraveling : Losing Our Way in the New Century*, W.W. Norton & Company, New York.

Paul Krugman (2009) *The Conscience of a Liberal*, W.W. Norton & Company, New York.

Howard Kurtz (2000) *The Fortune Tellers : Inside Wall Street's Game of Money, Media and Manipulation*, Free Press, New York.

Amielle Lake, **Andrew Kakabadse** and **Nada Kakabadse** (2008) *The Elephant Hunters : Chronicles of the Moneymen*, Palgrave Macmillan, London.

John Lanchester (2010) *Whoops! Why Everyone Owes Everyone and No One Can Pay*, Allen Lane, London.

Randall Lane (2010) *The Zeroes : My Misadventures in the Decade Wall Street Went Insane*, Scribe Publications, Melbourne.

Edwin Lefevre (2005) *Reminiscences of a Stock Operator*, John Wiley, New Jersey.

Michael Lewis (1989) *Liar's Poker : Two Cities, True Greed*, Hodder & Stoughton, London.

Michael Lewis (1991) *The Money Culture*, Penguin Books, New York.

Michael Lewis (1999) *The New New Thing : A Silicon Valley Story*, Coronet, London.

Michael Lewis (ed.) (2008) *Panic : The Story of Modern Financial Insanity*, Penguin Books, London.

Michael Lewis (2010) *The Big Short : Inside the Doomsday Machine*, Allen

Lane, London.

Michael E. Lewitt (2010) *The Death of Capital : How Creative Policy Can Restore Policy*, John Wiley, New Jersey.

Roger Lowenstein (1995) *Buffett : The Making of an American Capitalist*, Broadway Books, New York.

Roger Lowenstein (2000) *When Genius Fails : The Rise and Fall of Long-Term Capital Management*, Fourth Estate, London.

Roger Lowenstein (2004) *Origins of the Crash : The Great Bubble and Its Undoing*, Penguin Books, New York.

Roger Lowenstein (2008) *While America Aged : How Pension Debts Ruined General Motors, Stopped the NYC Subways, Bankrupted San Deigo and Loom as the Next Financial Crisis*, Penguin Books, New York.

Roger Lowenstein (2010) *The End of Wall Street*, Scribe Publications, Melbourne.

Peter Maass (2009) *Crude World : The Violent Twilight of Oil*, Allen Lane, London.

Charles MacKay and **Joseph de la Vega** (1996) *Extraordinary Popular Delusions and the Madness of Crowds; Confusion de Confusiones*, John Wiley, New Jersey.

Donald MacKenzie (2008) *An Engine, Not a Camera : How Financial Models Shape Markets*, MIT Press, Cambridge, Massachusetts.

George Magnus (2009) *The Age of Aging : How Demographics Are Changing the Global Economy and Our World*, John Wiley, New Jersey.

Sebastian Mallaby (2010) *More Money Than God : Hedge Funds and the Making of the New Elite*, Bloombsbury, London.

Benoit Mandlebrot (2004) *The (Mis)behavior of Markets*, Basic Books, New York.

Harry Markapolos (2010) *No One Would Listen : A True Financial Thriller*, John Wiley, New Jersey.

Paul Mason (2009) *Meltdown : The End of the Age of Greed*, Verso, London.

Mark McCormack (1984) *What They Don't Teach You At Harvard Business*

School : Notes From A Street-Smart Executive, Bantam, New York.

Larry McDonald (2009) *A Colossal Failure of Common Sense*, Ebury Press, London.

Bethany Mclean and **Peter Elkind** (2003) *The Smartest Guys in the Room : The Amazing Rise and Scandalous Fall of Enron*, Penguin Books, New York.

John Micklethwaite and **Adrian Wooldridge** (1996) *The Witch Doctors : What the Management Gurus Are Saying, Why It Matters and How to Make Sense of It*, Heinemann, London.

Stephen Mihm (2007) *A Nation of Counterfeiters : Capitalists, Con Men, and the Making of the United States*, Harvard University Press, Boston.

Hyman P. Minsky (2008) *Stabilizing An Unstable Economy*, McGraw-Hill, New York.

Lawrence E. Mitchell (2007) *The Speculation Economy : How Finance Triumphed Over Industry*, Berrett-Koehler, San Francisco.

Perry Mehrling (2005) *Fischer Black and the Revolutionary Idea of Finance*, John Wiley, New Jersey.

Charles Morris (2005) *The Tycoons : How Andrew Carnegie, John D. Rockefeller, Jay Gould and J.P.Morgan Invented the American Supereconomy*, Henry Holt, New York.

Charles Morris (2008) *The Two Trillion Dollar Meltdown : Easy Money, High Rollers and the Great Credit Crash*, Public Affairs, New York.

Charles Morris (2009) *The Sages : Warren Buffett, George Soros, Paul Volcker and the Maelstrom of Markets*, Public Affairs, New York.

Paul Muolo and **Matthew Padilla** (2008) *Chain of Blame : How Wall Street Caused The Mortgage and Credit Crisis*, John Wiley, New Jersey.

Anastaia Nesvetailova (2007) *Fragile Finance : Debt Speculation and Crisis in the Age of Global Credit*, Palgrave Macmillan, London.

Victor Niederhoffer (1997) *Education of a Speculator*, John Wiley, New Jersey.

Joe Nocera and **Bethany McLean** (2010) *All the Devils Are Here : The Hidden History of the Financial Crisis*, Portfolio, New York.

James O'Shea and **Charles Madigan** (1997) *Dangerous Company,*

Management Consultants and the Businesses They Save and Ruin, Penguin Books, New York.

Johan van Overtveldt (2007) *The Chicago School : How the University of Chicago Assembled the Thinkers Who Revolutionised Economics and Business*, Agate Books, Chicago.

Jim Paul and **Brendan Moynihan** (1994) *What I Learned Losing A Million Dollars*, Infrared Press, Nashville.

Frank Partnoy (1999) *Fiasco : The Inside Story of a Wall Street Trader*, Penguin Books, New York.

Frank Partnoy (2003) *Infectious Greed : How Deceit and Risk Corrupted the Financial Markets*, Henry Holt, New York.

Frank Partnoy (2009) *The Match King : The Financial Genuis Behind A Century of Wall Street Scandals*, Henry Holt, New York.

Scott Patterson (2010) *The Quants : How a New Breed of Math Whizzes Conquered Wall Street and Nearly Destroyed It*, Crown Business, New York.

Michael Pettis (2001) *The Volatility Machine : Emerging Economies and the Threat of Financial Collapse*, Oxford University Press, Oxford.

Kevin Phillips (2009) *Bad Money : Reckless Finance, Failed Politics and the Global Crisis of American Capitalism*, Scribe, Melbourne.

John Plender (2003) *Going Off The Rails*, Wiley, Chichester.

Robert Pozen (2010) *Too Big To Save : How to Fix the U.S. Financial System*, John Wiley, New Jersey.

Alex Preda (2009) *Framing Finance*, University of Chicago Press, Chicago and London.

Nomi Prins (2004) *Other People's Money : The Corporate Mugging of America*, The New Press, New York.

John Quiggin (2010) *Zombie Economics : How Dead Ideas Still Walk Among Us*, Princeton University Press, Princeton and Oxford.

Raghuram G. Rajan (2010) *Fault Lines : How Hidden Fractures Still Threaten the World Economy*, Princeton University Press, Princeton and Oxford.

Carmen Reinhart and **Kenneth Rogoff** (2010) *This Time Is Different : Eight*

Centuries of Financial Folly, Princeton University Press, Princeton and Oxford.

Barry Ritholtz (2009) *Bailout Nation : How Greed and Easy Money Corrupted Wall Street and Shook The World Economy*, John Wiley, New Jersey.

David Roche and **Bob McKee** (2008) *New Monetarism, Independent Strategy Publications*, London.

John Rolfe and **Peter Troob** (2000) *Monkey Business : Swinging Through the Wall Street Jungle*, Warner Business Books, New York.

David Rothkof (2008) *Superclass : The Global Power Elite and the World They Are Making, Farrar*, Straus & Giroux, New York.

Nouriel Roubini and **Stephen Mihm** (2010) *Crisis Economics : A Crash Course in the Future of Finance*, Allen Lane, London.

Gary R. Saxonhouse and **Robert M.Stern** (eds) (2004) *Japan's Lost Decade : Origins, Consequences and Prospects for Recovery*, Blackwell Publishing, Oxford.

Michael Schuman (2009) *The Miracle : The Epic Story of Asia's Quest for Wealth*, Harper Business, New York.

Jack D. Schwager (1992) *The New Market Wizards : Conversations with America's Top Traders*, John Wiley, New Jersey.

Fred Schwed Jr (2006) *Where Are The Customers' Yachts? Or A Good Hard Look at Wall Street*, John Wiley, New Jersey.

Robert Shiller (2005) *Irrational Exuberance*, Currency Doubleday, New York.

Georg Simmel (1990) *The Philosophy of Money*, Routledge, London.

Robert Skidelsky (2003) *John Maynard Keynes 1883.1946 : Economist, Philosopher, Statesman*, Penguin Books, London.

Robert Skidelsky (2009) *Keynes : The Return of the Master*, Public Affairs, New York.

Robert Slater (2009) *Soros : The World's Most Influential Investor*, McGraw-Hill, New Jersey.

Adam Smith (1976) *The Money Game*, Vintage Books, New York.

Yves Smith (2010) *ECONned : How Unenlightened Self Interest*

Undermined Democracy and Corrupted Capitalism, Palgrave Macmillan, New York.

Andrew Smithers and **Stephen Wright** (2000) *Valuing Wall Street : Protecting Wealth in Turbulent Markets*, McGraw-Hill, Illinois.

Robert Sobel (1993) *Dangerous Dreamers : The Financial Innovators from Charles Merrill to Michael Milken*, John Wiley, New York.

Andrew Ross Sorkin (2009) *Too Big To Fail : Inside the Battle to Save Wall Street*, Allen Lane, London.

Benjamin J. Stein (1992) *A License to Steal : The Untold Story of Michael Milken and the Conspiracy to Bilk the Nation*, Simon & Schuster, New York.

James B. Stewart (1992) *Den of Thieves*, Simon & Schuster, New York.

Joseph Stiglitz (2002) *Globalisation and its Discontents*, Penguin Books, London.

Joseph Stiglitz (2003) *The Roaring Nineties : Why We're Paying The Price for the Greediest Decade in History*, Penguin Books, London.

Joseph Stiglitz (2010) *Freefall : Free Markets and the Sinking of the Global Economy*, Allen Lane, London.

Andy Stone and **Mike Brewster** (2002) *King of Capital : Sandy Weill and the Making of Citigroup*, John Wiley, New Jersey.

Matt Taibbi (2010) *Griftopia : Bubble Machines, Vampire and the Long Con That Is Breaking America*, Random House, New York.

Nicolas Nassim Taleb (2004) *Fooled by Randomness : The Hidden Role of Chance in Life and in the Markets*, Thompson Texere, New York.

Nicolas Nassim Taleb (2007) *The Black Swan : The Impact of the Highly Improbable*, Allen Lane, London.

John R. Talbott (2009) *The 86 Biggest Lies on Wall Street*, Scribe, Melbourne.

Janet Tavakoli (2009) *Dear Mr. Buffett : What An Investor Learns 1,269 Miles from Wall Street*, John Wiley, New Jersey.

Joseph Teaster (2004) *Paul Volcker : The Making of a Financial Legend*, John Wiley, New Jersey.

Peter Temple (2001) *Hedge Funds : The Courtesans of Capitalism*, John

Wiley & Sons, Chichester.

Gillian Tett (2004) *Saving the Sun : Shinsei and the Battle for Japan's Future*, Random House, London.

Gillian Tett (2009) *Fool's Gold : How Unrestrained Greed Corrupted A Dream, Shattered Global Markets and Unleashed a Catastrophe*, Little Brown, London.

Don Thompson (2008) *The $12 Million Stuffed Shark : The Curious Economics of Contemporary Art*, Palgrave Macmillan, New York.

Pablo Triana (2010) *Lecturing Birds on Flying : Can Mathematical Theories Destroy The Financial Market?*, John Wiley, New Jersey.

Jerome Tuccille (2002) *Alan Shrugged : The Life and Times of Alan Greenspan, the World's Most Powerful Banker*, John Wiley, New Jersey.

The Turner Review : A Regulatory Response to the Global Banking Crisis (2009) Financial Services Authority, London.

Justyn Walsh (2009) *Keynes and the Market*, John Wiley & Sons, Chichester.

Vicky Ward (2010) *The Devil's Casino : Friendship, Betrayal and the High Stakes Games Played Inside Lehman Brothers*, John Wiley, New Jersey.

Peter Watson (2001) *A Terrible Beauty : The People and Ideas that Shaped the Modern Mind : A History*, Phoenix Press, London.

David Wessel (2010) *In Fed We Trust : Ben Bernanke's War on the Great Panic*, Scribe Publications, Melbourne.

Jack Wetherford (1997) *The History of Money*, Three Rivers Press, New York.

R. Christopher Whalen (2011) *Inflated : How Money and Debt Built the American Dream*, John Wiley, New Jersey.

Mark T. Williams (2010) *Uncontrolled Risk : The Lessons of Lehman Brothers and How Systemic Risk Can Still Bring Down the World Financial System*, McGraw-Hill, New York.

Martin Wolf (2010) *Fixing Global Finance*, Yale University Press, London.

Christopher Wood (2006) *The Bubble Economy : Japan's Extraordinary Speculative Boom of the 80s and the Dramatic Bust of the 90s*, Solstice

Publishing, Jakarta.

Bob Woodward (2000) *Maestro : Greenspan's Fed and the American Boom*, Simon & Schuster, New York.

Daniel Yergin and **Joseph Stanislaw** (2002) *The Commanding Heights : The Battle for the World Economy*, Touchstone Books, New York.

Mark Zandi (2009) *Financial Shock : A 360° Look at the Subprime Mortgage Implosion, and How to Avoid the Next Financial Crisis*, Pearson Education, New Jersey.

익스트림 머니

2012년 6월 7일 초판 1쇄 인쇄
2012년 6월 14일 초판 1쇄 발행

지은이 | 사트야지트 다스
옮긴이 | 이진원
발행인 | 전재국

본부장 | 이광자
단행본개발실장 | 박지원
책임편집 | 박나미 김효선 정은선
마케팅실장 | 정유한
책임마케팅 | 정남익 김진학
제작 | 정웅래 박순이

발행처 (주)시공사
출판등록 1989년 5월 10일(제3-248호)
브랜드 알키

주소 | 서울특별시 서초구 사임당로 82(우편번호 137-879)
전화 | 편집(02)2046-2896 · 영업(02)2046-2800
팩스 | 편집(02)585-1755 · 영업(02)588-0835
홈페이지 www.sigongsa.com

ISBN 978-89-527-6564-2 13320

본서의 내용을 무단 복제하는 것은 저작권법에 의해 금지되어 있습니다.
파본이나 잘못된 책은 구입하신 서점에서 교환해 드립니다.

알키는 ㈜시공사의 브랜드입니다.